언론 자유와 인격권

언론 자유와 인격권

이재진

언론 자유와 인격권

지은이__이재진
펴낸이__한기철
편집장__이리라 · 편집 및 제작__이여진, 김유진

2006년 1월 20일 1판 1쇄 박음
2006년 1월 30일 1판 1쇄 펴냄

펴낸 곳__도서 출판 한나래
등록__1991. 2. 25. 제22 - 80호
주소__서울시 송파구 신천동 11-9, 한신오피스텔 1419호
전화__02) 419 - 5637 · 팩스__02) 419 - 4338 · e - mail__editor@hannarae.net
www.hannarae.net

필름 출력__DTP HOUSE · 인쇄__상지사 · 제책__성용제책
공급처__한국출판협동조합 [전화: 02) 716 - 5616, 팩스: 02) 716 - 2995]

ⓒ 2006 이재진
Published by Hannarae Publishing Co.
Printed in Seoul.

국립중앙도서관 출판시도서목록(CIP)

언론 자유와 인격권 / 이재진 지음. ― 서울 : 한나래, 2006
432p. ; 23cm. ― (한나래 언론 문화 총서 ; 48)

권말부록으로 "신문등의자유와기능보장에관한법률," "언론중재및피해구제등
에관한법률" 수록
참고 문헌 수록

ISBN   89-5566-045-6 94330
ISBN   89-85367-77-3(세트)

342.133-KDC4
323.445-DDC21   CIP2006000106

★ 이 저술은 2004년도 한국학술진흥재단의 지원에 의하여 연구되었음(KRF-2004-041-B00719).

차례

일러두기

· 한글 표기를 원칙으로 하되, 필요에 따라 외국어와 한자를 병기하였다.

· 한글 맞춤법은 '한글 맞춤법' 및 '표준어 규정'(1988), '표준어 모음'(1990)을 적용하였으나 혼란이 있는 경우는 출판사의 원칙을 따랐다.

· 외국어의 우리말 표기는 개정된 '외래어 표기법'(1986)을 원칙으로 하되, 그 중 일부는 현지 발음에 따랐다.

· 사용된 기호는 다음과 같다.

　신문, 잡지, 텔레비전 프로그램 등: 〈　　〉

　책이름: 《　　》

머리말

또 한 권의 책을 세상에 내놓게 되었다. 이번으로 세 번째 책이지만 책을 내는 것이 쉬워지기보다는 오히려 갈수록 더 어렵고 부담스럽게 느껴진다. 또 예전에는 잘 몰랐는데, 책을 잘 쓰시는 분들이 존경스럽게 생각된다. 이번 책도 이전과 같이 저자의 학문적 업적이 짧은 까닭으로 전문 학술지에 발표된 논문들을 중심으로 그 맥락의 일관성을 유지하면서 자료들을 업데이트하는 데 중점을 두었다.

이번 책은 전문 학술서이지만 독자들이 읽는 데 부담을 갖지 않도록 글을 평이하고 쉽게 쓰도록 노력하였다. 학부 3~4학년생부터 대학원생까지 읽을 수 있도록 난이도를 조정하고 설명을 자세히 하였다. 특히 언론 윤리 법제 과목은 어떻게 학생들의 호기심을 자극하고 어떻게 가르치는가가 대단히 중요한 덕목이라는 점을 고려하였다. 만일 수강생들의 흥미가 유발되지 않거나 강의가 딱딱하면 지루한 강의가 되고 말 것이다. 그래서 언론 법제 분야를 전공한 사람으로서 또한 권의 책을 낸다는 것에 대한 부담감을 떨쳐 버릴 수가 없다.

이 책은 무엇보다도 최근에 와서 화두가 되고 있는 인격권에 대한 관심에서부터 출발하였다. 특히 2005년 인격권이라는 용어가 처음으로 법률상의 용어(언론중재법)로 등장하면서 항상 고민해 왔던 언론 자유나 알권리 충족과 인격권의 보호를 어떻게 조화롭게 비교 형량할 수 있을 것인가에 대한 평소의 의문에 대한 부분적인 해답을 서술하고 있다. 다시 말하자면, 필수적이면서도 서로 상충되는 제반 이익을 어떻게 적절히 비교 형량하고 나아가서는 이들을 동시에 제고시킬 수 있을 것인가 하는 학문적 호기심에서 이 책이 시작되었다. 그래서 표현의 자유와 인격권 사이에서 과연 제대로 된 비교 형량은 실제로 가능할 것인가에 대해 심각하게 고민하면서 책을 썼다고 해도 과언이 아니다.

그동안 펴냈던 《한국 언론 윤리 법제의 현실과 쟁점》(2002)과 《언론과 명예 훼손 소사전》(2003)에 이어 이 책도 언론과 인격권 간의 갈등을 다룬다. 언론의 자유와 인격권 간의 갈등의 문제를 면밀히 분석한 다년간의 연구 결과가 이들 책에 담겨 있다. 이 책은 대부분의 장이 전문 학술지에 실린 논문의 논의를 더욱 확장하고 전체적인 조망을 살리려고 하였다. 따라서 각각의 장에는 상당한 노력과 땀이 배어 있다고 감히 말할 수 있다. 책이든 영화든 후속편이 전편보다 못하다는 말이 있지만, 이 책의 경우 전편보다 한 걸음 진화한 연구서라고 자부할 수 있다.

이 책은 10개의 장으로 구성되어 있다. 1장, 2장에 걸쳐서는 언론 자유의 개념, 알권리의 개념에 대한 소개와 설명 그리고 이러한 권리 개념과 개인의 인격권이 어떻게 상충되며 그 해결책은 무엇인지를 밝히고 있다. 3장은 인격권 중에서 가장 복잡한 명예 훼손에 있어서의 면책 사유로서의 공익성의 적용상 특성과 차별성을 분석한다. 4장은 최근 법원에서 수용하고 있는 공인 이론의 성격은 어떠하며 공인 이론의 적용성과 쟁점들을 살펴보고 이러한 이론이 특수한 상황에 놓여 있는 연예인에게는 어떻게 적용되는가를 살펴본다. 특히 연예인에 대한 정보가 때로 연예인의 사생활을 침해하게 되는데, 그럼에도 연예인에 대한 정보는 국민의 알권리 보장의 영역에 속하는지를 밝혀 본다.

5장의 핵심은 언론이 범죄 보도에 대해서 어느 정도 그리고 어떤 방식으로 할 것인가 하는 점이다. 범죄 보도의 경우에는, 특히 형이 확정되기 이전에 범죄 사실을 수사 기관이 언론에 '흘리는' 경우 피의사실유포금지법에 의해서 처벌을 받게 된다. 이러한 점을 감안해서 볼 때 언론이 범죄 보도를 어떻게 해야 하는지 이 장에서 밝히고 있다. 6장은 신문에 나타난 만화 및 만평에 있어서 표현의 자유의 정도가 어느 정도 보장되고 있는가를 인격권 관련 소송을 분석하면서 살펴본다. 7장은 최근 제정된 언론중재법에서의 반론권의 의미를 살펴본다. 특히, 언론중재법이 시행되게 된 기존의 쟁점들을 역사적인 측면에서 살펴보고 그 문제점을 제시한다.

8장은 통신사의 기사를 인용할 때 기사에서 문제가 발생하는 경우 인용한 언론의 책임성은 어느 정도인지를 살펴본다. 특히, 미국과 일본의 경우는 어떠한지를 관련 판례를 통해서 살펴보았다. 9장은 사이버 공간에서의 인격권 침해가 문제되어 발생한 관련 소송들을 일별하고 외국과의 경우 어떻게 차이점이 있는지를 분석하였다. 마지막 장인 10장은 인격권 침해에 대한 구제보다 더욱 중요한 것이 언론이 자율적으로 윤리를 지켜야 한다는 이해를 바탕으로 언론의 윤리가 과연 무엇이며 언론인과 법조계는 여기에 대해서 어떻게 다르게 인식하고 있는지를 살펴본다. 이를 위해서 언론 윤리를 언급한 관련 판례를 살펴보았다.

이 책은 처음부터 끝까지 일관되게 인격권 문제를 다루고 있다. 궁극적으로 1장에서 10장까지의 연구를 통해서 인격권에 대한 보호에 무게가 더해지고 있는 현실에서 과연 '표현의 자유는 앞으로 어느 정도의 보호를 받을 것인가,' '표현의 자유의 정도는 늘어나는 것이 아니라 줄어드는 것인가,' '표현의 자유를 증대하기 위해서 법원은 어떤 장치를 마련하고 있으며 또한 언론은 어떠한 방식으로 대응하고 있는가'와 같은 질문에 대한 해답을 제공하고자 하였다.

이 책이 부디 언론법을 강의하거나 연구하는 분들에게 조금이라도 도움이 될 수 있길 바란다. 다만 이 책의 단점이라면 외국과의 비교에서 대부분 미국과 일본에만 치중하고 있다는 것이다. 하지만 여러 나라를 간략히 늘어놓고 조금씩만 보여 주는 것에 그치는 경우 오히려 이해에 혼란을 가중시킬 수 있으므로, 연구에서 가장 중요한 것으로 판단되는 미국과 일본의 판례들을 심층적으로 분석하여 비교하는 것을 택하였다는 점을 이해해 주시기 바란다. (물론, 여기에는 1차 자료인 판례를 인용하는 데 있어 미국에서 공부한 점과 일본어가 제2 외국어로 읽을 수 있는 언어였다는 점도 이유가 되었다.)

마지막으로 책이 나올 수 있도록 도와주신 한나래 출판사에 깊은 감사의 말씀을 드린다. 늘 좋은 책을 만들기 위하여 애쓰시는 점을 생각하여 이 책이 많이 이용되었으면 하는 바람을 가져 본다. 그리고 또 한 권의 책을 낼 수 있도록 각 장의 논문에 기여해 주신 고영신 박사님, 유재웅 원장님, 이성훈 기자 등에게 감사를 드리고 정리를 도와 준 나정숙 양에게 고마움을 표시하고 싶다.

2006년 1월
행당동 연구실에서

1장

언론 자유와 인격권의 이해

1. 언론 자유의 의미

언론 자유와 인격권의 충돌은 어느 사회를 막론하고 가장 복잡한 법적 문제이다. 언론 자유는 비단 언론의 취재, 보도의 자유만을 의미하는 것이 아니라 인간의 가치 실현에 있어서의 가장 핵심적인 권리인 표현의 자유를 포함하는 것이다. 표현의 자유란 어떠한 사항에 대하여 내면에서 생각하는 바를 외부에 발표할 수 있는 자유를 의미한다. 표현의 자유는 실제로 민주 국가의 조직 원리에 직결되는데, 이에 의해서만 민주적 국가 조직이 이루어질 수 있기 때문이다. 따라서 표현의 자유는 권리 조항에서 인정되는 전통적인 자유권이며 이러한 기본권은 한국의 경우 헌법 제21조 제1항에서 "모든 국민은 언론·출판의 자유와 결사의 자유를 가진다"고 명시하여 이러한 권리를 보장하고 있다.

　　T. I. 에머슨T. I. Emerson은 표현의 자유의 중요성을 파악하면서 이를 이론화하려고 하였다(Emerson, 1970). 그는 표현의 자유가 왜 보장되어야 하는가에 대해 네 가지의 가치를 들고 있다. 첫째, 개인의 자기

실현*self-fulfillment*이다. 인간은 존엄성을 가지며 표현은 인간 존재의 본질적인 요소라는 것이다. 둘째, 진리의 발견에 기여한다는 점이다. 표현이 설사 잘못된 것이라고 하더라도 진실에 이르는 자정 작용을 거쳐서 궁극적으로는 진실에 도달하기 때문에 표현을 억압해서는 안 된다는 것이다. 셋째, 사회적 결정에서 참여하는 것이다. 즉, 공적 결정을 하는 민주주의 과정에 참여하도록 표현을 보호해야 한다는 것이다. 넷째, 사회의 안정과 변화 사이의 균형을 이룰 수 있다는 점이다. 합리적인 판단을 위해서는 자유로운 토론이 필수적인데, 토론을 억압하면 변화하는 환경에 적응하거나 새로운 사상을 개발하지 못해 정체된 사회에 계속 머무르게 된다는 것이다.

비슷하게 A. 마이클존A. Meiklejohn은 표현의 자유를 보호하는 가장 중요한 목적은 국민이 스스로 자신을 통치하는 과정에 자발적으로 참여하도록 하기 위한 것*self-government*이라고 보았다(Meiklejohn, 1960). 그는 예전에 공적 결정을 하기 위해 지역 주민들이 모두 공회당에 모여서 자신의 견해를 제시하였다는 점을 강조하면서, 표현은 민주 사회에서 자기 통치에 참여하기 위해서 필수적인 것으로 이러한 자기 통치와 관련 있는 표현들, 특히 정치적 표현들에 대해서 억압해서는 안 된다고 주장한다.

그런데 이러한 언론 자유에 대한 초기의 인식은 '사전 검열*prior restraint* 없이 자유롭게 의견을 표출할 수 있는 것'이었다. 출판물에 사전 검열의 금지 개념은 1791년 수정 헌법 제1조the First Amendment가 제정되기 이전 영국의 윌리엄 블랙스톤William Blackstone 판사에 의해서 제시된 것이다. 블랙스톤 판사는 "언론의 자유*liberty of the press*란 출판 이후의 형사적 문제에 대한 검열로부터의 자유가 아니라, 출판에 대한 사전적 억압이 없는 상태를 말하는 것이다. 모든 자유인은 공중 앞에서 자신의 즐거운 감정을 표출할 절대적인 권리를 갖는다. 따라서 이를 억압하는 것은 언론의 자유를 파괴하는 것이다. 그러나 만일 개인이 부적절하거나, 장난스럽거나, 또는 불법적인 것을 출판한다면, 그 사람은 자신의 무모한 행위의 결과에 대해 책임을 져야 한다"고 밝혔다 (Blackstone, 1765~9, 재인용).

블랙스톤 판사가 주장한 '사전 검열 없는 상태'의 개념은 1791년 수정 헌법 제1조가 도입될 때 가장 기본적인 원리로서 인식되었다 (Levy, 1985). 언론 자유에 대한 블랙스톤 판사의 견해는 1931년 니어 대 미네소타(Near v. Minnesota) 사건에서 재차 확인되었다. 당시 신문에 대한 사전 금지 명령을 허용한 미네소타주법은 언론에 대한 사전 검열을 허용하는 것이기 때문에 위헌으로 간주되었는데, 단지 군사 기밀에 대한 위협이 될 수 있는 표현, 음란한 표현, 그리고 치안 선동(방해)적 표현에 한해서만 한정적으로 사전 검열이 가능하다고 보았다. 즉, 니어 사건에 따르면 기본적으로는 표현의 자유에 대한 어떠한 사전 제한적 조치도 헌법적으로 무효라는 것을 강조하고 있다(Bantam Books, Inc. v Sullivan, 372 U.S. 58 (1963)). 이 사건에서 미국 연방대법원의 찰스 에반스 휴고Charles Evans Hughes 대법관은 "수정 헌법 제1조상의 보장에 있어서의 주요 목적은 출판물에 대한 사전 검열을 금지하는 것"이라고 판시하였다(283 U.S. 697 (1931)).

블랙스톤의 사상과 수정 헌법 제1조의 전통은 길게는 1644년 영국의 시인이자 에세이 작가인 존 밀턴John Milton이 저술한 ≪아레오파지티카Areopagitika≫에 나타난 출판 허가제의 반대에서 살펴볼 수 있다. 당시 아내와의 이혼을 원했던 밀턴은 이혼을 금지하는 엄격한 법적인 제약을 완화해야 한다는 취지의 에세이를 정부의 허가 없이 출판하여 처벌을 받게 되자 ≪아레오파지티카≫를 통하여 출판 자유의 중요성을 피력하였다. 그는 사전 검열의 성격을 띠는 허가제 licensing는 출판물이 크게 늘어난 현재 더 이상 물리적으로 유효한 정책이 되지 못할 뿐만 아니라 의견을 표출하고자 하는 사람들의 본성을 짓밟는 것이라고 강력히 비난하였다.

밀턴은 사람들이 더 많고 다양한 시각에 노출되면 지적인 시민으로서 역할을 더욱 잘하게 될 것이라고 주장했다. 그는 출판물에 대한 허가 없는 인쇄가 사회를 혼란에 빠지게 할 것이라는 비판에 대해서 많은 시각 속에는 진실과 오류가 존재하는데 진실과 오류가 서로 충돌하게 하여 싸우다 보면 결국 진실이 승리할 것이라고 반박하였다. 비록 이러한 밀턴의 언론 자유관이, 당시 모든 사람에 적용되는 자유관은 아니었으나, 이는 당시의 시대적 패러다임이었던 '엄격한 검열stringent censorship'로부터의 획기적인 변화를 이끌어 내는 것이었다.

밀턴이 주장한 출판 자유는 쉽게 말하자면 개인이나 단체 등이 자신의 의견이나 사상 등을 인쇄, 배포할 수 있는 권리를 의미한다. 이러한 밀턴의 사상은 토머스 제퍼슨Thomas Jefferson과 J. S. 밀J. S. Mill에 의해 이어지게 된다. 제퍼슨은 미국 독립 운동 당시 언론 자유의 중요성을 강조하면서 언론은 자유롭게 취재·보도할 수 있어야 하며, 이것이 '지적 시민들informed citizens'을 형성하여 다수의 정치적 참여를 이끈다고 주장하였다.

밀은 ≪자유론On Liberty≫에서 비록 당시에는 잘못된 것으로 보일 수 있는 소수의 견해를 절대로 억압해서는 안 된다고 주장하였다. 비록 한 사람이 모든 사람들과 다른 의견을 가졌다고 하더라도 그 사람의 의견이 진실을 내포할 수 있기 때문에 단 한 사람의 견해라 해서 이를 무시해서는 안 된다는 것을 강조한다. 결과적으로 언론의 자유는 모든 사람에게 다양하고 평등한 가치를 향유하게 하는 '열린 사회open society'를 위해서 필수적인 것이며(Smolla, 1992), 정책의 집행을 위해 여론을 수렴하는 가장 중요한 역할을 하는 근거이다.

이러한 의미의 언론 자유는 현대에 오면서 언론사 또는 언론 매체의 자유를 의미하게 되었고, 이를 보장하는 데 있어 가장 중요한 가치는 언론이 정부 권력의 남용을 감시하는 역할을 한다는 것이다. 다시 말하자면, 언론은 정책의 집행에 있어 국가 권력이 남용되는 것을 막고 잘못된 경우 이에 대해 비판과 질책을 하고, 부정적 여론을 형성하게 된다는 것을 의미한다. 헌법학자 빈센트 블라시Vincent Blasi는 비록 언론이 상업적 폐해가 있다고 하나 최악이라고 할 수 있는 국가 권력의 남용보다는 덜하기 때문에 언론의 '감시 가치checking value'는 언론 자유 보장의 근거가 된다고 주장하였다(Blasi, 1977). 그는 이전의 자치 이론self-government 등이 비현실적임을 지적하면서 언론에 대해서는 확장된 보호가 요구된다고 피력하였다. 그는 언론이야말로 공적인 비리를 광범위한 조사와 보도를 통해서 감시할 수 있는 사적 영역에 존재하는 유일한 조직임을 강조한다.

언론 자유에 대한 이해는 언론 자유를 보장하는 헌법 조항의 규정에 대한 이해로부터 시작해야 한다. 미국에서 수정 헌법 제1조는 언론 자유를 다른 여타의 개인적 기본권보다 '우월적인 지위preferred position'를 누리도록 하는 결과를 가져왔다(Youm, 1996, p.185). 예를 들어 명예훼손법에 대해 미국의 헌법학자인 F. 샤우어F. Schauer는 "미국 헌법하에서 언론은 구체적으로 보호되는 반면, 명예는 그렇지 않다. 그 결과 언론에 대한 잘못된 제약이나 처벌은 개인의 명예에 대한 피해보다 더욱 큰 피해가 된다. 그래서 언론은 미국 헌법에서 우월적 지위를 향유한다"고 간파하고 있다(Schauer, 1980, pp.12~3). 한국의 헌법재판소도 "언론의 자유는 민주 국가의 존립과 발전을 위한 기초가 되기 때문에 특히 우월적 지위를 지니는 것은 현대 헌법의 특징"이라고 판시한 바 있다(1991.9.16. 선고 89헌마165 결정).

또한 샤우어는 언론의 자유를 보장하기 위해서 법이 존재해야 한다는 점을 강조하면서, 이른바 '위험한 경사slippery slopes'의 논리를 제시한다(Schauer, 1985). 즉, 언론의 자유가 비록 절대적인 것은 아니지만 언론의 자유를 제약하는 법 조항이 많을수록 결국 통제해서는 안 되는 언론 자유의 본질적인 부분까지 침해하게 된다는 점을 경계해야 한다는 것이다.

한국에서 현대적 의미의 언론 자유는 1945년 해방과 함께 미군정 (USAMGIK)이 실시되면서 처음 들어온 것으로 보인다. 당시 미군정이 신문들에 대해서 미국식의 자유스러운 정책을 실시하면서 언론 자유의 개념이 전파되었다. 이는 1907년 제정되어 1960년대 초기까지도 이용되었던 광무신문지법에 의한 언론의 규제와 크게 성격을 달리하는 것이었다. 이는 유럽식의 법 체계 계통을 보이던 한국의 법 체계에 영향을 미치게 되었는데, 특히 한국의 헌법이 미국식 법 체계의 영향을 많이 받은 것으로 보인다(Ahn, 1997).

그러나 좌우익의 이념·사상 문제, 그리고 이어지는 6·25 전쟁으로 미국식의 언론 자유는 그 본질적 내용이 수용되지 못했다(Youm, 1985). 현재 한국은 헌법 제21조 1항에 언론 자유에 대해 언급하고 있으나, 제4항에서 다른 기본권에 대한 침해를 규제함으로써 언론 자유가 절대적인 권리가 아님을 명확히 하고 있다. 다시 말하자면 한국에서의 언론 자유는 여타의 기본권과 유사한 지위에 있으며 언론 자유를 어떤 상위의 개념으로 상정하고 있지 않다. 따라서 언론 자유에 보다 우월적인 지위를 허용하는 미국의 현실적 악의*actual malice* 원칙은 수용되고 있지 않다.

2. 인격권의 의미

인격권이란 인격적 이익을 기본적인 내용으로 하는 사적 권리를 의미한다. 이는 일신전속성(권리 중에서 주체와의 사이에 특히 긴밀한 관계가 있기 때문에 그 주체만이 향유할 수 있는 성질, 또는 그 주체만이 행사할 수 있는 성질)으로, 이는 양도·처분할 수 없으며 민법은 이들에 대한 침해를 불법 행위로 규정하고 있다. 구체적으로 보면 인격권은 생명·신체·정신의 자유에 대한 권리를 포함한다.

인격권은 헌법적 차원에서의 개념과 법률적 차원에서의 개념과 차이를 보인다. 헌법에서의 인격권의 개념은 개인이 누리는 기본권의 개념을 의미하는 반면 민법이나 언론중재법 등에서 명시한 인격권의 개념은 비교 형량시에 구체적으로 고려해야 할 개인들의 권리를 의미한다. 현행법상으로는 인격권에 대한 보호가 명문으로 규정되어 있다. 민법에서는 타인의 신체·자유·명예를 침해하면 불법행위를 구성한다고 규정(제751조)함으로써, 소극적으로 그 보호를 규정할 뿐이고, 그 이상의 규정은 없다.

그러나 그 밖의 다른 인격적 이익도 이를 침해하면 불법 행위로 성립된다. 예컨대 타인의 성명이나 초상의 무단 사용, 정조의 침해, 생활 방해 등도 불법 행위가 되는 것과 같다. 입법례에 따라서는 일반적으로 인격권을 인정하고, 타인의 침해에 대한 보호를 규정하는 예도 있다.

2005년 7월 28일 시행된 언론중재및피해구제등에관한법 제5조에는 언론으로부터의 인격권의 보장을 법으로 명시하고 있다. 이 법은 제1항에서 "언론은 생명·자유·신체·건강·명예·사생활의 비밀과 자유·초상·음성·대화·저작물 및 사적 문서 그 밖이 인격적 가치 부여 등에 관한 권리(이하 '인격권'이라 한다)를 침해하여서는 아니 된다"고 규정하여 인격권의 범위를 광범위하게 인정하고 있다.

이처럼 인격권에는 성명권, 초상권, 저작인격권 및 사생활권 등이 포함됨을 알 수 있다. 성명권의 경우 민법에는 이에 관한 특별한 규정은 없으나 최근에는 인격권의 일종으로 인정되는 경향이 있다. 따라서 권리자의 사용을 방해하는 자나, 부당하게 권리자의 성명을 사용하는 자에 대하여 권리자는 방해 배제 청구 및 손해 배상 청구를 할 수 있다. 만일 저작자나 예술가 등이 필명 기타 가명을 사용하는 경우에도 성명과 같이 법적 보호를 받는다. 또한 타인의 성명을 당사자의 동의 없이 무단으로 상표로 사용할 수 없다(상표법 제7조 제1항 제6호).

좀더 구체적으로 초상권이란 자기의 초상이 무단으로 촬영되거나 그 사진 등이 사용되지 않도록 할 권리를 의미한다. 즉, 초상권이란 사람이 자신의 얼굴 기타 사회 통념상 특정인임을 식별할 수 있는 신체적 특징에 관하여 함부로 촬영되고 공표되지 아니하며 광고 등에 영리적으로 이용당하지 않을 권리를 의미한다. 이에 대한 내용으로는 타인이 개인의 사생활을 넘보지 못하게 하는 인격권적인 것(촬영·작성거절권·공표거절권)과, 유명인의 초상과 같이 경제적인 가치가 있기 때문에 무단, 무보수 사용을 금지하는 재산적인 것(초상영리권, 이른바 퍼블리시티권)의 두 가지 종류로 구분할 수 있다. 따라서 다른 사람의 초상을 본인의 동의 없이, 특히 영리상의 목적으로 이용할 경우에는 초상권 또는 사생활권의 침해가 된다. 독일이나 이탈리아에는 이러한 초상권의 보호를 위한 법률이 있다. 그 밖의 다른 나라들에서는 비록 초상권의 보호를 위한 별도의 법률은 없으나, 대신 사생활권에 관한 법률로써 보호하고 있다. 즉, 타인의 초상을 본인의 동의 없이 사용할 경우는 사생활권의 침해로 간주하여 처벌하게 되는데, 이는 한국의 경우도 마찬가지이다.

3. 언론 자유와 인격권의 갈등과 비교 형량

우리 헌법은 제21조 제4항에서 "언론·출판은 타인의 명예나 권리 또는 공중 도덕이나 윤리를 침해해서는 아니 된다"고 하여 언론·출판이 타인의 명예나 권리를 침해한 때에는 그에 대한 법적 제재를 가할 수 있는 근거를 마련해 놓고 있다. 다시 말하자면 언론 자유는 다른 개인의 기본권과 충돌할 때 적절한 이익 형량이 이루어져야 함을 밝히고 있다. 따라서 만일 언론이 개인과 사회 및 국가 자체의 법익을 침해할 때는 법적 규제를 하게 되는데, 그 관계 법률에는 여러 가지가 있으나, 이들은 크게 세 가지 유형, 즉 개인 법익, 사회 법익 및 국가 법익에 관한 것으로 나누어 볼 수 있다.

첫째, 개인 법익에 관한 법률들 중 중요한 것으로는 명예 훼손에 관한 형법을 들 수 있다. 이 중 형법 제309조를 보면, "사람을 비방할 목적으로 신문·잡지 또는 라디오 기타 출판물에 의해 제307조 제1항(공연히 사실을 적시하여 사람의 명예를 훼손한 경우)의 죄를 범한 자는 3년 이하의 징역이나 금고 또는 700만 원 이하의 벌금에 처하며, 동조 제2항(공연히 허위의 사실을 적시하여 사람의 명예를 훼손한 경우)의 죄를 범한 자는 7년 이하의 징역 또는 10년 이하의 자격 정지 또는 1500만 원 이하의 벌금에 처한다"고 규정하고 있다. 또 하나의 중요한 관계법으로는 저작권법을 들 수 있는데, 만일 언론·출판이 타인의 저작물을 그 저작권자의 동의 없이 게재하면 이 법에 의해 처벌을 받게 된다. 하지만 시사 보도를 위해 정당한 범위 안에서 복제하거나 또는 비평·교육·연구 등을 위해 정당한 범위 안에서 공정한 관행에 합치되게 인용하는 경우는 이 법의 저촉을 받지 아니한다고 규정하고 있다.

둘째, 사회 법익에 관한 중요 관계법으로는 음란물에 관한 형법을 들 수 있는데, 형법 제243조를 보면 "음란한 문서·도서·필름 기타 물건을 반포, 판매 또는 임대하거나 공연히 전시 또는 상영한 자는 1년 이하의 징역 또는 500만 원 이하의 벌금에 처한다"라고 규정하고 있다. 한편 소비자 개인들의 법익과 함께 사회 법익도 보호하기 위한 중요한 관계법들로서는 부당한 광고 행위를 방지하기 위한 여러 가지 규제법들과 부당한 경쟁 행위 및 불공정 거래 행위의 규제를 위한 독점 규제 및 공정 거래에 관한 법률 등을 들 수 있다.

셋째, 국가 법익에 관한 중요 관계 법률로는 군사기밀보호법, 국가정보원법, 국회법 등을 들 수 있는데, 군사기밀보호법에서는 제2조에서 명시한 군사상의 기밀을, 국가정보원법에서는 국정원의 조직·소재·정원·예산 및 결산 등의 내용을 신문·잡지 또는 라디오·텔레비전 등이 공개하면 처벌할 수 있도록 규정하고 있다. 그리고 국회법에서는 국회 회의록 내용 중 기밀을 요한다고 의결한 부분과 의장이 국가의 안전 보장을 위해 필요하다고 인정한 부분 및 취소하게 한 발언은 국회의장에게 청원한 다음, 이를 전재 또는 복제하도록 되어 있다.

이 밖에도 언론·출판은 여러 법적 규제를 받는데, 소년법(제68조)에서는 소년의 건전한 육성을 위해 "조사 또는 심리 중에 있는 형사 사건에 대하여는 성명·연령·직업·용모 등에 의해 그 자가 당해 본인으로 추지할 수 있는 정도의 사실이나 사진을 게재할 수 없다"고 규정하고 있으며, 지금은 폐지된 가사심판법家事審判法에도 이와 똑같은 규정이 있어서, 만일 잡지에서 이 법들에 의해 처리 중에 있거나 처리한 사건의 피의자를 추지할 수 있는 사실이나 사진을 게재할 경우에는 그 저작자와 발행자가 사법적 책임을 지도록 했다. 한편 이에 관한 직접적 하위법은 아직 없으나, 헌법 제17조에서는 "모든 국민은 사생활의 비밀과 자유를 침해받지 아니한다"고 하여, 언론·출판이 개인의 사생활을 침해할 수 없도록 명시하고 있다.

언론 자유와 인권격 이 두 기본권의 상충은 개인 법익적 차원에서 주로 발생하며 이러한 경우에는 비교 형량이 불가피하다. 문제는 언론의 잘못된 보도로 인하여 개인의 인격권이 침해되는 경우이다. 보도의 성격상 공적 인물들에 대한 보도가 많은 만큼 이들의 초상 등이 보도의 자료로 제공되는 경우가 많다. 물론 이들 공적 인물 또는 뉴스의 대상이 되는 인물에 대한 초상권의 제한이 인정된다 하더라도 보도 본래의 목적에 따라 사용되는 것이어야지 단순히 흥미 본위로 공적 사항에 관계없이 제공하거나 흥밋거리로 공표함으로써 당사자의 명예를 훼손하게 되거나 그를 모욕하는 인상을 주어, 그에게 정신적 피해를 입혀서는 안 된다.

1982년 미국에서는 연방고등법원이 ABC-TV를 상대로 소송을 제기한 루비 클라크라는 주부의 주장을 받아들여 이 주부에게 승소 판결을 내림으로써 초상권과 사진 보도의 자유에 대한 새로운 문제를 야기시킨 사례가 있다. 이 사건은 1977년 4월 ABC-TV가 방영한 한 다큐멘터리의 장면에서 "거리의 창녀 대부분은 흑인"이라는 해설과 함께 거리를 오가는 3명의 여인들을 화면에 담아 방영한 데서 발단이 되었다. 이 부인은 그 중 세 번째의 여인으로 비추어졌는데, 주위로부터 창녀로 오해받아 멸시를 당했는가하면 이로 인해 직장도 잃게 되어, 방송사를 상대로 명예 훼손 소송을 제기한 것이었다. ABC측은 이 부인을 창녀로 시사한 일도 없고, 작품 내용이 공공의 이익을 위한 것이어서 명예 훼손에 해당하지 않는다고 주장했지만, 법원은 그 영상에서 제작자가 그녀를 창녀로 그리지 않았다는 주장을 전적으로 인정하기는 어렵다고 하여, ABC의 주장을 일축했다. 법원은 언론의 특권에 관해서도 그것이 주제와 직접 관련성이 없는 클라크 부인에게 적용될 수 없다고 판시했다.

한국의 경우 초상권을 정면으로 거론한 대법원 판결은 아직 보이지 않으나, 1982년 7월 23일 서울민사지방법원이 본인의 동의 없이 사진을 실은 책을 판매 금지한다는 최초의 초상권 침해 판결을 내린 바 있다. 또한 2000년 7월 4일자 판결에서 서울지방법원은 "초상권이라 함은 사람이 자신의 초상에 대하여 갖는 인격적, 재산적 이익을 의미하는 것으로서, 헌법 제10조(인간의 존엄과 가치, 행복추구권), 민법 제751조 제1항(재산 이외의 손해의 배상) 등의 규정에 의할 때 모든 국민은 인격권의 일종으로서 초상권을 침해받지 아니할 권리가 있다. 이러한 초상권은 사람이 자기의 얼굴 기타 사회 통념상 특정인임을 식별할 수 있는 신체적 특징에 관하여 함부로 촬영 또는 작성되지 아니하고, 촬영된 사진 또는 작성된 초상이 함부로 공표, 복제되지 아니하며, 초상이 함부로 영리 목적에 이용되지 아니할 권리를 포함하는 것"이라고 판시하였다(99나83698 판결).

　　공적 인물이나 공중의 관심의 대상이 되는 사람을 사진 취재하게 되는 경우가 적지 않은데, 그 중 범죄 피의자나 피고인으로서 공중의 관심의 대상이 되는 사람의 경우, 자기의 초상권이 제한 당하는 것을 감수해야 함은 당연하다. 예를 들어, 서울지방법원은 "우리나라 국민들에게 많은 귀감이 될 수 있는 뛰어난 기업인으로서 이미 우리 사회의 공적 인물이 되었다고 볼 수 있는 경우 그 사람은 자신의 사진・성명・가족들의 생활상이 공표되는 것을 어느 정도 수인하여야 하고, 그 사람을 모델로 하여 쓴 평전의 표지 및 그 신문 광고에 사진을 사용하거나 성명을 표기하는 것, 그 내용에 가족 관계를 기재하는 것은 위 평전이 그 사람의 명예를 훼손시키는 내용이 아닌 한 허용되어야 한다"고 판시한 바 있다(서울지방법원 1995.9.27. 선고 95카합3438 판결).

　　법적인 규제 이외에도 한국신문윤리강령실천요강에서도 밝히고 있듯이, 봉변을 당한 부녀자의 성명과 사진을 공개해서도 안 된다. 또 법정 내에서의 촬영 금지 규제에 대해서도 크게 유의해야 한다. 즉 외국의 예와 같이 한국에서도 법원조직법(제59조)으로 "누구든지 법정 안에서 재판장의 허가 없이 녹음, 촬영, 중계 방송 등 행위를 하지 못한다"고 규정하고 있고, 1982년 3월 10일부터 개정된 대법원 규칙에서는 법정 내에서 촬영하고자 할 때, ㉠ 허가 신청서를 사전에 제출해야 하고, ㉡ 소송 당사자의 동의가 있으면 (촬영 등을) 허가할 수 있으며, ㉢ 공공의 이익적 측면에서 상당한 이유가 있을 때에는 당사자의 동의가 없어도 허가할 수 있고, ㉣ 촬영은 개정 전에 한하며, ㉤ 구속 상태에 있는 피고인을 촬영할 수는 없다고 규정하고 있다. 이것은 법정 내에서의 질서 유지와 소송 당사자의 인권 존중이라는 견지에서 나온 것으로 해석되나, 그 중 소송 당사자로부터 실질적 동의를 받는 방법이라든지 '공공의 이익'의 해석 문제 등은 실무상으로는 많은 문

22

제를 지니고 있다.

사진 보도와 초상권의 문제에서 간과해서는 안 될 또 하나의 중대한 문제로 보통 사람이 사건의 목격자이거나 제보자가 되었을 경우 그의 초상권 보호 문제를 들지 않을 수 없다. 이 경우 자기의 이름과 함께 초상이 공표됨으로 해서 인격권의 침해를 가져오는 것은 물론, 경우에 따라서는 생명의 위협을 느끼게도 될 것이라는 점을 감안할 때 사진 보도에 매우 신중을 기해야 하는 것이다.

4. 공론장

언론의 자유와 인격권 간의 다툼에 있어서 이론적 측면에서 종종 언급되는 것이 '공론장'으로서의 대중 매체의 기능이다. 즉, 공론장 기능을 하는 대중 매체와 개인의 명예 보호 사이의 갈등의 문제와 관련된다. 공론장이란 공론에 따라 형성될 수 있는 사회 생활의 영역으로, 공론의 창출 능력이 있는 시민들이 아무런 제약 없이 집회 결사의 자유, 의사 표현의 자유, 출판의 자유 등을 보장받아 일반적 관심사에 대해 협의할 수 있는 상호 교류의 마당을 의미한다.

이 개념의 주창자인 위르겐 하버마스Jürgen Habermas에 따르면, 17~18세기의 시민적 사교 모임 즉, 게젤샤프트Geselshaft는 시민들이 공동으로 그리고 공개적으로 사회 토론장을 형성하여 합의를 이루어 냄으로써 공론을 창출했다. 당시에는 특히 도시의 찻집, 살롱, 클럽, 음식점, 신문 등이 공론 형성의 토론장으로 기능했다는 것이다. 그리고 토론장은 처음에는 단순한 예술적, 문화적 성격에서 출발했으나, 시장 경제의 팽창과 이에 따른 국가와 시민 사회의 분화로 점차 정치적 토론장으로 전개되었다고 한다.

그 후 이것은 의식이 강화된 시민들에 의해 그들의 관심을 합리적으로 토론하고 협의하는 공론장public sphere이 되었으며, 이 시민들의 공론장은 봉건적 권력 제도에 반대하면서 시민 영역의 공론 집적의 장場으로 꾸준히 발전해 나갔다는 것이다. 이러한 점에서 볼 때, 공론장의 형태는 현대에 와서는 정당과 의회로 발전했고, 이 공론장들을 연결하여 공론의 형성과 중재에 기여하는 언론은 민주주의 발전에 중요한 구성 요소가 되었다고 본다. 기본적으로 공론장은 권력을 견제, 감시하고 시민들의 개별적 관심과 집단적 관심을 정치에 중재하는 마당이 된다. 그러나 이러한 하버마스의 공론장 개념은 처음부터 시민 사회 통치의 특성을 보여 주며 계급 사회의 모순을 내포하고 있다는 비판을 받기도 하였다.

하버마스는 공론장이 사유 재산과 교육을 매개로 하여 시민 계급이 공론장의 참여자로서 공중을 구성한다고 했지만, 네트와 클루게(Negt & Kluge) 등의 학자들은 공론장의 성격이 너무나 지배 기능에만 초점이 맞추어져 있다고 비판하면서, 시민 공론장의 제 형태와 요소로부터 해방되는 프롤레타리아적 공론장에 대한 논의를 전개하고 있다. 즉, 이들에게 공론장이란 시민들 사이의 화합과 합의의 영역이라기보다는 오히려 사회 현실의 모순을 폭로하고 나아가서는 이에 대해 투쟁하는 공간이라고 할 수 있다. 결론적으로 공론장이란 설득을 통해 단일하고 동질적인 합의를 도출하는 공간이 아니라, 다양성, 분절성 그리고 차이를 강조하는 담론들이 경쟁하고 갈등하는 역동적인 공간을 의미한다.

하버마스에 따르면 공론장은 여론 형성에 필수적인 사회적 삶의 영역이며, 여기에 대한 접근은 모든 시민에게 열려 있어야 하며 모든 형태의 지배로부터 자유로워야 한다. 하버마스는 시민들은 이러한 공론장에서 합리적이며 비판적인 대화를 통해 합의를 이루며 여론을 형성하고, 이 여론이 바로 권력자의 권력 남용을 비판하는 기능을 담당한다고 갈파하고 있다. 그는 공론장이란 원래 부르주아들의 시민 사회에서의 사적 공간으로서의 공론장을 의미하는데, 여기서 이루어진 여론이 군주 제도하의 국가에 견제 역할을 했다고 본다.

이때 신문이나 저널은 출판과 표현의 자유를 누리면서 다양한 의견을 확산시키고 합리적인 의사 소통을 촉진시켜 공론장의 형성에 공헌하였다. 특히 공론장은 부르주아들이 모여 공통의 이익을 논의했다는 점에서 사적 이익과 구별된다고 볼 수 있는데, 여기서의 논의는 여론 형성에 기여할 수 있는 문제들에 대해서 일방적으로 제기되고 행해지는 것이 아니라 명확한 증거를 바탕으로 이루어지며 논의는 공개를 원칙으로 하였다.

그러나 자본주의 초기 단계인 18세기에 형성된 공론장의 개념은 이후 공론이 이른바 재봉건화refeudalization되는 과정을 거치게 되는데, 하버마스는 이러한 재봉건화는 현대의 대중 매체가 정치권에 의해 조종되거나 지나친 상업주의로 흐른 결과, 더 이상 합리적인 토론의 장을 제공해 주지 못하고 있다는 데서 발생한다고 보았다. 결과적으로 대중 매체는 현대 사회의 공론장이라고 할 수 있는데, 자본주의적 성향에서 시민은 소비자로 인식되며 탈정치화되어 쉽게 설득할 수 있는 대상으로 전락하였다.

하버마스가 주장하는 공론장의 개념은 대중 매체가 비판적 이성을 포기했다고 보는 반면 최근의 미디어의 발전은 새로운 공론장을 구성할 수 있는 가능성을 열고 있다는 지적도 있는데, 특히 공익성이 강조되는 방송에 있어서의 공론장 기능의 회복 가능성에 대한 주장도 보인다. 이러한 기능의 회복 가능성은 하버마스 자신이 말하는 공론장의 사회적 상황에 적응하는 변형력에 근거하는데, 이러한 이유로 방송의 경우 해방적 요소가 다분히 잠재해 있다고 주장한다. 뿐만 아니라 방송은 공간적 제한이 없는 새로운 공론장을 생성하기도 하며 더불어 새로운 형태의 공공성이 창조되거나 새로운 형태의 '상호 작용interaction' 또는 '가시화visibility'가 발생하며 기본적으로 많은 사람들이 무엇이 공공적인가를 경험할 수 있다는 지적이 있다. 실제로 방송 이전에 존재했던 누구나 접근 가능한 공공 생활의 영역인 공원, 도서관, 교회, 극장, 음악당, 가두 연설 등은 현대에 오면서 라디오와 텔레비전에 의해 대체되었다. 결국 뉴스와 인터뷰, 스튜디오에서의 토론과 논쟁 시사물과 특정 주제에 대한 다양한 매거진 프로그램, 다큐멘터리, 다큐 드라마와 같은 형태로 텔레비전에 의해 매개됨으로써 정치적, 사회적 이슈가 공적 영역의 일부가 되었고 누구나 아는 지식과 관심사가 되었다. 이러한 방식으로 방송은 공론장의 역할을 하게 된다.

비록 공론장이라는 것이 다양한 공적 쟁점이 비판적이고 합리적인 대화를 통해서 이루어지는 공간을 의미하기는 하지만, 현대의 공론장에서는 항상 공적인 문제만이 논의되는 것도 아니며 여론이 공론장을 통해서만 형성되는 것은 물론 아니다. 즉, 여론은 뉴스나 시사 고발 프로그램 같은 공공 프로그램뿐 아니라 오락적인 프로그램에서도 형성된다. 그래서 현대의 방송의 공론장 기능은 시민의 정치적인 행위는 물론 문화적 행위까지도 포괄하는 넓은 의미로 이해해야 한다는 지적이 있다. 정치적이건 문화적이건 간에 중요한 것은 여전히 방송의 공론장 역할은 최대한 많은 사람들에게 가장 다양한 공공적인 논쟁이 경험될 수 있는 가장 보편적인 매체라는 데서 나온다는 점이다. 그래서 다양한 공적인 논쟁이 방송에서 이루어질 수 있도록 해야 할 것이며, 이러한 점에서 방송에 대한 사전 억제적 제도는 방송을 통하여 가능한 다양한 논쟁을 실제적으로 막아버려 방송의 공론장으로서의 기능을 억제하는 것이라고 할 수 있다.

2장

국민의 알권리와 인격권의 갈등

1. 알권리의 정의

2003년 노무현 정부 출범 이후 청와대와 문화관광부 등이 시도한 기자실 개선과 취재 시스템 변화를 둘러싸고 이견과 논의들의 첨예하게 대립되는 양상을 보였다. 한쪽에서는 기자실의 제도적 폐단과 잘못된 언론의 취재 관행을 바로잡을 수 있는 좋은 기회가 될 것이라는 기대의 목소리가 있는가 하면, 한편에서는 정부의 정책이 언론의 취재・보도의 자유를 침해하고 국민의 알권리를 훼손할 수 있다는 우려가 제기되었다. 이러한 대립되는 목소리의 분출은 어쩌면 당연한 일인지 모른다. 이전의 정부－언론 관계가 재규정되는 시점에 있어 많은 새로운 제안들과 정책의 수립, 그리고 이것들이 수용되는 과정에서 발생하는 시행착오는 필수적이라고 할 수 있기 때문이다.

그럼에도 불구하고 과연 기밀주의적 원칙을 근간으로 삼고 있는 정부와 정부에 관한 정보를 최대한 많이 그리고 정확하게 국민들에게 전달하면서 정부의 비리를 감시하고, 고발하는 언론의 본질적 역할을 생각할 때, 이들 간의 관계는 어떠한 형태의 것이 바람직한가

하는 질문은 계속될 수밖에 없다. 이에 대한 해답을 위해서는 이들 관계가 유동적이라든지, 건전한 갈등 관계를 유지해야 한다든지 (Dennis & Merrill, 2001), 제4부로서의 파수견watchdog 기능을 해야 한다든지 (Levy, 1985) 하는 시각으로 단순화해서 바라보는 것에 머무르기보다는 좀더 구체적인 관계 모델의 설정을 위한 이론적 논의가 요구된다(이재진, 2002b).

이러한 논의에 있어 선행되어야 할 것이 바로 '국민의 알권리'에 대한 심층적, 이론적 탐구이다. 국민의 알권리는 복잡한 현대에서 정부와 언론의 관계 설정에서 가장 핵심적인 논거가 되며, 언론이 국민들을 위하여 무엇을 해야 하는가를 결정하는 요인이 되기 때문이다. 다시 말하자면 국민들이 알아야 하는 정보, 특히 정부의 정책 집행과 운영 절차에 관한 정보를 국민들에게 전달해 주고 그 올바른 의미를 해석해 주는 것이 바로 언론의 가장 중요한 역할이며 제1의 존재 이유라 할 수 있다.

알권리에 대해서는 귀가 따갑도록 들어 왔지만 그것이 구체적으로 무엇인지, 정부와 언론의 관계에 있어 어떠한 의미인지, 그리고 그것이 진정 헌법에 의해 보장되는 권리인지 등에 대해서 정확히 알고 있는 사람은 많지 않을 것이다. 여기에는 언론 자신도 예외가 아니어서 언론도 알권리를 단순히 추상적인 수준에서만 이해하거나 이를 언론 자유와 유사한 개념으로만 알고 있는 경우가 대부분이다. 그럼에도 '국민의 알권리'가 있다는 신념은 언론인과 여타 미디어 종사자들에게 확산되어 있다.

알권리란 말 그대로 '무엇인가에 대해 알고자 정보 유통 과정에 참여할 권리'라고 할 수 있다. 좀더 구체적으로 알권리는 일반 국민들과 언론 기관이 함께 모든 정보원으로부터 정보를 자유롭게 취득할 수 있는 권리(한병구, 2000, p.65), 또는 국가의 간섭을 받지 않고 정보를 수집하는 동시에 국가 기관이 보유한 정보의 공개를 요구할 수 있는 이행 청구의 실현 권리라고 할 수 있다.

이는 국민 개개인이 중요한 결정을 내리거나 자신의 복지를 위하여 충분한 정보를 이용할 수 있어야 한다는 논리를 기본 바탕으로 한다. 다시 말하자면, 알권리는 시민 자치*self-government*와 복지*public good*를 위한 기본적 권리로서 다른 경제적 자유보다 우월한 지위를 누리며, 언론·출판의 자유의 한 내용을 이루는 것으로 특히 의사 표시를 받아들이는 측면에서의 자유로 이해되어 왔다. 이에 따르면 국민들은 일반적으로 접근할 수 있는 정보원으로부터 의사 형성에 필요한 정보를 수집·처리할 수 있다(허영, 1999, p.516). 또한 국가 안전 보장이나 개인의 사생활을 침해하는 행위가 아닌 한 정당한 이익이 있는 자는 국가가 가진 정보에 대하여 알권리를 갖는다고 이해된다.

J. R. 위긴스J. R. Wiggins는 알권리를 정보를 입수하고, 사전 검열이나 부당한 보복 없이 발행하고, 커뮤니케이션을 위해 필요한 시설이나 자료에 접근하고, 정부나 여타 시민들의 방해를 받지 않고 정보를 전달하는 국민들의 권리를 의미한다고 보았다(Wiggins, 1956). 이에 따르면, 국민의 알권리란 일반 공중이 자신들이 원하는 공적인 정보를 추구하고 취득하는 데 있어서 불법적으로 방해되어서는 안 되는 법익이라고 할 수 있다. 결국 알권리는 정보 수집의 모든 과정을 포괄하며, 그 대상이 되는 정보는 대체로 ① 주권자인 국민이 국정을 판단하는 데 필요한 정보, ② 국민이 사회인으로서 안전하고 건강하게 문화적인 현대 생활을 영위하기 위해 필요한 정보, 그리고 ③ 국민이 인격상의 자기 달성을 위해 필요한 정보를 총괄하는 것이다(임병국, 1999).

법적인 측면에서 박용상은 알권리란 수동적인 수신의 자유, 즉 자유권으로서의 알권리와 수신자 측의 적극적 권리, 즉 구체적 정보에 관한 개시청구권으로 구분하여 정의하고 있다(박용상, 2002). 그는 알권리란 본래 정치적 구호 또는 민권 운동의 표어로서 사용되어 온 것이 법적으로 제도화된 개념이기 때문에 엄밀히 법적으로 정의된 내포와 외연을 갖는 것은 아니라고 지적한다. 따라서 이것이 법적으로 제도화되는 경우 국가에 따라, 시대적 상황의 변화에 따라 상이하게 다루어지고 있으며 그 개념 정의도 모호하고 차이가 있다고 한다. 특히 원래 국가 권력에 대한 견제의 요청으로서 논의되기 시작한 알권리가 국가적 영역을 넘어 사인 간의 관계에서 사회적으로도 주장되는 경우가 있어서 개념과 법률 관계의 혼란이 많았다고 지적한다. 비국가적 영역에서의 알권리는 단지 개인의 일반적 행동의 자유 내지 행복추구권의 하나로 타인의 기본권과 관련되는 경우 사법적 이해 관계의 비교 형량이 이루어져야 한다고 본다(pp.56~8).

또한 알권리를 불가침의 새로운 인권이라고 판단하는 경우도 있다. 예를 들어, 안용교는 알권리가 수동적·자유권적 권리와 적극적·사회권적 권리가 복합된 새로운 인권 개념이라고 설명한다(안용교, 1974, p.275). 즉, 알권리가 '자기 통치 체제하의 여러 권리 행사의 기반이며 자유로운 판단을 형성하기 위하여 불가결한 정보·사상·의견을 방해받지 않고 자유롭게 향유할 수 있는 수동적 자유권인 동시에 이를 직접 청구할 수 있는 적극적인 권리'로서 국가에 '적극적인 정보 공개 의무'를 부과하는 권리라고 하였다. 구병삭은 개인의 '자기 실현'이라는 소극적 자유권적인 차원의 알권리보다는 '광범한 공공 사항에 관하여 적극적인 정보 공개 요구를 하는 생존권적 권리'로 알권리에 대한 이해가 발전되어야 한다고 강조하였다(구병삭, 1981, pp.33~4). 김배원도 알권리가 모든 기본권의 내재적, 묵시적 전제라고 볼 수 있으며, 확장된 헌법적 근거에 기초한 저항권 행사의 준거가 될 수 있다고 주장했다(김배원, 1990).

한국 법원의 경우 비록 알권리에 대해 명백히 정의하지 않았지만 헌법 제1조의 국민 주권의 원리, 제21조의 표현의 자유, 제10조의 인간 존엄과 행복 추구, 그리고 제34조의 인간다운 생활을 할 권리의 규정에서 나타난 정신을 근간으로 한 헌법적 권리로서 인정하고 있다 (헌법재판소 1989.9.4. 선고 88헌마22 결정; 헌법재판소 1991.5.13. 선고 90헌마133 결정).

2. 알권리의 발전 과정

비록 알권리라는 용어가 사용되지는 않았으나 그 근거는 자치와 복지를 목적으로 하는 '공익'의 개념에서 찾을 수 있다. 이는 공적 신탁을 남용한 지배자들을 일반 대중이 타도할 수 있다는 이론을 내세운 존 로크John Locke의 사상에서도 살펴볼 수 있다. 그러나 로크는 정부 권력을 견제하는 과정에서의 언론의 역할을 강조하지는 않았다. 이후 알권리는 제러미 벤담Jeremy Bentham과 밀의 '공리적 자유주의' 그리고 장 자크 루소Jean Jacques Rousseau의 '공공의 복리*bein commun*'에서 그 기원을 찾아 볼 수 있는데, 이들은 공통적으로 공익을 일부 공중의 목적 실현보다는 전체 공중의 목적 실현을 위한 것이라고 인식하였다 (Banfield, 1964, pp.322~3).

그러나 '알권리'라는 용어가 좀더 구체적으로 사용되면서 오늘날의 모습으로 등장하기 시작한 것은 미국의 권리장전Bill of Rights 제정 시기인 1780년대 후반이라고 할 수 있다(Dennis & Merrill, 2001). 그래서 1791년 제정된 수정 헌법 제1조에는 헌법에서 규제하는 사전 검열의 금지라는 부정적 측면에 대한 의미는 물론 알권리라는 적극적이고 긍정적인 측면의 의미도 포함되어 있다는 해석이 설득력 있다(Uhm, 2000).

실제로 알권리라는 용어 자체는 수정 헌법이 제정되기 이전인 1772년 독립 직후 반연방주의자*Anti-Federalist*들이 연방주의자*Federalist*들에게 국민이 세금과 국가 자원의 집행에 대해서 알아야 할 권리가 있다는 점을 요구하면서 사용되기 시작한 것으로 알려져 있다. 그러나 당시 알권리의 개념은 정부의 기밀주의에 반대하는 의미에서의 알권리의 개념이라기보다는 개인들의 정치적 자유의 일부로서 개인이 제대로 정보를 얻을 수 있는 것과 더불어 교육 받을 자유를 포함하는 의미로 인식되었다(Uhm, 2000, pp.62~114).

그러나 당시 독립 이후 정부의 수립 과정에서 < 뉴욕 저널New York Journal > 등에 제정 헌법의 초안 내용이 소개되자, 카토Cato, 센티널 Centinel, 페더럴 파머Federal Farmer 등 일반 시민과 반연방주의자를 자칭하는 익명 또는 필명의 에세이 작가들이 글을 통해 새로 수립되는 정부의 기밀주의가 확대될 가능성을 경계해야 하며, 국민들의 알권리 차원에서 국민들에게 정보를 지속적으로 전달할 수 있도록 언론의 자유가 보장되어야 한다고 주장했다(Blasi, 1977). 이들은 국민이 자신이 선출한 대표자들이 무엇을 하는지를 알권리가 있다고 주장했다. 이들의 주장에서 나타나는 언론의 자유란 이전의 자유롭게 말할 수 있는 자유의 의미라기보다는 정부 권력의 행사와 남용을 감시하는 역할이라는 점을 내포하고 있다.[1]

한편으로 미국 정부는 독립 전쟁 후 얼마 동안 반혁명 시도와 움직임, 친영국주의자들의 반발을 겪어야 했는데, 이들을 처벌하기 위해 반역법 등을 제정하는 등, 정부의 유지와 안정을 위해 어느 정도의 기밀주의에 대한 요구가 강하게 일어나고 있었다. 그러나 1791년 버지니아 권리장전을 채택하기 위해 열린 1787년의 제헌국회Constitutional Convention에서 언론의 자유와 정부 기밀주의에 대한 요구들의 균형을

---

1. 당시 제임스 매디슨James Madison은 "대중적인 정보나 이를 획득할 수단을 가지지 못한 정부가 있다면 이는 하나의 희극 또는 비극, 아니면 둘 다의 서막일 뿐이다. 지식은 영원히 무지를 지배할 것이다. 자주적인 국민이 되고자 한다면 지식이 제공하는 권력으로 스스로 무장해야 한다"고 피력한 바 있다. 알권리를 내세우는 사람들이 이러한 문구를 인용하기를 좋아하나 실제로 매디슨은 정부의 기밀주의에 대항하는 매체로서의 언론보다는 정보를 전달하는 채널의 의미로 사용한 것으로 보아야 한다.

위해 상·하 양원의 활동을 기록하여 알리도록 하는 공보를 "때때로 *from time to time*" 발행하도록 하였다. 나중에 이 "때때로"라는 조항이 어느 정도의 기간을 의미하는가를 가지고 공방이 있었지만 적어도 연 1회 입법 과정에 필요한 최소한의 비밀을 제외한 여타의 공적 절차에 대한 결정들을 모두 알리도록 하였다.

이러한 국민의 알권리는 1922년 월터 리프만Walter Lippmann의 유명한 저작인 ≪여론*Public Opinion*≫에서 본질적 내용을 찾아볼 수 있는데, 여기서 리프만은 '대중의 알권리와 정부의 비밀주의'의 갈등에서 발생하는 문제들을 간파하였다. 리프만은 언론에 맡겨지는 국민의 알권리란 당연한 것이 아니라 '국민에 주어지는 어떠한 특권'이라고 보았다. 다시 말하자면 실제로 정부를 중심으로 한 정치 세계는 일반인들이 인지할 수 없는 외적인 세계에 존재하고 있으며, 이에 대해 알기 위해서는 단지 세 가지 방법, 즉 '개인 스스로가 현상을 탐색하거나, 아니면 누군가로부터 보고를 받거나, 또는 단순히 그것을 상상할 도리밖에 없다'고 보았다. 그런데 그는 현대의 복잡하게 분화된 사회에서는 결국 외부의 정치 세계에 대한 이해는 대부분 누군가로부터의 보고, 즉 언론의 보도에 의한 것이라고 설명하였다. 그래서 만일 언론이 없다면 정부의 기밀주의를 둘러싸고 발생할 수 있는 거짓말과 허위를 탐지할 수단이 없는 불편한 사회가 될 것은 두 말할 나위도 없다. 이러한 이유로 국민은 알권리를 갖게 된다고 보았다(pp.55~6).

이처럼 알권리라는 개념이 이용된 것은 꽤 오래 전부터이지만 이것이 언론에 공개되어 처음 공식적인 용어로서 사용된 것은 2차 대전이 끝난 직후인 1945년 AP통신에 근무하던 켄트 쿠퍼Kent Cooper가 <뉴욕 타임스*New York Times*>에 기고하면서였다. 그의 연설문을 요약한 기고문에서 쿠퍼는 "……시민은 언론의 완전하고 정확한 뉴스에 접근할 자격(권리)이 있다. 시민의 알권리*right to know*가 배제된 정치적 자유란 이 세상 어디에도 존재하지 않는다"고 주장하였다.

여기서 쿠퍼가 언급한 알권리는 단순히 커뮤니케이션의 원활한 소통보다는 '정부의 정보에 대한 적극적인 추구의 권리'를 의미한다고 이해할 수 있다. 사실 누가 먼저 알권리라는 용어를 사용하였나에 대해서는 이견도 있는데, 이에 따르면 켄트 쿠퍼 이전에 해롤드 크로스Harold Cross가 1936년에 알권리라는 말을 정부의 기밀주의에 대항하는 의미에서 사용했다는 점에서는 먼저라는 견해도 있다. 여하튼 알권리라는 용어는 1953년 크로스의 저서 ≪국민의 알권리*People's Right to Know*≫의 출간과 함께 널리 통용되기 시작하였다. 이 책은 이후 알권리 운동의 경전처럼 이용되었다.

　　1950년대에 들어서면서 미국에서는 언론인 단체들이 주동이 되어 신문마다 정부의 정보 비밀 정책을 비판하는 캠페인을 전개하면서 조직적인 알권리 운동이 벌어진다(팽원순, 1984). 이는 당시 소련과의 냉전 태세 때문에 정부의 기밀주의가 극단적으로 강화되어가는 시점에서 정부의 정보에 자유로이 접근할 수 있는 제도적 보장을 마련하기 위해 벌어진 것이라고 할 수 있는데, 헌법학자 채피Chafee, Jr.는 "알권리 운동이란 국민이 정보를 취득하는 데 있어 적극적으로 정부에 대하여 협조를 요청하고 때로는 이를 의무화하도록 하는 운동"이라고 정의했다(Carter et al., 1994). 그런데 당시 알권리 운동은 일반 시민들의 자발적인 노력의 결과라기보다는 언론의 권리를 확장하려는 언론인들의 노력에 의해 주도되었다. 이 때문에 비록 알권리의 근거가 국민에게 귀속되는 것임에도 불구하고, 이는 언론의 자유와 유사한 의미로 이용되어 온 경향이 있다. 그래서 언론에게 알권리는 당연히 언론의 취재·보도의 자유를 포함하는 것으로 인식된다(Lewis, 1979).

　　이러한 언론의 인식은 사실 수정 헌법 제1조의 보호 범위에 언론 기관의 자유가 속하는가에 대한 의문에서 출발해야 한다. 언론 기관의 자유에 대한 보장이 없으면 알권리의 근거가 약화되기 때문이다. 여기에 대해서는 포터 스튜어트Potter Stewart 대법관의 예일대학교 150주년

강연이 잘 설명하고 있다. 이 강연에서 스튜어트 대법관은 국민들은 언론 기관이 대통령을 사퇴하도록 만들면서까지 불법적 권력의 비행을 폭로하는 것에 대해 환호하면서도 언론의 조직화된 불법적 권력 *illegitimate power of the organized press*의 행사에 당황해 왔다고 언급하였다.

그러나 스튜어트 대법관은 비록 직접적으로 언론 기관의 자유가 수정 헌법 제1조에 속하는지를 다룬 연방대법원 판례는 없었으나, 〈뉴욕 타임스〉 사건, 브란즈버그Branzburg 사건, 펜타곤 페이퍼Pentagon Papers 사건 등의 여러 관련 판례들을 종합해서 유추해 볼 때 언론 기관은 헌법으로 보장받는 유일한 사기업으로 인정될 수 있다고 주장하였다. 그런데 그는 만일 언론 기관이 그 자유를 보장받는다면 그 보장의 주목적은 단지 입법, 사법, 행정의 3부를 견제하는 제4부의 역할에 있는 것이라고 덧붙였다(1975, p.641). 이러한 시각에 따르자면 언론은 알 권리의 실천을 위한 국민의 대변자로 인식될 수 있으며, 언론의 자율성에 대한 억압은 취재 보도에 대한 '위축적인 위협*chilling threat*'을 가져와 언론의 본질적 기능을 제약함으로써 궁극적으로는 국민들의 알권리를 침해하도록 하는 결과를 초래할 수도 있다는 논리가 가능하다 (Bezanson et al., 1987).

미국 이외에도 알권리를 헌법적 권리 또는 국제법적 권리로 인정하는 경향이 나타나기 시작하였다. 예들 들어, 히틀러의 극단적인 언론 통제를 경험한 독일의 경우 제2차 세계 대전 직후 제정된 본Bonn기본법(구 서독헌법) 제5조 제1항에서 "모든 사람은 그 의견을 언어·문서·도화로써 자유롭게 발표할 권리를 가진다. 일반적으로 접근할 수 있는 정보원으로부터 방해받지 않고 알권리를 갖고 있다"고 규정하고 있다. 이는 정보에 대한 화자 및 수용자의 권리를 명문으로 규정한 최초의 것으로 알려져 있다. 국제적으로는 1948년 제3차 유엔 총회가 채택한 세계인권선언 제19조에 "사람은 누구나 …… 모든 수단에 의해 또 국경과는 관계없이 정보 및 사상을 탐구하거나 입수하며 전달하는 권리를 가진다this right includes ⋯⋯ to seek, receive and impart information and ideas⋯⋯"는 규정을 들 수 있다. 또한 1966년 제21차 유엔 총회는 국제 인권 규약을 채택하여 세계인권선언과 같은 취지의 조항을 두었다.

3. 알권리의 쟁점

1) 알권리에 대한 비판적 시각

언론에 있어 알권리란 전술한 바와 같이 공공 기관과 사회 집단으로 부터 정보 공개를 요구하고 그에 관한 취재를 자유로이 할 수 있는 것을 의미한다. 특히 현대의 정부 활동이 방대하고, 전문화되고, 기밀 주의적 성향을 띠므로 정책 집행이 어떻게 이루어지는가를 개인이 파악하기란 사실상 불가능하기 때문에 언론이 개인들을 대신하여 이를 구현하고 있다고 이해된다. 그러나 알권리를 둘러싼 가장 큰 쟁점은 알권리라는 것이 진정 헌법에 의해 보호되는 권리인가 하는 점이다. 즉, 언론이 개인들이 꼭 알 필요가 있다고 판단하는 공적인 정보를 국민을 대신하여 수집하고 이를 보도할 권리가 헌법에 의해 보장되는가 하는 점이다. 이러한 점은 특히 미국에서 아직 계속되는 논쟁의 대상이 되고 있다.

    E. 데니스E. Dennis는 헌법에 의해 언론에 양도된 알권리란 존재하지 않는다고 단언한다(Dennis & Merrill, 2002). 알권리를 헌법 조항으로 뒷받침할 수 있는 법원 판결도 아직 없다. 데니스는 알권리란 단지 언론에 의해 주창되었으며, 앤터니 루이스Anthony Lewis가 주장하는 '언론 예외주의press exceptionalism'(1980, p.1)와 같이 일반 사람들이 갖지 못하는 특권을 언론이 요구할 때 주장하는 것이라고 비판한다. 그는 수정 헌

법의 정신은 개인에게 속하는 것이지만, 알권리는 헌법적인 근거가 없는 언론 기구의 권리로 발전하였다고 주장한다. 데니스의 생각과 유사하게 로렌스 트라이브Laurence Tribe는 수정 헌법의 근간은 개인에게 권리를 부여하기보다는 표현의 자유 체제를 보장하기 위한 것이라고 주장하며, 알권리는 복잡한 수정 헌법 제1조의 역할을 과도하게 단순화시킨다고 비판을 제기한다. 에드윈 베이커Edwin Baker도 이에 동의하며 알권리란 듣는 사람의 권리라기보다는 말하는 사람이 정부의 간섭을 받지 않을 권리를 의미한다고 주장하였다(Dennis & Merrill, 2002).

이러한 비판적 시각과 함께 비록 알권리를 헌법적 권리로 유추하여 인정한다고 하더라도 이를 실천하는 것이 쉽지 않다는 시각도 있다. 이러한 점에서 J. 메릴J. Merril은 알권리를 하나의 신화myth라고 본다(Merrill, 1974). 먼저 메릴은 알권리는 소극적 의미의 언론 자유의 개념을 적극적인 의미로 대체한 것이라고 보면서 이는 여러 다양한 외적 제약을 받는 언론사가 취재·보도하는 데 있어서의 발판을 구축하는 것이라고 지적하였다.

그러나 메릴은 실상 알권리의 이론적인 근거가 있다면 이는 언론보다는 정부에 주어지게 된다고 지적한다. 알권리는 정부가 정보를 공개하는가 아닌가의 결정에 근거하여 실현되기도 하고 안 되기도 하기 때문이다. 여기에 언론과 정부의 갈등이 존재하는데, 언론은 정부의 비밀주의가 국민의 알권리를 제약한다고 비판하는 반면 정부는 언론이 무책임하고 국가적 안위를 위험에 빠뜨린다고 비난한다. 여기서 메릴은 국민의 알권리를 하필이면 언론이 책임지는가에 대해 의문을 제기한다. 이러한 의문에 대해 그는 수정 헌법 제1조에서 보호하는 언론이 자유주의 언론이며, 다원주의 언론이라는 해답이 가능하다고 설명한다. 따라서 자유롭고 다양한 언론은 국민의 알권리를 충족시킬 책임이 있다는 점을 어느 정도 인정한다.

그러나 메릴은 만일 국민이 알권리가 있다면 근본적으로 알권리는 국민에게 다시 환원되어야 한다고 주장된다. 국민이 알권리를 구체적인 법적 이익으로 보장받는다고 하더라도 실제로 이를 승인하는 것은 언론과 정부가 된다. 그러나 언론은 알권리 충족을 위해 제대로 역할을 하지 못하며, 정부는 정보공개법 등의 제정에도 불구하고 실제로 알권리를 인정하지 않으려 한다. 반면 국민은 자신의 알권리를 위해서 특별한 활동을 하지 않는다.

그래서 비록 '국민의 알권리'라고 칭하지만 결국 국민이 보호받는 것은 알권리가 아니라 '알고자 하는 권리' 또는 '알기 위해 노력하는 권리'에 불과하다는 것이다. 이러한 이유로 언론은 국민의 알권리를 충족시키기 위해 자신들이 헌신적으로 활동한다고 주장한다. 정부의 비밀주의 때문에 비록 언론이 모든 정보를 국민에게 전달하지는 못하지만, 자신들이 보도하는 것은 자신들이 선택하며, 특정 언론이 보도하지 못한 것은 다른 언론이 보도하여 결국 거의 모든 중요한 정보를 제공할 수 있다고 주장함으로써 국민의 알권리를 만족시키는 결과를 가져온다고 주장한다. 결국 국민은 자신이 할 수 없는 알권리의 실현을 어느 정도 언론에 위임하는 것으로 보아야 한다. 그럼에도 언론이 헌법적 권리를 누리는 것은 아니며 그렇게 믿는 데는 아직 합리적인 근거가 부족하다고 본다. 이러한 점에 근거하여 언론이 알권리를 주장하는 것은 언론 자유에 대한 지속적인 요구에 대해서 지식인들로부터 쏟아지는 비난, 즉 언론이란 단지 이기적인 동기로 운영되는 집단이라는 비난을 피하기 위한 것이라는 인식도 있다.

한국의 경우 알권리를 실제적인 헌법적 권리로 인정하고 있다. 그러한 곳에서는 과연 어느 정도 알권리를 인정받을 수 있는가, 즉 국민의 알권리를 위해 어느 정도의 언론의 자율성을 인정해야 하는가 하는 쟁점이 발생한다. 무엇보다 알권리가 불법적이거나 잘못된 취재와 보도를 정당화하는 것은 절대 아니다. 예를 들어, 1998년 한국 대법원은 문화방송 <PD수첩>의 '유방 확대 수술 공개 방송 사건'

에서 국민의 알권리도 중요하지만 원고가 공개된 곳에서의 논의를 감수하는 태도를 취하였다고 단정할 수 없으므로 방송은 적법한 것이었다고 할 수 없다고 판결하였다(대법 1998.9.4. 선고 96다11427 판결).

무엇보다 알권리는 헌법 유보 조항(제21조 제4항)과 일반적 법률 유보(제37조 제2항)에 의해서 항상 제한될 수 있다. 제한을 하는 경우 알권리의 본질적 내용을 침해해서는 안 되며, 제한도 최소한에 그쳐야 한다. 제한의 경우는 대개 알권리가 다른 기본적 권리 또는 국가적·사회적 법익과 상충하는 경우, 즉 타인의 명예나 인격권(개인적 법익), 공중 도덕이나 사회 윤리(사회적 법익), 국가의 안전 보장이나 질서 유지(국가적 법익)를 침해하는 때에만 가능하도록 하고 있다. 이 중에서 가장 판단하기 어려운 부분이 알권리가 개인적 기본권과 충돌하는 경우이다. 특히, 알권리의 실현이 과도하게 개인적 인격권을 침해하는 경우 이에 대한 적절한 비교 형량이 요구된다.

2) 알권리와 정보공개법

알권리가 헌법적 권리로 보장되는 추세에 있지만 이는 여전히 추상적인 성격을 가지며 실제로 개인들이 어떤 내용의 권리를 보장받는가에 대해 법률로써 구체적으로 규정할 필요가 있다. 비록 불완전하기는 하지만 이러한 구체적 법률 형태로 나타난 것이 바로 국민이 알권리를 위해 정부 기관의 회의를 공개하고 그 기록을 공중에게 열람하도록 하는 정보 공개에 관한 법률 제정이다. 이는 특히 알권리의 적극적 측면을 반영하는 것이다.

미국의 경우 1950년대 전개된 알권리 운동의 결과로서 1966년 '정보자유법'(Freedom of Information Act: FOIA)이 제정되어 국민의 알권리 차원에서 공적인 정보의 공개를 독립된 법률로 명문화하였다. 정보자유법은 이후 수차례의 개정을 통하여 1974년 현재의 법적 토대가 확립되었다. 정보자유법의 제정까지 언론의 조직적인 운동과 함께 한 권의 연구서가 중요한 역할을 하는데, 바로 앞서 말한 1953년 출판된 크로스의 ≪국민의 알권리≫이다. 여기서 크로스는 연방·주·지방의 전 영역에 걸쳐 거의 모든 종류의 공문서에 접근하는 데 관한 법규정과 그 배경, 적용의 실태 등을 철저하고 체계적으로 조사하였다. 크로스는 이 책에서 "행정 기관의 문서는 그 자체가 비밀 문서나 특권이 부여된 문서처럼 다루어져 일반적으로 공중이나 언론 기관, 법원의 손이 미치지 않게 되어 있으며 각 기관장이 거의 무제한의 재량권으로 공개하기로 결정하는 경우가 아니면 이러한 공문서들이 마치 정부의 사적인 사실을 적은 회고록인 것처럼 비밀스럽게 취급하고 있다"라고 정부의 비밀주의 과잉을 고발했다(p.198).

아울러 크로스는 자치 사회에 사는 시민들은 사회에서 발생하는 사항들을 검토하고 조사할 수 있는 법적인 권리를 가져야 한다고 주장하고, "만일 사람들이 자신들의 알권리를 완전히 향유하고자 한다면 이상의 제 권리를 최고의 권위 있는 지위로까지 올려놓아야 할 필요가 있다. 정보의 자유는 수정 헌법 제1조가 보장하고자 하는 모든 자유의 기반 그 자체가 틀림없기 때문인 것이다"라고 강조하여 수정 헌법이 알권리의 근거임을 주장하였다(p.xiii).

이러한 크로스의 연구는 정보자유법 제정과 개정에 많은 영향을 끼쳤다. 1950년대 중반부터 각 주*state*를 중심으로 지방 자치 단체들의 공문서 공개, 각종 의회 공개 등을 규정한 이른바 알권리법*right to know law*들이 잇달아 제정되기 시작했고, 이는 1970년대 초까지 계속되었다. 연방 차원에서도 알권리 운동의 영향으로 하원에서 1955년 조사에 착수하여 여러 번 대규모의 공청회를 갖고 방대한 양의 보고서를 생산하면서 주권자인 국민의 알권리를 보장할 수 있는 보다 포괄적인 입법 노력이 있었다. 그 결과로 정보자유법이 제정된다. 정보자유법에 따라 정당한 이익을 가진 자는 누구나 연방 정부 기관이 보유한 공문서의 공개를 청구할 수 있게 되었다. 이에 대해 당시 법무부 장관은 정보자유법이 기존의 행정부에서 정보의 공개와 이용에 관한 새로운 기준과 관행을 도입하는 것이라고 강조하였다.

흥미롭게도 1974년 개정법에서는 처음으로 정부가 비밀로 분류한 문건이 정당하게 분류되었는지를 심사할 권한을 사법부에 부여하게 되었다. 사실 이러한 법 제정은 이전에 대통령의 특권으로 비밀을 지정하고 등급을 분류하던 관행과 절차에 일침을 가한 것이다. 그러나 이러한 법 조항에도 불구하고 국가 안보에 관한 정보, 인사에 대한 정보, 개인의 사생활 관련 정보, 법 집행 문서, 금융 기관 감독 자료 등 9개 사항에 관하여 광범위하게 공개 대상에서 제한함으로써 정보자유법은 그 실제적 의미가 상당히 축소되었다는 비판을 받았다.

미국과는 조금 다르게 한국의 경우 비록 법률적 명문 조항은 없지만 정보 공개를 헌법상의 알권리를 실현하는 근거로 오랫동안 인정해 왔다. 비록 알권리는 헌법 유보 조항(제21조 제4항)에 근거 국가 안전 보장, 질서 유지 또는 공공 복리를 위하여 필요한 경우에 한하여 법률로써 제한할 수 있으나 그럼에도 1991년 헌법재판소의 결정 이후 알권리를 헌법적 권리로서 인정해 왔다(헌재 1991.5.13. 선고 90헌마133 결정). 다시 말하자면, 헌법상 행정의 공개에 대해서는 명문 규정을 두고 있지 않지만 알권리의 생성 기반을 살펴볼 때 이 권리의 핵심은 정부가 보유하고 있는 정보에 대한 국민의 알권리, 즉 국민의 정부에 대한 일반적 정보 공개를 구할 권리(청구권적 기본권)라고 할 수 있다. 아울러 알권리의 실현은 법률의 제정이 뒤따라 이를 구체화시키는 것이 충실하고도 바람직하지만, 그러한 법률이 제정되어 있지 않다고 하더라도 불가능한 것은 아니고 헌법 제21조에 의해 직접 보장될 수 있다는 것이다.

이러한 알권리의 보장의 범위와 한계에 대해서는 많은 논의가 필요할 것으로 보이는데, 헌법 제21조 제4항, 제37조 제2항에 의해 제한

이 가능하고 장차는 법률에 따라 그 구체적인 내용이 규정되겠지만, 알권리에 대한 제한의 정도는 청구인에게 이해 관계가 있고 타인의 기본권을 침해하지 않으면서 동시에 공익 실현에 장애가 되지 않는 다면 가급적 널리 인정하는 경향이 있으며, 적어도 직접 이해 관계가 있는 자에 대해서는 특단의 사정이 없는 한 의무적으로 공개하여야 하는 것을 기본적 원칙으로 인정하고 있다. 위와 같이 해석하는 것이 헌법 제21조에 규정된 표현의 자유의 한 내용인 국민의 알권리를 충실히 보호하는 것이며, 이는 국민 주권주의(헌법 제1조), 인간의 존엄과 가치(제10조), 인간다운 생활을 할 권리(제34조 제1항)도 아울러 신장시키는 결과가 된다.

한국에 있어 국민의 알권리 보장의 차원에서 있었던 최초의 정보 공개는 1980년에 제정된 구언론기본법 제6조 '언론의 정보청구권'이라고 할 수 있다. 여기서는 '언론의 발행인이나 그 대리인의 청구가 있는 경우 공익 사항에 관한 정보를 정부가 제공해야 한다'고 규정하고 있다. 흥미로운 점은 당시의 언론기본법이 대단히 억압적이고 권위적이라고 인식된 것에 반해서 정보 공개 규정은 상당히 전향적인 발상이라는 것이다. 그러나 실제로 한 번도 이 조항에 근거하여 언론에 대한 정보의 공개가 이루어진 적은 없었으며, 1987년 언론기본법이 폐지되고 정간법과 방송법이 제정되면서 이러한 정보 공개 규정은 사라지게 되었다.

그러던 것이 1980년대 후반 이후 시민 단체들을 중심으로 한 정보 공개 운동에 편승하여 알권리는 국민들의 법적 권리로서의 인정을 획득하였으며, 알권리 실현의 장치로서 1996년 12월 31일 법률 5242호로 '공공기관의정보공개등에관한법률'(이하 정보공개법)이 제정되었고, 그 결과 모든 국민은 기밀이나 인사에 관한 사항 등 특별한 경우를 제외하고는 국가 기관이 보관하고 있는 문서의 열람과 복사를 청구할 수 있게 되었다. 한국의 정보공개법은 공공 정보의 공개를 통해 국정에 대한 국민의 참여도를 높이고 국정 운영의 투명성을 확보하는 것을 그 목적으로 하고 있다. 즉, 이 법은 알권리에서 '정보공개'라는 청구권적 성격을 특별히 법제화한 것으로 동법 제1조는 "국민의 알권리를 보장하고 국정에 대한 국민의 참여와 국정 운영의 투명성을 확보하기 위하여……"라고 입법 취지를 밝히고 있고, 국민은 누구나(제6조 제1항), 공공 기관이 직무상 작성 또는 취득하여 관리하고 있는 정보를(제2조 제1호), 국가·지방 자치 단체 등의 공공 기관에 청구할 수 있도록 하여(제2조 제3호), 정보공개법은 국가 사회의 민주화 및 국민의 알권리의 실현에 있음을 알 수 있다. 즉, 이 법은 단순히 국민의 기본권으로서의 알권리를 보장하는 데 그치는 것이 아니라 국민 주권주의를 실질화하는 한 방편으로서의 정보 공개의 가치를 인정하고 궁극적으로 전통적인 행정 비밀주의를 타파함으로써 투명한 국정을 구현하는 데에 있는 것이라고 하고 있다(최송화, 1997). 그러나 정보공개법은 그 목적에 맞지 않게 상당히 많은 제한점을 내포하고 있어 실제 적용에 있어서 문제점을 지니고 있다.

예를 들어 정보공개법 제7조의 경우 다른 법률에 의해 비밀로 지정된 것을 그대로 인정하는 규정을 내포하고 있으며, 국가 안보·통일·외교 관계 등 국가의 중대한 이익을 해칠 우려가 있는 것, 그리고 국민의 생명, 신체, 그리고 재산에 피해를 주는 사항에 대한 정보는 공개에서 예외로 규정함으로써 공공 기관이 독선적으로 정보의 가치를 판단할 가능성을 여전히 남겨 두었다. 또한 정보의 공개 여부에 대한 반영이 늦어진다는 것도 정보 공개 제도의 미비점으로 지적되고 있다. 심의·결정 기간이 너무 길어 실제로 국민들이 필요한 정보를 적시에 얻지 못하여 정책에 국민들의 반응을 적절히 수용하지 못하고 있다.

4. 판례 분석

1) 미국

미국의 경우 수정 헌법 제1조상의 헌법적 권리로서 알권리가 명확히 인식되고 있지는 않지만, 공익의 실현을 위하여 공적인 사안을 보도하는 경우 과도하게 개인적 기본권과 대립되지 않는다면 알권리를 대체적으로 인정하고 있는 것으로 보아야 한다. 이를 명시적으로 보여주는 것이 바로 법원의 판례들이다. 미국에서는 이미 1930년대부터 알권리를 인정하는 판례가 나오기 시작하였다. 1936년 그로스진 사건(Grosjean v. American Press Co., 297 U.S. 233)에서 연방대법원은 표현의 자유에 있어서의 수용자의 권리를 더 명확하게 인정하였다. 연방대법원은 신문에 대한 차별적인 과세는 위헌이라고 지적하면서 민주 정치의 주권자인 수용자에게 정보의 자유가 보장될 필요가 있음을 강조하였다.

1943년의 마틴 사건(Martin v. City of Struthers, 319 U.S. 141)에서는 수용자의 권리를 더욱 구체적인 헌법상의 권리로 인정하게 되었다. 판결에서 연방대법원은 "언론·출판의 자유는 광범위에 미치는 것으로서…… 이 자유는 문서를 배포할 권리를 포함하며…… 따라서 필연적으로 그것을 수용할 권리도 보호하는 것이다"라고 지적하고 있다. 1969년의 스탠리 사건(Stanley v. Georgia, 394 U.S. 557)에서는 "헌법이 정보와 사상을 수용할 권리를 보호하고 있음은 이미 확정된 사실이다…… 그 사회적 가치를 불문하고 어떤 정보나 사상이든 그것을 받을 수 있는 이 권리는 자유 사회를 위해 기본적인 것이다"고 판시하였다. 같은 해에 있었던 레드 라이언 사건(Red Lion Broadcasting Co. v. FCC, 396 U.S. 367)의 경우 이른바 형평의 원칙*fairness doctrine*이 위헌이 아니라고 판시하면서 표현의 자유의 문제를 수용자의 시각에서 보았다. 특히, 연방대법원은 공중의 알권리를 강조하고 방송국이 국민의 알권리를 충족시킬 국민의 기관이어야 한다는 것을 확인하였다.

이와 관련된 판례들 중 대표적인 사건이 바로 1971년 발생한 이른바 '펜타곤 페이퍼' 사건이다(New York Times v. United States, 403 U.S. 713). 이는 국가 안보와 사전 검열 등의 쟁점이 정보의 공개라는 명제와 맞물려 발생한 가장 유명한 사건이다. 이 사건은 <뉴욕 타임스>가 전직 국방성 관리로부터 이전에 1급 비밀로 분류되었던 '펜타곤 페이퍼'라는 문서를, 보고서 작성에 직접 참여했던 당시 고위 관리로부터 입수하여 이를 기사화하면서 시작된다. 보고서는 미국이 지난 30년 동안 베트남전에 어떻게 그리고 왜 개입하고 확전이 되었는가의 과정 등에 대한 것이었다.

<뉴욕 타임스>가 이를 연재하기 시작하자 미국 법무장관이 즉시 기사의 발행을 금지하는 언론 금지 가처분 소송을 법원에 제기하게 된다. 여기서 법무부 장관은 <뉴욕 타임스>의 기사 게재가 국가 안보에 중대하고 돌이킬 수 없는 손해를 가져올 비밀 정보의 공개가 예상된다고 주장하면서 배포 금지 명령을 내렸다. <뉴욕 타임스>가 이를 더 이상 발행하지 못하자 <워싱턴 포스트>가 뒤를 이어 기사화하였고, 또 다른 신문들이 보도를 이어 나가기 시작했다. 정부는 <워싱턴 포스트>에도 게재 금지 가처분 명령을 얻어냈다. 그러나 더욱 더 많은 수의 언론이 이를 다루기 시작하였고, 미국 연방대법원은 <뉴욕 타임스>에 대한 가처분 조치를 수정 헌법 제1조에 위배되는 언론 자유에 대한 검열이라고 결정하였다.

연방대법원은 1931년의 니어 대 미네소타(Near v. Minnesota) 사건을 인용하면서,2 비록 국가 안보와 관련하여 알권리를 제한할 수 있지만,

---

2. 니어 사건은 연방대법원이 사전 검열이라는 질문에 처음으로 접근을 시도한 것이며, 여기서 대법원은 공직자(공무원)들로 하여금 "악의적이고, 선정적이고, 명예 훼손적인" 신문들과 정기 간행물들의 발행을 금지하도록 허용하는 미네소타 주 법률을 위헌으로 판시하

연방대법원은 판결에서 '국가 안보'란 대단히 모호한 개념이므로 그 개념을 구체화할 필요가 있다고 판시하였다. 특히 국가 안보에 근거하여 언론을 규제하기 위해서는 언론에 의한 정부의 비밀 문서 공개가 국가 안보에 '직접적이고, 즉각적이며, 돌이킬 수 없는 손해'(*direct, imminent, and irreparable damage*)가 발생할 수 있다는 점을 정부가 입증해야만 하는데, 이 사건의 경우에는 정부가 이를 입증하는 데 실패했다고 보면서 언론의 손을 들어 주었던 것이다. 이후 국가 안보와 알권리의 문제는 이러한 기준에 의해서 처리되게 된다. 즉, 명확하게 언론이 국가 안보에 위험이 된다고 인식하는 경우에만 언론을 제약할 수 있다는 원칙을 수립했다. 그러나 전쟁이나 국가 위기 상황에 있어서는 비록 이것이 헌법에 위배가 된다고 하더라도 전장 등에 언론인이 접근하지 못하게 통제하는 등의 조치도 빈번히 발생하고 있는 현실이다.

연방대법원의 입장은 다음해인 1972년 발생한 브란즈버그 사건(Branzburg v. Hayes, 408 U.S. 665)에서 확인된다. 이 사건은 중대한 범죄 사건에서 언론이 정보원을 은닉할 권리를 가지고 있는가 하는 것을 다루었다. 당시 언론사는 기자가 직무상 얻은 어떤 정보에 대해 증언을 거부할 수 있게 하는 완전하고 무제한의 특권이 미디어의 뉴스 취재 활동을 참되게 보장하고 보호해 줄 수 있다고 주장했다. 그러나 대법원은 기자의 정보원 보호를 위한 법정 출두 및 증언의 거부권이 법적으로 근거 없다고 판결했다. 즉, 연방대법원은 언론이라고 해서 일반 국민들이 갖지 못하는 특권을 갖는 것은 아니라고 보았다. 여기서 반

였다. 법에 따르면 일단 발행이 중지되면 이를 재발행하기 위해서는 발행을 위해 내용을 검토하는 재판관의 허락이 있어야 한다. 이 사건에서 연방대법원은 언론에 대해서 사전 검열을 통하여 규제하는 것은 ① 국가 안보*national security*, ② 음란*obscenity*, 그리고 ③ 치안 방해*seditious libel*를 제외하고는 위헌이라고 보았다. 이 사건에서 연방대법원은 지역의 마피아들의 불법 행위를 고발하는 신문의 발행을 금지하는 것은 위헌으로 판단하면서, 언론의 보도에 있어서의 중요성에 대해서 주장하였다.

대 입장을 밝힌 윌리엄스 O. 더글러스william O. Douglas 판사는 판결이 기자의 취재 활동에 중대한 제약을 가하여 알권리를 억압하는 것이라고 비난하면서 "언론은 이윤을 창출할 수 있다거나 특혜 받은 집단이기 때문이 아니라, 공중의 알권리를 실현하기 때문에 우리의 헌법 체제에서 우월한 지위를 갖는다. 알권리는 국민 주권에서 결정적인 것이다"라고 간파하였다.

2) 한국

한국의 관련 판례들의 특징은 알권리 자체가 문제가 된 법원의 판결은 없다는 점이다. 판례들은 대개 정보 공개와 관련된 것으로 보인다. 그럼에도 불구하고 알권리의 침해 여부에 대해서 판단하고 있는 대법원과 헌법재판소 판례들이 있는데, 이를 정리하면 표 2-1과 같다.

헌법재판소는 1991년 5월 13일 선고된 결정문에서 "헌법 제21조는 언론·출판의 자유, 즉 표현의 자유를 규정하고 있는데, 이 자유는 전통적으로 사상 또는 의견의 자유로운 표명(발표의 자유)과 그것을 전파할 자유(전달의 자유)를 의미하는 것으로서 사상 또는 의견의 자유로운 표명은 자유로운 의사의 형성을 전제로 한다. 자유로운 의사의 형성은 정보에의 접근이 충분히 보장됨으로써 비로소 가능한 것이며, 그러한 의미에서 '정보에의 접근·수집·처리의 자유,' 즉 알권리는 표현의 자유와 표리일체의 관계에 있으며 자유권적 성질과 청구권적 성질을 공유하는 것이다.

자유권적 성질은 일반적으로 정보에 접근하고 수집·처리함에 있어서 국가 권력의 방해를 받지 아니한다는 것을 말하며, 청구권적 성질을 의사 형성이나 여론 형성에 필요한 정보를 적극적으로 수집하고 수집을 방해하는 방해 제거를 청구할 수 있다는 것을 의미하는 바 이는 정보수집권 또는 정보공개청구권으로 나타난다. 나아가 현

표 2-1. 알권리 관련 대법원 · 헌법재판소 판례

판결 일자 / 판례 번호	판결의 중요 요지
헌재 1989.9.4. / 88헌마22	군수 관리하의 임야 조사서, 토지 조사부에 대한 열람, 복사 청구에 대한 열람, 복사 청구에 대한 거부는 국민의 알권리 침해.
헌재 1991.5.13. / 90헌마133	수사 기관의 수사 기록에 대한 복제 청구를 거부하는 것은 알권리 침해. 타인의 기본권 침해가 없고 공익과 관련된 경우 의무적으로 공개해야 함.
헌재 1992.2.25. / 89헌가104	행정 정보 공개 조례안 재의결 최소는 국민의 알권리 침해. 군사 기밀의 범위도 알권리 보호를 위해 한정적으로 해석해야 됨.
대법 1992.6.23. / 92후17	행정 정보의 공개는 세계적 추세이고 한국도 관련 입법이 바람직함. 정보 공개는 알권리 차원에서 합헌임.
헌재 1994.8.31. / 93헌마174	제한된 문서의 공개로 인하여 청구인의 문서 열람 청구의 목적은 달성 못하였으나 이는 알권리 침해로 볼 수 없음.
헌재 1996.4.25. / 95헌바25	반론 보도 청구 사건의 심판 절차가 부당하게 간이하게 되어 평등의 원칙에 반하거나 언론 자유의 본질적 내용과 언론 기관의 재판청구권을 부당하게 침해하거나 또는 국민의 알권리를 침해하는 것으로 볼 수 없음.
헌재 1998.4.30. / 95헌가16	헌법에 의해 보호받지 못하는 음란물이 아닌 저속 간행물을 행한 출판사에 대한 등록 취소 등의 처벌은 성인의 알권리 침해.
헌재 1998.5.28. / 97헌마362	선거 기간 동안 선거에 관한 여론 조사의 결과 공표 및 보도를 금지하는 공직선거및선거부정방지법(선거법) 제108조는 국민의 알권리 침해가 아님.
대법 1999.1.26. / 97다10215	언론 기관에서 수사 기관의 공표를 보도하는 데 주의 의무와 위법성 조각 사유의 적용의 한계를 설정하는 것은 국민의 알권리 침해 아님. 기자가 구속 영장 사본만을 가지고 직접 취재한 것처럼 보도하는 것은 위법성 조각이 안 됨.
헌재 1999.1.28. / 98헌바64	선거법 제108조 위헌 여부. 이는 알권리, 언론의 자유 및 참정권의 제한이 아님.
헌재 1999.1.28. / 98헌마172	공영 방송이 주관하는 텔레비전 대담, 토론회 개최에 대한 제82조 제2항의 위헌여부. 공영 방송사는 후보자 중에서 1인 또는 수인을 초청하여 벌이는 대담, 토론에 대한 규정의 실천 방식은 방송사의 권한으로 이는 알권리의 침해 아님.
헌재 1999.6.24. / 98헌마153	선거법 제71조 위헌 여부. 법률이 자치구·시·군의 장 선거의 후보자의 방송 연설을 1일 방송 시간, 방송 시설 등을 고려하여 실시 시기를 별도로 정할 때까지 잠정적으로 종합 유선 방송만을 이용하여 실시하고 지역 방송국을 이용할 수 없도록 제한한 것은 선거의 공정을 기하기 위한 필요하고 합리적인 제한.
대법 2001.11.30. / 2000다68474	수사 기관의 피의 사실 공표 행위 요건 판단의 기준. 검사의 피의 사실 공표 행위는 위법. 이는 국민의 알권리와 무관.
대법 2002.9.24. / 2001다49692	수사 기관의 피의 사실 공표 행위는 알권리와 상관없고 위법성이 조각되지 않음.

대 사회가 고도의 정보화 사회로 이행해감에 따라 알권리는 한편으로 생활권적 성질까지도 획득해 나가고 있다. 이러한 알권리는 표현의 자유에 당연히 포함되는 것으로 보아야 하며 인권에 관한 세계 선언 제19조도 알권리를 명시적으로 보장하고 있다"고 밝히고 있다(90 헌마133 결정).

다시 말하자면 헌법재판소는 "알권리란 기본권 보장의 법리에 의하여 그 실현을 위한 법률적 보장으로 구체화되어 있지 않다고 하더라도 헌법 제21조에 의하여 직접 보장될 수 있는 것으로 판단하면서, 이를 표현의 자유와 표리일체의 관계에 있는 자유권적 기본권인 동시에 청구권적 기본권"임을 밝히고 있다.

이러한 점에 근거하여 1999년 6월 24일 결정에서 헌법재판소는 지상파 방송의 한계를 들어 지역구 국회의원 선거와 자치구·시·군의 장 선거에 있어 방송 연설은 유선 방송을 이용하도록 한 선거법 제71조는 국민의 알권리에 위배되는 것이 아니라고 보았다. 헌법재판소는 "방송 연설은 후보자 모두에게 공평한 기회가 보장되는 것이 중요하나, 무선 통신 시설을 이용하는 방송은 채널의 수가 한정되어 있어 후보자들의 숫자가 많은 지역구 국회의원 선거와 자치구·시·군의 장 선거의 경우 후보자 모두에게 한정된 방송 시간과 채널로 공평한 기회를 보장하는 것이 사실상 어렵다. 한편 종합 유선 방송은 수신자에게 송신하는 다채널 방송으로서 채널이나 방송 시간에 여유가 있어 후보자의 수가 많은 경우에도 선거 운동 기간에 별 차질 없이 방송 연설의 기회를 공평하게 제공할 수 있다"고 밝혔다(98헌마153 결정).

또한 헌법재판소는 1995년 7월 21일 결정에서 선거법 제65조에 명시된 선거의 공정을 위하여 선거일을 앞두고 어느 정도의 기간 동안 선거에 관한 여론 조사 결과의 공표를 금지하는 것 자체는 그 금지 기간이 지나치게 길지 않는 한 위헌이라고 할 수 없다고 보았다. 헌법재판소는 여론 조사에 관한 여건이나 기타의 상황 등을 고려하면 대통령 선거의 공정성을 확보하기 위하여 선거 공고일부터 선거일까지의 선거 기간 중 선거에 관한 여론 조사 결과 등의 공표를 금지하는 것은 필요하고도 합리적인 범위 내에서의 제한이므로, 이 규정이 알권리를 침해하였다고 할 수 없다고 판시하였다(92헌마177 결정).

그런데 흥미로운 점은 이 판례에서 이영모 재판관이 따로 반대 의견을 제시하고 있다는 점이다. 이영모 재판관은 먼저 알권리의 특성과 중요성에 대해서 언급하였다. 그는 "알권리는 헌법상 표현의 자유의 한 모습으로 역사적으로 보면, 국제화로의 변화, 정보화 사회의 발전, 대중 매체의 거대화 및 과점화는 표현의 자유의 본질이 사상·의견을 발표하는 자유보다는 의견·지식·정보를 듣고, 읽고, 보는 자유의 보장 쪽에 그 중점이 옮겨지고 있다. 알권리의 현대적 의의는 자기 실현의 가치와 관련된 개인권적 성격뿐만 아니라, 널리 공공적 사항에 관한 정보를 알고 이를 청구할 수 있는 권리를 포함하는 것이므로 정치적 의사를 형성하고 민주 정치 과정에의 참여를 확보하는 자기 통치의 가치를 실현하는 참정권적 성격도 아울러 갖고 있다"고 설명하면서 알권리의 중요성을 전제하였다.

그는 미국 연방대법원의 루이스 브랜다이스Louis Brendeis 대법관의 견해를 인용하면서 자신의 뜻대로 생각하고 생각한 대로 말할 수 있는 표현의 자유는 정치적 진리의 발견과 발전the discovery and spread of political truth을 위한 필요 불가결한 수단이고, 자유 토론에 의한 선택과 결정만이 민주 정치의 실현과 발전의 기본이 된다고 전제하였다. 이러한 점에 바탕으로 여론 조사 결과의 공표를 금지하는 선거법 규정은…… 민주주의는 자유로운 의견 교환을 필요, 불가결한 조건으로 하고 있는 점, 선거는 대의 민주제의 근간이고 여론 조사 결과의 공표는 선거권자들의 의견을 알 수 있는 유일한 수단이라는 점 등을 고려하면, 여론 조사 결과의 공표를 금지하는 것은 국민의 알권리, 표현의 자유의 핵심 부분을 제한하여 여론 형성을 제대로 못하게 하는 결과가 된다. 따라서 여론 조사 결과의 공표 금지라는 알권리 및 표현의 자유를 제한하는 법률 조항은 그 입법 목적의 정당성은 수긍이 된다고 할지라도 그 목적을 달성하기 위한 수단으로서의 적절성, 합리성을 갖춘 것으로 보기 어렵다고 주장했다.

이처럼 선거를 둘러싼 국가와 국민 사이의 알권리를 규정한 판례뿐만 아니라 저속한 표현에 대한 심한 규제가 알권리를 침해한다는 판단을 보이는 판례도 있다. 헌법재판소는 1998년 4월 30년 결정에서 언론·출판의 영역에서 국가는 단순히 어떤 표현이 가치 없거나 유해하다는 주장만으로 그 표현에 대한 규제를 정당화시킬 수는 없다고 하면서 비록 너무나 심대한 해악을 지닌 표현은 언론·출판의 자유에 의한 보장을 받을 수 없고 국가에 의한 내용 규제가 광범위하게 허용되지만, 과도하게 이를 규제해서는 안 되며 적절한 규제 방법을 찾아야 한다고 보았다. 계속해서 헌법재판소는 음란과 저속의 구분이 필요하다고 보면서, 음란이란 인간 존엄 내지 인간성을 왜곡하는 노골적이고 적나라한 성 표현으로서 오로지 성적 흥미에만 호소할 뿐 전체적으로 보아 하등의 문학적·예술적·과학적 또는 정치적 가치를 지니지 않지만, 저속은 이러한 정도에 이르지 않는 성 표현 등을 의미하는 것으로서 헌법적인 보호 영역 안에 있다고 판단했다. 따라서 청소년을 보호하기 위해서 퇴폐적인 성 표현이나 지나치게 폭력적이고 잔인한 표현 등을 규제할 필요성은 분명 존재하지만, 저속한 간행물의 출판을 전면 금지시키고 출판사의 등록을 취소시킬 수 있도록 하는 것은 성인의 알권리 수준을 청소년의 수준으로 맞출 것을 국가가 강요하는 것이어서 성인의 알권리까지 침해하게 된다고 주장했다(95헌가16 결정).

또한 반론권이 헌법에 위배되는가에 대한 판례도 보이는데, 헌법재판소는 1996년 4월 25일 판결에서 반론권으로서의 정정보도청구권은 그 자체가 인격권을 보호하고 공정한 여론의 형성을 위한 도구인 것일 뿐 진실을 발견하여 잘못을 바로 잡아 줄 것을 청구하는 권리가 아니기 때문에 그 행사 요건은 비교적 형식적인 사유에 기한 제한적 예외 사유가 없는 경우에는 이를 인용하도록 완화되어 있고, 민사소송법에 정한 본안 절차에 따르게 하기보다는 오히려 가처분 절차에 따라 신속하게 처리하도록 함이 제도의 본질에 적합하므로 그 심판 절차가 국민의 알권리를 침해하는 것으로 볼 수 없다고 판시했다(95 헌바25 결정).

5. 저널리즘 영역에 있어서의 알권리의 의미

알권리 개념에 대한 분석과 미국에서의 알권리의 발전 과정에 대한 기존 논의를 통해서 흥미롭게도 미국의 경우 냉전 시대에 직면한 언론이 치밀하고 조직적인 알권리 운동을 벌이면서 그 결과로 정보자유법(FOIA)이 제정된 반면, 한국의 경우에는 민주화 과정을 거치면서 시민 단체를 중심으로 이에 대한 논의가 진행되는 과정에서 정보공개법이 제정되었다. 그러나 알권리는 흥미롭게도 미국보다는 한국에서 더욱 헌법적 권리로서 인정되고 있다는 것을 알 수 있다. 그렇다면 이러한 알권리가 한국 저널리즘 영역에서는 언제 등장하였으며 그 개념은 어떻게 형성·변화하였는가, 즉, 미국의 경우 알권리라는 용어가 1945년경 신문에 활자화되고 1950년대 냉전 시대에 알권리 운동이 전개되었다면, 한국 저널리즘에서 알권리라는 용어는 언제 등장하였으며 언론은 알권리와 관련하여 어떻게 인식하고 있었는지 살펴보아야 한다. 이러한 연구는 학술적 논의와 별도로 언론인들이 알권리를 현실적으로 어떻게 받아들이고 언론 활동에 어떻게 적용했는가를 알 수 있는 중요한 자료가 된다.

실제로 알권리에 대한 학술적인 논의에 따르면, 알권리라는 용어가 정확히 언제 한국 언론에서 등장하기 시작하였는지는 분명하지 않다. 하지만 1969년 장용의 ≪언론과 인권≫에서 알권리라는 용어를 사용하였다는 점에서 미루어, 이미 그 이전에 알권리라는 용어가 사용되었을 가능성을 짐작할 수 있다. 장용은 책에서 "국민의 알권리가 부정되는 곳에는 언론의 자유가 존재할 수 없으며 독재자와 국민의 알권리는 상극적인 입장에서 계속 암투를 하게 된다"고 하면서 알권리라는 용어를 설명하고 있다(p.11).

그렇다면 한국의 경우 알권리라는 용어는, 미국에서 처음 알권리라는 용어가 공식적으로 이용되기 시작한 1945년 쿠퍼의 <뉴욕 타임스> 기고 이후에서 장용의 ≪언론과 인권≫이 나온 1969년 사이일 것으로 추정할 수 있다. 따라서 1945년 이후의 신문들을 중심으로 알권리라는 용어가 언제 등장하고 사용되었으며 어떻게 이해되었는지를 분석할 필요가 있다. 그래서 당시 신문의 분석을 통해 알권리라는 용어가 쓰인 기사를 찾고, 용어가 사용된 기사의 내용과 당시 한국의 사회적 상황을 접목시켜 알권리의 개념이 어떻게 이용되는지 유추해 볼 필요가 있다.

이 장에서는 <경향신문>, <동아일보>, <조선일보>, <중앙일보>, <한국일보>를 조사 대상으로 삼았다.[3] 알권리라는 말이 미국 신문에 등장하기 시작한 1945년 이후부터 장용 교수의 책이 나온 1969년까지의 기사들을 대상으로 검색하여 알권리라는 용어(또는

---

3. 검색된 기사들의 본문을 읽기 위해서는 한국언론재단 자료실(도서실)의 마이크로필름 자료를 이용하였다. 검색 결과 다른 용어들은 검색되지 않았고 '알권리'와 '정보 공개'라는 검색어에서만 기사들이 검색되었다. 아마도 미국에서 쓴 'right to know'라는 것이 '알권리' 이외의 다른 용어로서 사용되지는 않았을 것으로 보인다. 분석의 유목을 따로 정하지는 않았으나 기사의 내용이 알권리의 주체가 누구이며, 그 권리에 수반하는 의무는 누구에게 있으며, 그 성격은 무엇인지에 대한 설명이 어떻게 전개되는지를 중심으로 살펴보았다.

표 2-2. 1945∼69년 신문의 알권리 관련 기사

간행 일자/신문		경향신문	동아일보	조선일보	중앙일보	한국일보
1964	4. 21	'사설' 2면. 기자 구타는 상습화되려는가				
	4. 22		사진 기자 구타자를 색출, 처단하라			
	4. 23	편협, 기자 구타 사건에 성명				국민은 사회에 일어나는 일을 알권리가 있고 기자는 알려야
	4. 24			취재 기자에의 폭행, 알권리 박탈하는 것		알권리를 뺏지 말라
	9. 2			왜 알권리를 막나?		
1966	4. 20				왜 기자를 구속부터 하는가	
1967	1. 7				성의 있는 수사를	
	4. 3				알권리를 지키자	
	4. 4		국민의 알권리를 지키자 — 내일부터 신문 주간	'논단' 여론 정치와 국민의 알권리 / 제3회 매스콤 세미나르 주제 논문 초. '알권리'와 '법의 규약'		
	4. 5		국민의 알권리를 지키자		7일은 신문의 날	국민의 알권리 — 제11회 신문 주간에 붙여 / 신문과 독자와 기자와……. — 신문 주간에 보내는 특별 시리즈 "알권리"
	4. 6	'사설' 2면. 국민의 알권리를 지키자			신문의 날 11돌	
	4. 9				시민의 알권리	
	4. 11				선거와 여야의 신문 논조	

54

이와 유사한 용어)를 사용하고 그 개념에 대해 언급하고 있는 기사들을 선택했다. 장용 교수의 책를 검색 기간으로 정한 것은 당시 그의 책이 언론학 분야에서 언론 자유와 인격권의 문제를 본격적으로 다룬 최초의 연구서이기 때문이다.

'알권리'라는 용어가 나오는 신문 기사를 정리하면 표 2–2와 같다. 이 표에 따르면 알권리 또는 알권리라는 용어가 처음 신문에 등장하기 시작한 것은 1964년 4월 21일 < 경향신문 > 에 의해서이다. 즉, 단순히 날짜만 기준으로 보면 한국 저널리즘 역사에서 신문에 알권리라는 용어가 쓰인 시기는 미국에 비해 약 20년 후라는 것을 알 수 있다.

< 경향신문 > 은 당시 기자가 군인과 경찰에 구타당하는 사건을 다룬 사설에서 "기자 구타는 상습화되려는가"라는 제목으로 "국민은 정부가 하는 일을 알아둘 필요가 있고 또 알권리를 가지고 있다"고 주장하였다. 당시 < 경향신문 > 은 한일 회담과 관련하여 1964년 4월 20일 "데모를 취재하던 < 경향신문 > 과 < 조선일보 > 기자가 군인들로부터 폭행을 당한 것은 국민에게서 알권리를 빼앗아 가려는 것"이라고 주장하였다. 이틀 후인 23일자에서 < 경향신문 > 은 신문편집협회의 성명을 1면에 실으면서 기자 구타 사건은 언론 자유와 나아가서는 민주주의 시민에게 부여된 알권리를 박탈하는 것이라 보도하였다. < 경향신문 > 은 "기자에게 취재의 자유가 있어야 한다는 것도 요는 국민에게 알권리가 있다는 이론을 전제로 한다"고 주장하며, "만일 군경이 언론인을 증오하고 취재의 자유를 탄압하려 든다면 이것은 명백히 국민에게서 알권리를 앗아가려고 하는 것이며, 국민을 불신하는 것이라고 볼 수밖에 없다"고 밝히고 있다.

이러한 내용을 미루어 볼 때 알권리라는 용어가 자연스럽게 이용되고 있다는 점에서 비록 신문에 활자화되지는 않았으나 이미 사용되고 있었다고 추정할 수 있을 것이다. 사설 내용의 경우 기자에 대한

폭행은 결국 국민에 대한 폭행과 같은 것이라는 취지의 주장을 펼치고 있는 것으로 미루어 기자의 취재 보도의 자유는 곧 국민의 알권리라는 인식이 강함을 알 수 있다. 다시 말하자면 기사는 비록 알권리의 주체는 국민이지만 알권리가 무엇이며 왜 국민에게 속하는가에 대한 설명도 없으며(당시는 헌법적으로 보장되는 권리가 아니었음) 언론의 취재·보도의 자유가 여기에 근거하고 있다는 점을 강조하고 있다는 점에서 알권리를 언론 자유와 동일한 것으로 개념화하고 있음을 알 수 있다. <경향신문>이 기자 구타 사건을 다루게 되고, 1964년 4월 21∼24일 사이에 거의 모든 신문들이 일제히 이를 기사화하면서 집중적으로 알권리라는 용어를 사용하였다.

<한국일보>는 4월 23일자 '지평선'란에서 기자 폭행 사건을 다루면서 "……기자는 보도의 사명을 가진 것이다. 국민에게 진상을 알릴 사명을 가진 것이다. 민주 국가의 국민은 사회에 일어나는 일을 알權利가 있고 기자는 알려야 할 사명을 가진 것이다……"라고 쓰고 있다. 여기서 알권리의 주체는 국민이지만 이를 실천하는 존재는 언론이라는 이분법적 개념화를 통해서 알권리를 이해하고 있음을 알 수 있다. 24일자에서는 <경향신문>과 유사하게 '알권리를 뺏지 말라'는 제목으로 한국신문편집협회의 항의 성명을 보도하면서 성명 제4항에서 "…… 우리의 이러한 항의와 요구는 그것이 비단 언론의 자유에 대한 중대한 문제일 뿐만 아니라 나아가서는 민주 국가의 신민에 부여된 '알권리'의 박탈이라는 점을 고려……"해야 한다고 보도하였다.

그런데 당시 알권리라는 용어를 사용하고 그 주체가 국민이라고 말하면서도 알권리가 도대체 무엇인지에 대한 구체적 설명(헌법적 정의 또는 학문적 의미)은 모든 신문에서 나타나고 있지 않다. 신문들은 단순히 국민은 사회에서 일어난 일을 알아야 하고 언론은 이를 알려야 할 의무가 있다는 말을 되풀이 하는 데 그치고 있을 뿐 알권리가 구체적

으로 무엇을 의미하는지에 대해서는 전혀 언급이 없다.

<조선일보>의 경우에도 유사하여 1964년 4월 24일자 조간 신문 1면에 그리 길지 않은 분량으로 '취재 기자에의 폭행 알권리 박탈하는 것. 신문편집인협회 가해 관헌官憲의 처단을 촉구'라는 제목을 단 기사로 알권리에 대해 게재하였다. 기사는 "한국신문편집인협회는…… 국무총리를 방문, 항의문을 전달하고 폭행 관헌의 처단과 이런 일이 재발하지 않도록 대처할 것을 요구했다. 성명 전문은 다음과 같다. '취재 중인 신문 기자에 경찰관과 군인의 폭행은 민주 사회에서 있을 수 없는 행위라고 단정하며, 정부 당국에 엄중히 항의한다…… 금후 이런 불상사가 재발되지 않도록 명실상부한 보장을 요구한다…… 민주 국가의 시민에 부여된 알권리의 박탈이라는 점을 고려하여 정부의 성의 있는 조처를 촉구하는 바이다'"라고 보도하고 있다.

성명에서도 알 수 있듯이 당시 알권리라는 용어가 사용되고 있었으나 이것이 어떤 의미인지에 대해서는 단지 알권리가 언론의 자유를 위해서 대단히 중요한 그 무엇이라는 정도의 추상적 정도의 수준에 머물렀다고 할 수 있다.

알권리라는 용어는 이처럼 1964년 4월에 등장하였다가 약 5개월 정도 지면에서 사라진다. 그러다가 1964년 9월 2일 <조선일보>가 한 면을 전체로 할애하여 '왜 알권리를 막나'라는 기사를 통해서 정부의 언론 보복 조치에 대해 맞서면서 알권리를 다시 한 번 강조하고 있다. 이는 당시 정부가 언론윤리위원회 소집에 반대했던 <동아일보>, <경향신문>, <매일신문>(대구), <조선일보>에 대해 정부 기관과 공무원들의 가정에서 이 4개 신문의 구독을 금지하고, 보지 말도록 방침을 내렸던 일과 관련된다. 즉, 언론윤리위원회 소집을 통해 언론에 대한 통제를 가하려 했던 정부에 대해 4개 신문은 반기를 들었고, 정부는 이에 보복 조치를 내렸던 것이다.

이러한 보복 조치에 대해서 당사자인 <조선일보>는 당시 여덟 개의 지면 중 한 면 전체를 이에 대한 기사로 채워 넣으면서 '어느 나라 어느 시대에 이런 일이 있었던가,' '왜 알권리를 막나?' '보라, 말라…… 말도 안 되는 소리,' '읽는 자유 뺏는 건 위헌이다,' '신문은 영구히 산다,' '국민의 눈 생각하라' 등으로 독자들의 의견과 학자의 기고문, 신문 수난 약사 등을 제시하면서 정부를 강력하게 비난하고 있다.

그런데 '왜 알권리를 막나?'라는 제목이 가장 크게 활자화되었음에도 실제로 본문 내용 중에는 알권리라는 용어가 등장하지 않고 있다. 이러한 점으로 미루어 이 당시의 알권리라는 용어는 언론의 자유 내지 표현의 자유를 좀더 구체적으로 선언하는 의미로 쓰였을 것으로 짐작할 수 있다. 즉, 기사의 내용과 그 시대적 상황에서 이 표현을 생각해 봤을 때, 언론의 정부에 대한 자유로운 비판을 막는 정부 조치에 대해 언론이 제 목소리를 낸 것임을 고려한다면 알권리라는 용어가 언론의 자유와 가까운 의미로 쓰였다고 생각된다. 수용자의 입장에서 본다면 아마도 자유롭게 신문을 선택해 읽을 권리를 정부가 침해한다는 측면에서는 일반 국민들과 언론 기관이 함께 모든 정보원으로부터 정보를 자유롭게 취득할 수 있는 권리로 알권리가 쓰였다고도 볼 수 있다.

1964년은 신문에서 알권리라는 말이 자주 등장하였으나, 미국에서와 같은 조직적이고 전국적인 규모의 알권리 운동으로 발전하기 위한 기초를 제공하지는 못한 것으로 보인다. 결국 알권리라는 용어는 각 신문사들이 자율적이고 선별적으로 사용하였으며 공통된 사용법이나 의미 등은 찾아보기 어렵다. 다시 말하자면 이 시기에 한국 저널리즘에서 알권리라는 말이 정착되기 시작하였지만, 이것이 체계적이고 공통의 의미를 담아내지는 못했다고 할 수 있다.

이러한 점은 알권리라는 용어가 1964년 이후 한참 동안 신문에서 사라지게 되는 점에서 알 수 있다. 그러다가 다시 알권리가 등장한 것은 1966년 당시 창간된 지 얼마 되지 않았던 <중앙일보>에 의해서였다. <중앙일보>는 '왜 기자를 구속하는가'라는 제목으로 신문 주간 등을 기념하는 기사를 게재하면서 알권리를 언급하였다. 이후에도 <중앙일보>는 1967년 초 '성의 있는 수사를,' '알권리를 지키자'의 제하로 연속적으로 2회에 걸쳐 알권리에 대한 기사를 게재하면서 알권리에 관심을 보였다. 그러나 이 또한 알권리에 대한 전문적인 지식을 전달하는 것은 아니었다.

알권리에 대해 좀더 본격적이고 전문적으로 조명하기 시작한 것은 1967년 4월 신문 주간을 맞이하면서부터인 것으로 판단된다. 당시 한국 언론계는 "국민의 알권리를 지키자"는 표어를 내걸었는데, 신문들은 일제히 알권리가 무엇이며, 언제 유래하게 되었으며, 법적·학문적 의미는 무엇이며, 언론 자유와의 관계는 어떠한가에 대해서 언급하기 시작하였다.

<조선일보>는 1967년 4월 4일 알권리에 대한 특집 기사를 두 면에 걸쳐 게재하였는데, 먼저 3면에서는 당시 서울대학교 문리대학장이었던 민병태 교수의 '여론 정치와 국민의 알권리'라는 제목의 기고문과 신문편집인협회의 언론 권익 옹호 활동, 그리고 한국신문윤리위원회의 자율 규제 활동 내용을 싣고 있고, 뒤이어 4면에서는 그해 3월에 있었던 제3회 매스컴 관계 세미나에서 정현준(당시 <한국일보> 편집위원)이 발표한 주제인 '언론과 실정법' 논문의 내용을 간추려 싣고 있다. 기고문의 내용은 다음과 같다.

"…… 그러나 여론이 올바로 조성되려면 무엇보다도 공개성이 필요하다…… 따라서 여론은 국민이 알권리를 제대로 향유할 때만큼 자료가 제시되어야 하며 정책의 현황과 전망에 관한 올바른 설명이 따라야 한다. 특히 현대 정치는 복잡한 과정과 절차에서 운영되는 만큼 일반 국민으로서는 도

저히 정확한 판단이 곤란하다…… 이것도 요는 국민의 알권리를 보충하는 데 그 의도가 있는 것이다……"

이 글에서는 올바른 여론의 확립을 위해서 국민의 알권리가 제대로 보장되어야 하며, 특히 현대의 정부 활동이 방대하고, 전문화되고, 비밀주의적 성향을 띠므로 정책 집행이 어떻게 이루어지는지를 개인이 스스로 알기가 사실상 어렵기 때문에, 언론이 개인들을 대신하여, 꼭 알 필요가 있다고 판단되는 공적인 정보를 수집하고 이를 보도함으로써 국민들의 알권리를 충족시켜 줄 사회적 책임을 요구받는다는 시각을 표현하고 있음을 알 수 있다.

4면의 매스컴 세미나 관련 논문 요약 기사에서는 정현준의 '언론과 실정법'이라는 논문을 통해 언론과 형사 책임, 언론과 공공 책임, 언론과 선거법, 언론과 군사법 등으로 구분하여 알권리와 관련된 여러 쟁점들을 소개하고 있다. 특히, 언론의 명예훼손죄는 '고의'에만 적용되어야 한다는 것, 보도 논평의 부분적 결과에 반공법 적용은 부당하다는 것 등을 주장하고 있는데, 이는 이후에 나라 안팎에서 꾸준히 알권리와 관련된 논쟁의 주요 소재가 되어 온 것들이다. 이 글의 초점은 알권리와 관련하여 언론의 활동적 측면에 주어져 있음을 알 수 있다.

유사하게 <한국일보>도 사설란에서 '국민의 알권리'라는 제호로 알권리에 대해서 구체적으로 언급하고 있다. <한국일보>는 "국민의 알권리는 언론 자유의 필수적 조건이며 중핵을 이루는 국민의 가장 귀중한 기본권이다. 그것은 어느 누구에게도 양도할 수 없는 천부의 자연권으로서 민주 정부는 당연히 국민의 알권리를 보장해야 할 의무를 지고 있다. 다른 어떤 권리보다도 양심에 따라서 자유로이 알고 얘기하며 비판하는 권리가 확보되지 않고는 민주 사회는 성립될 수 없다……"고 쓰고 있다. 여기서 <한국일보>는 국민의 알권리를 지켜 주어야 하는 주체로서 국가를 이해하고 있다.

또한 "그처럼 소중한 국민의 알권리라는 개념은 이미 서양에서 17세기부터 시작된 것이었으나 본격적으로 우리나라에 들어 온 것은 그리 오래된 일이 아니다. 괄목할 만한 계기로서는 1961년의 신문윤리강령 개정 당시 '국민의 알아야 할 권리에 부응'할 것을 명문으로 선언한 사실을 들어야 할 것이다"라고 하여 한국의 저널리즘에서 알권리의 시초는 비록 그 용어를 사용하지는 않았으나 1961년경으로 판단하고 있음을 알 수 있다.

<동아일보>도 같은 날 사설에서 "…… 우리는 여기서 국민의 알권리가 무엇이라는 것, 그리고 그러한 권리가 어떻게 해서 확보된다는 것, 그리고 그러한 권리 행사를 가능케 하는 취재, 전파의 자유가 결코 신문과 신문인에 주어진 특권이 아니라 민주주의 국민의 당연한 권리를 대행하고 있다는 것 등을 평이하게 납득할 수 있으리라고 믿는다…… 정부는 위급한 국가 보안 등에 관한 특별한 경우를 제외하고는 모든 것을 포괄적으로 균형 있게 국민에 알려 줄 때, 국민의 알권리가 실질적으로 확보되는 것이다"라고 서술하면서 신문이 국민의 대행자임을 자처하고 있다.

흥미롭게도 1967년도의 기사들은 학계 연구자들의 논의를 많이 소개하고 있는데, 이는 알권리를 단순히 언론 자유와 유사한 개념으로 인식하기보다는 한층 구체적으로 관심을 기울이기 시작하였음을 보여 주는 것이다. 이때 신문에 기고되었던 알권리의 개념은 기본적으로 알권리가 국민에게 있는 권리이고, 언론이 국민을 대신하여 행사할 수 있는 권리라는 것으로 현재와 비슷하게 인식되고 있다. 주목할 만한 사실은 당시 <독립신문> 창간 70주년을 기념한 신문 주간의 슬로건이 '국민의 알권리를 지키자'라는 것이었다고 하는데, 이는 비록 1950년대 미국에서 언론인들을 중심으로 벌어진 알권리 운동과 같이 조직적이고 체계적인 것은 아니지만 언론인들 사이에 정부로부

터의 자유로운 취재를 위한 알권리 운동의 필요성을 인식하는 중요한 계기를 마련하게 된 것으로 추정할 수 있다. 그러나 아쉽게도 신문사들의 알권리 논의는 이내 지면에서 사라지게 되고 1967년 이후부터 1969년까지 신문에서는 알권리라는 용어가 다시 나타나지 않았다. 요약하자면 한국 저널리즘 영역의 경우 1961년 신문윤리강령 개정 때 알권리 개념이 처음 이용되었으며 1964년에 처음 신문에 등장하였으며, 등장 초기의 개념은 취재·보도의 자유와 유사하게 또는 언론 자유의 하위 개념으로 이해되었으며, 1967년 이후에 좀더 현대적 개념으로 알권리에 대한 인식이 확장되기 시작하였다고 할 수 있다.

그러다가 장용의 책이 나온 1969년 이후 알권리가 다시 언론의 중요한 논제로 등장하게 되는데, 특히 1971년 미국에서 발생한 펜타곤 페이퍼 사건이 알권리에 대한 신문들의 관심에 불을 지피게 되었다고 할 수 있다. 예를 들어, <조선일보>는 <뉴욕 타임스>의 국방부 기밀 보고서 게재가 6월 15일 뉴욕지방법원에 의해 일시 중지 가처분 결정이 내려진 직후인 6월 18일자 국제면에서 '알권리와 안보의 대결'이라는 제목으로 이 사건을 심도 있게 보도하였다. 동년 6월 30일 연방대법원에서 6 대 3의 결정으로 <뉴욕 타임스>가 승리하자, 7월 2일자에서 다시 한 번 많은 지면을 할애하면서 '알권리의 승리'라는 제목으로 이를 기사화하였다. 펜타곤 페이퍼 사건은 '미국의 수정 헌법 제1조에 의거하여 언론의 자유가, 증명하기 어려운 불분명한 개념이라 할 수 있는 국가 안보라는 것에 의해 침해될 수 없다'라고 하여 언론의 자유를 다시 한 번 강조하였던 판례라고 할 수 있다. 이에 대한 기사를 <조선일보>가 게재하면서 알권리라는 용어를 제목으로 달았는데, 여기에서 비록 알권리가 국민의 권리라는 점에는 의심의 여지가 없으나 이것은 언론의 자유에 가까운 의미로 사용되었다고 볼 수 있다.

1974년 일본에서 미국의 펜타곤 페이퍼 사건과 비슷한 사건이 발생하자 또 한 번 알권리가 주목을 받게 된다. 1973년 3월 2일 한국 신문들은 이를 일제히 보도했다. 이는 일명 '니시야마 사건'으로 <마이니치신문> 기자였던 니시야마가 일본 외무성 공무원과의 개인적인 친분을 이용하여 오키나와 반환을 둘러싸고 미·일 간에 교환된 외무성의 기밀 전문 3통을 빼낸 사건을 말한다. 결과적으로 기사화되지는 않았으나, 일본 정부는 국가공무원법 위반으로 기자와 공무원 모두를 기소하였다. 이 사건의 쟁점은 '비밀이란 무엇인가'라고 하는 것과 비밀 보호와 취재의 자유 중 어느 쪽에 더 우위를 인정할 것인가 하는 것이었다. 대법원은 니시야마 기자에게는 국민의 '알자유'에 봉사한다는 취재 목적에 따른 행위였다고 판단하여 무죄 판결을 내린 반면, 공무원에게는 공적 사명에 봉사하여 공익을 도모한다는 의도가 없었다고 판단하여 유죄 판결을 내렸다. 이 사건은 일본에서 취재 방법이 법정에 선 최초의 경우로서 '표현의 자유'를 일본 법원이 공식적으로 인정하였다는 의미를 갖는 것이다.

한국 신문들은 이를 보도하면서 '국가 기밀보다 알권리가 우위'라는 제목을 달고 있다. 당시 보도가 기사화되지 않은 취재 방법에 관한 판례를 소개하는 것이었기 때문에, 알권리는 단순히 언론의 취재·보도의 자유라기보다는 국민의 알권리 즉, 청자의 권리라는 의미로서 알권리라는 용어를 사용하기 시작하였다고 볼 수 있을 것이다. 즉, 단순히 언론의 자유와 동일한 의미를 갖는다거나 하위 개념으로서가 아니라, 신문 기자가 국민의 알권리를 위해 취재를 한다는 것을 염두에 두는 경우에 기자에게 취재 방법이나 절차로 인하여 죄를 물을 수 없다는 판례의 의미를 명확히 하고 있다.

이러한 언론의 인식은 알권리와 관련된 박사 학위 논문이 나온 1975년에 더욱 확대된다. 당시 2월 21일자 <조선일보>는 안용교 교수의 박사 학위 논문을 소개하고 있는데, 여기서 '국민의 알권리에 관한 연구'가 한국에서는 처음으로 박사 학위 논문으로 나왔다고 언급하며, 국민의 알권리가 민주 사회에서 가장 기본적 권리 개념의 하나이며 어떤 경우에도 보장되어야 한다는 것이 논문의 요지임을 밝히고 있다.

전체적으로 볼 때 신문에 나타난 알권리의 실제 의미는 초기에는 언론(社)의 자유 또는 언론의 취재·보도의 자유와 유사한 의미로 혼재되어 쓰이다가 점차 국민들의 고유한 권리로 인식이 확대되어 감을 알 수 있다. 비록 언론의 자유와 알권리라는 두 개념이 다르게 이용되기도 하지만, 초기의 경우에는 정확히 어떻게 다른가에 대해서 크게 구분하고 있지 않았던 것으로 보인다. 이는 알권리라는 용어를 언론인들이 학계보다 미국으로부터 먼저 들여와서 사용했다는 점을 알 수 있는데, 이는 한국 언론이 알권리에 대한 깊은 관심과 이해가 있었다기보다는 언론과 관련된 사건이 발생할 때 이에 대한 항변을 위한 근거로서 알권리의 개념을 이용했다고 보아야 할 것이다.

이러한 측면은 언론에 알권리라는 용어가 등장한 1964~75년이 박정희 대통령이 집권한 제3, 4공화국을 거치는 시기라는 점에서 알 수 있다. 한국 저널리즘에서 알권리라는 용어는 미국보다 약 20여 년이 지난 후에 나타나기 시작하였으며, 초기 언론 자유의 개념과 구분하지 않고 언론이 권력에 저항하는 근거로서 알권리를 이용하고 있음을 알 수 있다. 물론 1960년대까지만 해도 지사志士적인 이미지가 바람직한 언론인상으로서 인식되었다는 점(송용준, 2001)을 고려한다면 알권리라는 개념이 소개되기 이전에도 한국 언론은 정부에 대하여 나름대로의 비판적 목소리를 내며 언론의 자유를 강조해 왔다고 할 수 있다.

그래서 알권리 개념이 수입된 초기에는 정확한 의미를 이해하지 못하다가, 1960년대 후반과 1970년대 초반에 와서야 알권리 개념을 지금의 국민의 기본적 권리로서 이해하기 시작한 것으로 보인다. 특징적인 점은 박정희 정권 초기에는 언론들이 직접적으로 정부에 대하여 알권리나 언론의 자유를 주장하다가 박정희 정권의 언론 탄압이 점차 심해지면서, 언론들이 지면에서 직접적으로 알권리 또는 언론의 자유를 주장하지 못하고, 외국의 판례 소개나 학계의 연구 결과 등을 통해 간접적으로 그러한 의미를 표현하는 수준에 그치고 있는 것으로 해석할 수 있다.

6. 알권리의 중요성

언론과 정부와의 관계는 언론이 국민의 알권리를 충족하기 위해서 존재한다는 점에 근거해서 결정되어야 한다. 헌법적 내용과 법률 조항, 그리고 판례에서 나타난 알권리란 표현의 자유의 적극적 측면으로서, 이는 듣는 자의 자유에 속하며 국민 개개인이 정치적, 사회적 현실에 대한 정보를 자유롭게 알 수 있는 권리, 또는 이러한 정보에 대해 접근할 수 있는 권리를 통칭하는 개념이라고 할 수 있다.

개인을 둘러싼 사회 환경의 영향력이 확대되고, 정보 기술이 급속하게 발달하면서 개인들 역시 현실에 대한 정보를 얻고자 하는 욕구가 강해짐에 따라 알권리는 자연스럽게 인권의 문제로 떠올랐다. 그러나 아직 어느 나라에서도 알권리를 헌법 조항이나 실정법으로 다루고 있지는 않으며, 또한 여전히 추상적이고 모호한 개념이다. 이러한 점에서 볼 때, 과연 국민 개개인이 정부나 거대 자본을 상대로 얼마나 유용한 정보를 얻어낼 수 있는지는 미지수이다.

한국의 경우에도 비록 알권리를 헌법적 권리로 인정하고 이에 근거하여 사안을 해결하는 판례도 존재하지만, 알권리에 대한 명확한 정의는 아직 내려져 있지 않다. 즉, 표현할 수 있는 권리·일반적 정보에 대해 필요한 정보를 취사 선택할 수 있는 자유 등 소극적인 측면과, 정보 공개를 청구할 수 있는 권리 등의 적극적인 측면이 섞여 공존하는 것이다. 그럼에도 현대 사회가 민주화되고 정보화 사회로 진행함으로써 알권리는 점차 그 정당성을 확보해 가고 있으며, 개인의 언론·표현의 자유가 실현되기 위해서는 반드시 보장되어야 한다는 견해가 설득력을 얻고 있다. 1998년부터 시작된 공공 기관의 정보 공개 제도 또한 국민의 알권리 충족에 부응하는 것이라고 할 수 있다.

물론 알권리는 헌법 유보 조항인 헌법 제21조 제4항과 일반적 법률 유보 조항인 제37조 제2항에 의하여 제한이 가능하도록 되어 있다. 그럼에도 제37조 제2항에서 보듯이 그 본질적 내용은 침해할 수 없으며, 헌법재판소도 알권리에 관하여 "직접적 이해 관계가 있는 자에 대하여 특단의 사정이 없는 한 의무적으로 공개해야 한다"고 판시하고 있다. 이는 국민의 알권리의 중요성을 다시 한 번 더 확인하는 것이라고 할 수 있는데, 이러한 국민의 알권리를 위해 언론의 취재, 보도의 정당성이 확보되는 것으로 인정되고 있다.

즉, 언론은 비록 사적 기업이지만 헌법으로 보호되는 유일한 사적 기업으로서 국민들의 알권리에 근거하여 정부의 기밀주의에 대항할 수 있는 요건을 갖추게 된다. 국민들의 알권리는 인격 형성을 위한 전제이며, 자기 실현을 가능케 하는 개인적인 권리로서 인간의 행복 추구의 중요한 내용이 되는 것은 물론, 국민이 국정에 참여할 수 있는 근거가 된다. 다시 말하자면 국민들은 언론이 전달하는 국정 운영에 관한 많은 정보를 제공받음으로써 올바른 정치적 의사를 형성하여 선거권을 행사하고, 여론 형성을 통하여 국정 운영에의 참여를 확보하게 되는 것이다.

또한 정부는 국민의 알권리 차원에서 국정이 투명하고 민주적으로 운영되고 있는가를 알려서 최대한 국민의 신뢰를 얻도록 해야 한다는 점에서도 알권리는 중요한 구실을 한다. 결국 알권리는 국민들이 다양한 정보에 자유로이 접근하여 정부의 내부에 축적되어 있는 정보에 스스로 정통하게 하여 주권자로서 올바른 정치적 판단을 내릴 수 있도록 하는 데 그 목적이 있다. 이러한 점에서 언론은 주권자로서의 국민들이 정부에 대해 제대로 된 식견을 가지도록 해야 할 의무가 있다고 하겠다.

결론적으로 알권리는 기밀주의적 정부에 대해서 최대한의 정보를 제공하도록 요구하는 기본 원칙이 된다. 대개의 경우 정보 청구의 역할을 언론이 맡고 있다는 점에서 정부와 언론은 서로에게 깨어 있는 긴장 관계가 바람직하다고 하겠다. 알권리를 보장하기 위한 정보 공개법이 존재하지만 국가 안보 등의 예외적 조항이 너무 많아 그 실효성이 문제된다. 그럼에도 개인들은 언론에 의존하지 않을 수 없기 때문에 언론은 정보를 가지고 정부와 줄다리기를 할 수밖에 없는 관계에 있다.

초기의 알권리가 언론의 권리로 잘못 인식되었다면 현대의 알권리는 개인들이 적극적으로 정보를 탐구하는 권리로 법적으로 확립되었다는 것을 언론은 알아야 한다. 이는 단순히 '알권리*right to know*'라는 것보다 **무엇에 대해** 알권리*right to know about*'가 더욱 중요하다는 것을 의미한다. 즉, 알권리는 언론의 취재·보도의 자유와 동일한 것이 아니며 국민에게 속한 권리이기 때문에 이를 국민에 다시 돌려 주도록 노력해야 한다. 이를 위해 언론은 알권리의 주체인 국민들이 정말 무엇을 알고 싶어 하는가에 대해서 끊임없는 질문을 해야 한다.

3장

인격권과 공익(성)

1. 공익성에 대한 쟁점

한국 형법 제309조에는 '출판물에 의한 명예훼손죄'가 규정되어 있다. 이에 따르면, 허위 사실은 물론 사실의 경우에도 언론의 보도 내용이 개인의 명예를 실추시켰다면 이에 대해서 형사적인 책임을 지는 것으로 규정하고 있다. 이를 뒤집어 말하자면 언론은 날마다 보도로 인한 명예 훼손상의 책임을 감수해야 하는 상황에 처해 있다는 것이다. 사실 언론 기관은 헌법에 의해 보장되는 취재 보도의 자유를 추구하는 반면, 개인의 명예권 역시 보호받아야 할 대상이 된다. 또 개인의 명예도 지켜야 할 법익이지만 언론의 자유 역시 민주주의의 기본 원칙이라는 점에서, 사법부는 이 두 가지 권리의 절충을 이루기 위해서 끊임없이 고민하지 않을 수 없다. 이러한 절충을 이루기 위한 판단의 기준이 바로 형법상의 위법성 조각 사유이다.

즉, 한국 형법은 제310조에서 "적시한 사실이 진실하고 오로지 공공의 이익에 관한 때는 명예훼손죄로 처벌하지 아니한다"라고 명시하여 진실성(상당성)과 공익성을 위법성 조각 사유로 규정하고 있다. 여기서

'오로지 공공의 이익에 관한 때'라는 것은 적시된 사실이 객관적으로 볼 때 공공의 이익에 관한 것이며, 행위자도 주관적으로 공공의 이익을 위하여 그 사실을 적시한 것이어야 한다. 이러한 공공의 이익에 관한 것에는 널리 국가나 사회 기타 일반 다수인의 이익에 관한 것뿐만 아니라 특정한 사회 집단이나 그 구성원 전체의 관심과 이익에 관한 것도 포함된다. 또, 행위자의 주요한 동기 내지 목적이 공공의 이익을 위한 것이라면 부수적으로 다른 사익적 목적이나 동기가 내포되어 있더라도 처벌되지는 않는 것으로 볼 수 있다(대법 1998.10.9. 선고 97도158 판결).

이러한 위법성 조각 사유로서의 공익성은 언론의 취재, 보도가 어느 정도 허용될 수 있는가를 보여 주는 기준이 된다. 예를 들어, 1996년 안기부의 < 한겨레신문 > 취재 기자에 대한 소송에서, 완벽한 진실 확증이 없더라도 공공의 이익에 관한 것이라면 위법성 조각 사유로 삼는다는 대법원 판결이 나왔는데, 이는 언론 보도의 지평을 넓혀 주는 것이었다(대법 1996.8.23. 선고 94도3191 판결). 또한 이 사건에서 대법원은 "직접적인 증거를 제시하지 못했더라도 보도 내용이 진실이라고 믿을 만한 정황이 있었고, 그것이 공공의 이익에 관한 것"이었다는 점을 들어 사실의 진실성뿐만 아니라 진실이라고 믿을 만한 '상당한 이유'가 있는 경우에는 위법성이 조각될 수 있음을 인정하고 있다. 이러한 상당한 이유와 관련하여 최근 판례의 경향을 보면 법원은 언론 보도 관련 명예 훼손 소송에서, ① 특정인의 명예를 고의적으로 훼손했는지의 여부, ② 정보 접근의 난이도, ③ 기자가 취재 과정에서 진실을 확인하기 위해 최선을 다했는지의 여부, ④ 취재원의 신뢰도, ⑤ 보도의 긴급성 등을 구체적으로 따져 처벌의 수준이나 손해 배상 여부를 결정하고 있는 것으로 나타났다.

그런데 한국의 경우 명예훼손법상 위법성 조각 사유의 적용에서 '공익성' 부분은 진실성이나 상당성의 부수적인 필요 요인으로 인식될 뿐 명예 훼손 판결에서 독립된 면책 사유로 인정되는 것은 아니다.

다시 말하자면, 보도가 아무리 공익과 관련된 내용이라 하더라도 이것이 진실하지 않다거나 '그렇게 믿을 만한 상황이 아니었다면 이는 면책 사유로서의 의미가 없는 것이다. 이러한 점은 위법성 조각 사유가 언론에 적절히 적용되지 못하여 명예 훼손 소송이 언론에 대해 위축효과chilling effect를 가져올 수 있는 요인이 되기도 한다(Soloski et al., 1987).

언론의 경우 명예 훼손 소송에 있어 그 보도 내용이 '공공의 이익에 관한 내용'이라는 점과 '국민의 알권리'라는 점을 내세워 면책을 주장한다. 그러나 법원의 입장은 이러한 언론의 시각과는 괴리가 있다(이재진, 1999). 예를 들어, 1992년 12월 4일에 있었던 노무현 대 <조선일보> 판결에서는 공인으로서 그에 대한 보도는 '공공의 이익'을 위한 것으로 추정되지만, "기사가 진실한 것이 아니고 그렇게 믿을 만한 이유도 없다"라는 이유로 조선일보사에 손해 배상을 명했다. 이 판결에서 법원은 보도의 내용이 '공공의 이익'과 관련된 것임을 인정하면서도 보도 내용의 일부가 허위라는 것을 중시했다. 유사한 맥락에서 1996년 김현철 대 <한겨레신문> 판결에서도 원고가 대통령의 차남으로 그에 관한 보도가 공적인 관심사라 할 수 있음에도, "보도가 진실이라고 믿을 만한 상당한 이유가 없다"는 이유를 들어 한겨레신문사에 패소 판결을 내렸다(서울지법 서부지원 1996.1.26. 선고 94가합5021 판결).

이러한 점에 근거하여 언론 보도에 의한 명예 훼손 소송에 있어서의 위법성 조각 사유로서의 '공공의 이익'에 근거하여 실제로 한국 법원이 이를 어떻게 개념화하고 판결에 수용하는지 그리고 이를 통하여 실제적인 보도의 허용 범위를 어느 정도 인정하는지를 살펴보고자 한다. 다시 말하자면 '공공의 이익'이라는 개념에 대해 판례에 나타난 법원의 입장은 어떠하며 언론의 주장과는 어떠한 차이를 보이는가를 분석하고자 하는 것이다. 이를 위하여 우선 기존의 공익성과 관련된 연구들과 해외의 사례를 고찰하고, 지난 1980년에서 2000년까지 20년간 '공익성'을 다룬 관련 판례를 수집하고 이를 분석한다. 분석은 보도 매체, 보도 내용,

승소 비율, 원고의 신분에 따른 소송의 전체적 성격과 공익성이 실제 판례에서 어떻게 적용되고 있는가를 살피는 법리적 과정을 포함한다.

이 장은 최근 언론을 대상으로 한 명예 훼손 소송이 급증하고 있으며 이 중 많은 부분이 공직자나 공인에 의한 것으로 이것이 언론의 알권리 충족을 위한 공적인 기능을 위축시킨다는 논란이 제기되는 과정에서 문제 해결의 실마리를 제공하고자 한다. 특히, 1958년에 형법으로 정립된 이후로 오늘날까지 적용되는 '공공의 이익' 원칙은 이를 적용·집행하는 법조계에서조차도 개념에 대한 정확한 기준을 가지고 있지 못하다(임유진, 1988, p.71)는 점을 감안하면 공익 개념을 명확하게 이해할 수 있도록 할 것이다. 즉, 아직까지 개념적으로 확실치 않은 공익성을 체계적으로 정리함으로써 언론의 면책의 판단 기준인 공익성에 대한 재고를 통해 공익과 관련되는 경우 언론이 조금 더 자유롭게 보도할 수 있도록 하는 근거를 제시할 수 있을 것이다.

2. 언론에 있어서의 공익성에 대한 고찰

1) 공익 개념의 정의와 발전

공익 개념은 그리스 시대 이래로 많은 사람들에 의해 탐구되어 왔으나 본격적으로는 20세기 이후 행정 국가 출현과 더불어 주목을 받게 되었다. 즉, 행정의 재량권이 커지고 이들이 좌우하는 자원이 엄청나게 증가하면서 이에 대한 결정을 누가 어떻게 하느냐는 의문과 종래 공익 결정 방법으로 인정되어 온 다수결의 원칙이 언제나 공익성 구현을 위한 유일한 방법이냐에 대한 의문이 제기되면서 공익에 대한 관심이 증대되었다. 이러한 공익 개념이 사회 과학적 관심의 대상이 된 것은 미국에서 1930년대 말 뉴딜 정책이 수행되면서부터이며,

1950년대 말에 가서 이 개념에 대한 종합적인 논의를 위한 시도가 이루어지게 되었다.[1] 그러나 공익 개념은 포괄성과 상대성을 본질로 하기 때문에 이것이 다양하게 정의되고 있을 뿐 아니라 아직도 그 의미, 내용이 확정되어 있지 않다고 해도 과언이 아니다(최영묵, 1997, p.7).

공익이란 흔히 보편화된 가치, 공동체의 권익, 재화나 용역의 사회적 효용 가치의 극대화, 미래의 이익이나 사회적 약자의 이익과 같은 요소들을 포함하는 것으로 이해하는 경향이 있다(백완기, 1981, p.36). 공동체성, 자원의 효율적인 배분, 사회적 약자 보호 등의 핵심 요소인 공익은 정치 철학에서 말하는 전체의 이익 혹은 일반 이익general interest 이라는 말과 의미상 큰 차이가 없다. 이런 일반 이익론은 아리스토텔레스 이후 정치 철학의 핵심 화두로서, 개인의 개별 이익과 사회 전반의 일반 이익이 존재한다고 인정되는 상황에서 양자가 상호 침투하면서 새로운 합을 이루어가는 것이 가장 이상적인 일반 이익의 실현방법이다(최영묵, 1997).

이렇게 다의적이고 추상적인 공익에 대해 ≪우리말 대사전≫은 "일반 사회 전체의 이익, 널리 세상 사람들을 이롭게 하는 것(사회 전체의 이익, 공공의 이익)"이라고 정의하고 있다. 일찍이 루소는 공익이란 '공공의 복리'라고 했는데, 이를 광범위하게 보면 공리주의자들이 주창하는 '최대 다수의 최대 행복'으로 국민 다수가 누릴 수 있는 사회적 생산과 유지, 그리고 번영에 관련된 이익이라고 할 수 있다. 홉스는 기존의 일반 이익이란 군중의 이익에 불과하다고 주장했고, 로크는 사회 계약에 의해 자산 계급의 연대적인 이익으로서 일반 이익이 구성되어야 한다고 주장한 바 있다. 한편, E. C. 밴필드E. C. Banfield(1964)

---

1. 1950년대 말 미국의 철학학회에서 공익의 개념에 대한 종합적인 논의를 위한 움직임이 시작되었다. 그 후 1962년 공익 개념에 대한 연구 논문을 모은 ≪공익Public Interest≫이라는 책이 발간되고, 1965년에는 본격적인 학술 연구지가 발간되었다.

는 "어떤 결정이 보다 많은 공중의 목적을 희생하여 어떤 일부 공중의 목적 달성을 조장한다면 그 결정은 특수 이익(사익)을 위한 것이라 볼 수 있다. 그러나 어떤 결정이 일부 공중의 목적보다는 오히려 전체 공중의 목적을 위한 것이라면 그것은 공익에 속한다고 할 수 있다"고 간파하였다(pp.322~3).

한편 V. 헬트V. Held(1970)는 공익을 우세의 개념과 일원론적 개념으로 구분하고 있다. 우세의 개념이란 '모든 정치 공동체의 구성원이 공유하는 이익이며 전원의 합의와 일치하는 것'으로서 루소의 공공선이나 일반 의지가 이에 해당된다. 한편 일원론적 개념은 보편적인 도덕 개념에 기초하여 보편적인 도덕 질서만이 정당성을 부여할 수 있음을 의미하는 것이다(pp.43~192). 유사하게, 황산덕(1965)은 공익에 대해서 "다수의 일반의 이익에 관해야 하며, 사회 일부의 이익에만 관계된 사항일지라도 그 범위 내에서는 공익성을 유지할 수가 있으며, 공공의 이익이라고 한다 해서 공적인 행위에만 한하는 것은 아니고, 사행私行일지라도 공익에 관계되는 경우에는 본죄의 요건을 구비하는 것이 된다"고 지적하였다(p.228). 그런데 문제는 이러한 철학자들과 법학자들의 공익에 대한 이해가 여전히 구체적이라기보다는 추상적이라는 점이다.

2) 언론과 공익성

언론과 공익에 관련하여 W. 프로서 W. Prosser는 "공익이란 단순히 '뉴스 가치를 갖는다'는 것과 동일시해서는 안 된다. 그것은 사회 전체의 이익에 영향력을 갖는다는 이유에서 사회 일반이 정당한 관심을 갖는 사항에 한정된다"고 정의한다(Prosser, 1960, p.384). 즉, 프로서는 단순히 뉴스의 가치가 있다는 것만으로 이를 공익과 동일시해서는 안 되며 사회 구성원들의 일반적인 정당한 관심사라고 판단이 되는 경우 언론이 이를 알려야 한다고 지적한다. 같은 맥락에서 한병구(2000)는 공익은 다수의 사람들의 이익을 보장해 주는 것이기 때문에 어떤 사람이 진실된 사실의 적시로 타인의 명예를 훼손했다 하더라도 그것이 공익과 부합되는 경우에는 면책의 항변이 될 수 있다고 주장한다(pp.258~9). 이효성(1999)은 공익의 개념과 범위에 대해서 "뉴스 가치가 있는 사항으로서 사회 전체의 이익과 관련이 있다는 이유에서 사회 일반이 정당한 관심을 갖는 것으로 간주된다. 일반적으로 정치적인 문제를 비롯하여 공소가 제기되지 않은 범죄 행위도 이에 해당되는 것으로 인정된다"라고 해석하고 있다.

이러한 공익 개념의 이론적 근거는 사회 책임론과 공론장 이론에 있다고 할 수 있다. 사회 책임 이론이 처음 등장한 것은 1942년에 구성된 미국의 '언론자유위원회' 보고서에서였다. 이에 따르면, 미국 언론이 위기를 맞고 있는 이유는 매스 커뮤니케이션 수단의 발달로 언론의 중요성은 늘어난 반면 의견과 사상을 발표할 사람의 수는 줄어든 데다 언론 기관을 이용할 수 있는 소수의 사람들이 사회적 요구에 부흥하지 못하고 있으며, 언론에 종사하는 사람들이 비판을 받으면서도 자신의 임무를 제대로 인식하지 못한다는 점을 지적하고 있다. 이런 결과로 사회의 언론 통제가 예견되며 이를 막으려면 언론 자유가 '책임 있는 자유'일 경우에만 보호받을 수 있다는 것이다(Hocking, 1947).

언론은 이를 위한 지침으로 언론의 기본 사명을 다음의 다섯 가지로 정리하고 있다. 첫째, 사건들을 잘 이해할 수 있도록 사실에 관한 진실을 보도할 것, 둘째, 언론은 비판과 평론을 위한 공개 토론장이 될 것, 셋째, 언론은 그 사회를 구성하는 대표적인 실상을 반영할 것, 넷째, 사회 목표와 가치를 제시하고 명확히 할 것, 다섯째, 모든 사회 구성원들이 엑세스할 수 있어야 할 것 등이다(Shiebert, Peterson, & Schramm, 1956). 이런 사회 책임론은 언론 기관과 일부 학자들에게 비판도 받았지만 자본의 이윤 동기에 지배되는 '무책임한 언론'에 대한 규범적 차원의 이의 제기이자 대안 모색을 위한 시도였다는 점에서 의미가 있다.

공론장 이론은 독일에서 18세기 말경 당시 사용되던 '공(公, offentlich)'이라는 의미의 형용사가 명사화된 형태로 쓰이게 된 것인데, 하버마스가 이 용어를 사용하면서 널리 알려지게 되었다. 이는 공개장, 공론장, 또는 공공 영역으로 해석될 수 있는데, 그에 따르면 공론장이란 여론이 형성되는 사회 생활의 영역이기 때문에 사회 성원들이 공개적으로 의견을 표출하는 곳이다(Habermas, 1964, p.198). 이러한 공론장 이론은 언론이 대의제 민주주의 사회에서 국민의 복지 향상과 참여 실현을 위한 가장 중요한 사회 제도라는 당위적 인식을 확대하는 데 결정적으로 기여했다고 할 수 있다. 특히 니콜라스 간햄Nichols Ganhem, 제임스 커런James Curren, 패디 스캐널Paddy Scannell 등에도 영향을 미쳤는데, 이들은 공론장의 의미를 사회적 행위 차원, 문화적 제도 차원, 그리고 사회에서 모든 구성원에 영향을 끼치며 그들이 관심을 갖고 있는 일에 대한 집합적 의사 결정 과정에서의 참여를 포괄하는 것으로 확대하고자 하였다. 스캐널(1989)은 방송이 발전하기 전 영국에 있었던 누구에게나 개방된 형태의 공론장 영역으로 공원, 도서관, 교회, 극장, 가두 연설 등을 들고 있다. 그는 이것이 처음에는 라디오에 의해 그리고 나중에는 텔레비전에 의해 대체되었다고 본다. 이상을 종합해 볼 때 일반적으로 언론의 공익이라는 것은 사회를 구성하는 개인의 개별 이익이 합이 아닌 이를 초월한 '공동선에 대한 판단의 총합' 혹은 일반 의지의 구현이라고 볼 수 있다(한병구, 2000).

3) 미국법에 있어서의 공익

공익에 대해 미국의 ≪블랙 법률 사전Black's Law Dictionary≫에서는 "공중에 속한 사안으로…… 그 구성원들의 법적인 권리나 책임이 침해받을 수 있는 것으로, 단지 국지적인, 혹은 좁은 의미의 호기심을 의미하는 것이 아닌 전 시민적, 국가적 관심의 공유 대상이 될 수 있는 것을 가리킨다"고 정의하고 있다(1990, p.1229). 다시 말하자면 공익이란 국가적인 관심의 대상이 될 수 있는 것을 의미한다. 이러한 공익의 개념은 명예훼손법에서 구체적으로 다루어지고 있다.

미국의 명예훼손법의 특성은 1964년 뉴욕 타임스 대 설리번(New York Times v. Sullivan) 사건 이후, 명예 훼손 행위에 대하여 다른 형태의 불법 행위보다 엄격한 책임을 지우는 보통법*common law*상의 엄격 책임주의*strict liability rule*를 포기하고 일련의 판례를 통하여 개인의 법익보다는 국민의 알권리를 중요시함으로써 언론 보도에 대해 상당히 관용적인 입장을 취하는 경향을 보인다는 점이다(박선영, 1998, p.39; 이재진, 2002a, p.44).

설리번 사건은 현실적 악의*actual malice*라는 개념을 도입하여 공직자*public official*에 대한 언론의 명예 훼손은 사인私人에 대한 그것보다 언론의 책임이 현저히 완화되는 판례를 만들어 냈다. 판결문에서 연방대법원은 공직자들에 대한 비판은 수정 헌법 제1조에 의하여 보호를 받는다는 입장에 근거하여, '진실로 증명될 수 있는 표현만 수정 헌법 제1조의 보호를 받는다'는 기존의 주장을 배척하면서 "표현의 자유가 숨 쉴 여지를 가지려면 조금 잘못된 언사도 자유로운 토론을 위해서 허용이 불가피하다"는 제임스 매디슨의 말을 인용하여 판시하였다. 계속해서 대법원은 "공공 쟁점에 관한 토론은 무제한적이고 왕성해야 하며 광범위하게 열려 있어야 한다는 원칙에 대한 깊은 국민적 합의, 공적 관심사에 관한 토론은 정부와 공직자들에 대한 격렬하고 신랄하며 때로는 불쾌한 비난이 있을 수 있다"고 밝힘으로써 언론의 공적 기능을 강조하였다.

이는 다시 공적 인물*public figure*로 발전하면서 그 범위가 확대되었으며(Curtis Publishing Co. v. Butts, 338 U.S. 130 (1967)), 다시 명예 훼손의 판단은 피해자의 신분에 관계 없이 보도 내용의 성질에 따라 판단하는 이른바

'공적 관심사_public concern_' 원칙을 만들어냈고(Rosenbloom v. Metromedia, Inc. 403 U.S. 29 (1971)), 공적인 관심사 원칙은 다시 '공익_public interest_' 원칙으로 발전하여 그 적용 범위가 일반적으로 확대되는 경향을 보인다(Dun & Bradstreet, Inc. v. Greenmoss Builders, Inc. 1985).

'공적 관심사'에 관한 원칙을 제시한 로젠블룸 대 메트로미디어사 (Rosenbloom v. Metromedia, Inc.) 사건에서 대법원은 "문제된 사실이 공적인 혹은 일반적인 이해 관계_public or general interest_에 해당하면 단순히 관련자가 사인이거나 그 사람이 자발적으로 그 문제에 관여되지 아니하였다는 이유만으로 달리 취급되어서는 안 된다" 그래서 "관련된 사람이 유명인이거나 익명의 사람이거나의 여부를 묻지 아니하고 공적인 혹은 일반적인 관심사에 관한 논의와 전달까지를 수정 헌법 제1조에 의하여 보호함으로써 공적인 문제에 관한 활발한 논의를 유지하는 것이 상당하다"고 판시하여 공익에 관하여 최대로 자유로운 보도를 허용하였다.

그러나 거츠 대 웰치(Gertz v. Welch) 사건에서는 이를 잘못된 판단으로 비난했고, 사인에게 너무 큰 짐을 지우는 것이라는 이유에서 공인의 경우에만 공적 관심사 이론이 적용되도록 해야 한다고 보았다(418 U.S. 323(1974)). 1985년 던과 브래드스트리트(Dun & Bradstreet) 사건에서 연방대법원은 수정 헌법 제1조는 단지 "공공의 관심사와 관련된 언사만을 보호한다"고 판시하면서, 사인의 경우 수정 헌법 제1조상의 표현의 자유에 대한 침해의 보상이 해당 주_state_의 이익과 비교 형량을 통해 이루어야 한다고 보았다.

유사하게 필라델피아 신문사 대 헵스(Philadelphia Newspaper, Inc. v. Hepps) 사건에서 연방대법원은 "공적인 관심사에 대한 진실이 억압되지 않도록 하기 위해서" 명예 훼손의 원고가 공인인 경우 논의되는 명예 훼손적 언사가 적어도 공적인 관심사에 관련된다면 그 언사의 진실성을 증명해야 하는 의무를 지게 된다고 보았다. 그러나 에드워즈 대 전국 오두본협회(Edwards v. National Audubon Society) 사건에서 연방제2고등법원은

"뉴욕 타임스사가 권위 있는 환경 단체인 전국오두본협회가 살충제의 새에 대한 피해 가능성에 관하여 비판한 내용을 그대로 보도한 것은 비록 그 내용의 진실성이 의심스럽다고 할지라도 뉴스 가치가 있는 기사이므로 이의 보도를 막아서는 안 된다"고 판시하면서 언론사의 면책을 인정하였다. 이러한 판례들의 경향으로 보면 미국의 경우 아직까지 공익에 대한 명확한 기준을 제시하지 못한 채 원고의 신분과 보도 내용에 따라 명예 훼손 여부의 결정을 내리고 있음을 알 수 있다. 그러나 내용의 진실성이 의심스럽다고 하더라도 공익적인 정보는 최대한 허용하려는 경향이 있음을 엿볼 수 있다.

4) 일본법에 있어서의 공익

일본은 집단주의적인 사회 문화적인 분위기 때문에 언론의 자유보다는 개인적 명예에 더 많은 무게를 두는 경향이 크다. 그럼에도 일본의 명예훼손법은 진실성의 정도와 개인의 명예에 대한 피해의 정도를 균형 잡는 데 대단히 성공적이라는 평가를 받고 있다(이재진, 2002b, p.41). 즉, 언론 자유와 개인의 명예권의 비교 형량에 있어서 면책 사유의 적용이 적절하다는 평가를 받고 있다.[2]

　　일본은 헌법 제21조에서 표현의 자유를 규정하고 있다.[3] 이것은 종래 표현하는 주체의 관점에서 표현하는 자유를 의미했으나, 2차 대전 이후 미국의 논의를 시발로, 표현을 수령하는 측의 알권리를 표현의 자유의 중요한 내용으로 파악하게 되었다. 이는 시민 자치의 원칙

---

2. 형법 제230조 제2항은 만일 언론이 당시 명예 훼손적인 내용이 진실이라는 사실을 증명하고, 실제로 그것이 사실이었는지를 확인하려는 선의의 노력을 기울였다면 범죄 의도를 언론에 전가하지 않는다고 규정하고 있다.
3. 일본 헌법 제21조. ① 집회, 결사 및 언론, 출판 기타 일체의 표현의 자유는 이를 보장한다. ② 검열을 하여서는 아니 된다. 통신의 비밀은 이를 침해하여서는 안 된다.

에 따라 국민 개개인이 중요한 결정을 내리거나 자신의 복지를 위하여 충분한 정보를 이용할 수 있어야 한다는 논리를 바탕으로 하고 있고, 알권리, 자유로운 정보 유통의 권리는 최대한 존중되어야 한다는 것으로 이해되어 왔다(표성수, 1997). 그러나 헌법에 규정된 표현의 자유는 절대적인 것이 아니며, 다른 권리나 이익의 보호를 위하여 제한될 수 있는 것으로 이해된다.4 최고재판소는 이익 형량의 입장에 따라 표현의 자유의 제한을 인정하고 있으며, 표현의 자유를 제한하는 입법의 위헌을 선언한 예는 드물다(掘部政男, 1980).

표현의 자유와 마찬가지로 개인의 명예권은 주요한 인격권의 하나로 인정되어 왔는 바, 표현의 내용이 다른 사람의 명예를 훼손하는 경우에도 표현의 자유가 제한될 수 있는가 하는 것이 중요한 논점이다. 일반적으로 일본의 학설은 이를 인정하고 있으며 판례의 취지도 이와 같다.5 그러나 이것은 일반론에 불과하고 구체적인 경우에 있어 표현의 자유를 보호해야 할 사회적 이익이 큰 경우, 즉 공익과 관련된 경우에는 개인의 명예권에 대한 침해가 부분적으로 인정될 수 있다(伊藤正己, 1974). 이는 과거의 판례가 명예의 보호를 중시하는 경향을 가진다면 최근의 견해들은 표현의 자유를 보다 중시하는 경향을 띤다는 점과 일치한다고 할 수 있다(표성수, 1997).

흥미롭게도 일본 형법은 일상적인 명예 훼손과 공익과 관련된 명예 훼손을 구분하고 있다. 표성수(1997)는 "일본 형법 제230조의 명예

---

4. 일본 헌법 제13조는 '공공의 복지에 반하지 않는 한'이라는 법률 유보 조항을 둠으로써 제한을 예정하고 있으며, 법률 조항, 학설과 판례 모두에서 표현의 자유의 제한을 인정하고 있다.
5. 형사 사건의 경우, 最高判 1958.4.10. 刑集 12. 5. 830에서 "타인의 명예를 훼손하는 기사를 게재하고 그것을 반포해서 타인의 명예를 훼손하는 것은 헌법이 보장하는 언론의 자유의 범위에 속하는 것이라고 인정할 수 없다"고 판시하였다. 민사 사건의 경우 最高判 1956.7.4. 民集 10. 7. 785에서 같은 취지로 판시한 바 있다.

훼손죄에 대한 면책 규정은 '표현의 자유와 명예권과의 조화를 도모한 규정'이며…… 민사적 명예 훼손에도 많은 영향을 끼쳐 학자들 중에는 설령 표현의 진실성이 입증되지 아니한 경우에도 면책을 인정하고 표현 행위자의 공익 도모의 목적을 면책 요건에서 제외하는 등으로 면책 범위를 넓게 보는 견해도 있다"고 주장한다(p.204). 최고재판소도 1969년 "형법 제230조의 규정은 인격권으로서의 개인의 명예 보호와 헌법 제21조에 의한 정당한 언론의 보장과 조화를 도모한 것으로 양자의 조화와 균형을 고려하면…… 진실이라는 증명이 없는 경우에도 행위자가 그 사실이 진실이라고 오신誤信하였고, 그 오신에 있어 확실한 자료, 근거에 비추어 상당한 이유가 있을 때는…… 명예훼손죄는 성립하지 않는다"고 판시함으로써 헌법 판단에 기초하여 형법을 해석하는 입장을 취하였다(最高判 1969.6.25. 刑集 23. 7. 975).

최고재판소는 더 나아가 형법의 문리 해석의 한계를 넘어 사회에 필요한 언론을 보호하려는 태도를 표명하였는데, 1981년의 이른바 '월간 펜' 사건에서 "사인의 사생활상의 사실이라 하더라도 관계하는 사회적 활동의 성질 및 그것을 통하여 사회에 미치는 영향력의 정도에 따라서는 그 사회적 활동에 대한 비판이나 평가의 한 자료로서 형법 규정의 공공의 이해에 관한 사실에 해당하는 경우(공공의 관심사)가 있을 수 있다"고 판시함으로써 사적인 문제에서도 공공성을 인정하여 '공공의 관심' 영역을 확대 해석하고 있다(最高判 1981.4.16. 刑集, 35. 3. 84.). 이러한 판결들은 최고재판소가 공익과 공적 관심사와 관련하여 표현의 자유를 중시하는 입장을 취한 판례로 볼 수 있다.

공익과 관련된 소송의 경우, 법원은 엄격한 책임 원칙strict liability보다는 부주의negligence의 기준을 적용한다. 즉, 공익에 관한 규정은 시민이 민주적 가치를 실행함에 있어 시민의 알권리가 인정되는 사실의 공표를 허용해야 하는 관점에서 이해된다. 문제된 사실이 공공의 이해에 관한 것인지 여부를 판단하고자 할 때 우선 고려되어야 할 사항은 배포나 전파의 범위를 들 수 있다. 예컨대 사회 일부에만 관계되는 문제가 사회 전체에 전파되는 경우에는 공공성이 인정될 수 없을 것이다. 일반적으로 사회 일반의 다수의 이해에 관한 사실이나 그 적시가 공공의 이해 증진에 도움이 된다는 사실은 공공성이 인정될 것이지만 단순히 공공의 흥미나 호기심의 대상이 된 데 불과한 사실은 공공성이 인정될 수 없다고 본다.

5) 법적 쟁점으로서의 한국 언론의 공익성에 대한 이해

전술한 바와 같이 명예 훼손 소송에서 나타난 공익성에 대한 법원의 견해와 언론의 견해는 다소 차이가 있다. 즉, 명예 훼손 사건에 있어 언론이 이해하는 공익의 개념은 판결에서 보이는 공익의 개념과 다르며 이러한 차이가 언론이 명예 훼손 소송을 당하게 하는 하나의 요인이 된다. 언론이 생각하는 개념을 파악하기 위해 가장 좋은 방법은 변론문에 나타난 언론의 입장을 살펴보는 것이 가장 좋은 방법이나, 판례와는 다르게 각 판결에 따른 변론문을 모두 구한다는 것은 불가능하며, 판례에 인용된 '피고의 주장에 대한 판단' 부분을 볼 때 형법 제310조상의 위법성 조각 사유와 조각 사유라고 주장할 수 있는 의견만이 적시되어 있어 언론이 생각하는 공익성의 개념에 대한 이해 자료가 되기에는 부족하다.

이를 알기 위해서 직접 언론에 종사하는 사람들의 견해를 들어보거나 언론에 나타난 칼럼, 사설 또는 관련 기사 등을 분석하는 것이 필요하다. 이를 위하여 현직에 종사하는 언론인들을 상대로 간단한 설문 조사를 실시하였다.6 조사 결과를 살펴보면, 공익의 정의에 대

---

6. 설문 조사는 한양대학교 언론정보대학원에 재학 중인 언론사 재직자 40명을 대상으로 2002년 4월 14일에서 5월 24일까지 열흘에 걸쳐 실시하였다. 설문은 '본인이 생각하는 공

해서 언론인들은 "국민의 알권리," "특정 세력이나 집단이 아닌 다수의 이익," "보도적 가치, 교육적 가치, 또는 계몽적 가치가 있는 사실," "구성원 전체의 복리 향상," 혹은 "사회에 경각심을 일으키거나 다수의 알권리를 보장하거나 정보로서의 가치가 있는 내용" 등으로 이해하고 있는 것으로 나타났다.

또 공익으로 인정받을 수 있는 범위에 대한 질문에는 "개인의 사회적 활동이 언론에 회자되는 범주 안에서의 모든 행위," "대중의 공공선을 위한 행위 일체," "기자의 양식에 의한 결정" 등의 의견을 보였는데, 공통적으로는 개인의 사생활을 뺀 대중이 알고 싶어 하는 모든 분야를 말하는 것으로 나타났다. 언론인들은 공익을 알권리와 직결시키는 경향이 있는데, 이는 언론의 기본 책임과 취재 보도의 속성 등 원론적인 언론 자유의 우월성에 대한 믿음의 결과이며 사회 전체를 위해 개인의 피해가 부분적으로 감수될 수 있다는 입장을 가지고 있는 것으로 나타났다. 이러한 이유 때문에 언론인들은 공익과 관련되어 법적인 인정 기준보다 다소 포괄적인 보도의 범위를 주장하고 있다. 즉, 언론은 공익을 추상적으로 이해하고 있으며 정확한 법적 지식에 바탕한 공익성의 이해는 부족한 것으로 보인다.

이러한 언론인들의 태도는 언론의 사설이나 칼럼 등에서 나타나는데, 즉 언론의 사설이나 칼럼 등의 경우에도 공익을 사회 통념상의 알권리 개념이나 그 하위 개념과 동일시하는 경향이 있는 것으로 나타났다. 언론은 공익과 관련하여 "국민의 알권리와 사생활 보호"(< 경향신문 >, 2000. 7. 14, 2면), "공공의 이익과 알권리"(< 중앙일보 >, 2000. 5. 4, 1면), "공공의 이익과 알권리"(< 중앙일보 >, 1999. 11. 2, 6면) 등의 사설을 통해서 공익을 알권리와 같은 차원에서 바라보고 있는 것으로 나타났다. 그래

익의 정의는 무엇인가?' '공익으로 인정받을 수 있는 보도의 범위는 어느 정도인가?' 등 12문항으로 이루어졌다.

서 언론은 명예 훼손과 관련된 사안을 공익에 관한 안이라기보다는 국민의 알권리의 침해라고 자주 표현하고 있는 것으로 나타났다.

유사하게 공공의 이익에 대해서 직접적으로 다룬 것은 아니지만 공익에 직결되는 공인을 어떻게 개념화하고 있는가를 신문 기사와 칼럼을 분석한 연구에 따르면, 한국 언론은 사법적 인식과는 다르게 미국법상의 공인 원칙을 강조하여 공인에 대한 보도를 좀더 자유롭게 할 수 있도록 해야 한다는 주장을 펴는 것으로 나타났다(이재진, 2000b, p.70). 즉, 언론은 공익을 법적인 면책의 사유로서 판단하는 경향이 있는 것으로 보인다.

3. 판례 분석

이 장에서는 민·형사상의 법률에 의거한 피해자 구제 방법을 중심으로 소송 해결의 법리적 방식을 분석하는 데 초점을 맞춘다. 이는 보도의 공익성과 관련된 다툼이 주로 소송 판결의 쟁점이기 때문이다. 실제로 한국의 경우, 미국에서와 같이 보통법에서 보는 판례 중심은 아니지만 최근 들어 판례를 중요시하는 경향이 커지고 있다. 이는 언론 관련 판결에서 여타의 유사 판례를 인용하는 정도가 커지고 있다는 점에서 알 수 있다(황도수, 1999, p.16). 한국에서는 판결문이 일반에게 공개되지 않을 뿐만 아니라, 시대별, 체계별로 정리·보관된 것을 일반인이 열람해 보는 것도 쉽지 않은 일이다.7 수집 대상 판례들의

---

7. 따라서 여기서 판례 수집은 언론에 대한 명예 훼손 사건을 비교적 체계적으로 자세히 정리해 놓은 언론중재위원회가 발행한 ≪국내 언론 관계 판결집≫(제1집~제9집)과 <언론중재>, 차형근 등의 변호사들이 정리한 ≪언론과 명예 훼손≫, 대법원 도서관에서 제작한 CD-ROM ≪법고을 LX 7.5≫에 실린 판결을 기본 자료로 하였다. 아울러 대법원 인

판결 시기는 반론권 제도가 도입되어 명예 훼손 소송이 본격화된 1981년부터 2000년까지 20년이다. 수집된 판례는 피고가 언론인이거나 언론사인 경우에 한정하였으며, 기타 출판, 인쇄물에 의한 명예 훼손 사건은 이 장의 논의 범주와 거리가 있어 분석 대상에서 제외시켰다. 즉, 언론 관련 명예 훼손 판결문에서 법원이 '공공의 이익'이라는 언급을 하는 판례 58건을 분석 대상으로 선택하였다. 판결문에서 보이는 소송의 민·형사 여부, 원고의 특성, 보도 매체의 성격, 제소된 언론사의 보도 내용의 유형, 언론사의 승소 여부 등의 단계로 나누어 각각 판례의 건수와 분포를 알아보며, 이를 통해 공익과 관련된 명예 훼손 소송들의 전체적 경향을 파악하고자 하였다. 다음으로 한국 법원이 '공공의 이익' 개념을 어떻게 수용하며, 언론의 보도의 한계는 어디까지인가를 알기 위해 법 해석학적인 접근을 시도하였다. 이는 법원이 '공공의 이익' 개념을 어떻게 정의하며 어떠한 법리적 적용을 하고 있는가를 살펴본다.

언론법 분야에서의 사회 과학적 연구 방법론의 이용은 아직까지 많지 않다. 하지만 판사들의 이념적 경향과 언론 관계 판결에서의 의견 제시 경향 간의 상관 관계를 연구하거나 입법을 위한 준비 과정에서 그 사회가 받아들일 수 있는 규범 문화의 수준을 기술적으로 파악하는 일, 그리고 각종 언론법의 국가 간 비교를 위한 텍스트 분석, 법률 용어에 대한 일반의 이해도 조사 및 법조인의 사상 의식이나 관점 분석 등에 좀더 과학적이고 타당도가 높은 사회 과학적 연구 방법이 동원될 수 있다. 그리고 무엇보다도 언론법의 특수성을 판별하는 정태적인 기초 자료의 정확한 조사를 위해서나 언론 관계법상 보호받아야 할 법익의 판단에 영향을 주는 요인의 발견 등에는 사회 과학적

터넷 홈페이지(www.scourt.go.kr)나 서울대학교 법과대학에서 제작한 인터넷 사이트(www.netlaw.co.kr) 등을 검색하여 이루어졌다.

데이터 분석 방법을 원용하는 것이 효율적이며 합목적일 수 있다는 지적이 있다(유일상, 2000).

이 연구 방법에서 관심을 가지는 '재판관의 언론관'이란 부분의 중요성에 대해 벤자민 N. 카도조Benjamin N. Cardozo는 "판사의 판결이 그들의 철학, 의식뿐만 아니라 나아가 역사적, 정치적 환경과의 상호 작용을 통해 결정된다"고 주장하였는데(임유진, 1998), 이는 로널드 드 보르킨Ronald Dworkin의 "판사의 개인적 의도가 법 해석에 가장 중요하며 따라서 법의 해석은 넓은 의미에서 정치politics의 영향을 벗어날 수 없다"는 시각과도 일치한다(Dworkin, 1983). 다시 말하자면 결국 판례의 해석이 그 판결을 담당하는 판사들의 가치관과 그 시대의 사회, 정치 상황까지도 이해할 수 있는 단서를 제공함을 나타낸다.

1) 판례의 성격

(1) 소송의 특성

수집된 명예 훼손 판례는 전체 58건이며 이들 소송의 전체적 특성은 표 3-1에서 볼 수 있다. 전체 판결 가운데 판결 일자, 형사/민사 사건의 건수 및 비율, 사건이 종결된 법원의 수준 등을 살펴보았으며, 판결 일자는 최종 판결이 내려 사건이 종결된 날짜를 기준으로 삼았다.

표 3-1에서 알 수 있듯이, 언론 보도로 인한 명예 훼손 소송 가운데 1980년대 이후 형사 사건은 3건으로 전체 조사 대상 58건 중 약 5.4%를 차지하는데, 이는 1980년대 이전의 명예 훼손 사건에서의 형사 사건 비율인 28%보다 현저히 줄어든 것으로 보인다(임유진, 1998). 이러한 이유는 1980년대 이전의 명예 훼손 소송은 치안 방해, 혹은 정부에 대한 비난을 방지하고자 하는 의도에서 형사적인 문제로 다루어 왔으며, 이는 명예 훼손 소송에 있어 국가의 개입이 일제 시대부터 1980년대 이전까지 강하게 작용해 왔다는 것을 보여 주는 것이

표 3-1. 소송의 판결 일자, 민/형사 및 최종심 법원

	판결 일자		민/형사	사건 종결 법원		판결 일자		민/형사	사건 종결 법원
1	1983	5. 13	형사		30	1997	4. 16	민사	지방법원
2	1984	4. 11	민사	지방법원	31		9. 30	민사	대법원
3	1987	8. 18	민사	고등법원	32		1. 13	민사	지방법원
4	1988	4. 29	민사	지방법원	33		2. 27	민사	대법원
5		10. 11	민사	대법원	34		4. 15	민사	지방법원
6	1989	4. 14	민사	지방법원	35		4. 16	민사	고등법원
7		11. 29	민사	고등법원	36		4. 17	민사	지방법원
8	1990	5. 4	민사	고등법원	37		6. 23	민사	대법원
9		10. 12	민사	지방법원	38		7. 1	민사	지방법원
10	1991	9. 25	민사	지방법원	39		7. 14	민사	대법원
11		12. 27	민사	지방법원	40		7. 24	민사	고등법원
12	1992	2. 20	민사	지방법원	41	1998	8. 19	민사	지방법원
13		9. 8	민사	지방법원	42		9. 4	민사	대법원
14		12. 14	민사	지방법원	43		9. 14	민사	대법원
15	1993	7. 21	민사	고등법원	44		9. 30	민사	지방법원
16		12. 17	민사	지방법원	45		10. 27	민사	대법원
17	1994	4. 14	민사	고등법원	46		10. 27	민사	대법원
18		5. 10	민사	대법원	47		11. 25	민사	지방법원
19		11. 11	민사	지방법원	48		12. 4	민사	지방법원
20		12. 23	형사		49		12. 16	민사	지방법원
21	1995	8. 3	민사	지방법원	50		1. 26	민사	대법원
22	1996	2. 15	민사	지방법원	51		3. 26	민사	지방법원
23		8. 23	형사		52	1999	6. 23	민사	지방법원
24		9. 6	민사	지방법원	53		7. 7	민사	지방법원
25		9. 11	민사	고등법원	54		9. 1	민사	지방법원
26		9. 18	민사	고등법원	55		10. 22	민사	고등법원
27		9. 20	민사	대법원	56		2. 2	민사	지방법원
28		11. 21	민사	고등법원	57	2000	2. 2	민사	지방법원
29		12. 20	민사	지방법원	58		3. 29	민사	지방법원

다(표성수, 1997). 이와 관련하여 팽원순(1994)은 전통적인 명예 의식의 차원에서 볼 때 한국인은 가문의 명예를 금전으로 보상받는 것에 대해 오히려 가문을 욕되게 하는 것이라고 생각하기 때문에 형사 사건을 선호했다고 보고 있다(p.186).

그러나 1983년 이후 소송 건수의 급증과 함께 그 성격도 형사 소송에서 민사 소송으로 그 성향이 바뀌게 되는데, 이것은 1960년대 이후 언론 매체의 다양화, 활성화에 따른 자극적이고 선정적인 상업 언론의 발달로 명예 훼손 사건이 늘어나는 한편 일반 대중들의 명예권 회복에 있어 민사적인 구제가 실효성 있는 것으로 받아들여졌기 때문이며, 1981년 언론중재위원회가 법률 기구로 설치되면서 일반인들의 피해 구제 의식이 강화되었기 때문으로 보인다(정진석, 1990, p.38).

(2) 원고의 직업 및 공·사인 여부와 승소율

원고의 신분, 즉 원고의 직업 및 공·사인 여부에 대한 법원의 판단이 중요한 이유는 원고의 신분에 따라 소송의 이유가 된 원고에 대한 보도 내용, 혹은 원고와 관련이 있는 사건에 대한 보도 내용이 국민의 알권리와 관련된 것인지 아니면 단순한 개인의 사생활의 문제인지를 규정 짓는 판단 기준이 되기 때문이다. 여기서 개개인의 직업을 각각 파악하기보다 판례에 나타나 있는 원고의 직업을 여섯 가지로 유목화해서 분류하였는데, 여기에는 공무원, 정치인, 연예인, 언론인(이상 공적 인물)과 기업인, 그 이외의 직업이 포함된다. 이때 선행 연구들에서 발견된 공인과 사인의 기준을 적용하여 사인의 경우에는 그 이외 직업에 포함시켰다(한상범, 1986; 임유진, 1998; 이재진, 1999; 차용범, 2002a).

표 3-2에서 나타난 바와 같이 흥미롭게도 조사 대상 58건 중 단일 직종으로는 언론인의 소송이 가장 많았으며 그 다음에는 공무원, 연예인, 정치인들의 차례였다. 언론인이 공무원보다 더 많았으며 이런 결과가 나타난 이유는 PD연합이나 문화방송 노조 등의 단체를 그

표 3-2. 원고의 직업 및 공 · 사인 여부와 승소율

판결 일자		승패	원고 신분		판결 일자		승패	원고 신분	
			원고의 직업	공/사인				원고의 직업	공/사인
1983	5. 13	패	검사	공무원	1997	4. 16	승	학습지 회사	사인
1984	4. 11	승	선교회 회장	공인		9. 30	패	지방 공무원	공무원
1987	8. 18	승	학교 법인	사인	1998	1. 13	패	학생	사인
1988	4. 29	승	일반인	사인		2. 27	승	전직 군인의 딸	사인
	10. 11	패	변호사	공인		4. 15	패	경찰	공무원
1989	4. 14	패	가수	공인		4. 16	승	방송 기자	공인
	11. 29	패	전 미스코리아	공인		4. 17	패	국회의원	공인
1990	5. 4	패	전 미스코리아	공인		6. 23	패	언론인	공인
	10. 12	승	문화방송 노조	공인		7. 1	패	대통령 후보자	공인
1991	9. 25	패	전 경호원	사인		7. 14	패/승	주부	사인
	12. 27	패	여교수	공인		7. 24	패	음료 수입 회사	사인
1992	2. 20	승	어교시	공무원		8. 19	패	경실련	공인
	9. 8	패	연예인	공인		9. 4	패	주부	사인
	12. 4	패	정치인	공인		9. 14	패	연예인	공인
1993	7. 21	패/승	연예인	공인		9. 30	패	KBS 국장	공인
	12. 17	패	여성 언론인	공인		10. 27	패	도의원	공인
1994	4. 14	패	연예인	공인		11. 25	패	언노련	공인
	5. 10	패	가출녀 아버지	사인		12. 4	패	천주교 인권위원회	공인
	11. 11	승	실업가	사인		12. 16	패	의사	사인
	12. 23	패	경찰서장	공무원	1999	1. 26	패	회사원	사인
1995	8. 3	패	기자	공인		3. 26	패	일반인	사인
1996	2. 15	패	PD연합	공인		6. 23	패	검사	공무원
	8. 23	승	국가 직원	공무원		7. 7	패	일반인	사인
	9. 6	승	언론인	공인		9. 1	패	국회의원	공인
	9. 11	패	변호사 사무실 직원	사인		10. 22	패	보험 대리 소장	사인
	9. 18	패	언론인	공인	2000	2. 2	패	검사	공무원
	9. 20	패	연예인	공인		2. 2	패	여성 앵커	공인
	11. 21	승	국보법 위반자	사인		3. 29	패	법의관	공무원
	12. 20	패	국보법 위반자	사인					

구성원의 직종 분류에 포함시킴으로써 다소 간의 소송이 추가되었기 때문인 것으로 보인다.

연예인의 경우 한 사람이 총 4건의 소송에 관련되어서 이를 제거하면 실제 소송의 수는 총 52건이며 이를 원고의 직업에 따라 분류해 보면 공적 인물들 중에서 공무원이 9건으로 전체의 18%를, 그 다음이 언론인으로 10건이며 전체의 22%, 그리고 정치인 5건(10%)과 연예인 5건(10%), 기업인 6건(13%)그리고 기타 일반인과 관련된 소송이 19건으로 전체의 37%를 차지하고 있다. 이 결과를 각 원고의 직업과 관련된 소송에서의 언론사의 승소 비율에 대입시켜 보면 다음 표 3-3과 같은 결과를 얻을 수 있다.

표 3-3은 원고의 직업과 언론사의 승/패소율을 살펴본 것이다. 원고의 직업에 따른 언론사 승소율은 기업인에 대한 경우가 50%로 가장 높았고 다음이 기타 직업(일반인)이 31%를 차지한 것으로 나타났다. 다음으로 언론인(27.7%), 공무원(22%) 순으로 높이 나타났으며, 정치인에 대해 언론이 승소한 경우는 5건의 소송 중 한 건도 없는 것으로 나타났다. 이는 표본 사례가 대표성을 가진다고 말하기 어려운 점을 고려하더라도 특기할 만하다.

다음으로, 전체 소송에서 언론사가 승소한 사건을 원고의 직업별

표 3-3. 원고 직업에 따른 언론사의 승소 비율

원고의 직업	언론사 승소 건수 / 전체 건수	원고 직업별 언론사 승소 건수 / 전체 언론사 승소 건수
공무원	2 / 9 (22%)	2 / 15 (13.3%)
정치인	0 / 5 (0%)	0 / 15 (0%)
연예인	1 / 8 (12.5%)	1 / 15 (6.6%)
언론인	3 / 11 (27.7%)	3 / 15 (20%)
기업인	3 / 6 (50%)	3 / 15 (20%)
기타(사인)	6 / 19 (31.6%)	6 / 15 (40%)
합계	15 / 52 (28.8%)	15 / 15 (100%)

로 구분해 볼 때 사인이랄 수 있는 기타 직업에 대한 언론사의 승소 비율이 언론사 전체 승소 건수 중 40%를 차지할 정도로 두드러졌으며, 그 다음으로 언론인과 기업인에 대한 소송에서의 승소 비율이 각각 20%, 그리고 공무원, 연예인 순으로 나타났으며 정치인과 관련된 명예 훼손 소송의 경우 조사 대상 명예 훼손 소송에서 언론사가 승소한 15개의 소송 중 한 건도 없었다.

여기서 특기할 만한 사실은 연예인에 관련된 사건의 경우 '유학 알선 사기 사건 보도'를 제외하고는 문제가 된 보도 내용이 대부분 객관적으로 판단할 때 공중에게 알릴 의무를 가지는 공익성과 관련된 내용이 아닌 개인의 사적 영역에 관한 보도이기 때문에 외형적 언론사의 연예인 보도 관련 사건의 승소율이 공무원에 대한 승소율과 비슷하게 나타난 것이지, 재판부가 같은 공인으로서 공무원에 대한 명예 훼손의 판단 기준과 동일한 기준으로 연예인에 대한 명예 훼손 판단 기준을 사용한 것이라고는 볼 수 없다.

(3) 법원의 '직업에 따른 면책 사유 판단 기준'

한국 법원이 언론의 명예 훼손에 대한 위법성 조각 사유로 공공의 이익 여부와 함께 진실성 또는 상당성을 요구하고 있는데, 여기에서 진실성이란 그 보도 내용이 허위가 아니라는 것을 말하며, 상당성이란 그 보도 내용이 진실이 아닐지라도 기사를 작성한 기자나 보도한 언론이 자신들의 취재 내용이 진실이라고 믿을 만한 상당한 이유가 있음을 말한다. 한국 법원은 이러한 요인들을 근거로 공익성 부분을 이익 교량의 한편에 두고, 다른 한편에 진실성 혹은 상당성을 두어 비록 공공의 이익일지라도 진실성이나 상당성이 없다고 판단되면 명예 훼손을 인정하는 것으로 보인다. 표 3-4는 면책 사유가 원고의 직업과 공·사인의 여부에 따라서 어떻게 적용되어 이 교량이 이루어지는지를 판례의 결정문을 통해 정리한 것이다.

표 3-4. 원고의 직업에 따른 법원의 면책 사유 판단

원고의 직업	언론사 승소율(%)	공익성과 진실성, 상당성의 이익 교량
공무원	22.0	공공의 이익 < 사실성, 상당성이 없다
정치인	0.0	공공의 이익 < 허위 부분이 과장 부분이 있다
연예인	12.5	공공의 이익 < 진실성, 상당성 없다. 사실 관계 확인 미진
언론인	27.7	공공의 이익 = 진실성, 상당성 확보 필요
기업인	50.0	공공의 이익 > 진실성, 상당성(과장 있더라도 공익 중요)
기타(사인)	31.6	공공의 이익 = 진실성, 상당성

표 3-4에서 보듯이 한국 법원은 공익성과 진실성, 상당성의 비교에서 공무원이나 정치인, 연예인의 경우 공공의 이익보다는 그 보도 사실이 완전한 진실 보도인가, 또는 그렇게 믿을 만한 이유가 있는가에 더 비중을 두어 판결하는 경향을 보이며,[8] 기업인이나 일반인의 경우 판례상에 진실성, 상당성의 부분에 있어서는 다소 과장이 있더라도 공공의 이익에 비춰 보도할 수 있다고 판시하고 있는 것으로 나타났다.[9] 또 연예인이나 일반인과 관련된 소송의 경우에 언론사가 1심이나 2심에서 승소하거나 부분 승소하였다가 최종심에서 보도의 진실성과 상당성의 문제로 판결의 결과가 바뀌는 사례가 나타나는데, 이는 공인이나 공직자와 관련된 소송에서는 볼 수 없다. 이러한 점은 한국 법원이 연예인이나 일반인의 인격권에 대해 여타 공인에 속하는 직업에 비해 명예권의 보호를 다소간 소홀하게 생각하고 있음을 보여 주

---

8. 정치인에 대한 면책 사유 판단에서 법원은 '허위 과장 부분이 있다'라는 이유로 명예훼손이라고 판단하였다. 그러나 서울민사지법은 1996.8.23. 선고 94도3191 판결에서 언론이 취재 활동에 특별한 조사 권한이 없고 보도의 신속성을 위해서는 조사에도 한계가 있다는 점을 들어 진실이 아니더라도 그렇게 믿을 만한 상당한 이유가 있고 보도 내용이 '공공의 이익'에 해당되는 경우 언론에 면책을 허용해야 한다는 결론을 내렸으며, 위의 결과는 이러한 판결에 반하는 결과라 할 수 있다.

9. 서울민사지법 1984.4.11. 선고 82가합4734 판결; 서울지법 1997.4.16. 선고 96가합23110 판결; 대법 1998.2.27. 선고 97다19038 판결 등.

는 것이라고 할 수 있다. 명예 훼손과 관련하여 지난 10년 동안 사인이
손해 배상 소송을 제기한 경우가 가장 많았으나, 최근 3년 동안은 공
인이 소송을 제기하는 경우가 증가하고 있으며, 이 중에서 공직자의
승소율이 가장 높은 것으로 나타났고(12건 중 11건에서 승소), 배상액도 평
균 5409만 원으로 여타 다른 직업인이나 일반인의 배상액보다 많았다.
사인의 평균 배상액인 1613만 원의 경우보다는 약 3배가량 되는 것으
로 나타났다(조준원, 2000, p.43).

전체 소송 사건 중 언론 보도로 인한 명예 훼손을 이유로 소를
제기한 경우가 가장 많았으며, 피의 사실 보도를 문제 삼은 경우가
그 뒤를 이었다. 그러나 사생활 침해가 문제된 경우 언론사 패소율이
가장 높은 것으로 조사됐다. 이러한 점은 한국 법원이 국민이 알권리
를 가지는 일반적 공인(공무원, 공적 인물)과 제한적 공인에 관한 보도에서
공인들의 명예권을 비교 형량에 있어 중요하게 생각한다는 점을 보여
주는 것이다. 다시 말하자면, 한국 법원은 공인이나 공적 인물에 대한
명예 훼손도 일반 사건과 동일한 차원에서 심리하고 있으며 공직자,
정치인의 명예권이 상당히 중시되는 경향이 있다는 것을 알 수 있다.

2) 판결에 있어서의 공익성의 의미

(1) 판결의 결과와 공익성 판단의 경향 분석(판례에서의 공익성 인정 여부)
표 3-5와 표 3-6은 언론사가 명예 훼손 소송에서 각각 승패소한 사례
들을 원고의 직업·매체·내용에 따라 정리한 것이다. 이 표에서 알
수 있는 사실은 승소한 판례의 경우, 문제가 된 내용이 '장애인 착취
보도,' '부부 간첩단 보도,' '교재 사기 판매 보도,' '학생 운동 비판
사설' 등 원고의 직업보다는 명백히 국민들이 알아야 한다고 인정될
수 있는 사건들이 대부분을 차지하고 있다. 이것과는 다르게 언론사
가 패소한 소송의 경우는 개인이나 단체에 대한 명예 훼손이나 '추문

표 3-5. 언론사 승소 판례

판결 일자	원고 직업	매체	내용
1984. 4. 11	일반인	동아일보	장애인 착취 보도 사건
1992. 2. 15	교사	MBC	천방지축조 담임 보도 사건
1998. 10. 27	한통 노조	중앙일보	대학 총장의 한통노조 비판 발언
1998. 2. 27	전 군인의 딸	KBS	드라마 김구와 김창용 유족 보도 사건
1996. 11. 21	국보법 위반자	경향신문, 서울신문, 세계일보, 조선일보	부부 간첩단 보도 사건
1998. 4. 16	방송 기자	MBC	방송 기자 음주 운전 방송 사건
1988. 4. 29	일반인	방송 6사	허위 전과 자료 보도 사건
1997. 4. 16	교재사	KBS	교재 사기 판매 극성 보도 사건
1994. 11. 11	유영 실업	KBS	기계식 ABS 성능 방송 사건
1996. 9. 6	언론인	한겨레신문	언론인에 대한 공개 질의 사설 사건
1990. 10. 12	MBC 노조	동아일보	학생 노동 운동 비판 사설 사건
1996. 8. 23	안기부 여직원	한겨레신문	안기부 직원 변사 관련설 보도
1999. 6. 23	검사	KBS	원고 검사 영장 기각 비판 방송
1998. 4. 15	경찰	동아일보	교통 사고 조사 의혹 보도
1991. 9. 25	전 경호원	국민일보	영부인 저격 연루 보도
1998. 7. 1	대통령 후보	인사이드월드	김대중 X-파일 보도
1992. 12. 4	정치인	주간조선	야당 대변인 재산 보도 사건
1988. 10. 11	의사	주부생활	변호사 비방 수기
1998. 12. 16	의사	중앙일보	의사 몰카 보도
1995. 8. 3	기자	KBS	미아리 텍사스 황제 방송

보도,' '오보,' '전처 행실 보도' 등 명확히 오보이거나 사생활 영역에 관련된 사건이 주종을 이룬다.

표 3-5와 표 3-6에서 알 수 있듯 총 47건의 판례를 공익성과 진실성 혹은 상당성의 판단에 따라 각각 언론사 승소, 언론사 패소, 재판 과정 중 승/패소가 바뀐 경우로 분류하였다. 표에서 알 수 있듯이, 언론에 의한 명예 훼손 판결 중 언론사가 승소한 판결은 20건이며 언론사가 패소한 판결은 27건, 그리고 재판 과정 중 결과가 바뀐 판결

표 3-6. 언론사 패소 판례

판결 일자	원고 직업	매체	내용
1996. 2. 15	PD연합	일요신문(주간)	이덕화 폭탄 발언 보도 사건
2000. 3. 29	법의관	SBS, 동아일보, 조선일보	판문점 변사 장교 부검 보도 사건
1998. 8. 19	경실련, 민변	한국논단(월간)	경실련 명예 훼손 소송
1998. 11. 25	참조	한국논단(월간)	한국논단의 언노련 명예 훼손
1998. 12. 4	참조	한국논단(월간)	한국논단의 천주교 인권위 명예 훼손
1998. 9. 30	KBS 국장	한국논단(월간)	한국논단의 PD 명예 훼손
2000. 2. 2	여성 앵커	스포츠투데이	여성 앵커 이혼 배경 보도 사건
1989. 11. 29	전 미스코리아	마드모아젤(월간지)	미스코리아 허위 추문 보도 사건
1990. 5. 4	전 미스코리아	여성동아	미스코리아 허위 추문 보도 사건
1989. 4. 14	가수	여원	인기 가수 염문 보도설
1991. 12. 27	여자 교수	중앙일보	청와대 비서관 전처 인터뷰 날조 사건
1993. 12. 7	여성 언론인	토요언론사	여성 언론인 이혼 의혹
1999. 7. 7	일반인	SBS	아파트 매매 계약 분쟁 방송 사건
1998. 4. 17	국회의원	강원도민일보	국회의원 후보 공천 헌금 보도 사건
1999. 9. 1	국회의원	서울방송, 세계일보	정당 지도부 대변인의 정치 헌금 발언 보도
1999. 10. 27	도의원	강원일보	김일성 애도 편지 보도 사건
1998. 7. 14	주부	동아일보, 중앙일보, 경향신문, 조선일보	이혼 소송 주부 청부 폭력 사건
1999. 3. 26	일반인	SBS	듀스 살해 암시 방송 사건
1996. 9. 11	변호사 사무실 직원	방송 6사	변호사 직원 브로커 보도 사건
1999. 10. 22	회사 간부	SBS	음주 운전 말로 방송 사건
1994. 4. 14	연예인	KBS. MBC	여배우 유학 알선 비행 오보 사건
1992. 9. 8	연예인	조선일보, 중앙일보, 한국일보, 세계일보	여배우 유학 알선 비행 오보 사건
1993. 7. 21	연예인	서울신문, 경향신문, 연합뉴스	여배우 유학 알선 비행 오보 사건
1996. 12. 20	국보법 위반자	조선일보, 동아일보, 연합뉴스	노래패 희망새 구속 보도 사건
1997. 9. 30	공무원	국제신문(일간)	김해 공무원 비리 보도 사건
2000. 1. 20	개인	한겨레신문	4·3 사건과 이승만
2002. 2. 2	검사	조선일보	파업 유도 사건 감청 의혹 사설 사건

표 3-7. 판결 결과에 따른 공익성과 진실성 · 상당성의 인정 비율

판단 기준	언론사 승소	언론사 패소	재판 중 결과 번복	총계
공익성/진실성, 상당성 모두 인정	12/12 (100%)	0/35 (0%)	8/23 (35%)	20/70
공익성/진실성, 상당성 모두 부정	0/12 (0%)	13/35 (37%)	6/23 (26%)	19/70
공익성만 인정	0/12 (0%)	22/35 (63%)	6/23 (26%)	28/70
진실성, 상당성만 인정	0/12 (0%)	0/35 (0%)	3/23 (13%)	3/70
총계	12/12 (0%)	35/35 (100%)	23/23 (100%)	70/70

이 8건인 것으로 나타났다. 전술한 바와 같이 한국 법원은 명예 훼손의 위법성 조각 사유를 판단하는 데 공익성 외에도 진실성과 상당성을 이용한다. 따라서 위의 결과를 공익성 판단 유무와 진실성, 상당성 판단 여부를 가지고 재분류하면 표 3-7과 같다.

표 3-7에서 먼저 주목할 만한 점은 언론사가 승소한 경우와 패소한 경우에 있어 나타나는 위법성 조각 사유 적용 양태의 차이인데, 언론사가 승소한 경우에는 문제가 된 기사가 공익성과 진실성을 모두 인정받고 있는 반면, 언론사가 패소한 경우 기사들은 공익성과 진실성, 상당성이 모두 부정된 기사의 비율이 법원이 공익성은 인정된다고 밝힌 기사의 58.5% 정도(37/63)밖에는 안 된다는 점이다. 즉 법원이 기사 내용의 명예 훼손 여부를 가리는 데에 가장 결정적인 영향을 끼치는 것은 그 기사가 공공의 관심사 내지는 공공의 이익에 관련이 되었느냐보다도 그 기사의 내용이 진실성이나 상당성을 가지느냐 하는 것이다. 즉, 공익성은 진실성과 상당성의 충분 조건에 속하는 것이라고 할 수 있다. 예를 들어, 이른바 '김해 공무원 비리 보도 사건'과 같은 경우 법원은 보도 내용의 사실성이 없다고 판단하여 공익성에 대한 판단조차도 하고 있지 않음을 보여 준다.[10]

---

10. 여기에 대해 법원은 언론의 특성상 공직자의 윤리 및 비위 사실에 관한 보도에서는 특별히 보도의 내용이 허위임을 알았거나 이를 무분별하게 무시한 경우에만 상당한 이유

이는 표 3-2에 나열된 판례들의 결정문에서 볼 수 있는데, "검사의 영장 기각 판결"과 같은 경우 "검사가 가진 기소 독점주의에 대한 폐단을 지적하고 공정한 검찰권 행사를 촉구하는 내용으로 목적이 공익에 부합한다"고 밝히고 있으며, "야당 대변인 재산 보도 사건" 같은 경우도 "원고는 사건 당시 민주당 대변인으로 공인이며, 공인의 경우 공적 활동과 부수적인 평가에 필요한 자료는 공공의 관심사라 볼 수 있으며 특히 국회의원의 자격 및 자질에 관한 전인격적 판단이 필요하므로 그러한 판단의 기초가 되는 사항에 대한 보도는 공공의 이익에 관한 것"이라고 밝히고 있다.

또 공인이 아닌 사인 혹은 단체와 관련된 명예 훼손 소송에서도 "각 기사가 노동 운동 및 일부 노동 조합의 운영에 대한 비판, 친북 공산 활동에 대한 경계 등을 그 주요 내용으로 하므로 공공의 이해에 관한 사항……" "……본 기사는 공영 방송의 프로그램 제작을 총괄하는 책임 프로듀서인 원고의 역사관에 대한 비판을 주된 내용으로 삼고 있으므로 내용 및 목적의 공공성은 인정된다," "…… 1997년 말 외환 위기 이후 전세 계약 당사자 사이의 분쟁이 빈발하여 사회 문제가 되자 이에 적당한 사례를 찾아보고 해결 방법을 모색하려는, 즉 둘 사이 문제가 아닌 전세 대란에 관한 내용이므로 공익성이 있다……" 등으로 포괄적인 부분에서 공익성의 중요성과 필요성을 인정하면서도, 실제 명예 훼손의 유무를 판단할 때는 이런 공익성의 중요도에 대한 인식 없이 기사 내용의 진실성만을 중요 판단 근거로 채택한다. '김대중 X-파일 사건'에서 대법원은 "피고들은 각 기사가 당시 야당의 총재이자 대통령 후보였던 원고에 대하여 정확한 정보를 제공, 선거에 올바른 선택을 할 수 있게 하려 함이라고 하지만 실제로는 원고의 과거

가 없다고 보아야 하며, 판단한 이유에 대한 입증 책임은 피해자가 부담해야 할 것이라는 주장은 언론사의 독자적인 견해일 뿐이라고 밝히고 있다.

전력과 행적에 대한 검증되지 않은 자료를 내세워 원고를 비방하려는 목적이 보인다"고 판시하여 공익성을 배척하고 있다.

그런데 대법원은 2002년 1년 22일 판결에서 "공공적·사회적인 의미를 가진 사안에 관한 것인 경우에는 그 평가를 달리 하여야 하고 언론의 자유에 대한 제한이 완화되어야 하며, 피해자가 당해 명예 훼손적 표현의 위험을 자초한 것인지의 여부도 또한 고려되어야 한다…… 당해 표현이 공적인 존재의 정치적 이념에 관한 것인 경우, 그 공적인 존재가 가진 국가·사회적 영향력이 크면 클수록 그 존재가 가진 정치적 이념은 국가의 운명에까지 영향을 미치게 되므로 그 존재가 가진 정치적 이념은 더욱 철저히 공개되고 검증되어야 하며……에 대한 의혹의 제기나 주관적인 평가가 진실에 부합하는지 혹은 진실하다고 믿을 만한 상당한 이유가 있는지를 따짐에 있어서는…… 구체적 정황의 제시로 입증의 부담을 완화해 주어야 한다"라고 판시하고 있다(대법 2002.1.22. 선고 2000다37524 판결).

이에 따르면 야당 총재이자 대통령 후보인 공인에 대한 기사가 검증되지 않은 자료에 의한 기사이므로 명예 훼손에 해당한다는 논지는 언론에게 너무나 많은 부담을 주는 결과가 아닌가 생각된다. 또 '김일성 애도 편지 보도 사건'의 경우도 1심에서 원고가 공인이며 한반도의 대치 상황하에서 정치인으로서의 원고의 사상이 중요한 공공의 관심 대상임에도 불구하고 공익은 부차적인 것으로 판단, 도의원 선거전에 원고의 지지도에 영향을 끼칠 수 있다는 부분과 공인인 원고의 명예권을 공익보다 비중이 있는 것으로 판단했다.

즉, 이 같은 명예 훼손의 위법성 조각 사유에 관한 법 규정과 대법원의 해석은 헌법상의 법익 형량의 관점에서 볼 때 외적 명예의 보호에 지나치게 치우쳐 표현의 자유가 지닌 정보의 이익을 경시한 것으로서 문제가 될 수 있다. 이는 앞의 '김일성 장례 위로연 발언 보도 사건'[11]과는 대조를 보이는 것으로 사인에 대한 인격권보다 공인의 인격권을 더 존중하는 한국 법원의 일면을 보여 준다. 하지만 1999년 6월에 내려진 헌법재판소의 '김일성 애도 편지 보도 사건' 결정에서는 '애도' 표현 부분에 있어 직접적인 표현의 적시가 없었더라도 사전적으로 동일 의미로 유추할 수 있음을 인정했으며 기사의 진실성과 진실 확인 노력 여부(상당성) 부분에서도 언론사가 주의 의무를 다했음을 인정했고 비방 목적에 대한 제한적 해석을 요구하고 있다.12 이는 다시 말하자면 진실 확인을 위한 주의 의무를 다한 것으로 인정되는 경우에는 공익성의 여부가 준용된다고 하겠다.

1997년의 '구의회 의원 비행 언론 제보 사건'에서 법원은 "구의회 의장의 올바르지 못한 행태에 관한 사실은 주민들이 그의 공직자로서의 자질과 적격성을 판단하고 선거구민이 올바른 선택권을 행사하는 데에 중요 자료가 되는 공공의 이해 관계에 관한 문제…… 사익적 동기가 관련되더라도 마찬가지라 할 것이다"라고 판시하면서 아울러 "그 내용이 그 선거구민뿐만 아니라 다른 지역의 주민에게도 충분히 관심의 대상이 될 수 있으며 공적으로도 이해 관계가 있을 수 있는 내용이라는 점 및 달서구민만을 독자로 한 신문 등 적절한 표현매체가 있다고 볼 자료가 없는 점 등에 비추어 볼 때…… 공표 대상의 범위를 초과한 것이라고 볼 수 없다"라고 하여 공익성의 인정 범

---

11. 줄리문 사건의 경우 2, 3심에서 법원은 언론 승소를 판단하는데, 2심에서 그 근거로는 "기사는 대한민국 국민에게 남북 정상 회담과 관련한 김일성의 저의, 김일성 사후 북한에 대한 전망과 북한 지도층 인사들의 동향 등을 알게 할 의도로 작성된 공공의 이해에 관한 것으로 오로지 공공의 이익을 위한 것임이 인정된다. 또 진실성에 대해 사소한 부분 차이 불구하고 취재원의 특성이 참작된다"고 판시하고 있다.

12. 대법 2000.2.25. 선고 98도2188 판결 – [4] 형법 제309조 소정의 '사람을 비방할 목적'이란 가해의 의사 내지 목적을 요하는 것으로서 공공의 이익을 위한 것과는 행위자의 주관적 의도의 방향에 있어 서로 상반되는 관계에 있다고 할 것이므로, 적시한 사실이 공공의 이익에 관한 것인 때에는 특별한 사정이 없는 한 비방의 목적은 부인된다. 법관은 엄격한 증거로써 입증이 되는 경우에 한하여 행위자의 비방 목적을 인정하여야 한다.

위에 대한 기준을 제시하기도 하였다.[13]

　　흥미로운 점은 언론사들의 경우 1심에서 문제가 된 기사의 내용이 사실성이 입증되었을 때에는 사안의 공익성에 대한 언급을 하지 않다가 상급심에 가서 기사가 작성될 당시의 상당성 부분이 문제가 되어 기사의 진실성이 의심 받게 될 때 비로소 기사 내용의 공익성 내지는 공공의 관심사가 된다는 부분을 강조하는 경향이 있다는 것이다.[14] 언론사 또한 보도 기사의 공익성의 중요성을 정확히 인식하지 못하며 진실성의 부차적인 요인으로 간주하고 있다는 것을 알 수 있다. 실제로 법원에서 중요하게 생각하는 것은 공익성이 아닌 기사의 진실성 여부를 통한 이익 형량이다. 그러나 이러한 이익 형량의 원칙은 구체적인 사건에서 타당성을 추구하는 데 있어서는 매우 유용한 수단이지만, 어떠한 경우에 표현의 자유가 적법 또는 위법한 것으로 판단될 것인가에 관하여 예견 가능성을 제시하지 못한다는 결함을 지니고 있어 이론적 체계 수립이 시급하다(박용상, 1988, p.249).

　　만일 언론이 오로지 진실만을 보도해야 한다면 언론의 존립 근거는 약해질 수밖에 없을 것이다. 언론의 본질상 사실과 다소 잘못된 표현은 자유로운 보도를 보장하기 위한 피할 수 없는 현상이고 따라서 언론 자유가 살아 숨 쉴 수 있는 공간을 확보하기 위해서는 경우에 따라서 일부 사실과 다른 잘못된 표현도 헌법상 보호될 수 있는 여지가 필요하다. 그런데 대법원의 해석과 같이 진실 입증의 책임을 표현 행위자가 진다는 것은 명예 훼손적 표현은 언제나 허위로 추정된다는 것인 바, 이처럼 공적 문제에 관한 토론을 촉진시킬 수 있는 표현이 허용되지 못하면 궁극적으로 언론에게 자기 억제와 검열을

---

13. 대법 1996.10.25. 선고 95도1473 판결.

14 '공포의 통과 의례 방송,' 대법 1998.1.13. 선고 97나43156 판결.
'유방 확대 수술 공개 방송,' 대법 1998.9.4. 선고 96다11327 판결.

강요하여 민주 사회의 본질인 언론의 자유를 심각하게 제약하는 결과까지 가져올 수도 있다. 최근 법원은 위법성 조각 사유의 적용 요건을 완화함으로써 이러한 부분에 나름대로 이해의 폭을 조금씩 넓혀가고 있는 것으로 보인다.

(2) 판례에서 나타난 공익성의 개념과 범위

이론적 논의에서 밝혔듯 '공익' 혹은 '공공의 이익'에 관한 보편적, 법적 정의는 아직 발견되지 않는다. 일반적으로 '공공의 이익'이라 함은 '사실이 일반 다수의 이해에 관한 것'을 나타내는 의미이다. 그런데 위법성 조각 사유로서 공익성이 준용되기 위해서는 사실의 공익성에서 나아가 주관적으로 그 사실의 적시의 동기나 목적이 오로지 공익을 위한 것이었는가 하는 것이 문제가 된다. 이렇듯 누구에게나 통용되는 개념이 정의가 없는 이유로 공익성을 정의하는 것은 사실을 전하는 임무를 가진 언론에게나 그 사실에 의한 명예 훼손 여부를 판단하는 법원에게나 쉽지 않은 문제이다. 그래서 명예 훼손의 위법성 조각 요건인 '공익에 관한 사항'이 무엇을 지칭하는지에 관해서는 좀더 자세한 논의가 필요하다.

대법원은 "공공의 이익에 관한 것인지 여부는 당해 적시 사실의 내용과 성질, 당해 사실의 공표가 이루어진 상대방의 범위, 그 표현의 방법 등 그 표현 자체에 관한 제반 사정을 감안함과 동시에 그 표현에 의하여 훼손되거나 훼손될 수 있는 명예의 침해 정도 등을 비교·고려하여 결정하여야 하며……"라고 하여 일반적인 공익의 성립 요건들을 밝히고 있다.[15] 그러나 아직 법원이 공익을 어떻게 분류하고 그 범위를 인정하고 있는지에 대해 지적이 없었다. 이 자료들을 기초로

---

15. 대법 2000.2.11. 선고 99도3048 판결; 대법 1996.10.11. 선고 95다36329 판결.

표 3-8. 판례에서 보이는 공익성의 분류

공익성 인정 부분 중 핵심어, 구문	주제
교육, 원고의 교사로서의 학습 활동	국가 안전 보장
북한의 조종, 국가의 자유 민주주의 기본 질서와 관련	국가 안전 보장
역사적 사실에 대한 올바른 이해	대중 계몽
주사파의 활동과 관련된 국내 상황	국가 안전 보장
음주 운전과 단속을 피하려는 부조리의 심각성 고발	국가 안전 보장
신입생들에 대한 부정 판매 수법	반사회 범죄
일반 소비 대중의 이익 보호와 사회적 손실 방지	대중 이익 보호
노동 조합 공개 질의에 대한 답변으로서의 사설	국가 안전 보장
언론 노조의 파업 사태 진전	국가 안전 보장
정부 수사 기관과 학생 운동, 총학생 회장의 의문사	국가 안전 보장
검사가 가진 기소 독점주의의 폐단을 지적	국가 안전 보장
야당 총재이자 대통령 후보인 원고의 과거 전력	대중 계몽
국회의원의 자격 및 자질에 관한 전인격적 판단이 필요	대중 계몽
대통령 후보 토론회에서 시민 단체 활동에 대한 후보들의 견해를 묻는 과정	대중 계몽
노동 운동, 친북 공산 활동의 경계	국가 안전 보장
친북 공산 활동에 대한 경계	국가 안전 보장
공영 방송의 책임 프로듀서인 원고의 역사관에 대한 비판	국가 안전 보장
외환 위기 이후 전세 대란에 관한 내용	대중 이익 보호
망 김성재가 공적 인물인 점, 약물 투여 타살 의혹	대중 계몽
변호사들의 알선 수수료 지급에 관한 범죄 행위 보도	국가 안전 보장
음주 운전의 폐해	국가 안전 보장
연예인인 원고의 불법 유학 알선 등의 불법 행위에 관한 기사 Ⅰ	반사회적 범죄 / 대중 계몽
연예인인 원고의 불법 유학 알선 등의 불법 행위에 관한 기사 Ⅱ	반사회적 범죄 / 대중 계몽
연예인인 원고의 불법 유학 알선 등의 불법 행위에 관한 기사 Ⅲ	반사회적 범죄 / 대중 계몽
당시 사회에서 큰 문제가 되었던 휴대폰 감청 의혹	반사회적 범죄
김일성 사후 북한에 대한 전망과 동향을 알게 할 의도	대중 계몽
실리콘백을 이용한 유방 확대 수술의 위험성 등의 정보 제공 목적	대중 계몽
당시 다소 생소한 산업 스파이에 관한 내용	반사회적 범죄
대기업 접대 비리 및 이에 편승하는 연예계의 문제점 지적	대중 계몽
연예인인 원고의 불법 유학 알선 등의 불법 행위에 관한 기사 Ⅳ	반사회적 범죄 / 대중 계몽
김영삼이라는 공인의 사생활 기사의 일부, 원고도 언론인으로 준공인 신분	대중 계몽

* 판결에서 언론사가 승소했거나 졌더라도 공익성을 인정한 근거들을 취합한 것이며 공익성을 인정했다 해도 특별한 이유의 언급이 없는 경우는 표에서 제외하였음.

하여 법원이 공익을 어떻게 분류하고 있으며 그 범위는 어디까지로 제한하고 있는지 알아보고자 한다.

표 3-8은 분석 대상 판례에서 언급된 공익성을 분류하는 것이다. 표를 통해 볼 때 법원의 공익성에 알 수 있는 것은 언론이 생각하는 공익성의 범위 혹은 크기이다. 대개의 경우, 법원이 공익성을 가진다고 생각하는 사안은 일반 대중 모두가 관심을 가질 수 있는 사안이어야 하지만 그 사안이 국민 전체나 혹은 구체적인 단체의 이익과 결부된 것을 뜻하는 것은 아니고 특정 목적을 가진 집단이 개념적으로 유추할 수 있고 그들이 관심을 가질 수 있는 사안이라면 공익성이 인정된다고 파악하는 것으로 보인다. 공익성 판단의 근거로는 ㉮ 보도 내용의 공개성 여부, ㉯ 장소 및 대상의 한정성, ㉰ 기사 작성의 목적이 대중의 알권리를 위한 것인가 여부(목적의 정당성) 등을 만족시켜야 한다.

공익 관련 주제들은 크게 ① 국가 안전 보장과 사회 질서 유지, ② 대중 계몽, ③ 반사회 범죄 방지, ④ 소비 대중 이익 보호와 사회적 손실 방지의 네 가지 유목으로 구분할 수 있다. 여기서 대중 계몽이라는 것은 대중들이 사회를 살아가는 데 알아야 할 정보와 공중 안전, 보건에 영향을 끼칠 수 있는 사안을 의미한다. 또 소비 대중의 이익 보호와 사회적 손실 방지라는 유목은 대중들의 경제 생활에 있어 영향을 끼칠 수 있는 사안들에 대한 보도의 공익성을 인정한다는 뜻이다. 제한적인 자료이긴 하지만 위의 판례들에서 보듯이 법원이 보도의 공익성을 가장 잘 인정하는 부분은 국가 안전 보장에 관계된 사안과 사회 질서 유지를 위해 필요하다고 생각되는 내용들이다.

① 국가 안전 보장/사회 질서 유지
국가 안전 보장이나 사회 질서 유지를 위한 기사의 경우에는 비교적 내용상의 공익성이 많이 인정된다고 하겠다. 그럼에도 사안의 특성상 내용의 진실성에 치중해서 명예 훼손 여부를 판단한다. 언론사가 승소

한 판례인 안기부 관련 의혹을 제기한 기사에 대해 대법원은 일간 신문이 중앙대학교 안성 캠퍼스 총학생회장의 의문사 사건에 안기부 직원이 관련되어 있다는 취지의 기사를 게재한 것에 대해 "진실이라고 믿을 만한 이유가 있다"고 판시하였다(대법 1996.8.23. 선고 94도3191 판결).

법원은 명예가 훼손되었지만 진실이라고 믿을 만한 근거가 있는 경우라고 판단한 판례는 위에 언급한 이의향 사건으로 "원고의 명예 및 신용이 훼손됐음은 명백하지만 신문 기사가 타인의 명예를 훼손하는 경우라도 기사를 게재하는 것이 공공의 이익을 위한 것이라면 설사 기사의 진실성이 증명되지 않아도 보도 기관이 그 기사가 진실이라고 믿은 데 대해 상당한 이유가 있는 경우에는 불법 행위가 성립되지 않는다"고 밝혔다(서울민사지법 1984.4.11. 선고 82가합4734 판결). 이와는 반대로 서울지방법원은 공보관이나 담당 수사관의 비공식적인 확인 취재로 보도한 경우, 즉, 일간 신문의 취재 기자가 경찰 간부로부터 취재, 보도한 "임수경 입북, 국내 공작 조직 관련 사건 내용에 대해 기사 내용이 진실하다고 믿는 데 상당한 이유가 있다고 보여지지 않는다"라고 판시하여 기사 작성시의 상당성을 인정하지 않고 있다(서울지법 1980.8.17. 선고 90가합35265 판결).

국가 안전 보장과 사회 질서 유지와 관련된 보도의 경우 그 취재원이 다른 경우에 비해 훨씬 문제가 되는데, 법원의 판결 경향에 따르면, ㉮ 정부나 수사 기관의 공식 발표가 취재원이 아닌 경우는 기사의 공익성은 인정되지만 거의 대부분 기사의 상당성을 의심받아 패소하게 되며,[16] ㉯ 기사 내용에는 문제가 없다고 해도 기사의 제목

---

16. 국회의원 후보 공천 헌금 보도 사건의 경우, 공인에 관한 내용과 정치인의 금품 수수에 관한 내용임에도 상당성이 없다는 이유로 진실임을 인정하고 있지 않으며 공익을 위한 보도에 대한 평가가 없이 오로지 진실 여부로 명예 훼손 여부를 파악하고 있다. 본문에 따르면 타 신문의 기사와 연합뉴스 보도를 기초로 하였고 검찰이 수사가 진행 중임을 취재하였는데도 정확한 공식 발표 문건이 아니라는 이유로 상당성이 인정되지 않았다. 이를 토대로

이 대중들의 사건 인지와 의견 형성에 차지하는 비중을 볼 때 제목은 진실한 내용만을 담아야 한다고 판단하는 것으로 보인다.17

국민의 알권리와 관련된 사안일 경우 국민의 알권리가 개인의 프라이버시에 우선한다고 보는 게 통례이다. 보도적 가치, 계몽적 가치, 교육적 가치가 있는 사실은 일반에게 알리는 것이 공익에 도움이 된다고 보기 때문에 그런 내용을 공개하는 것은 프라이버시 침해로 보지 않는 경향이 있는 것으로 나타났다. 따라서 국회의원, 상급 공무원, 교사, 법조인, 경찰 관계자, 기업이나 단체의 간부 등 사회적 영향력을 가진 공인이 뉴스의 대상자로서 그 내용이 정치 활동, 범죄, 반윤리적 행위, 주요한 민사 사건 등 공공의 이해에 관련되어 있을 경우 일부 프라이버시에 저촉되더라도 그것이 진실이라면 실명으로 보도해도 좋다고 할 수 있다(대법 1996.6.28. 선고 96도977 판결).

② 대중 계몽

표 3-8에서 보이는 대중 계몽의 측면에서 볼 때, 생활 정보의 제공에 있어서는 비교적 문제의 소지가 적은데, 그 당시 가장 관심 있는 이슈, 특히 공인과 관련된 사안이거나 일탈적인 사안에 대해서는 언론 보도에 주의할 점이 몇 가지 있다. 이는 주로 인격권에 관한 부분과 발표 매체에 관한 사안인데, 우선, 공인에 관하거나 공인과 관련된 사람에 대한 보도라도 기사 전달의 방향이 한쪽으로 맞춰져 몰아가는

알 수 있는 것은 공직자들이 공식 브리핑을 한 데 대해 언론사가 나름대로 사안을 분석하여 의혹이 드는 경우에도 함부로 의혹을 거론하거나 '의혹이 있다'라는 말을 함부로 써서는 안 된다는 것이다. 또, 이혼 소송 주부 청부 폭력 사건에서도 경찰의 보도 자료와 수사 기록을 열람하였고 원고들의 자술이 있었던 사실을 보도하였지만 자신의 의견을 첨부하고 인터뷰 기사를 허위로 작성한 점이 인정되어 패소했다.

17. 이혼 주부 청부 폭력 사건의 경우 원고의 무도장 출입과 간통 혐의로 고소되었던 사실을 경찰 수사 기록에서 확인한 후 제목을 뽑았지만 법원은 실제 이 사건과 원고의 간통 경력이 사건과 관련 있다는 확신이 없다는 이유로 언론사에 패소를 판결하였다.

경우는 명예 훼손으로 판단될 수 있다.[18] 또한 매체가 일간지나 시사 잡지가 아닌 주간지나 여성지의 경우 공익성을 인정받기가 어려운 것으로 나타났다(서울고법 1989.11.29. 선고 89나8158 판결).

③ 반사회 범죄 방지

반사회 범죄에 대한 보도에 대해 법원은 예외적으로 '공익을 위해' 또는 '중대한 국민의 알권리 확보를 위해' 필요하고 그 내용이 진실인 경우에는 피의 사실 공표죄가 성립되지 않을 수 있으나 가급적 피해자와 언론 모두를 위해 매우 조심해야 한다고 주장한다(대법 1995.11.10. 선고 94도1942 판결).[19] 그래서 비록 반사회 범죄 방지 부분도 대중의 복지와 안녕을 위해 보도의 공익성이 인정되는 부분이지만, 피의 사실의 발표에 있어서는 담당 형사나 정부 기관의 공식 발표에 의하지 않은 보도인 경우 명예 훼손의 사유가 될 수 있으며, 공식 발표에 의하고 피의자의

---

18. 사망한 김성재가 연예인으로 공적 인물이라는 점과 사망에 대한 일반인들의 관심이 높았고 약물 투여에 의한 타살이라는 중대 범죄의 강한 의혹이 제기되는 상황이라는 점을 고려할 때 공익 목적이라는 것을 인정할 수 있다. 하지만 진실성·상당성 부분에서는 원고가 1심에서 유죄가 인정된 상태를 인정하더라도 원고에 대해 편파적인 혐의 부각 방향으로 방송 내용이 진행된 점이 인정되어 고의적인 의도로 법원은 판단, 방송의 공정성 측면에서 진실성·상당성이 없다고 판시하였다. 또 하나의 예는 사설 관련 사건으로 그 당시 사회에서 큰 문제가 되었던 휴대폰 감청 의혹이 있다는 내용으로, 그 목적이 공공의 이익에 관한 것이라고 인정하지만 사실성 부분에 있어서 범죄 사실이며 고위 공무원이 관련된 사안으로 언론사의 조사에 한계가 있음과 검찰의 태도가 갑작스레 바뀐 것에 대한 의문을 제기하는 의도가 사설의 목적이라고 판단됨에도 사실 확인이 충분치 않고 의도한 방향으로 사설을 전개했다는 이유를 들어 상당성을 부정했다.
19. 피고인이 연구소의 잘못을 지적하는 청원서를 제출함에 있어 진실한 사실을 공표하였다 하여도 상대방을 비방하는 취지가 그 내용의 주조를 이루고 있으며 위 청원서를 그의 주장을 심사할 수 있는 권한을 가진 사람에게 발송하여 그 시장을 기다리지 않고 바로 그러한 권한과는 무관한 정치인, 언론인, 언론 기관 등에게 광범위하게 발송하였다면 피고인의 범행이 오로지 공공의 이익에 관한 것이라고는 할 수 없다고 판시함으로써 공익성을 판단하는 하나의 기준을 제시한 점이 의미가 있다.

형이 확정되었다 해도 피의자의 이름이나 얼굴은 원칙적으로 보도할 수 없는 것으로 보인다.20 대중 매체의 범죄 사건 보도는 뉴스 가치가 있고 공공성이 있는 것으로 취급할 수 있을 것이나, 범죄 자체를 보도하기 위해 반드시 범인이나 범죄 혐의자의 신원을 명시할 필요는 없으며, 범인이나 범죄 혐의자에 관한 보도가 반드시 범죄 자체에 관한 보도와 같은 공공성을 가진다고 볼 수도 없다.21 즉, 특정 강력 사건의 피해자와 신고자, 고발자의 신원 공개는 법률로 금지되어 있다. 특정 강력 범죄 처벌에 관한 특례법 제8조(출판물 등으로부터의 피해자 보호)에 따르면 특정 강력 범죄로 수사 또는 심리 중에 있는 사건을 신고하거나 고발한 자에 대해서는 이름·나이·주소·직업·용모에 의해 그가 피해자 또는 고발한 자이거나 신고한 자임을 알 수 있는 정도의 사실이나 사진을 신문에 게재하거나 방송하지 못하도록 되어 있다. 그러나 행위자가 '공적인 인물'인 경우에는 행위자가 누구인지 여부 자체가 바로 공공의 관심 대상이 되는 것이므로 이를 보도하는 것은 국민에게 그 관심사를 보도하는 언론의 기능에 부합하는 것이라는 인식이 강하다.

20. 신문 기자가 담당 검사로부터 소정의 절차에 의하여 행한 발표 및 배포 자료를 기초로 객관적으로 취재한 피의 사실을 그 진위 여부에 관한 별도의 조사 및 확인 없이 보도했으나 피의자가 피의 사실을 강력히 부인하고 있음에도 불구하고 추가 보강 수사를 하지 않은 채 참고인 측의 불확실한 진술만을 근거로 마치 피의자의 범행이 확정된 듯한 표현을 사용하여 기자들에게 피의 사실을 공표한 경우 위법성이 조각되지 않는다고 판시하였다.

21. 변호사들의 알선 수수료 지급의 범죄 행위에 관한 것으로 공공의 이해 사항이며 공익을 위한 것으로 본다. 하지만 보도 기관은 수사권이 없는 관계로 수사 기관의 공식 보도나 발표를 믿는 것은 상당성이 있다고 하겠지만 수사 당국의 공식 발표 내용이라도 자신의 억측을 붙이거나 단정, 사실을 각색하는 것은 상당성이 없다고 판시하였다. 이 경우는 구두 발표를 믿고 기사를 단정적으로 작성한 것이 문제이며, 진실성 판단 대상은 발표 내용의 진위뿐 아니라 그 사실의 진위가 더 중요하다고 본다.

4. 언론 보도와 공익성의 요건으로서의 공인

최근 언론과 관련된 명예 훼손 추세는 심한 경우 기사 하나를 두고 보통 2건, 많으면 6건 가량의 민·형사 소송 절차가 진행될 정도로 명예 훼손 소송이 급증하였다. 또 의혹 보도의 경우 특정된 사람은 자신의 죄가 밝혀지기 전까지는 마치 보도 내용이 모두 허위라는 듯이 기사와 내용에 대해 명예 훼손 소송을 제기하기도 한다. 이러한 송사에 휘말리게 되는 기자는 소송 결과에 관계없이 분쟁이 예상되는 내용의 기사화를 피하게 된다고 한다.

그러나 근간에 제기된 정치인이나 사회 유력 인사들의 그들과 관련된 보도에 대한 명예 훼손 소송 제기와 검찰 조사에 의해 그 보도들이 사실로 밝혀지는 과정을 볼 때 과연 지금과 같이 사회 지도 계층의 명예를 우선하는 판결 경향이 잘못된 것은 아닌지 의문이 생긴다. 한국 법원은 뉴스원의 직업과 공무원이나 공직자와 같이 사회적 위치가 높을수록 그에 대한 보도 내용의 진실성 여부를 중요시하는 반면, 기업인이나 일반인·사인의 경우, 공익성을 강조하는 경향이 있다. 이러한 최근 법원의 판결은 국민의 알권리와 언론의 자유보다는 개인의 사생활과 명예 보호를 더 중시하는 듯한 모습을 보이고 있다. 그런데 이익 형량의 관점에서 볼 때 어느 한쪽의 기본권에 무게를 과하게 두는 경우 다른 한쪽 기본권의 본질을 침해할 가능성이 있으므로 신중한 판단이 요구된다.

간단히 정리된 관련 판례를 분석한 결과 다음과 같은 내용을 알 수 있었다. 첫째, 전체 분석 건수 58건 이 중 공인과 관련된 것은 39건이었고 사인(일반인)과 관련된 것은 19건이었다. 언론사의 승소율을 공·사인으로 나누어 비교해 보면 공인에 대한 소송에서 언론사가 이긴 비율은 8/39건으로 20.5%를 차지하며 사인에 대한 명예 훼손 소송에서 언론사가 이긴 비율은 7/19건으로 36.8%로 나타났다. 이 결과는 우리나라 법원이 공인이라고 인정되는 사람들의 명예권을 인반인들의 명예권보다 중요하게 생각함을 보여 주는 예라고 할 수 있으며, 특히 정치인과 관련된 소송의 경우 연구 대상 5건 중 언론사가 승소한 경우가 1건도 없음은 특이하다 할 수 있으며, 한국 법원이 정치인들의 사회적 영향력과 업무에 비추어 그들의 명예권을 어떻게 생각하는지 보여 준다.

조사 대상 58건 중 주요 일간지 기사에 관한 소송이 29건이며 방송사 보도 내용에 대한 소송이 17건, 그리고 그 외 주간지, 월간지에 대한 소송이 12건이었다. 조사 대상 중 일간지에 의한 명예 훼손 소송이 가장 많은 이유는 아직까지 한국의 주요 뉴스 보도 매체로서의 영향력이 신문이 가장 크기 때문이라고 풀이된다. 보도 내용은 국가 안보, 범죄 보도, 사회 질서 유지를 위해 필요하다고 생각되는 내용과 대중 계몽, 대중 이익 보호, 사생활 문제 등 다양하게 조사되었는데, 공인과 관련된 경우 국가 안보나 사회 질서 유지 등에 관계되는 내용이 주류를 이루었고 사인과 관계된 경우 범죄 보도, 대중 계몽, 대중 이익 보호, 사생활 문제에 관한 내용이 대부분을 차지했다. 언론사의 명예 훼손 소송에 대한 전체 승소 비율은 28.8%이며 이를 공인에 대한 것과 사인에 대한 것으로 나누어 비교해 보면, 공인에 대한 승소율이 20.5%(8/39), 사인에 대한 승소 비율이 36.8%(7/19)로 공인에 의한 명예 훼손 소송에서 법원이 문제가 된 보도의 내용이 공공의 이익이나 공중의 알권리 차원에서 중요하다는 인식보다는 공인들의 명예권을 더 중요하게 여긴다는 것을 알 수 있다.

공익성은 '일반 대중 모두가 관심을 가질 수 있는 사안이어야 하지만 그 사안이 국민 전체나 혹은 구체적인 단체의 이익과 결부된 것을 뜻하는 것은 아니고 특정 목적을 가진 집단이 개념적으로 유추할 수 있고 그들이 관심을 가질 수 있는 사안이라면 공익성이 인정된다'

고 파악하는 것으로 보인다. 공익성 판단의 근거로는 ① 보도 내용의 공개성 여부, ② 장소 및 대상의 한정성, ③ 기사 작성의 목적이 대중의 알권리를 위한 것인가 여부(목적의 정당성) 등을 만족시켜야 한다.

하지만 한국 사법부는 아직까지 실제 명예 훼손 여부 판단에 있어 공익성을 면책 사유의 충분 조건이 아닌 부수적인 조건으로 여기는 경향이 강하며 보도 사실이 오로지 진실인지 여부에 중점을 두어 명예 훼손 여부를 결정하고 있다. 즉, 한국 법원에서 공익성은 아직까지 명예 훼손 면책 사유로서의 독자적인 위치를 가지지 못하며, 진실성 여부가 가려진 후 부차적인 판단 조건으로만 이용되고 있는 것을 알 수 있다. 그러다 보니 사적인 내용이 아닌 경우에는 공익성과 관련하여 사건이 인정되지 않는 경우는 거의 없는 것으로 보인다.

이러한 측면에서 보듯이 명예 훼손 소송에 있어 법원은 언론의 자유와 개인의 명예권이라는 부분을 이익 형량하는 데 있어 보도 내용의 진실성, 상당성, 그리고 공익성에 있어 면책될 수 있느냐 여부를 판단한다. 이에 반해 언론은 그 기사의 진실성도 중요하지만 실제로 진실성 여부보다는 보도 기사가 공적인 것으로 국민의 알권리에 부합하는 것을 강조하는 경향이 있다. 즉, 언론은 언론의 자유가 국민의 기본권 중 하나이며 기본권 중의 가장 우월한 지위라는 점을 강조하고 있으며 알권리와 명예권이 상충될 경우 국민의 알권리가 우선한다고 믿는다. 이러한 언론의 국민의 알권리에 대한 믿음은 이른바 '언론 자유 우월론*preferred balancing theory*'적 시각과 일치하는 것이라고 할 수 있는데, 미국의 수정 헌법 제1조에 근거하여 언론 자유가 개인의 명예권과 상충될 때 언론 자유를 우선시한다는 입장이다(이재진, 2001, pp.210~11).

이에 비해 법원의 입장은 '균형 이론*balancing theory*'으로 공익의 실천이라는 관점에서 언론에게 명예권에 우선하는 특권이 주어져야 한다는 생각은 없으며, 언론 자유와 명예권이 충돌하는 경우, 법원이 개인의 명예권과 언론 자유를 통해 얻어지는 공익적 가치 실현 정도를 이익 교량하여 판단한다는 것이다. 이 경우 언론의 자유가 갖는 의미와 한계는 상황 변화에 따라 결정된다. 이런 차이는 명예 훼손 현상을 보는 언론과 사법부의 시각 차이를 보이는데, 법원은 명예 훼손 소송을 개별 당사자 간의 분쟁이라고 생각하는 반면 언론은 사생활 침해와 같은 순수 사적 분쟁을 넘어서 공동체 공적 관심사에 연루된 다툼이라고 생각한다는 것이다. 이러한 관점 차이는 세부적인 문제로 갈수록 더 복잡해지며 이는 명예 훼손 소송 판결에 있어 언론에 불리한 면으로 작용하는 것을 알 수 있다. 예를 들어 앞서 말한 것처럼 공인에 대한 보도의 경우 법원은 공인을 '공익'을 구성하는 하나의 요소로 정의하고 있는 반면, 언론은 면책 특권으로서 공인을 인식한다. 또한 한국법은 공인의 사생활을 언론의 보도 범위에 두길 꺼리는 반면, 언론은 국민의 알권리를 위해 공인의 모든 측면이 보도의 대상이 되어야 한다고 생각하는 경향이 있다(<중앙일보>, 1999. 10. 13, 7면).

법적으로 한국 형법은 언론 보도에 대해 과도한 심리적 경향을 지닌 최고도의 고의(즉, 비방의 목적)를 요건으로 하는 목적범으로 출판물에 의한 명예 훼손 피고를 형사 처벌하도록 규정하고 있다. 그러나 형사 소송의 원고인 검사도 피고가 된 언론 기관 또는 언론인이 비방의 목적을 가졌다는 것을 직접적으로 증명하는 데 필요한 자료를 제시하지 못하는 경우가 많아서 판례는 비방의 목적이 별개의 다른 행위를 위한 목적을 요구하지 않고 있는 점에 주목하여 비방 목적의 여부를 피고인의 심리에서 찾지 않고 출판물의 내용에서 찾는 결과주의를 택해왔다.[22] 따라서 공표된 메시지 내용의 어떤 특정한 표현이 명예 훼손이라고 판단되면 그것으로 바로 비방의 목적이 있는 것으로 보아왔다.[23] 그러나 시간(마감), 공간(지면) 그리고 경제적 자원(예산)

22. 서울형사지법 1966.12.23. 선고 64고17239 판결.
23. 대법 1983.6.14. 선고 82도744 판결.

등 보도 업무에 따르는 원천적 제약 때문에 비방의 목적이 없는 '충분하고 정확한 사실 보도'를 실현한다는 것은 결코 쉬운 일이 아니다. 즉, 시간적, 공간적 제약에 의해 기사는 불충분한 취재와 정보의 단편적 취합을 면하기 어렵다. 따라서 언론에 있어서는 공익성의 위법성 조각 사유가 대단히 중요한 역할을 하게 된다. 이는 결국 언론이 진실을 제대로 전달하기는 거의 불가능하다는 것을 보여 준다.

명예 훼손 소송에서 위법성의 조각은 진실성이라는 차원과 공공의 이익이라는 차원의 두 가지 기준으로 주장된다. 판례 분석에서 나타난 결과를 보면 한국 법원은 언론사와 관련된 명예 훼손 사건에 대해 그 보도 내용이 '공익성'에 관한 것인지에 비중을 두기보다는 보도 내용의 진실성과 상당성에 기초하여 판결을 하고 있음을 알 수 있었다. 또한 이 공익성의 개념은 아직 일반적인 정의와 범위를 가지고 있지도 않으며 재판부가 각각의 기준에 따라 조금씩 해석을 달리하고 있는 개념이다. 그런데 공익성 문제에 대해서 헌법재판소는 "판사들은 언론의 자유를 보장한다는 관점에서 공익성의 적용 범위를 과거보다 더욱 폭넓게 해석해야 한다"고 주장한 바 있다(헌재 1999.6.24. 선고 97헌마265 결정). 즉, 언론이 보도 영역을 넓히기 위해서는 실제적으로 결정권을 가지는 법원의 판결에 대해 표현의 자유를 보호할 필요가 있는데, 국민의 알권리라든지 언론의 자유를 주장하기보다는 공익성에 대한 개념과 정의를 확립하여 그 위상을 높이는 일이 중요하다고 보인다. 또 법원은 명예 훼손죄로부터 보호받아야 할 대상에 언론 피해자와 함께 강자에 의해 법정으로 끌려나온 언론인까지도 포함시켜 공익과 관련된 문제에서 더 폭넓게 언론인을 보호해야 할 논리를 조만간 개발할 필요가 있는 것이다.

먼저 주목할 점은 언론사가 승소한 경우와 패소한 경우에 나타나는 위법성 조각 사유 적용 양태의 차이이다. 언론사가 승소한 경우에는 문제가 된 기사가 공익성과 진실성을 모두 인정받고 있는 반면, 언론사가 패소한 경우 공익성과 진실성이 모두 부정된 기사가 공익성은 인정되나 진실성이 의심된다고 밝힌 기사의 58.5% 정도(37건/63건)밖에는 안 된다는 점이다. 즉, 법원이 기사 내용의 명예 훼손 여부를 가리는 데에 가장 결정적인 영향을 끼치는 것은 그 기사가 공공의 관심사 내지는 공공의 이익에 관련이 되었느냐보다 그 기사의 내용이 진실성이나 진실이라고 믿을 만한 이유를 가지느냐 하는 것이라는 것이다. 이러한 이유가 명예 훼손 소송에 있어 언론은 승소할 수 있는 가능성이 낮았던 요인 가운데 하나로 작용했다고 볼 수 있다.

　　몇몇 판례들을 살펴보면, "원고는 사건 당시 공인이었으며, 공인의 경우 공적 활동과 부수적인 평가에 필요한 자료는 공공의 관심사라 볼 수 있으며 특히 국회의원의 자격 및 자질에 관한 전인격적 판단이 필요하므로 그러한 판단의 기초가 되는 사항에 대한 보도는 공공의 이익에 관한 것……," "각 기사가 노동 운동 및 일부 노동조합의 운영에 대한 비판, 친북 공산 활동에 대한 경계 등을 그 주요 내용으로 하므로 공공의 이해에 관한 사항……," "……공영 방송의 프로그램 제작을 총괄하는 책임 프로듀서인 원고의 역사관에 대한 비판을 주된 내용으로 삼고 있으므로 내용 및 목적의 공공성은 인정," "……1997년 말 외환 위기 이후 전세 계약 당사자 사이의 분쟁이 빈발하여 사회 문제가 되자…… 둘 사이 문제가 아닌 전세 대란에 관한 내용이므로 공익성이 있다" 등으로 포괄적인 부분에서 공익성의 중요성과 필요성을 인정하면서도, 실제 명예 훼손의 유무를 판단할 때는 이런 공익성의 중요도에 대한 인식 없이 기사 내용의 진실성만을 중요 판단 근거로 채택하였다.

　　그러나 이러한 법원의 판결 경향은 대법원이 2002년 1월 22일 판결에서 "공공적·사회적 의미를 가진 사안에 관한 것인 경우에는 그 평가를 달리하여야 하고 언론의 자유에 대한 제한이 완화되어야 하며 …… 당해 표현이 공적인 존재의 정치적 이념에 관한 것인 경우, 그 존재가 가진 정치적 이념은 더욱 철저히 공개되고 검증되어야 하며 ……에 대한 의혹의 제기나 주관적인 평가가 진실에 부합하는지 혹은 진실하다고 믿을 만한 상당한 이유가 있는지를 따짐에 있어서는…… 구체적 정황의 제시로 입증의 부담을 완화해 주어야 한다"고 판시한 이후 점차 변하는 과정에 있다. 다시 말하자면 한국 사법부가 예전과는 다르게 명예 훼손 사건에 있어 관련 내용이 공공에 관한 사안일 때 명예 훼손의 적용에 있어 일반적인 명예 훼손과는 다른 기준을 적용해야 함을 밝힌 바 있는데, 이는 한국에서 공익에 대한 새로운 인식이 생겨나고 있음을 의미한다.24

이러한 판례 이후 사법부는 점차 많은 하급심 판례 등을 통해 언론이 공인에 대해서 좀더 자유롭게 보도할 수 있도록 면책 사유의 적용 범위를 넓게 적용해야 한다는 취지의 판례가 나오는 경향이 증대하였으며 언론이 관련 명예 훼손 소송에서 승소하는 비율이 높아지고 있는 것이 사실이나(이재진, 2004) 아직까지 공인을 공익과 연결시켜서 보편적인 판단의 기준을 통해서 인식하지는 않은 것으로 이해된다. 그럼에도 점차 공인에 대한 법원의 인식이 커지고 있는 것은 사실인데, 이는 법원의 언론의 사회적 역할에 인식의 확대와 함께 점차 자리를 잡아가고 있는 것으로 볼 수 있다(이재진, 2005). 이러한 점에서 앞으로 법원의 공익성에 대한 새로운 해석이 있을 것으로 판단되며, 공인의 경우 공익성 요건의 핵심적인 요소로 인식될 가능성이 점차 커질 것으로 보인다. 다시 말하자면 누가 공인이고 누가 공인이 아닌가에 대한 판단 여부가 공익성 적용의 관건이 될 수 있다는 것이다.

---

24. 2002년 이후 공인 이론 및 공익성 적용과 관련해서는 차용범(2002a, 2003), 이재진(2004, 2005), 이승선(2003, 2004)의 연구 등에서 잘 살펴 볼 수 있다. 이들 연구에 따르면 전체적으로 볼 때 공인의 개념이 점차 확대되고 있으며, 여기에는 국가 기관을 포함한 공적 단체(조직)와 아울러 일부 연예인들도 포함될 수 있다고 지적하고 있다. 그리고 현재 공인이나 아니냐의 여부가 점차 중요한 사법부의 고려 대상으로 등장하고 있다고 주장한다.

4장

인격권과 연예인: '공인 이론'을 중심으로

1. 연예인 관련 판례의 쟁점

사례 1. 한 스포츠 신문이 S자매, K양, H양 등 일부 정상급 연예인들이 성상납, 매매춘 조사를 받았다고 보도하자 S자매 측은 허위의 사실을 보도해 명예를 훼손했다는 이유로 10억 원의 손해 배상 청구 소송을 제기했다.

사례 2. <스포츠서울>을 제외한 각 신문들은 2003년 6월 5일자 신문에서 탤런트 A양이 전후 사정에 대한 자세한 설명 없이 '호텔 납치,' '알몸 납치' 등의 표제를 달아 마치 납치범에 의해서 호텔에 끌려가 성폭행을 당한 듯한 인상을 주는 기사를 게재하였다. 그리고 이와 관련된 후속 기사를 연일 다루면서 집단 관음증을 부추겼다는 비판을 받았다.

사례 3. 마약 혐의로 구금되어 수의를 입고 있는 한 탤런트의 사진을 교도소장으로부터 건네받아 이를 함부로 게재한 언론사가 당사자의 명예 및 초상권을 침해한 이유로 손해 배상을 해야 했다.

사례 4. H양 섹스 비디오 기사와 관련 탤런트 함모 씨는 스포츠지 <굿데이>와 <스포츠투데이>를 상대로 6억 원의 손해 배상 청구 소송을 제기했다. 신문들은 연예인 함모 씨의 적나라한 성 행위 장면이 담겨 있는 비디오를 입수했다는 내용의 기사를 인터뷰를 하지도 않고 마치 인터뷰를 한 것처럼 기사를 게재했다.

이러한 사례들은 오늘날 연예인들이 겪는 수많은 언론에 의한 피해 중 단면에 불과하다. 오늘날 인기 연예인의 이미지는 언론에 의해 만들어지고, 언론에 얼마나 노출되는가에 따라서 이들의 몸값이 크게 달라진다. 그런데 이들 연예인이 비록 대중 매체로 인해 인기를 얻게 되었지만 대중 매체 때문에 일반 사람들이 겪지 않아도 되는 인격권 침해를 빈번하게 겪게 된다. 이 중에서 가장 문제가 되는 것이 바로 연예인의 명예 훼손과 사생활 침해이다.[1] 이는 파급력이 강력한 인터넷의 광범위한 이용으로 더욱 문제가 되고 있다. 연예인이 이처럼 시달리는 것은 연예인이 현대 사회의 선망의 대상이기도 한 동시에 질투와 질시의 대상도 되기 때문이다.

연예인은 자신을 단순한 가십거리로 생각하지 말 것을 당부한다. 즉, 연예인의 인격이 존중되고 보호되어야 한다는 사실을 대중도 알아야 한다고 주장한다. 그러나 아직도 이러한 측면이 많이 부족한데, 그 단적인 예가 바로 이른바 연예인 섹스 비디오와 같은 사적 정보에 대한 대중지들의 선정적 보도이다. 언론은 국민들의 알권리 충족을 위해서 이러한 보도가 불가피하다고 주장한다.

언론사 측의 주장에도 불구하고 개인의 사생활을 담은 비디오에 대한 보도는 그 사실의 진위 여부를 떠나서 명예 훼손이나 사생활 침해가 될 수 있다. 그러나 언론이 연예인들의 생명을 좌우하기 때문에

---

1. 임병국(2002)의 "방송사 연예 프로그램들의 여성 연예인 인격권 침해 사례 분석"에 따르면, 탤런트 황수정의 마약 복용, 이영자의 지방 흡입술, 백지영 비디오, 이태란 매니저 고소, 성현아의 마약 복용 사건 등을 분석한 결과 전체 25건 방송 중 프라이버시 침해 가능성이 있는 것이 13건(52%), 성명권과 초상권 침해 가능성이 있는 것이 각각 4건(16%)으로 나타났다.

법적 대응에 나서는 것이 쉽지 않고, 섣불리 법적 대응을 했다가 더욱 악의적인 보도에 시달릴까 두려워 피해 연예인들도 웬만하면 고소는 피하고 참는 경향을 보여 왔다. 또한 비록 소송에 승리하여 언론을 처벌하더라도 해당 연예인은 이미 부정적인 이미지가 파급되어 연예인들에게는 소송이 별 실효성을 거두지 못하였다. 그 때문에 법적 대응보다는 합의하는 선에서 문제를 해결하는 경향이 크다는 조사도 있다(<한겨레>, 2003. 3. 24, 28면).[2]

그러던 것이 2004년 6월 법무부가 민법 개정안 총칙에 인격권 조항을 한국 사법 체제에서 처음으로 규정할 것이라고 밝히고(<서울신문>, 2004. 6. 5, 7면), 2005년 7월 28일 언론중재법이 적용되면서 언론중재법상의 인격권 조항을 통해 개인의 프라이버시권이나 초상권 등에 무게를 둘 것으로 보여, 연예인의 경우 언론 보도로 인한 인격권 침해에 대해 더 적극적으로 법적 대응에 나설 가능성이 크다.[3]

---

2. 연예 관련 보도에 의한 법적 분쟁의 증가 때문에 서울지방법원은 2003년 1월 20일 원만한 분쟁 해결에 도움을 주도록 탤런트 및 가수 7인을 법원의 조정위원으로 위촉하였다. 이는 법원이 연예 관련 분야의 전문성을 갖춘 사람들을 조정위원으로 위촉함으로써 언론 보도로 인한 분쟁 발생시 재판으로 가기 전 조화로운 해결점을 찾도록 하는 목적에서 이루어졌다(<대한매일>, 2003. 1. 21, 23면).

3. 제5조 (인격권의 보장 등)

① 언론은 생명·자유·신체·건강·명예·사생활의 비밀과 자유·초상·성명·음성·대화·저작물 및 사적 문서 그 밖의 인격적 가치 등에 관한 권리(이하 "인격권"이라 한다)를 침해하여서는 아니 된다.

② 인격권의 침해가 사회상규에 반하지 아니하는 한도 안에서 피해자의 동의에 의하여 이루어지거나 또는 공적인 관심사에 대하여 중대한 공익상 필요에 의하여 부득이하게 이루어진 때에는 위법성이 조각된다.

③ 사망한 자에 대한 인격권의 침해가 있거나 침해할 우려가 있는 경우에 이에 따른 구제 절차는 유족이 대행한다. 다만, 다른 법률에서 특별히 정함이 없으면 사망 후 30년이 경과한 때에는 그러하지 아니하다.

④ 제3항의 규정에 의한 유족의 범위는 다른 법률에서 특별히 정함이 없으면 사망한 자의 배우자와 직계비속에 한하되, 배우자와 직계비속이 모두 없는 때에는 직계존속이, 직계존속도 없는 때에는 형제자매로 하며, 동순위의 유족이 2인 이상 있는 경우에는 각자가 단독

그런데 연예인의 경우 일반인과는 달리 언론에 노출되어 인기를 끌게 되는 특수한 사회적 지위를 가진 '공인'이라는 특수성을 가진다.4 즉, 연예인들의 사회적 지위는 대개의 경우 언론의 보도에 의해 발생하거나 획득된다는 점이다. 이는 미국 명예훼손법상의 논리에 있어 공인을 규정하는 근거와 유사한데, 명예훼손법상의 공인은 공개적으로 대중의 관심이나 이목을 끌고자 하며, 언론에 접근할 가능성의 정도가 크다는 점에서 일반인과 구분된다고 본다.5 즉, 연예인들은 일반인보다 언론에 노출되는 빈도가 높고, 대중으로부터 주목을 끌기 위해 자발적이고 적극적으로 언론에 접근하고자 하며, 때로는 선정적으로 보도되기도 하지만 이를 통해 유명세를 타게 되며 나아가서는 언론에 접근하여 반박도 용이하게 할 수 있다는 점에서 공인으로 간주될 수 있다.

한국의 연예인들도 다르지 않아서 이들의 인기는 언론이 없다면 원천적으로 불가능하다. 그래서 일부 언론인들은 비록 연예인들의 인격권의 보호가 중요하기는 하지만, 언론에 자주 등장함으로써 자신의 몸값을 불리는 연예인들의 경우에는 이들에 대한 비판적·명예훼손적 기사는 어느 정도 감수해야 하는 것이 아니냐고 주장한다. 또한 대중적 관심의 대상인 연예인들에 대한 보도는 국민의 알권리 차원에서도 보장되어야 한다는 주장도 있다.

그렇다면 과연 연예인들의 명예 훼손과 같은 법적 분쟁에 있어서

으로 청구권을 행사한다.
⑤ 사망한 자에 대한 제2항의 규정에 의한 인격권 침해에 대한 동의는 제4항의 규정에 의한 동순위 유족의 전원의 동의가 있어야 한다.
4. 흥미롭게도 이들 연예인들은 스스로 공인公人을 자칭하는 경향이 있으며, 언론은 연예인들의 보도에 있어서 연예인들에 대한 단순한 정보 전달에 그치지 않고 '공인들은 어떠어떠해야 한다'는 윤리적 기준마저 제시하고 있는 것으로 나타났다(이재진, 1999).
5. Gertz v. Welch, 418 U.S. 323 (1974).

보통 일반인들과는 다르게 법이 적용되는가? 또한 연예인들에 대한 정보의 제공이 국민의 알권리의 충족이라는 명분으로 정당화될 수 있는가? 이 장은 이러한 물음에 대한 해답을 구하고자 한다. 특히 언론의 보도로 인한 연예인의 피해를 구제받기 위한 명예 훼손 소송에 나타난 법 적용의 구조적 특징은 무엇인가에 연구의 초점을 둔다. 이를 위해 한국의 공인 논의를 중심으로 살펴보고 간단히 알권리에 관련된 연구와 판례를 검토한다.6

2. 연예인 보도에 대한 이론적 고찰

1) 공인 이론

한국에서 공인公人이라는 용어가 쓰이기 시작한 것은 1980년대 말로 추정하고 있다(임유진, 1998). 이전까지는 공인이라는 용어 대신 유명인, 연예인, 공직자 등이 주로 사용되었다. 공인이란 용어는 언론에 의해 먼저 사용되었는데, 언론의 경우 미국 명예훼손법상의 공인과 같은 의미로 이를 사용하고자 하였다. 그러나 실제 소송에 나타난 공인은 이와는 다른 것이었다(이재진, 1999).7

대개 공인으로 인정하는 연예인이란 사전적 의미로는 "공중 앞에서 음악·무용·연극·쇼·만담 등을 보이는 일을 하는 연예에 종

---

6. 알권리에 대해서는 2장에서 상세히 다루고 있다.
7. 지난 10년 동안 공인에 의해 소송이 제기된 언론 보도는 크게 ① 공무원의 공적 업무, ② 공무원 전력, 불법·비리 고발, ③ 정치인 및 친, 인척의 전력, 불법·비리, ④ 언론인 관련 보도, ⑤ 연예인 관련 불법, 선정 보도, ⑥ 기타(기업들의 비리, 불법 의혹 등을 보도한 소송과, 최근 활발한 사회 활동을 펴고 있는 시민·사회·종교 단체 등의 사상 시비 및 불법 의혹 보도 등)으로 범주화할 수 있다(차용범, 2002b).

사하는 배우나 가수 등을 총칭"하는 것이다.[8] 이들의 활동이 언론을 통해서 사람들에게 알려지게 되고, 언론 보도를 통해서 사람들은 누가 유명한 연예인인가를 인식하게 된다. 그런데 연예인들에 대한 명예 훼손상의 법리는 여타 일반인들의 경우와 비교할 때 어떻게 다른가 하는 것이 문제가 된다. 기존 연구에 따르면, 한국 법원은 연예인과 관련된 명예 훼손 소송에 있어서 일반인들과는 다른 독특한 법적 구조나 메커니즘이 있는가에 대해서는 회의적이다(김택수, 2002, p.5).

그런데 전술한 바와 같이 연예인들은 일반인과는 달리 언론에 자주 등장하고 이들에 대한 언론의 특성이 이들을 기사에서 선정적으로 다루기 때문에 항상 명예 훼손의 위험에 노출되어 있다는 점에서 법적인 적용을 차별적으로 해야 하지 않는가에 대한 논의가 계속 제기되어 왔다(이재진, 2002b; 조준원, 2003). 또한 사회적 공인으로서의 연예인들에 대한 보도는 많은 사람들이 알고자 하는 것이며 결국 이들에 대한 보도는 국민의 알권리를 충족시키는 것이기 때문에 어느 정도 무리한 보도가 있더라도 이를 인내해야 한다는 주장도 제시되어 왔다(이유현, 2002).

최근 연구들은 연예인을 비롯한 공인에 의한 명예 훼손 소송이 꾸준히 증가하고 있는 추세에 있음을 보여 준다(조준원, 2003; 한국언론재단, 2001; 이승선, 2000). 이에 대해 언론계는 소송의 증가가 자신들의 헌법적 가치인 언론 자유를 침해한다고 주장해 왔다. 사실 1997년 이후 언론 관련 소송이 크게 늘어난 모습을 보이는데, 이때 공인에 의한 소송이 전체의 약 65% 정도를 차지하는 것으로 나타났다(차용범, 2000, p.68).[9] 이러한 공인들에 의한 명예 훼손 소송의 증가는 무엇보다 언론

---

8. ≪국어 대사전≫, 서울: 금성출판사, 2001.
9. 언론 관련 명예 훼손 소송은 해방 이후 1987년까지 13건에 불과하던 것이, 1988년부터 2000년 상반기까지 10여 년 만에 92건으로 크게 늘어 연간으로 따지면 25배 이상 증가하였

의 무책임한 보도 행태와 직결되지만(이재진, 2002a; 이승선, 2000, p.83), 명예훼손법상 공인을 이해하는 법원과 언론 사이의 시각 차이 때문이라는 지적도 있다(안영배, 1996, pp.71~2; 이재진, 1999).[10]

그러나 무엇보다도 언론의 자유와 개인의 명예권을 비교 형량하는 명예훼손법이 제대로 그 기능을 하고 있지 못하다는 점을 들 수 있다. 즉, 기존의 한국의 명예훼손법이 기본권 간의 다툼을 적절하게 해결하는 데 크게 기여하지 못했다는 것이다. 이러한 이유는 한국 명예훼손법의 발전이 개인의 인격권 보호나 언론 자유의 보장에 대한 고려 없이 발전해 왔다는 점에서 찾아볼 수 있다(Youm, 1996). 한국의 경우 명예훼손법이 개인권들 사이의 정상적인 비교 형량을 위해 적용되었다기보다는 자유로운 표현에 대한 일종의 정치적인 규제를 위하여 오랫동안 이용되어 왔다. 이러한 점은 사회적 영향력을 행사할 수 있는 공인들에 의해서 명예훼손법이 남용될 수 있다는 헌법재판소의 지적에서도 살펴볼 수 있는데, 헌법재판소는 1999년 6월 24일 선고한 결정문에서 "……역사적으로 보면 사람의 가치에 대한 사회적 평가(명예)를 보호할 목적으로 만든 명예 훼손 관련법은, 권력을 가진 자에 대한 국민의 비판을 제한·억압하는 수단으로 쓰여졌다……"고 하여 권력에 의한 명예훼손법의 남용을 지적한 바 있다(97헌마265 결정).

다시 말하자면 자유로운 표현이나 언론을 규제하기 위한 목적으로 명예훼손법이 남용되었다는 것은 명예 훼손 소송이 여전히 언론을 위축시킬 가능성이 있다는 점을 반증하는 것이다. 명예훼손법이 발달한 미국의 경우에도 명예 훼손 소송이 언론이 자유롭게 보도할

다(장호순, 2001).

10. 법원은 언론의 책임을 강조하며 공인의 명예에 비중을 두는 반면, 언론은 국민의 알권리와 취재·보도의 자유를 내세우며 공인에 대한 면책 사유를 보다 폭넓게 주장하는 경향이 있다.

공간을 위축시킨다는 판례와 연구들을 많이 찾아볼 수 있다.[11] 미국에 있어 특징적인 것은 공인이 원고가 된 명예 훼손 소송에서 언론의 승소율이 높은 편이라는 점이다. 이는 1964년 설리번 사건에서 구성된 '현실적 악의 원칙'이 미국 법원에 의해 고집스럽게 지켜져 온 결과라고 할 수 있다.[12]

그러나 길모어(Gillmor, 1992)가 지적하듯이, 현실적 악의 원칙이 공직자들로 하여금 소송을 억제하도록 하는 장치로 고안되었다고 하더라도, 최근 그 어느 때보다도 많은 명예 훼손 소송이 제기되고 있으며 그 중 상당수는 공직자들이 언론을 상대로 명예 훼손 소송을 제기한 것이라는 점에서 그 원칙의 도입은 결과적으로 실패라고 할 수도 있다. 또한 현실적 원칙이 언론의 '숨 쉴 수 있는 공간'을 확보할 수 있도록 하는데도 결국 도움이 되지 않았다는 회의론도 제기되고 있다. 특히 연방대법원이 언론이 공적인 문제를 어느 정도 보도해야 되는가에 대해서는 침묵하고 있다는 점에서 원칙은 여전히 불완전하다고 하겠다(염규호, 1999, p.84).

사실상 승패와 상관없이 명예 훼손 소송은 소송 비용이나 절차 등의 여러 가지 이유로 여전히 부담스런 요인일 수밖에 없다. 한국의 경우 미국과는 다르게 언론을 상대로 한 소송에서 공인들이 일반인보

---

11. 뉴욕 타임스 대 설리번(New York Times v. Sullivan) 사건(1964), Bezanson et al., (1987), 이재진(2002a) 등.

12. 현실적 악의 원칙이란 미국 연방대법원이 1964년 뉴욕 타임스 대 설리번 사건에서 기존의 보통법상의 법리를 파기하고 언론에 맞도록 구성한 면책 사유로서 공직자*public officer*의 공적 행위에 관한 보도에 있어 언론인이나 발행인이 발행 당시 문제되는 사실이 진실이 아니라는 것을 알고 있었거나 또는 그 진실 여부에 대해서 주의를 기울이지 않은 경우를 말한다. 공인의 경우 이러한 현실적 악의 원칙을 증명하지 않으면 피해에 대한 배상을 얻지 못하게 되어 있다. 이후 위와 같은 법리는 공적 인물*public figure*에게까지 확대되었다. 이러한 원칙에 대한 많은 비판에도 불구하고 미국 법원은 계속해서 이를 지켜왔다(이재진, 2001).

다 높은 승소율을 보여 왔다. 예를 들면 지난 1999~2002년 상반기까지 발생한 검사 등의 공직자나 정치인이 제기한 명예 훼손 소송 11건 중 1건을 제외한 10건에서 언론이 모두 패소한 것으로 나타났다(차용범, 2002a, p.75). 이러한 점은 공인들의 명예권에 대한 보호가 일반인들의 그것보다 더 광범위하게 인정되고 있다는 것을 반증한다. 비록 한국적인 상황이 반영된 결과라고 하더라도 이는 공인과 사인을 구분하여 공인의 사회적 수인의 정도를 넓게 인식하고 있는 세계적인 추세에 역행하는 것으로 볼 수 있다.[13]

중요한 것은 공직자나 정치인과는 달리 같은 공인에 속하는 연예인들의 경우에는 승소율이 상당히 낮다는 점이다. 여기에 공인 이론의 시각에서 두 가지 의문이 발생한다.

첫째, 한국의 경우 연예인들은 법적으로 공인의 범주에 속하는가하는 점이다. 한국의 관련 판례들은 연예인들이 공인에 속한다는 사실을 명시하고 있는데, 한상범(1986, p.16)에 따르면 공인의 경우 정치인, 공무원, 공적 인물, 경제 및 사회 지도자, 그리고 '유명인'의 범주로 구분할 수 있다고 보았다. 그런데 한상범의 연구 당시만 하더라도 공인이라는 용어조차도 생소한 때였으며 연예인들은 독립된 범주라기보다는 '유명인'이라는 좀더 넓은 범주로 인식되고 있었음을 알 수 있다.

이후 10여 년 동안 공인에 대한 본격적인 논의가 거의 없다가 임유진(1998, pp.39~42)이 공인에 대한 개념의 재분류를 시도하는데, 공인을 공무원, 정치인, 공직자의 친인척, 연예인, 언론인, 기업인 그리고 기타로 구분하였다. 이때 연예인의 범주에는 대개 가수, 미스코리아,

---

13. 미국의 공인 관련 판결 이론은 영국·호주·인도 등지의 재판에도 큰 영향을 미치고 있으며, 대만 역시 지난 2000년 7월 현실적 악의 이론을 수용하는 판례가 나왔다(한국신문협회, 2000, p.1).

영화 배우, 탤런트들이 속한다고 보았다. 최근에 와서 차용범(2002a)은 공인에 공적 조직을 포함시키며, 한국 사회도 공인 논쟁 과정에서 외국 공인 이론 등의 적용 문제를 보다 적극적으로 검토해야 할 시점이라고 주장했다. 이들의 견해에 따르면 결국 연예인도 공인의 범주에 포함해서 다루어야 할 것으로 보인다.

그런데 공인과 관련하여 변화하는 상황에 맞는 탄력적인 법의 적용이나 일반인들이 동의하는 법의 수용이 요구되지만, 한국에서의 공인과 관련된 법적 논의는 연예인에 대한 고려를 포함해서 변화를 반영하지 못하고 있다. 즉, 이러한 판결은 사회적 상황의 변화를 반영하는 비자의적, 비권위적인 법적 토론 내용을 담을 수 있어야 하는데, 아직 한국 법원은 이러한 점을 반영하지 못하고 있다(이명웅, 1995, p.246).

둘째, 다른 공인 집단과 비교할 때 명예훼손법상의 차이가 있는가 하는 질문이다. 물론 연예인들은 공인에 속하지만 연예인들은 여타 공인의 다른 범주인 정치인이나 공직자들보다 언론을 상대로 소송을 제기하기에는 상대적으로 취약한 입장에 있다고 할 수 있다. 연예인들의 경우 언론을 통해 주목을 이끌어 내고 자발적으로 언론에 접근하므로 언론과 밀접한 관련을 가지고 있기 때문이다. 특히 단순한 연예인이 아닌 '유명 연예인'의 경우에는 언론에 의한 인격권 침해 논란이 자주 발생하는 경향이 있다.

때문에 유명 연예인의 경우 그가 확실한 공인으로서 언론사가 면책될 수 있는가 하는 것이 중요 쟁점이 된다. 공인 이론이란 공직자나 공적 인물과 같은 사람들이 손해 배상 청구 등의 원고로서 언론 기관에 대하여 그 책임을 물으려면 헌법상의 요청에 따라 혹은 진보적인 발전을 고려하여 언론 기관에 기사 조작과 같은 고의가 있거나, 진위 여부에 대하여 부주의한 경우에 한하여 명예 훼손을 불법 행위로 인정하여 손해 배상 책임을 인정하는 것을 말한다.14 이때 명예 훼손을 이유로 한 소송에서 유명 연예인이 원고로서 언론 기관을 제소하는 경우 법원은 그 원고 또는 지위에 따라 책임의 성립 여부 및 범위를 달리 취급한다.

미국 명예훼손법의 경우 공적 인물로는 공무원, 전국적 인기의 연예인 및 운동 선수, 전국적 인기의 앵커맨, 대기자, 예술가 등과 같이 업적, 생활 양식, 직업 등에 관련되었기 때문에 본의 아니게 일시적으로 유명해진 사람들vortex public figure도 이에 해당되는 것으로 인식하고 있다. 공적 인물은 그의 존재나 직업이 이미 공적 성격을 가지고, 언론은 대중에게 공익에 관한 정당한 관심 사항을 알릴 권리와 의무가 있으므로, 어느 정도 사생활 보호의 제약은 불가피하다. 또한 전국적인 인기나 지명도를 얻지 못하고, 공적인 논쟁의 계기도 없어 논쟁 사안의 공적 인물로 취급될 수 없지만, 공개적인 직업 선수에서부터 다수인을 상대로 일해 일정한 전문적인 부문에서 지명도를 누리는 운동 선수, 연예인까지 제한적 공적 인물로 보는 시각도 있다(이재진, 2003b).

물론 한국 사법부는 미국 판례법상 공인 이론을 한국 법 체계에 그대로 도입하는 것이 여러 가지 측면에서 곤란하다고 인식해 왔다. 그러나 1999년 이후 한국 법원은 "신문 보도의 명예 훼손적 표현의 피해자가 공적 인물인지 아니면 사인인지, 그 표현이 공적인 관심 사안에 관한 것인지 순수한 사적인 영역에 속하는 사안인지의 여부에 따라 헌법적 심사 기준에는 차이가 있어야 한다"고 판시하는 등 위법성 조각의 범위와 요건을 구체적으로 밝히는 경향을 보인다(헌재 1999.6.24. 선고 97헌마265 결정). 즉, 한국 사법부는 비록 미국의 '현실적 악

---

14. 미국 연방대법원은 1964년 뉴욕 타임스 대 설리번 사건에서 공직자의 공적 행위에 관한 보도에 대해 명예 훼손 책임을 지우기 위해서는 그 보도 내용이 허위임을 알았거나 이를 무분별하게 이루어졌다고 하는 '현실적 악의'가 있음을 피해자가 명백하게 입증해야 한다는 의견을 개진하여 공직자에 대해서는 언론에 의한 명예 훼손 책임을 상당히 제한하였다. 이후 위와 같은 법리는 공적 인물에게까지 확대되었다.

의 원칙'을 수용해 입증 책임을 피고에서 원고로 전환하고 있지는 않지만 해당 보도 기사의 대상 및 성격에 따라 탄력적으로 '상당성'의 면책 범위를 확장하고 있는 것으로 판단된다.

더 나아가 2002년 1월 22일 판례에서 대법원은 이른바 공인 이론을 상당히 수용하는 태도를 보였다.[15] 이후의 판례도 유사한 경향을 보이는데, 대법원은 언론이 공직자의 업무 처리 공정성 문제를 보도하는 과정에서 명예를 훼손하는 일이 일어났더라도 공직자에 대한 비판과 감시 기능을 수행하기 위한 것이었던 만큼 손해 배상 책임을 물을 수 없다고 판시하였다. 법원은 또 "언론의 감시와 비판 기능은 악의적이거나 현저히 상당성을 잃은 공격이 아닌 한 쉽게 제한돼서는 안 된다"며 "보도가 특별히 악의적이거나 (검찰에 대한) 부당한 공격이라고 볼 수 없다"고 덧붙였다. 법원은 원고의 명예가 훼손된 점은 인정하지만 보도 당시 기자가 보도 내용이 진실이라고 믿는 데에 상당한 이유가 있었고, 공직자의 업무 처리 공정성 여부에 관한 언론의 감시와 비판 기능에 속하므로 보도의 위법성이 조각된다고 보았다(<조선일보>, 2004. 3. 1).

궁극적으로 공인에 관한 보도는 진실성(또는 상당성)과 공익성을 만족시키기만 하면 공인은 상당한 범위의 감시와 비판을 감수해야 한다는 사법부의 인식을 엿볼 수 있다. 그러나 공직자의 경우와 다르게 연예인이 공적 인물이라는 이유로, 그 명예 훼손적 표현의 위법성 조각 사유가 다를 수 있는가? 명확한 것은 보도의 대상이 '전면적 공적 인물'에 해당하고, 그 보도의 내용이 공적 이해와 밀접하게 연관되어 있다면 그만큼 면책 범위는 넓어질 것이라는 점이다. 즉, 연예인도 유

---

15. 이전까지 한국은 공인 이론에 의해 소송 제기자의 신분에 따른 법리적 판단을 하기보다는 오히려 공인에 대한 명예 훼손의 경우 오히려 공인이기 때문에 훼손되는 명예가 더 크다고 보는 경향이 지배적이었다(문재완, 2004, p.6)

명 연예인의 경우에는 일반적 연예인과 다를 수 있다는 점이다. 이를 통해서 심리 과정에서 원고의 공인 여부나 공인 관련 명예 훼손의 이익 형량 등에 차이를 두는 등의 조치를 취할 필요가 있을 것이다.

2) 알권리 이론

언론계는 연예인이 공인이며 따라서 연예인에 대한 보도가 국민의 알권리를 충족시키기 위해서 필요하다는 주장을 견지해 왔다. 특히 연예인과 간간히 다툼이 벌어지는 스포츠 신문이나 방송의 연예 정보 프로그램 등은 이러한 점에 대해서 확고한 입장을 가지고 있는 듯하다. 과연 연예인들에 대한 기사가 알권리 충족의 대상이 되는가?

이러한 질문에 대답하기 위해 한국에서 지금까지 진행되어 온 알권리 논의들을 살펴볼 필요가 있다. 알권리란 '무엇인가에 대해 알고자 정보 유통 과정에 참여할 권리'라고 할 수 있다. 좀더 구체적으로 알권리는 일반 국민들과 언론 기관이 함께 모든 정보원으로부터 정보를 자유롭게 취득할 수 있는 권리, 또는 국가의 간섭을 받지 않고 정보를 수집하는 동시에 국가 기관이 보유한 정보의 공개를 요구할 수 있는 이행 청구의 실현 권리라고 할 수 있다(한병구, 2000, p.65).

이는 국민 개개인이 중요한 결정을 내리거나 자신의 복지를 위하여 충분한 정보를 이용할 수 있어야 한다는 논리를 기본 바탕으로 한다. 다시 말하자면 알권리는 시민 자치*self-government*와 복지*public good*를 위한 기본적 권리로서 다른 경제적 자유보다 우월한 지위를 누리며, 언론·출판의 자유의 한 내용을 이루는 것으로 특히 '의사 표시를 받아들이는 측면에서의 자유'로 이해되어 왔다. 이에 따르면 국민들은 일반적으로 접근할 수 있는 정보원으로부터 의사 형성에 필요한 정보를 수집·처리할 수 있다(허영, 1999, p.516). 한편 박용상(2002)은 알권리란 수동적인 수신의 자유 즉, 자유권으로서의 알권리와 수신자 측의 적극적 권리, 즉 구체적 정보에 관한 개시청구권으로 구분하여 정의하고 있다. 그는 알권리란 본래 정치적 구호 또는 민권 운동의 표어로서 사용되어 온 것이 법적으로 제도화된 개념이기 때문에 엄밀히 법적으로 정의된 내포와 외연을 갖는 것은 아니라고 지적한다. 따라서 이것이 법적으로 제도화되는 경우 국가에 따라, 시대적 상황의 변화에 따라 상이하게 다루어지고 있으며 그 개념 정의도 모호하고 차이가 있다고 한다. 특히 원래 국가 권력에 대한 견제의 요청으로서 논의되기 시작한 알권리가 국가적 영역을 넘어 사인 간의 관계에서 사회적으로도 주장되는 경우가 있어서 개념과 법률 관계의 혼란이 많았다고 지적한다. 비국가적 영역에서의 알권리는 단지 개인의 일반적 행동의 자유 내지 행복추구권의 하나로 타인의 기본권과 관련되는 경우 사법적 이해 관계의 비교 형량이 이루어져야 한다고 본다 (pp.56~8).

한국 법원의 경우 비록 알권리에 대해 명백히 정의하지 않았지만 헌법 제1조의 국민 주권의 원리, 제21조의 표현의 자유, 제10조의 인간 존엄과 행복 추구, 그리고 제34조의 인간다운 생활을 할 권리의 규정에서 나타난 정신을 근간으로 한 헌법적 권리로서 인정하고 있다(헌재 1989.9.4. 선고 88헌마22 결정; 헌재 1991.5.13. 선고 90헌마133 결정). 이러한 알권리의 근거는 공적 신탁을 남용한 지배자들을 일반 대중이 타도할 수 있다는 이론을 내세운 존 로크의 사상에까지 거슬러 올라갈 수 있다. 그러나 알권리라는 용어가 오늘날의 모습으로 처음 등장한 것은 미국 권리 장전Bill of Rights의 제정 시기인 1780년대 후반이다(Dennis & Merrill, 2002). 그래서 1791년 제정된 수정 헌법 제1조에는 헌법에서 규제하는 사전 검열의 금지라는 부정적 측면에 대한 의미는 물론 알권리라는 적극적이고 긍정적인 측면의 의미도 포함되어 있다는 해석이 설득력이 있다(Uhm, 2000).

1950년대에 들어서면서 미국에서는 언론인 단체가 중심이 되어 신문마다 정부의 정보 비밀 정책을 비판하는 캠페인을 전개하면서 조직적인 알권리 운동이 벌어진다(팽원순, 1984). 이는 당시 소련과의 냉전 태세 때문에 정부의 기밀주의가 극단적으로 강화되어 가는 시점에서 정부의 정보에 자유로이 접근할 수 있는 제도적 보장을 마련하기 위해 벌어진 것이라고 할 수 있는데, 채피Chafee, Jr.는 "알권리 운동이란 국민이 정보를 취득하는 데 있어 적극적으로 정부에 대하여 협조를 요청하고 때로는 이를 의무화하도록 하는 운동"이라고 정의했다(Carter et al., 1994).[16] 그런데 당시 알권리 운동은 일반 시민들의 자발적인 노력의 결과라기보다는 언론의 권리를 확장하기 위한 언론인들의 노력에 의해서 주도되었다. 이 때문에 비록 알권리의 근거가 국민에게 귀속되는 것임에도 불구하고 이는 언론의 자유와 유사한 의미로 이용되어온 경향이 있다.

다시 말하자면 알권리는 주로 국가의 정보에 대해서 국민들이 알아야 할 것에 대해서 취재·보도하는 특징을 지닌다. 즉, 박용상의 견해를 제외하고는 기존의 논의들은 국가나 정부에 대한 정보의 공개라는 의미 이외에 어디까지가 알권리의 범위인가에 대해서 밝히지 않았다. 그러나 사법부는 판례를 통해서 간접적으로 알권리의 대상이 어디까지인가에 대해서 밝히는 것으로 보인다(이재진, 2003b). 헌법재판소는 1989년 9월 4일 결정에서 알권리를 헌법적 권리로 인정하면서도 알권

---

16. 미국 이외에도 알권리를 헌법적 권리 또는 국제법적 권리로 인정하는 경향이 나타나기 시작하였다. 예들 들어 히틀러의 극단적인 언론 통제를 경험한 독일의 경우 2차 세계 대전 직후 제정된 본Bonn 기본법(구 서독 헌법) 제5조 제1항에서 "모든 사람은 그 의견을 언어·문서·도화로써 자유롭게 발표할 권리를 가진다. 일반적으로 접근할 수 있는 정보원으로부터 방해받지 않고 알권리를 가진다"고 규정하고 있다. 국제적으로는 1948년 제3차 유엔 총회가 채택한 세계인권선언 제19조에 "사람은 누구나…… 모든 수단에 의해 또 국경과는 관계없이 정보 및 사상을 탐구하거나 입수하며 전달하는 권리를 가진다"는 규정을 들 수 있다. 또한 1966년 제21차 유엔 총회는 국제 인권 규약을 채택하여 세계인권선언과 같은 취지의 조항을 두었다.

리가 명확히 무엇을 의미하는지를 밝히지는 않다가 1991년 5월 13일 결정에서 "…… 알권리는 표현의 자유와 표리일체의 관계에 있으며 자유권적 성질과 청구권적 성질을 공유하는 것이다…… 나아가 현대 사회가 고도의 정보화 사회로 이행해감에 따라 알권리는 한편으로 생활권적 성질까지도 획득해 나가고 있다. 알권리는 표현의 자유에 당연히 포함되는 것으로 보아야 하며 세계인권선언 제19조도 알권리를 명시적으로 보장하고 있다"고 밝히고 있다(헌재 1991.5.13. 선고 90헌마133 결정). 즉, 헌법재판소는 이 결정에서 알권리를 최초로 '생활권적 성질'로 파악하고 있다.

더 나아가서 저속한 표현에 대한 심한 규제가 알권리 침해가 된다는 판단을 보이는 판례도 있다. 헌법재판소는 1998년 4월 30일 결정에서 언론·출판의 영역에서 국가는 단순히 어떤 표현이 가치 없거나 유해하다는 주장만으로 그 표현에 대한 규제를 정당화시킬 수는 없다고 하면서 비록 너무나 심대한 해악을 지닌 표현은 언론·출판의 자유에 의한 보장을 받을 수 없고 국가에 의한 내용 규제가 광범위하게 허용되지만, 과도하게 이를 규제해서는 안 되며 적절한 규제 방법을 찾아야 한다고 보았다. 계속해서 헌법재판소는 "…… 음란이란 인간 존엄 내지 인간성을 왜곡하는 노골적이고 적나라한 성 표현으로서 오로지 성적 흥미에만 호소할 뿐 전체적으로 보아 하등의 문학적·예술적·과학적 또는 정치적 가치를 지니지 않지만, 저속은 이러한 정도에 이르지 않는 성 표현 등을 의미하는 것으로서 헌법적인 보호 영역 안에 있다"고 판단했다. 따라서 청소년을 보호하기 위해서 퇴폐적인 성 표현이나 지나치게 폭력적이고 잔인한 표현 등을 규제할 필요성은 분명 존재하지만, 저속한 간행물의 출판을 전면 금지시키고 출판사의 등록을 취소시킬 수 있도록 하는 것은 성인의 알권리 수준을 청소년의 수준으로 맞출 것을 국가가 강요하는 것이어서 성인의 알권리까지 침해하게 된다고 주장했다(95헌가16 결정).

결과적으로 사법부는 알권리의 대상을 국가 기관의 공적인 정보 뿐만 아니라 개인의 생활을 영위하는 데 있어 필요한 것으로 인식되는 정보에까지 그 범위를 확장해서 적용하고 있다는 것을 알 수 있다. 이러한 측면에서 현대인들의 우상이 되는 연예인들에 대한 정보 또한 알권리의 범주에 속하는 것이라 할 수 있다. 그러나 아쉽게도 연예인의 사적인 정보나 뉴스가 알권리의 범주에 속하는지에 대해서 명확히 설명하는 판례는 아직 나오지 않고 있다.

3. 판례 분석

1) 관련 판례의 발달 과정

이 장에서는 공인 이론과 알권리 이론에 근거하여 한국의 언론 관련 명예 훼손 판례 중 연예인 관련 판례를 분석하여 한국 법원이 연예인에 대해서 어떻게 이해하고 있는지를 살피는 데 초점을 둔다. 구체적으로 ① 한국 법원은 특히 연예인 관련 소송을 어떤 법률적 기준에 따라 판결해 왔으며, ② 연예인 개념을 어떠한 논리로 수용하며 그 논리는 어떻게 발전해 왔고, ③ 이러한 논리는 다른 공인들에 비해서 어떠한 문제를 안고 있으며 이를 어떻게 해결하는 것이 좋은지 살펴본다.[17]

---

17. 이를 위하여 먼저 법원의 공인 개념 인식 수준을 판례에 대한 통시적 분석을 통해 고찰한다. 분석 대상 판례들은 언론중재위원회에서 발간된 ≪국내 언론 관계 판례집≫(1권~11권) 및 <언론중재>(계간), 법원 도서관에서 발행하는 ≪법률 DVD 법고을 2004≫(2005년 발간), 그리고 대법원 사이트를 중심으로 수집되었다. 판결문의 경우 그 대상을 해방 이후부터로 하였으나 연예인과 관련된 본격적인 판례는 1980년대 후반부터 나오기 시작하였다. 공인 관련 판례가 전체 95건으로 집계되었으며 직접적인 분석 대상이 되는 판례는 15건으로 나타났다.

앞서 말한 바와 같이 연예인은 오늘날 부정할 수 없는 공인이다. 미국의 경우 거츠 사건에서 연방대법원이 언급한 것처럼 연예인은 미디어의 주목을 적극적으로 이끌고자 하며 이를 통해서 자신의 유명세를 지속한다. 유사하게 한국의 헌법재판소는 1999년 6월 24일 결정에서 "공적 인물과 사인, 공적인 관심 사안과 사적인 영역에 속하는 사안 간에는 심사 기준에 차이를 두어야 한다"고 하여 공인 개념을 위법성 조각 사유로서의 공익과는 별개의 심사 기준으로 삼을 수 있다고 주장하였다(97헌마265 결정). 즉, 연예인들이 법적으로 어떻게 다루어지는가를 알기 위해서는 일반적으로 공인과 관련된 명예 훼손 판례들이 어떻게 판결되는가 하는 일반적인 판례 경향을 살펴볼 필요가 있다.

공인과 관련해서 볼 때 미국의 경우 비록 개인적으로는 사생활을 침해하는 것일 수 있으나, 그 내용이 해당 지역 사회에서 중요한 공적 관심사가 되는 경우 사생활 침해에서 대개 면책되는 경향이 있다. 예를 들어 공적 이익의 대상이 되는 공직자나 공적 인물들의 초상권은 대개 인정되지 않으며(Page v. Something Weird Video, 24 Media L. Rep.(BNA) 1489 (D.C.C.Cal. 1996)), 사인의 경우에도 상업적인 도용이 아닌 공익적인 순수한 뉴스 기사bona fide story의 경우 초상권이 인정되지 않는다. 예를 들어, 바우 대 CBS(Baugh v. CBS, Inc.) 사건에서 가정 폭력을 신고한 바우 부인을 CBS가 취재하면서 촬영 필름은 검찰에 제출하기 위한 것이고 텔레비전 프로그램에 쓸 것이 아니라고 거짓말을 했지만 법원은 방송이란 공적인 일을 포함하고 있기 때문에 취재는 상업적 남용appropriation으로 볼 수 없다고 판시했다(828 F.Supp. 745 (N.D.Cal. 1993)).

결국, 공인들은 언론을 상대로 승소하기가 쉽지 않다. 이러한 이유는 연방대법원에서 결정된 명예 훼손 및 사생활권 관련 판례인 허슬러 잡지사 대 폴웰 목사(Hustler Magazine, Inc. v. Falwell) 사건에서 찾을 수 있다. 여기서 성인 잡지인 <허슬러>의 술 광고에 이용된 일종의 패러디가 당시 미국 사회에서 명성을 얻고 있던 폴웰 목사를 근친상간과 관련된 것처럼 묘사하였다. 쟁점은 술 광고가 폴웰 목사의 사생활을 침해하고 감정적인 고통*emotional distress*을 유발했는가 하는 것이었다. 대법원은 잡지의 광고를 보는 건전한 상식을 가진 일반인들은 광고의 문구를 사실로서 인정하지 않을 것이며, 따라서 폴웰 목사는 사회적 공인으로서 그의 감정적 고통에 대한 보상을 위해서 잡지의 현실적 악의를 증명해야 한다고 보았다.

한국의 경우 공인과 사인을 구별하는 판례는 그다지 많지 않다(차용범, 2002a). 1998년까지의 대법원 판결('격동 30년 미니시리즈 사건')이나 '조선일보 사건'의 서울지법 가처분 판결 등에서도 '피해자가 공적인 인물이라고 하여 언론 매체의 명예 훼손 행위가 현실적인 악의에 기한 것임을 그 피해자측에서 입증하여야 하는 것은 아니다'는 취지의 판결이나 '고위 공직자에 대한 보도라 하더라도 일반인과 같이 명예 등을 침해받아서는 안 된다'는 취지의 판결을 하였다.18

그러나 1999년 헌법재판소는 최초로 피해자가 공적 인물인지 아니면 사인인지, 그 표현이 공적인 관심 사안에 관한 것인지 순수한 사적인 영역에 속하는 사안인지, 그 표현이 객관적으로 국민이 알아야 할 공공성·사회성을 갖춘 사실(알권리)로서 여론 형성이나 공개 토론에 기여하는 것인지의 여부에 따라 명예 훼손적 표현의 헌법적 심사 기준에는 차이가 있어야 하며, 공적 인물의 공적 활동과 관련된 명예 훼손적 표현은 그 제한이 더욱 완화되어야 하고 개별 사례에서의 이익 형량에 따라 그 결론도 달라져야 한다는 결정을 내리면서 논의를 확대시켰다(헌재 1999.6.24. 선고 97헌마265 결정).

헌법재판소의 이러한 결정은 언론 활동이 타인의 명예를 훼손하

---

18. 대법 1998.5.8. 선고 97다34563 판결; 1997.9.30. 선고 97다24207 판결.

는 경우 행위자와 피해자라는 개인 대 개인 간의 사적 관계에서는 언론의 자유보다 명예 보호라는 인격권이 우선하나, 당해 표현이 공공적·사회적·객관적인 의미를 가진 정보에 해당하는 경우에는 그 평가를 달리 하여야 한다는 것이 헌법상의 요청이라는 취지를 지닌다. 즉, 손해 배상 책임이나 형사 제재로 인하여 공공성·사회성이 강한 사실에 관한 보도나 게재를 꺼리도록 만들어서는 안 되고, 허위를 진실로 믿고서 한 명예 훼손적 표현에 정당성을 인정할 수 있거나 중요한 내용이 아닌 사소한 부분에 대한 허위 보도·게재는 모두 손해 배상 책임의 부담 및 형사 제재의 위험으로부터 해방되어야 한다는 것이다.[19]

이러한 헌재 결정에 근거하여 서울지방법원은 2000년 12월 27일 판례(김정길 대 동아일보)에서 공인 개념을 인정하는 판결을 내렸다(2000가합16896). 여기서 법원은 전 청와대 정무수석인 원고에 대해 "공인으로서 그에 대한 합리적으로 공적인 비판은 겸허하게 수용해야 할 지위에 있다"는 이유로 언론의 손해 배상 책임을 인정하지 않았다. 이 판결에 이은 하급심 판례들에서도 대학 교수의 행위를 '공적 관심사'로, 검사를 '공적 인물'로, 민주노총과 민주사회를위한변호사회 등 사회 단체를 공적 단체 또는 '공적 존재'라는 표현을 사용해 원고의 공인 여부를 판단하였다.

1990년대의 경우 법원이 사회 인식상 명백한 공인에 대해서도 공인 여부를 심리하지 않는 경우가 많았다. 즉, 법원은 문제가 되는 보도를 '공공의 이익'과 관련된 것으로 인정하면서도, 공직자의 직무에 관한 사항이나 국민의 관심이 큰 정치적 사항 등 국민의 알권리에 관한 사항에 대해 '공공의 이익' 여부를 판단하지 않은 경우가 많았다.

---

19. 같은 취지의 판례로 서울지법 남부지원 1999.10.21. 선고. 99가합2318 판결; 대법 1996. 8.23. 선고 94도3191 판결 등이 있음.

특히 당시 대통령 차남과 같은 힘 있는 인물이나 검사, 경찰서장 등 공직자에 대해서는 공인 이론을 적용하지 않은 경우가 빈번했다.[20]

그러다가 1990년말 말부터 점차 '공적 인물' 또는 '공인이라고 할 수 있는 사람' 등을 언급을 하고 있는 판결이 나오기 시작하였는데, 대법원은 변호사 관련 판결에서 '일정한 입장에 있는 인물에 대한 행위가 공적 비판의 대상이 된다 하더라도,' 미니시리즈 방송 사건에서 '피해자가 공적 인물이라고 하여'라는 표현을 쓰고 있다. 그러나 '일정한 입장에 있는 인물'이 무엇을 말하는지, 그러한 입장에 있는 인물에 대한 '공적 비판'의 의미가 무엇인지, '공적 인물'이 무엇인지에 대해 대법원은 언급하지 않았다.[21] 즉, 대법원이나 하급 법원들은 공무원이나 공적 인물, 공직자 등의 개념을 구분하지 아니한 채 혼용하고 있다는 점을 알 수 있다.

그럼에도 미국의 공인에 대한 면책 이론을 한국에 그대로 도입하는 것은 해석론·법 구조상 무리인 것 같다. 사법부는 현실적 악의 원칙을 수용하기보다는 위법성 조각 사유의 범위를 확대함으로써 이를 대신하려는 경향을 보인다. 헌법재판소는 최근 "신문 보도의 명예 훼손적 표현의 피해자가 공적 인물인지 아니면 사인인지, 그 표현이 공적인 관심 사안에 관한 것인지 순수한 사적인 영역에 속하는 사안인지의 여부에 따라 헌법적 심사 기준에는 차이가 있어야 한다"고 판시하여 위법성 조각의 범위를 확장하는 듯하다(헌재 1999.6.24. 선고 97헌마265 결정).

---

20. 서울지법 서부지원 1996.2.21. 선고 96타기537 판결; 서울지법 1999.6.23. 선고 99가합14391 판결; 서울지법 2000.2.2. 선고 99가합77460 판결; 서울지법 2000.6.7. 선고 99가합88873 판결. 김형태(1996)는 김현철과 한겨레신문 사건에 대해 "개인의 사적 영역에 대한 침해가 아닌, 정치 권력자의 정치 활동에 대한 언론 보도"로 규정, 공인 개념의 적용, 입증책임의 부담 등 중요 초점에 대한 심리가 없었음을 비판했다(pp.4~8).

21. 서울고법 1997.9.3. 선고 96나82966 판결; 서울지법 1997.12.10. 선고 96가합22315 판결; 이성용, 1999, p.92 등.

대법원도 "언론·출판의 자유와 보호 사이의 한계를 설정함에 있어서 표현된 내용이 사적 관계에 관한 것인가 공적 관계에 관한 것인가에 따라 차이가 있는 바, 즉 당해 표현으로 인한 피해자가 공적인 존재인지 사적인 존재인지, 그 표현이 공적인 관심 사안에 관한 것인지 순수한 사적인 영역에 속하는 사안에 관한 것인지, 그 표현이 객관적으로 국민이 알아야 할 공공성, 사회성을 갖춘 사안에 관한 것으로 여론 형성이나 공개 토론에 기여하는 것인지 아닌지 등을 따져 보아 공적 존재에 대한 공적 관심 사안과 사적인 영역에 속하는 사안 간에는 심사 기준에 차이를 두어야 하며, 당해 표현이 사적인 영역에 속하는 사안에 관한 것일 경우에는 언론의 자유보다 명예의 보호라는 인격권이 우선할 수 있으나 공공적 사회적인 의미를 가진 사안에 관한 것인 경우에는 그 평가를 달리 하여야 하고 언론의 자유에 대한 제한이 완화되어야 하며, 피해자가 당해 명예 훼손적 표현의 위험을 자초한 것인지의 여부도 또한 고려되어야 한다"고 판시하고 있다(대법 2002.1.22. 선고 2000다37254, 37531 판결).

　　또한 공직자의 직무 행위에 대한 언론 보도가 명예 훼손 소송으로 발전한 판례에서 공직자라는 이유로 사인과 달리 취급한 경우도 많지 않다. 최근 사회적 논란의 대상이 된 검사 또는 국회의원, 전 국무총리 등 공직자 또는 정치인들의 언론을 상대로 한 명예 훼손 소송에서 법원은 원고로서의 공직자에 대한 심리를 시도하지 않거나 또는 잘못된 위자료 산정 방법을 택했다는 비판이 있다. 법원은 오히려 신문의 광범위한 전파성과 기사 내용에 대한 일반 독자의 높은 신뢰성에 비례하여 그릇된 오보로 피해자가 입게 될 손해 역시 크고 그 회복도 극히 어렵다고 보고, 설혹 그 기사가 공공의 이해에 관한 사실을 다루고 있다거나 이를 게재한 의도가 오로지 공익을 도모하기 위함이라 할지라도 그 내용이 진실에 반한다면 위법성이 조각될 수 없다고 보았다(대법 1997.9.30. 선고 97다24207 판결 등).

최근의 변화는 공인에 대한 명예 훼손상의 잣대를 더 탄력적으로 적용하려는 노력들이 엿보인다는 것이다. 언론 소송 전담부인 서울지법 민사25부의 한 판사는 "언론의 영향력과 파급력을 고려, 언론사가 사실 확인 과정에서 정확한 관련 정보를 제공하기 위해 얼마나 노력을 했는지 여부가 재판의 중요한 판단 기준이 될 것"이라고 하면서도 "공공의 이익을 위해 실명을 밝힐 이유가 있었는지, 취재 과정에서 확인을 했는지 여부가 중요한 판단 기준이 된다. 그러나 언론의 기사가 신속성을 요하는 데다 정부나 공공 기관은 접근이 어려운 부분이 있기 때문에 완벽한 진실만을 써야 한다는 것은 언론 자유를 보장하기 어려운 점이 있다. 진실이 아니라도 진실이라고 믿을 만한 상당한 이유가 있는지 여부가 가장 중요한 판단 기준이다"라고 언급하면서 진실성 기준의 적용을 완화하려는 인식을 갖는 것으로 보인다 (<문화일보>, 2001. 6. 1, 28면)

예를 들어, 물리학자 고 이휘소 박사의 가족들이 제기한 소송에서 서울지방법원은 "이휘소는 뛰어난 물리학자로 우리나라 국민들에게 많은 귀감이 될 수 있는 사람으로서 공적 인물이 되었다 할 것인데, 이러한 경우 이휘소와 유족들은 그들의 생활상이 공표되는 것을 어느 정도 수인하여야 할 것이므로 유족들의 인격권 또는 프라이버시가 침해되었다고 볼 수 없다"고 판시하였다(서울지법 1995.6.23. 선고 94카9230 판결). 유사하게 ≪김우중, 신화는 있다≫라는 평전이 문제가 된 사건에서는, 원고가 뛰어난 기업인으로서 국민들에게 많은 귀감이 될 수 있는 사람으로 이미 우리 사회의 공적 인물이 된 사람이며, 이처럼 공적 인물이 되었다고 볼 수 있는 경우 그 사람은 자신의 사진, 성명, 가족들의 생활상이 공표되는 것을 어느 정도 용인해야 한다고 판시하였다(서울지법 1995.9.27. 선고 95카합3438 판결).

또한 서울지방법원은 개인의 음주 운전에 관한 보도에 있어 '음주 운전'은 개인의 사적인 영역이 아닌 '공공의 장소'에서 행하여지는 것이고 음주 운전과 상관없이 일반인도 타인의 음주 운전으로 인한 교통 사고의 피해자가 될 잠재적인 위험에 노출되어 있다는 점에서 일반인의 이익과도 직접적으로 관련되며 도로교통법의 규정에 의하여 징벌되는 범죄 행위라는 점 등을 종합하면 이에 대한 보도는 개인의 사생활에 불과하다고 볼 수 없어 사생활 침해가 구성되지 않는다고 피력했다(서울지법 1997.9.3. 선고 96가합82966 판결).

그러나 과거에 유명했던 사람의 전처 이야기는 공적 관심사로 인정되지 않는다. 한 사건에서 신문사 기자가 청와대 정책수석 비서관에 내정되었다가 취소된 전모 씨의 전처를 만나 취재하고자 하였으나 전처가 이를 거절하고 단지 3∼5분 정도의 상식적인 질문에 소극적으로 답변했을 뿐인데도 마치 원고가 자발적으로 인터뷰에 응하고 이를 바탕으로 전모 씨의 과거와 이혼 사유를 밝힌 것처럼 허위 보도한 것은 사생활 침해라고 판단하였다(서울민사지법 1993.12.7. 선고 93가합 25344 판결). 뿐만 아니라 표제로 인한 명예 훼손도 인정하고 있는데(서울지법 동부지원 1989.4.14. 선고 88가합17151 판결), 소제목인 "아니 땐 굴뚝에 연기가 안 난다"와 본문의 머리말 등을 연결하면 두 사람의 열애가 진실이라는 인상을 주고 있고 기타 본문의 인상 등으로 명예를 훼손한 것이 인정된다는 취지의 판결이 있다.

이렇게 공인에 대한 판례가 혼재되어 오다가 2002년 이후부터 사법부는 다소 일관된 자세를 보이고 있다. 2002년 1월 22일자 판결에서 대법원은 "언론·출판의 자유와 보호 사이의 한계를 설정함에 있어서 표현된 내용이 사적 관계에 관한 것인가 공적 관계에 관한 것인가에 따라 차이가 있는 바, 즉 당해 표현으로 인한 피해자가 공적인 존재인지 사적인 존재인지, 그 표현이 공적인 관심 사안에 관한 것인지 순수한 사적인 영역에 속하는 사안에 관한 것인지, 그 표현이 객관적으로 국민이 알아야 할 공공성·사회성을 갖춘 사안에 관한 것으로 여론 형성이나 공개 토론에 기여하는 것인지 아닌지 등을 따져 보아 공적 존재에 대한 공적 관심 사안과 사적인 영역에 속하는 사안 간에는 심사 기준에 차이를 두어야 하며, 당해 표현이 사적인 영역에 속하는 사안에 관한 것일 경우에는 언론의 자유보다 명예의 보호라는 인격권이 우선할 수 있으나 공공적 사회적인 의미를 가진 사안에 관한 것인 경우에는 그 평가를 달리하여야 하고 언론의 자유에 대한 제한이 완화되어야 하며, 피해자가 당해 명예 훼손적 표현의 위험을 자초한 것인지의 여부도 또한 고려되어야 한다"고 판시하고 있다. "또한…… 공직자의 도덕성, 청렴성에 대하여는 국민과 정당의 감시 기능이 필요함에 비추어 볼 때, 그 점에 관한 의혹의 제기는 악의적이거나 현저히 상당성을 잃은 공격이 아닌 한 쉽게 책임을 추궁하여서는 안 된다"고 판시하였는데, 이후 여러 판결에서 유사한 인식을 하는 것으로 나타났다(대법 2000다37254, 37531 판결).[22]

이후에 나온 하급 법원들의 더 나아가 공인과 일반인을 적극적으로 구분하여 법을 차별적으로 적용하려는 시도들이 엿보인다. 예를 들어 "공인이 아닌 이상 음주 운전자의 신원을 밝혀 보도한 것은 공공의 이해에 관한 사항이라고 볼 수 없다"고 밝힌 판결이나,[23] "행위자가 공적인 인물인 경우 그가 누구인지 자체가 바로 공공의 관심 대상이 되는 것이므로……"라는 표현으로 명예 훼손 피해자의 공인 여부를 적극 심사한 판결[24] 등이 유사한 취지를 보이고 있다.[25]

이러한 판결들을 근거로 종합적으로 살펴볼 때 공직자에 대한 언

---

22. 대법 2003.7.8 선고 2002다64384 판결; 대법 2003.9.2. 선고 2002다6355 판결 등.

23. 서울지법 1999.10.22. 선고 99나49001 판결.

24. 서울지법 1997.9.3. 선고 96가합82966 판결.

25. 차용범은 한국의 언론 법제는 운용 면에서 시민 민주 국가형, 법의 체제와 구조 면에서 다원적·수평적 규율 체제이므로 미국 법리 및 판례를 도입한다 하더라도 사회 체제나 언론 제도 면의 결정적 한계는 없다는 권영성(1997, p.47)의 언론 법제별 기능 및 내용 기준 분류 방식을 수용하고 있다.

론의 감시 기능은 상당히 보호받게 되었다고 할 수 있다. 즉, 비록 미국 명예훼손법에서 발전해 온 현실적 악의 원칙이 수용된 것은 아니지만 유사한 법리, 즉 어떠한(특수한) 경우에는 언론을 면책시켜 주자는 법적 논리가 인정되기 시작한 것이라고 할 수 있다. 그런데 이러한 논리가 같은 공인의 영역에 속하는 연예인들에게는 적용되지 않았다.

2) 연예인 관련 명예 훼손 판례 분석

표 4-1은 공적 인물 또는 공인이라는 용어가 사용되기 시작한 1980년대 말부터 2003년까지의 연예인 관련 판례의 목록과 그 결과를 요약한 것이다. 이를 통해서 ① 한국 법원은 연예인 관련 소송을 어떤 법률적 기준에 따라 판결해 왔으며, ② 연예인 개념을 어떠한 논리로 수용하며 그 논리는 어떻게 발전해 왔고, ③ 이러한 논리는 다른 공인들에 비해서 어떠한 한계 또는 문제를 안고 있는가를 알아보고자 한다.

먼저 판례와 관련된 연예인들에 대한 보도의 경우 가장 문제된 것은 불법 행위나 선정적 보도와 관련된 것이라는 특성을 보인다. 연예인 관련 판례에서 언론사가 승소한 것은 15건 중 1건으로 언론의 승소율은 약 13%에 불과한 것으로 나타났다(15번 주병진 사건을 승소한 것으로 포함). 이러한 사실은 공인의 분류 중에 연예인에 대한 언론의 승소율이 가장 낮다는 기존 연구들과 일맥상통하는 면이 있다. 수치적으로 보자면 차용범(2002b), 이재진·이성훈(2003) 등의 연구에서 나타난 언론의 연예인에 대한 승소율(약 9%)보다 약간 높은 것이라고 할 수 있다. 그러나 공인 전체에 대한 평균 승소율 18.1%보다는 상당히 낮은 것으로 나타나, 언론의 경우 연예인과의 판례에서 상대적으로 낮은 승소율을 보인 것으로 나타났다. 한국 법원은 정치인과 연예인 등의 공인에 관련된 보도에 대해서는 언론의 자유보다 개인의 명예

표 4-1. 연예인 관련 판례 분류표

번호	판결 시기	원고 / 피고	원고의 지위		'공인' 판단 여부	언론사 승소 여부
1	1989. 4.	조하문 / 여원사	가수	연예인	판단 없음	잡지 / 패
2	1989. 11.	김성희 / 마드모아젤	미스코리아	연예인	공적 존재	잡지 / 패
3	1990. 5.	김성희 / 동아일보	미스코리아	연예인	공적 존재	잡지 / 패
4	1990. 9.	최유리 / 조선일보 등	영화 배우	연예인	공공의 이익	신문, 잡지 / 패
5	1993. 7.	최유리 / 경향신문 등	영화 배우	연예인	공인	신문, 잡지 / 패
6	1994. 4.	최유리 / 문화방송 등	영화 배우	연예인	공인	방송 / 패
7	1996. 2.	이덕화 / PD연합회 등	탤런트	연예인	사회적 공인	신문 / 승
8	1996. 9.	최유리 / KH 등	영화 배우	연예인	공인	신문, 방송, 잡지 / 패
9	1997. 2.	손미자 / 세계일보	(전)영화 배우	연예인	공인	잡지 / 패
10	1998. 5.	진희경 / 문화일보	영화 배우	연예인	공공의 이익	신문 / 패
11	2001. 4.	조덕배 / 대한매일 등 5개 일간지 및 문화방송	가수	연예인	공공의 이익	신문 / 패 방송 / 패
12	2001. 12.	신해철 · 윤○○ / 스포츠서울	가수 / 일반인	연예인	신해철: 공익(정당한 관심사), 윤○○: 일반인(공익성 불인)	신문 / 패
13	2002. 4.	김장수 / 한국일보	가수	연예인	연예인	신문 / 패
14	2002. 12.	김장수 / 한국일보	가수	연예인	연예인	신문 / 패
15	2003. 7. 4	주병진 / SBS, 일요신문, 우먼센스, 레이디경향, 온라인뉴스(임○○)	개그맨, 사업가	연예인	유명 연예인 범죄 경력 보도는 공공의 이해	일요신문, 온라인뉴스 / 패 방송, 잡지 / 승

에 무게를 더하는 입장을 취하는 경향이 있음을 알 수 있다.

이러한 이유는 연예인 관련 보도의 경우 불법 비리 관련 보도보다는 선정적인 보도가 많았다는 점에서 찾을 수 있다. 즉, 공직자나 공무원 또는 기업이나 기타 사회 단체에 대한 보도는 비리나 불법적 행위에 대한 보도가 많았으나 연예인들의 경우 비리 고발보다는 개인적 활동과 관련된 사생활을 선정적으로 보도하는 경우가 많았다. 따라서 소송의 경우에도 이와 관련된 경우가 대부분이었으므로 언론에게 불리하게 작용하였을 수 있다. 이는 연예인이 공인이며 이들에 대한 정보는 공익에 관련된 것이므로 언론을 상대로 한 소송에서 고전할 것이라는 일반적 믿음에 반하는 것이다.

'공적 존재' 개념을 처음 도입한 1989년 서울고등법원의 판례에서 법원은 공인에 대한 보도와 사인에 대한 보도와는 차별성을 가져야 한다고 판시했다.26 비록 판례에서 관련된 잡지사가 패소하였으나 이 판례는 처음으로 명예 훼손의 법리적 해석상에 공적 인물이라는 개념을 도입하였으며 동시에 공직자나 공무원과 유사한 공인의 범주에서 연예인을 이해하기 시작했다고 판단할 수 있다. 그러나 이후 2002년 이전까지 오랫동안 명예 훼손 사건에서 공인 개념을 수용한 대법원 판례는 나타나지 않았다. 연예인뿐만 아니라 공무원과 국회의원이 관련된 사건에서도 대법원은 공인에 대한 정의 없이 '공인에 관한 명예 훼손을 일반 사인과 다르게 보아야 할 이유가 없다'고 판시하였다.

이러한 점은 최근까지의 판례에서 쉽게 찾을 수 있다. 예를 들어 서울지법은 2001년 12월 19일 가수 신해철과 윤모 씨가 "근거 없는 결혼설을 보도하는 바람에 피해를 봤다"며 〈스포츠서울〉을 발행하는 스포츠서울21과 담당 기자를 상대로 낸 2억 원의 손해 배상 청구 소송에서 "피고들은 신 씨에게 1000만 원, 윤 씨에게 2000만 원을 지급하라"고 원고 승소 판결했다. 신 씨 등은 〈스포츠서울〉이 2001년 1월 "신해철 올 봄 결혼, 미스코리아 뉴욕 진 출신과"라는 제목의 기사를 내보내자 근거 없는 보도라며 소송을 냈다(〈경향신문〉,

---

26. 서울고법 1989.11.29. 선고 89나8158 판결(미스코리아 김성희 대 마드모아젤 사건).

2001. 12. 20, 7면). 법원은 "신 씨의 경우 결혼 얘기가 대중의 정당한 관심사에 해당하는 내용이기는 하지만 보도 내용이 진실이라고 믿을 만한 상당한 이유가 없어 위법성이 인정된다…… 윤 씨에 대해서는 당사자에 대한 확인 없이 실명을 게재하고 허락 없이 사진을 게재한 만큼 배상 책임이 있다"고 판시했다. 법원은 "결혼할 것이라는 기사 내용이 사실로 보기 어렵고 원고들이나 가족들에게 사실 여부도 확인하지 않았다"며 "윤 씨가 미스코리아 대회에 참석한 것만으로는 공인으로 보기 어려운 만큼 실명과 사진을 게재한 것은 부당하다"고 밝혔다.

이 판결에서 법원은 유명 연예인의 결혼 얘기와 같은 사적 사실의 경우에도 대중의 정당한 관심사에 속한다고 보았으나 진실을 확인하려는 노력이 보이지 않는 등 상당성이 인정되지 않아서 허위 사실의 보도라고 판단했다. 즉, 형법상의 위법성 조각 사유에 해당하는 진실성과 상당성이 여전히 비교 형량의 선결 기준이 되고 있음을 알 수 있다. 이는 이전의 판례 등에서 나타난 판단 논리와 유사한 것이다.[27]

비록 명예 훼손 소송은 아니지만 법원이 유사한 논리를 적용한 판례가 발견되는데, 탤런트 홍리나가 "모델로 활동했던 모 의류 브랜드의 카탈로그 사진을 현대백화점이 세일 광고 전단에 무단 게재, 배포했다"고 주장하며 현대백화점을 상대로 제기한 손해 배상 청구 소송에서 항소 재판부가 손해 배상 책임을 인정한 것은 연예인의 초상권 침해(퍼블리시티권 침해)로 인한 피해를 인정한 것으로 볼 수 있다. 다

---

27. 공익성 원칙이 공무원의 공적 업무가 아닌, 일반인의 불법, 비리 혐의 범주까지 확대된 것은 1984년 '장애자 단체의 장애자 회비 착복 혐의 보도'에서부터인 것으로 알려져 있다. 그러나 이 판결 역시 보도 내용의 공익성 여부보다 내용의 진실성 입증에 비중을 두어 '진실이라고 믿을 만한 상당한 이유'의 원칙을 강조했다(서울민사지법 1984.4.11. 선고 82가합 4734 판결). 한국 법원이 공익성 원칙의 적용 범위를 점차 넓혀 가고 있지만 여전히 진실성 입증 여부에 중점을 두고 있는 것으로 보아야 할 것이다.

만 "만화 속의 모델이 성명 초상권의 침해를 주장한 사안에서, 만화 속에서 자신의 명예가 훼손된 경우에는 이를 이유로 침해의 금지를 요구하거나 그로 인한 손해의 배상을 구할 수 있으나, 명예가 침해되는 정도에 이르지 아니한 경우에는 헌법상 예술의 자유와 출판의 자유가 보장되어 있는 점에 비추어 이를 수인하여야 하고, 특히 모델이 사회에서 널리 알려진 공적인 인물인 경우에는 더 그러하다"고 명시하였다. "상업적 이용 또는 공표권이라 함은 재산적 가치가 있는 유명인의 성명, 초상 등 프라이버시에 속하는 사항을 상업적으로 이용할 수 있는 권리이므로, 만화에서 등장 인물의 캐릭터로 실존 인물의 성명과 경력을 사용하였다고 하여도 만화 또한 예술적 저작물의 하나라고 보는 이상, 이를 상업적으로 이용하였다고 보기는 어렵다"고 보았다(서울지법 1996.9.6. 선고 95가합72771 판결).

연예인이라고 하더라도 연예계 현역에서 은퇴한 경우에는 공인으로 인정하지 않는 것이 법원의 판결 경향이다. 한때 유명 여배우였던 원고의 동생과 관련하여 동생이 마치 원고의 숨겨진 딸인 것 같은 인상을 보도한 데 대해 원고의 프라이버시 침해를 인정한 월간지 <클라세> 사건에서 법원은 "원고는 기사를 작성할 당시 이미 영화계를 은퇴하고 가정 생활에 전념하고 있어 더 이상 공인으로 볼 수 없다"고 판시하였다(서울지법 1997.2.26. 선고 96가합31227 판결).

흥미로운 점은 공인 및 연예인 관련 판례를 살펴보면 언론과 언론학계 그리고 법원의 시각 차이가 존재한다는 것이다. 2002년 이전까지의 관련 판례로 미루어 보면 법원이 언론의 자유나 '권력 감시 기능'에 헌법상의 우선적 가치를 부여하고 있다고 판단되지는 않는다. 예를 들어 1999년 헌법재판소는 "신문 보도의 명예 훼손적 표현의 피해자가 공적 인물인지 아니면 사인인지, 그 표현이 공적인 관심 사안에 관한 것인지 순수한 사적인 영역에 속하는 사인이지의 여부에 따라 헌법적 심사 기준에는 차이가 있어야 한다"고 판시한 바 있으나(97헌마265 결정) 이는 한국 법원에 의해 널리 수용되지는 않다가 2002년부터 법원의 판례가 일관성을 보이면서 점차 인정되고 있음을 알 수 있다.

그러나 현대적 의미의 공인 중에서 가장 핵심적인 위치에 있는 연예인에 대해서는 공인 원칙의 어떠한 법리도 적용되지 않고 있다는 점에 주목해야 한다. 즉, 한국에서의 공인 원칙은 공직자에게 해당하는 것이며 아직 이것이 다른 지위의 공인들에게도 적용될 수 있도록 발전한 것은 아니다. 연예인의 경우 '공인 원칙'보다는 '상당성' 또는 '사회적 용인성'을 적용하여 판단하는 경우가 대부분이었다. 언론의 사회적 중요성에 근거한 판단보다는 문제되는 내용의 진실 여부와 표현이 사회적으로 허용될 수 있는 정도를 중심으로 판단하는 것이다.

다시 말하자면, 연예인의 경우 그 사회적 인지도의 정도와 관계없이 '공인 원칙'이 직접적으로 적용되지 않는다는 것을 의미한다. 또한 연예인들과 관련된 명예 훼손의 문제를 여타 공인들에 적용되는 '표현의 자유'나 '알권리'의 논의선상에서 이해하기보다는 형법상의 규제 대상으로 이해하는 경향이 큰 것으로 나타났다. 판례 전체를 살펴보면 연예인에 대한 보도의 공익성은 인정하면서도 진실성에 대한 요건이 먼저 갖추어져야 한다는 점에서 일반인들의 명예 훼손 판례와 큰 차별성을 보이지 않고 있다. 이것은 연예인들에 의한 소송이 더욱 증가할 수 있고, 언제나 법원의 원칙에 의한 비교 형량보다는 자의적 판결에 의해서 결정을 해야 한다는 점에서 언론에게는 상당한 부담이 아닐 수 없다.[28]

---

28. 한국의 경우 현실적 악의 원칙을 적용하려는 주장 역시 법원으로부터 명시적으로 거부당하고 있다. 그러나 현실적 악의 원칙은 더 이상 언론의 독자적 주장이나 근거 없는 허황한 논리가 아니며 세계 많은 국가들이 유사한 법리를 수용하거나 고려하고 있다는 것을

그런데 연예인이 관련된 사건에서 공인 이론과 알권리 이론을 적용하려는 단초가 나타나고 있다. 이는 가장 최근의 판례라고 할 수 있는 주병진 사건에서 찾아볼 수 있다. 판례에서 법원은 비록 <일요신문>과 온라인 뉴스 제공자 등의 보도에 대해서는 문제를 삼았지만, SBS와 <레이디경향>, 그리고 <우먼센스>의 기사에 대해서 '공인'과 '공적 관심'을 들어 소송을 기각했다. 법원은 <일요신문>과 온라인 뉴스 제공자에 대해서 "기사 보도 당시는…… 아직 검찰의 수사 단계에 있었고…… 수사 기관의 공식적인 수사 결과에 대한 발표가 없는 상태에서 당사자 일방의 주장만을 기사화한 점…… 비록 소외 강모 씨에 대한 인터뷰 내용을 가감 없이 그대로 보도하였다고 하더라도 위 기사가 진실성을 담보할 만한 상황에서 보도되었다고 볼 수 없다"는 이유로 피고들의 손해 배상을 인정했다.

그러나 법원은 SBS 등의 보도에 대해서 "원고가 유죄라는 단정적인 표현을 사용하지 않았고, 원고의 입장도 함께 방영하고 있어 시청자에게 원고가 단순히 성폭행 혐의를 받고 있다는 것 이상으로 강간범으로 확정된 것 같은 인상을 주었다고 볼 수 없다"면서 소송을 기각했다. <우먼센스> 보도에 대해서도 "원고의 범죄 경력 보도는 사실의 적시로서 원고의 명예를 훼손했다고 볼 수 있으나, 원고는 '널리 알려진 유명 연예인'으로서 공인에 해당하고 그간 강간 치상 혐의로 기소된 상태에서 그의 범죄 경력은 공중의 정당한 관심 대상이 된다고 보아 원고의 범죄 경력 보도는 공공의 이해에 관한 것이며, 그 보도 내용 또한 진실인 사실을 기초로 하고 있어 위법성이 없다"고 판시했다. <레이디경향>의 보도 또한 "원고가 강간 치상범이라고 인정할 아무런 증거가 없으나 피고가 원고의 강간 치상 혐의

한국 법원이 인정하고 있는 것으로 보인다. 한국 헌법재판소가 공인 개념의 취지를 고루 인용한 결정을 내리고 있는 것도 이의 영향을 받은 것이라 할 수 있다.

에 대한 상대 여성의 진술 내용이 진실한 것이라고 믿은 데 대하여 상당한 이유가 있고 원고의 범죄 경력 기사도 진실에 기초한 것이어서 위법성이 없다"고 상당성을 인정했다.

이 판례는 유명 연예인과 관련된 보도(범죄 경력 보도)가 올바른 취재와 보도 절차를 거치는 경우에는 공인 이론과 공적 관심사로서의 알권리 이론이 적용된다는 것을 암시하여 연예인에 대한 법적 논리를 일반인들과는 달리 보아야 한다는 것을 공식적으로 인정하고 있는 것으로 이해할 수 있다. 그럼에도 불구하고 아직도 한국의 법 운용 현실상 명예 훼손의 성립 요건, 특히 면책 요건에 관해 명확하지 못한 부분이 많다는 것을 알 수 있다. 한국 법원과 언론이 언론의 자유와 개인권의 갈등을 해결할 수 있는 사법 기준을 두고 대립하는 것도 이러한 이유에 근거한다. 법원은 연예인에 관한 한 현재까지 사실성 및 상당성 그리고 공익성을 충족시키고 나면 표현의 사회적 용인 정도의 기준을 택하는 경향이 있음을 알 수 있는데, 문제는 표현의 사회적 용인 정도가 아직 모호하고 자의적일 수 있다는 점이다.

4. 연예인 보도 어떻게 할 것인가

현대 사회의 우상인 연예인에 대한 뉴스는 국민의 알권리 영역에 속하는 것으로 보인다. 사실 연예인은 언론을 통해서 인기를 끌기도 하지만 언론에 의해서 그들의 인격권이 침해되기도 한다. 결국 언론에 자주 노출되는 연예인은 사회적 '공인'으로서 일반인보다는 인격권 보호의 정도가 약할 수밖에 없다. 알권리 이론을 앞세운 언론은 오래전부터 이를 주장해 왔고 한국 법원도 이러한 점을 인식하고 있는 것으로 보인다. 그러나 공인의 개념이 나오기 시작한 1980년대 말부터

2002년 초에 이르기까지 한국의 사법부는 공인을 일반인과 달리 면책 사유를 책정하지는 않았다. 그러다가 2002년에 들어서 한국 사법부는 공인의 공적인 활동에 대해서는 면책 사유를 더 넓게 보아야 한다는 판례를 남겼다. 즉, 언론의 사회적 감시, 비판자로서의 본질적인 기능을 고려하여 공인의 경우에는 좀더 자유롭게 보도할 수 있도록 해야 한다는 취지의 판결을 내렸다. 이후 공직자와 관련된 판례의 경우에는 일관된 판결 경향을 보여 왔다.

이러한 원칙에 근거하면 공인에 속하는 연예인의 경우에도 면책 사유를 넓게 적용해야 한다. 그러나 연예인에 대해서는 2002년 이후에도 여타의 공인들과는 다르게 일반인들과 유사한 법 원리를 적용해 왔다. 즉, 연예인의 경우에는 언론의 본질적 기능에 대한 고려 없이 형법 제310조상의 위법성 조각 사유인 진실성(상당성)과 공익성을 적용해서 언론의 책임 여부를 판단해 왔다. 그래서 연예인과 관련하여 사실이 왜곡되거나 공익적인 목적에 부합하지 않은 기사의 경우에는 여타의 언론의 특성에 대한 고려 없이 판단하는 경향을 보여 왔다.

결국 한국에서는 연예인이 공인이라는 이유만으로 명예 훼손적 표현의 위법성이 모두 조각되는 것은 아니었다. 그러다가 2003년에 들어서면서 연예인의 경우에도 여타의 공인과 같은 법적인 원리가 적용될 가능성을 보이는 판례가 나오기 시작하였다. 판례에서 법원은 유명 연예인과 관련된 보도가 적절한 취재 절차를 거치는 경우에는 공인 이론과 공적 관심사로서의 알권리 이론이 적용될 수 있다는 것을 처음으로 인정하였다. 물론 이러한 판례만으로는 현재의 공인 관련 법 체제가 모두 바뀔 수는 없으며 미국의 현실적 악의 원칙이 수용되지는 않겠지만 연예인과 같은 공인에게도 현재 법 체제가 요구하는 진실성과 공익성을 충족시키게 되면 표현의 사회적 용인 정도를 더 넓게 인정할 수 있다는 가능성을 보여 주는 것이라고 하겠다.

궁극적으로 한국 사법부는 공인을 그 성격에 따라서 섬세하게 범주화*categorizing*하도록 해야 할 것이다. 즉, 미국의 경우와 유사하게 공인의 스펙트럼을 정하고 공인을 그 성격상의 구분을 통하여 위법성 조각 사유의 적용 기준을 달리할 필요가 있을 것이다. 그래서 같은 연예인의 경우에도 사회적 인지도에 따라 어느 정도 차별적으로 보도할 수 있도록 법원이 나름의 기준을 제시해 줄 수 있을 것이다. 물론 어떠한 기준에 근거해서 이를 구별할 것인가에 대한 판단은 전적으로 법원의 몫이지만 기존의 판례나 외국의 경우 그리고 상황적 요건들을 참조하여 언론의 자유와 공적 인물 사이의 갈등을 적절히 조화시켜 나가야 할 것이다.

5장

언론의 범죄 보도와 인격권 침해

1. 범죄 보도의 문제

언론의 범죄 보도는 한 축에 언론 자유라는 명제와 다른 한 축에 인격권이라는 명제가 첨예하게 대립하는 문제이다. 몇 년 전 세상을 떠들썩하게 만들었던 이른바 '치과 의사 모녀 살해' 사건이 있었다. 당시 핵심 피의자로 지목되었던 사람은 다름 아닌 남편이자 아버지였던 모씨였다. 그러나 법원은 최종적으로 증거 불충분으로 무죄를 선고하였고 피의자였던 남편은 범인의 굴레를 벗어났으나, 언론은 범죄 사실의 추후 보도에 대해서는 관심을 기울이지 않았고 사람들은 그가 무죄가 되었다는 사실을 잘 인식하지 못했다. 따라서 남편은 오랜 기간을 범법자로 취급받는 고통을 감내해야 했다. 당시 이러한 보도로 인한 인권 침해에 대해서 대응 조치가 필요하다는 지적도 제기되었다.

이와 같은 문제는 무엇보다도 언론 보도에 있어 범죄 관련 기사가 많은 이유에서 발생한다. 연구 조사에 따르면 범죄 보도는 전체 보도 기사량의 20%를 넘는다(박용규, 2001; Surette, 1998). 범죄 뉴스는 특히 19세기 말 옐로 저널리즘*Yellow Journalism* 시대를 거치면서 폭발하였고 기사의 중요한 요소로 인식되어 왔다(Stevens, 1985). 범죄 기사는 손쉽게 구할 수 있는 기사이며, 선정적이고 자극적인 내용으로 독자들의 관심을 끌고 동시에 언론의 공적인 기능을 수행하는 데 필수적인 내용이기 때문이다(박용규, 2001; 박용상, 2003).

아울러 범죄 보도는 저널리즘을 구성하는 중요한 요소로 인정되어 왔다. 때로는 과도한 범죄 보도가 사회적인 경종을 울리기보다는 모방범죄 등을 불러와 오히려 범죄를 부추기는 측면이 강하다는 지적도 있으나, 일반적으로 범죄 보도는 범죄 행위를 비판적으로 조명하고 이를 위반하는 경우 다양한 사회적인 제재를 받게 된다는 메시지를 담고 있다. 또한 범죄에 대한 사회적 대책 등을 제언하거나 여론 형성에 필요한 정보를 제공하는 등의 기능을 수행하며, 범죄 보도가 세상이 어떻게 돌아가고 있으며 범죄를 피하기 위한 방법은 무엇인가에 대한 국민들의 호기심과 알권리를 충족시키는 공적인 역할도 하고 있다.

이에 대해 대법원은 "…… 일반적으로 범죄 사건 보도는 범죄 형태를 비판적으로 조명하고 사회적 규범이 어떠한 내용을 가지고 있고, 그것을 위반하는 경우 그에 대한 법적 제재가 어떻게, 어떠한 내용으로 실현되는가를 알리고 나아가 범죄의 사회·문화적 여건을 밝히고 그에 대한 사회적 대책을 강구하는 등 여론 형성에 필요한 정보를 제공하는 등의 역할을 하는 것으로 믿어지고 따라서 대중 매체의 범죄 사건 보도는 공공성이 있는 것으로 취급할 수 있을 것"이라고 피력했다(대법 1998.7.14. 선고 96다17257 판결).

그러나 언론의 범죄 보도를 바라보는 법조계 안팎의 시선이 곱지만은 않다. 특히 범죄 보도가 피의자나 피해자 모두에게 경제적, 직업적, 가정적 폐해를 일으킬 뿐만 아니라 이들의 인격 파멸과 생명에 대한 위협까지도 촉발하는 경우가 있다는 점에서 더욱 그러하다(박용상, 2003). 더 나아가 언론의 범죄 보도가 나아가 공정한 수사나 재판에 부정적인 영향을 줄 수 있다는 인식도 있다(박용규, 2001). 이처럼 언론의 범죄 보도는 이중의 성격을 첨예하게 띠게 된다.

법적인 측면에서 범죄 보도는 대개의 경우 경찰과 검찰의 수사 단계에서 혐의 사실 내지는 기소 내용에 초점을 두고 있기 때문에 형 확정 이전에 보도하는 경우가 많아 대개의 경우 명예 훼손이나 사생 활 침해 등을 발생시킬 가능성이 크다. 사법부의 경우 일부에서는 공 판 청구 전에 피의 사실을 공표하는 죄(형법 제126조)를 수사 기관은 물 론 언론에도 적용해야 한다고 주장하기도 한다. 그러나 이러한 조치 는 당연히 헌법적으로 보장되는 표현의 자유를 훼손할 여지가 있으 므로 설득력이 약하다.

특정인의 피의 사실을 공표하는 경우에는 공표하는 사실이 "의심 의 여지없이 확실히 진실이라고 믿을 만한 객관적이고 타당한 확증 과 근거가 있는 경우"에만 위법성이 조각된다고 할 수 있다.1 이러한 수사 기관의 피의 사실 공표 행위가 위법성을 조각하는지 여부를 판 단할 때는 첫째, 공표된 내용이 일반 국민들의 정당한 관심의 대상이 되는 사항이어야 하고(공표 내용의 공공성), 둘째, 공표의 목적이 정당한 공공성을 지녀야 하며(공표 목적의 공익성과 필요성), 셋째, 발표된 사실이 객관적이고도 충분한 증거나 자료에 근거하여야 하고(공표된 피의 사실 의 객관성 및 정확성), 넷째, 공표는 공식적인 절차를 통하여 발표의 권한 을 가진 자에 의해 행해져야 하며(공표의 절차와 형식), 다섯째, 공표 내용 의 표현 방법에 있어서 유죄를 추측, 예단할 우려가 있는 표현을 피 해야 한다(내용의 표현 방법). 더불어 피의 사실의 공표로 인하여 발생할 수 있는 피침해 이익의 성질, 내용 등을 종합적으로 고려하여 판단하 여야 한다.2 이러한 수사 기관의 피의 사실 공표 행위는 국가 권력에 의한 수사 결과를 바탕으로 한 것이기 때문에 발표된 내용의 진실성

---

1. 대법 1998.7.14. 선고 96다17257 판결.
2. 대법 1999.1.26. 선고 97다10215 / 97다10222 병합.

에 대한 신뢰가 강하며, 피의자나 그 주변 인물들에 대하여 치명적인 피해를 초래할 수도 있다는 점에서도 유의하여야 한다.

2. 범죄 보도로 인한 인격권 침해

1) 범죄 보도의 발생 요인

그렇다면 왜 이러한 기본권 간의 갈등이 발생하게 되었는가? 이를 알기 위해서는 좀더 역사적인 측면에서의 고찰이 필요하다. 실제로 언론의 취재 및 보도의 자유와 인격권 간의 문제는 미국에서 1830년대 지금과 같은 일간지의 모습으로 대중지가 출현하면서부터 시작되었다고 할 수 있다. 이전에는 일부 지식인 계층의 사람들만 이용하던 신문이 지가의 하락과 공교육의 지속적인 보급 등에 힘입어 싼값의 상업적 대중지(페니 프레스)로 탄생하게 되었다. 보도 방식과 편집 면에서도 오늘날과 유사한 모습을 보이기 시작하였다. 그런데 이전의 신문들이 정치·경제·철학·사상 등의 어려운 주제를 많이 다루었던 것에 비해서 대중지는 그야말로 많은 사람들에 의해서 널리 읽히는 것이 주 목적이었다. 또한 당시 신문은 일부 계층에게 그 구성원들 사이의 커뮤니케이션 수단 또는 주의 주장을 내세우는 도구로 이용되었는데, 이러한 신문이 상업적인 목적으로 대량 생산되면서 그 모습이 달라지기 시작하였다.

내용적인 측면에서 당시 신문업자들은 독자들이 신문을 쉽게 읽도록 하기 위해서 정치, 경제, 노예 제도 등과 같이 골치 아픈 어려운 주제보다는 주변의 '사람들people'에 대한 일상적 이야기에 뉴스 가치를 두고 신문을 만드는 것이 유리하다고 판단하였다. 즉, '사람'이 가장 중요한 보도의 대상이 되었다. 이러한 전통 때문에 지금도 사건이 발생하면 관계된 사람을 찾아서 취재하고 기사를 쓰는데, 그래서 언론은 '왜?*why*'라는 물음보다는 '누가?*who*'라는 물음에 익숙해졌다. 이후 신문 뉴스는 80%가 사람에 관한 내용으로 구성되도록 만들어져 왔다. 다시 말하자면 신문은 독자 주변 사람들의 신변에 어떠한 일이 발생하였는가를 알려 줌으로써 더 많은 관심을 끌고, 신문을 더 많은 사람들이 읽도록 하는 데 성공하였던 것이다. 예를 들어, 밤새 이웃에 무슨 일이 있었는지, 누가 사망했는지, 누구 집에 도둑이 들고, 누가 강도를 당하고, 또는 누가 범죄의 피해자가 되었는지 하는 사건 및 사고 소식을 계속 전달함으로써 많은 사람들이 관심을 가지고 신문을 읽도록 유도하였던 것이다. 이러한 소식의 많은 부분이 범죄 관련 뉴스였다. 더욱이 1830년대 대중지가 도래하면서 기사를 작성하는 형식도 현재와 같은 모습으로 등장하게 되는데, 사실*fact*의 단순한 전달을 위한 건조한 글쓰기가 아니라 드라마적인 요소를 가미하는 소설 형식과 유사한 기사 작성법이 저널리즘의 기본적인 형태로 자리를 잡게 되었습니다. 이러한 기사 작성법은 현실적으로 흥미 위주의 기사 전달에 효과적이긴 하지만, 기사의 대상이 되는 사람의 인격을 침해할 가능성이 커질 수밖에 없는 필연적인 결과를 낳게 되었다.

이러한 사람에 대한 흥미 위주의 뉴스 전달 방식에다 신문업자들 사이의 치열한 경쟁이 가미되어 옐로 저널리즘 시대가 1890년대 도래하면서 신문의 인격권 침해의 정도는 극에 달하게 된다. 선정주의 저널리즘이라고도 불리는 옐로 저널리즘 시대에 오면 양적으로 늘어난 언론사들, 특히 타블로이드판 신문들을 중심으로 매일 같이 수많은 기사들이 사안에 대한 구체적인 관찰이나 사실 여부에 대한 충분한 조사 없이 마구잡이로 기사를 써서 인권 유린이 극심하였다. 특히, 범죄 관련 기사를 다루면서 형이 확정되지 않은 혐의자를 범죄자로 몰거나 잘못된 여론을 형성하여 재판에 영향을 미치는 일이 상당히 발생하였다. 이러한 이유 때문에 1890년 미국 연방대법원의 워렌과 브렌다이즈 대법관(당시 변호사)은 현대 사람들은 대중 매체로부터 안위를 누릴 수 있는 사생활권이 필요함을 역설하였다(Warren & Brendeis, 1890). 이들은 다음과 같이 지적하였다.

> "언론은 모든 방면에서 그 우월성priority과 품격decency의 한계를 넘어서고 있다. 가십gossip은 더 이상 게으르고 사악한 사람들만의 전유물이 아니며……
> 언론에 의해서도 추구되고 있다…… 문명이 발달하고 삶이 복잡하고 힘들어지면서 어떤 이는 세상으로부터 은거하는 것을 필요로 하게 되고, 문화의 은밀한 영향력 아래서 인간은 점점 더 세상에 알려지는 것에 대해 민감해져 간다…… 그래서 혼자 있을 수 있는 것과 개인 생활의 영위는 개인들에게 더욱 필요한 그 무엇이다. 그러나 작금의 기업들과 발명품은 개인의 사생활을 침해하면서 인간을 육체적인 피해보다 더 심각한 정신적 고통이나 고뇌에 빠지게 한다"(pp.1993~6).

이들의 언급을 통해 판단하건대, 비록 언론 보도의 공익성이 중요하지만 공익적 목적과 거리가 먼 가십 거리를 보도하여 인격에 피해를 주는 경우 이는 언론의 공익성이라는 이름으로 보호받을 수 없다는 것을 시사한 것이라고 할 수 있다. 이러한 측면은 현재 언론의 취재 보도의 자유와 인격권을 비교 형량하는 기준으로 고려할 수 있다고 본다. 다시 말하자면 언론은 개인에 대한 보도에서 그것이 본질적으로는 공익적인 것이 아닌 경우가 많으므로 보도에 대단한 주의를 기울이지 않으면 안 된다는 것이다. 그러나 언론의 공적 기능이 현대 사회에서 중요한 만큼 뉴스 가치가 있는 것을 전달하지 않으면 안 되므로 적절한 비교 형량의 기준이 마련될 필요가 있다.

법조계의 일각에서는 언론이 범죄 보도를 못하도록 만드는 것이 아니라 단지 보도가 해당 인물의 명예나 프라이버시 침해가 발생하지 않도록 하기 위해서 별도의 절차를 거쳐서 대처하자고 주장하기도 한다. 즉, 보도를 금지하는 것이 아니라 보도의 시점을 조금 미루

자는 지적이다. 이러한 주장을 펴는 연구자들은 보도의 시점을 미루고 공표의 요건을 다소 엄격히 하는 것이 국민의 알권리 침해가 아니라고 강조한다. 이들에 따르면, 국민의 알권리에 예정된 재판의 담당자인 법관들보다도 먼저 한 발 앞서 사건을 알아야 할 권리까지 포함되는 것은 아니라는 주장을 펼친다.

그런데 언론의 경우 사건의 전모를 파헤친다고 하면서 어떤 한 당사자의 일방적인 주장만을 재판이 실시되기 이전에 공표하는 경우가 종종 발생하는데, 이러한 경우에는 언론이 진정 국민의 알권리를 위하기보다는 시의성을 내세워 언론사의 상업적 필요를 충족하고자 하는 의도로 보아야 한다고 주장한다. 물론 언론은 시의성을 놓치면 정보의 상업적 가치가 급속히 감소하며 언론들 사이의 경쟁에서 뒤쳐지기 쉽다고 생각한다. 때로는 시의성이 언론의 최고 덕목처럼 인식되기도 한다. 이러한 시의성에 대한 인식의 차이가 존재한다. 언론은 시의성을 중요시하는 반면, 이들의 주장에 따르면 제대로 된 보도를 위해서는 언론사들이 수사가 이루어지고, 공소 제기 여부를 소추자가 판단하고, 공소가 실제로 제기되고, 재판 기일이 잡히고 재판이 열릴 때까지 언론은 보도를 하지 않고 기다려야 한다. 그러나 실제로 이러한 것은 거의 불가능하다.

시의성 있는 보도를 하게 되면 정확성이 떨어질 가능성이 있으므로 언론은 정확성을 기하기 위하여 보도에 신중한 태도를 보여야 한다. 특히 수사 단계에서 획득한 정보가 나중에 증거 불충분으로 진실성이 인정되지 않은 경우가 발생하기도 한다. 이러한 경우 언론은 허위 보도로 인한 사법적 책임을 져야 한다. 여기에 언론은 경쟁적으로 신속히 보도하고자 하는 성향이 강하므로 위법 행위를 하게 될 가능성이 높다. 따라서 언론은 범죄 보도에 있어 사실 확인을 하는 등의 조치가 요구된다. 실제로 재판이 열릴 때까지 기다린 다음에 정확한 보도를 할 수 있을 것으로 보이지만 언론의 특성상 그렇지 못하기 때문에 범죄 보도로 인한 문제가 발생한다.

또 다른 요인은 언론 매체의 특성과 수사 기관의 요구가 일치하는 경향이 있다는 점이다. 즉, 수사를 담당하는 기관들이 홍보 목적으로 뉴스 가치가 있다고 판단되는 내용들을 흘림으로써 여러 효과를 거둘 수 있다. 예를 들어, 수사 기관의 수사 과정 등의 활동 상황을 알림으로써 국민들에게 자신들의 존재와 권한을 인식시킬 수 있다. 국민들은 수사 활동에 대한 보도를 접함으로써 수사 기관이 자신들에게 주어진 역할을 제대로 하고 있다고 생각하게 된다. 법적인 측면에서 보면 언론으로 하여금 보도를 하게 하는 것은 올바른 재판을 받을 권리를 침해할 가능성이 있기 때문에 불법적인 것이지만 사실상 피의 사실 공표죄가 적용되기 어려운, 즉 사회적 쟁점이 되고 공익성이 강한 사건의 경우에는 이 조항이 사문화되는 경향이 있기 때문에 가능하다.

아울러 수사를 담당한 수사 기관들로서는 재판을 앞둔 사건에 대해서 보도를 하게 함으로써 차후에 법원에 대해서 효과적으로 압박과 견제를 할 수도 있다. 검찰의 경우에는 피의 사실을 언론을 통해 공표함으로써 법원의 무죄 추정의 원칙에 대해서 사실상 유죄를 인정하도록 압력을 가하는 셈이 된다. 수사 기관은 범죄 사실에 대한 정보를 흘리면서 언론 매체와 암묵적인 동조를 하게 될 수도 있다. 즉, 수사 기관은 언론사에 정보를 제공함으로써 정보 제공자로서의 위치를 확인받으며 동시에 지속적으로 친소 관계를 유지할 수 있다. 이에 언론은 수사 기관에 대한 적대적인 보도를 최대한 자제하려는 성향도 발생하게 된다.

범죄 보도가 법적 쟁점이 되는 또 하나의 이유는 수사 기관과 언론사 간의 공생 관계인데, 이러한 점은 언론의 출입처 제도로 인하여 확대되어 왔다. 그러나 노무현 정부에 들어서 출입처 제도를 폐지하고 브리핑제로 운영하고 있으며 기존에는 언론인의 윤리적, 법적 시비를 불러왔던 촌지와 향응이 거의 사라짐으로써 기존의 언론-수사 기관의 관계는 많이 바뀌었다. 그럼에도 아직도 언론과 정부 사이의 긴밀한 관계가 다 사라진 것은 아니어서, 예를 들어 신문과 방송의 사회부 기자들은 아직도 소속 취재 구역*beat*에 있는 경찰이나 검찰에 수시로 출입하면서 정보를 수집하는 일이 다반사이다. 언론과 수사 기관이 긴밀한 관계를 갖는 것은 범죄 사실을 신속히 보도하는 데는 상당한 도움이 되는 것은 사실이나 진실한 보도로부터 오히려 멀어질 수 있다. 다시 말하자면, 언론은 피의자가 사회적으로 인지도가 높은 사람(특히 공직자나 공적 인물의 경우)일수록 더욱 열광하게 되고, 경쟁적으로 이를 빨리 보도하려고 하는 신속성에 대한 욕망이 발생한다. 그래서 기자들은 범행의 전모를 캐어 경쟁사보다 신속히 보도하기 위해서 때로 경찰서나 검찰청에 밤샘을 하며 대기하기도 하며, 친분 있는 정보원들을 통해서 작은 단서라도 얻으려고 애를 쓴다.

마지막으로 언론의 탐사 보도로 인한 범죄 보도의 잘못이 발생하기도 한다. 탐사 보도는 사건 및 사고에 대한 심층 보도가 대부분인데, 범죄 사건은 탐사 보도의 주요 보도 대상이 된다. 범죄 사건에 대한 심층 보도에 있어서 언론사는 때로 자신들이 수사 기관의 역할을 대신하는 듯한 인상을 주게 된다. 이는 과잉 보도라고도 할 수 있는데, 이러한 과잉 보도가 개인의 인격권을 침해하는 경우가 발생한다. 프랑스의 전국언론인연합(National Syndicate of French Journalists) 윤리강령 마지막 항목에는 언론인들은 자신이 수사관처럼 행동해서는 안 된다고 명시하고 있다. 그러나 일단 보도하기로 결정하고 나면 언론은 이를 보도하기 위하여 자료도 구하고 취재원도 만나고 하는 과정에서 사명감이나 소신이 강하게 작용하여 때로 언론 기관이 해서는 안 되는 비윤리적인 취재 절차를 거치는 경우가 있다. 때로는 수사 기관의 기밀을 얻기 위하여 문건을 절취하거나 또는 쓰레기통을 뒤지기도 하고, 수사 결과에 일방적인 취재원들을 주로 취재하여 상대방에 대한 공중의 오인을 불러 오기도 한다. 이러한 점은 현재 많이 줄어들었지만 여전히 과잉 보도로 인한 시비가 불거질 수 있으므로 보도에 신중을 기해야 한다.

2) 초상권 침해

범죄 보도에서 가장 빈번히 발생하는 것이 바로 개인의 초상에 대한 침해이다. 텔레비전 화면을 통해 범죄 혐의자가 카메라를 손으로 막거나 옷을 뒤집어 쓴 채로 카메라를 피하는 모습, 그리고 포토라인에서 사진 세례를 받는 모습을 종종 볼 수 있는데 이렇게 취재 과정에서 초상권을 침해하는 사건이 발생하게 된다. 비록 범죄 보도가 보도의 효과를 높이고 신빙성과 설득력을 제고하기 위해서 화면에 초상을 담을 수밖에 없다고는 하지만 보도가 공격적인 경우에는 초상권을 침해하는 경우가 발생하지 않을 수 없다(한위수, 1999b).

초상권이란 사람이 자신의 초상에 대해서 갖는 인격적 및 재산적 이익이라고 할 수 있다. 다시 말하자면 사람이 자신의 얼굴이나 기타 사회 통념상 누구인가를 판단할 수 있는 신체적 특징이 함부로 공표되지 않으며 광고 등에 영리적으로 이용되지 않을 법적인 보장이라고 할 수 있다.[3] 좀더 구체적으로 초상권이란 위에서 지적한 촬영, 작성 거절권 이외에도 촬영된 사진 또는 작성된 초상이 함부로 공표, 복제되지 않을 공표 거절권과 초상이 함부로 영리 목적에 이용되지 아니할 초상 영리권을 포함한다(안용교, 1982, p.7).

현행 법령상 초상권에 대한 규정이 어디에 근거하는가에 대해서는 논란이 있으나 2005년 1월 제정된 '신문등의자유와기능보장에관한법률'(신문법) 제5조에 규정된 인격권에 대한 설명에서 초상을 포함하고

---

3. 서울지법 남부지원 1997.8.7. 선고 97가합8022 판결.

있음을 알 수 있다. 이 법의 제5조 제1항에 따르면 "언론은 생명·자유·
신체·건강·명예·사생활의 비밀과 자유·초상·성명·음성·대
화·저작물 및 사적 문서 그 밖의 인격적 가치 등에 관한 권리(이하
'인격권'이라 한다)를 침해하여서는 아니 된다"고 규정하고 있다. 즉, 개인의
초상권은 법률상의 인격권 조항에 근거하고 있다고 할 수 있다.

헌법적으로는 제10조의 행복 추구 조항에서 초상권의 근간을 찾아
볼 수 있다. 제10조에 따르면 "국민은 인간으로서의 존엄과 가치를
가지며, 행복을 추구할 권리를 가진다. 국가는 개인이 가지는 불가침의
기본적 인권을 확인하고 이를 보장할 의무를 진다"고 규정하고 있다.
여기서 국가가 보장하여야 할 인간으로서의 존엄과 가치에는 인격권이
포함된다고 할 수 있다. 아울러 민법 제750조 제1항의 초상권에 대한
침해 등 타인의 신체, 자유 또는 명예를 해하거나 기타 정신적 고통을
가한 자는 재산 이외의 손해에 대해서 배상을 하도록 하고 있다.

범죄 보도에 있어서의 초상권에 대한 침해는 당사자의 동의를 구
하지 않은 채 무단으로 촬영, 보도하는 데서 주로 발생한다. 즉, 피의
자가 원하지 않음에도 불구하고 언론에 의해서 초상이 공표됨으로써
개인의 인격권을 침해하는 일이 생기게 된다. 이에 대해 언론은 초상
의 공표가 대개 국민의 알권리 차원에서 꼭 필요한 절차라고 주장한
다. 그러나 이러한 언론의 주장은 때로 수용되지 않는다. 사법부는 범
죄 혐의자가 국민들로부터 도덕적으로 비난을 받을 만한 행위를 하
였다 하더라도 언론 기관이 도덕적 비난을 넘어서 원고의 사생활과
초상을 원고의 동의도 받지 않고 함부로 공개하는 것은 용인될 수 없
다고 여러 차례 판시한 바 있다.[4] 아울러 경찰의 보도 자료를 기사화
한 것인 경우에도 이로 인하여 초상 등의 인격적 법익에 피해가 발생

---

4. 서울지법 남부지원 1997.8.7. 선고 97가합8022 판결.

했다면 이를 보도한 해당 언론사도 책임을 면할 수 없다.[5]

최근에 와서 범죄 보도로 인한 초상권 침해 사례는 언론이 범죄를 보여 주거나 범죄인을 검거하는 현장 보도에 있어 자주 발생하는 경향이 있다. 한국의 경우에는 이러한 심층 프로그램이 많지 않으나(최근 방송 프로그램이 조금씩 늘어나고 있음) 미국의 경우에는 여러 형태의 현장 보도 프로그램이 있다. 이러한 프로그램은 시청자들에게 현장감과 긴장감을 제공하며 인기리에 방영되고 있다. 그러나 이러한 프로그램은 상대적으로 개인의 사생활을 침해할 가능성이 크다. 예를 들어, 기자나 카메라 기자가 공무를 집행하는 요원들과 동행하여 취재를 하는 과정에서 보도해서는 안 될 개인의 사적인 정보를 드러내거나 사적 공간을 침범함으로써 개인의 프라이버시를 침해하게 된다. 한국의 경우도 최근 들어 이러한 동행 취재로 소송이 발생한 경우가 있다.

그런데 초상권 침해와 관련하여 경찰이나 공무원이 공무를 집행하는 데 기자들이 동행하여 취재하도록 허락하는 경우 어떤 책임을 지게 되는가와 초상권 침해 등에 대해서 언론은 어느 정도 책임을 지는가가 쟁점이 될 수 있다. 미국의 경우에는 일반적으로 '관습과 필요 원칙Custom and Usage Doctrine'을 적용하여 판단해 왔다. 즉, 고객이 필요에 의해서 가게에 들어가려면 굳이 가게 주인의 동의를 구하지 않고도 자유롭게 출입하도록 허락하는 것과 같은 차원이라고 하겠다. 이는 사적 공간을 소유하고 있는 사람이 길을 묻기 위해 들른 여행자나 외판원 그리고 취재를 위해 방문한 언론인에게 공간에의 접근을 허용하는 것이라고 보면 될 것이다. 그래서 미국의 경우 이러한 원칙이 언론에 확대 적용되면서 취재를 목적으로 공무를 집행하는 담당자들과 동행하는 것이 법적으로 일정 부분 보장되어 왔다고 할 수 있

5. 서울지법 1995.1.26. 선고 94카기5463, 94카기5716 판결.

다. 그러나 모든 경우에 이 원칙이 적용되는 것은 아니며 만일 기자가 취재 대상의 프라이버시를 침해한다는 사실을 인식하고 있었거나 또는 이 사실을 의도적으로 외면하여 피해가 발생한 경우에는 이 원칙이 적용되지 않는 것으로 보았다(Prahl v. Brosamle, 295 N.W.2d 768 (1980)).

3) 기타 범죄 보도로 인한 문제

비록 범죄 보도의 공익적 성격은 인정하지만 초상권 침해와 같은 인격권 침해의 문제가 발생함과 아울러 몇 가지 중요한 문제를 야기한다는 지적이 있다. 이러한 지적은 대개 법조계나 법학자들이 공통적으로 지니는 인식이라고 할 수 있는데, 비록 이러한 지적이 100% 맞는 것은 아니라고 하더라도 귀담아 들어 둘 필요는 있다. 이를 소개하면 다음과 같다.

첫째, 재판의 진정한 의미가 변질될 수 있다는 점이다. 재판은 사건에 대한 엄중한 판단을 통하여 진실성을 가리는 중요한 과정임에도 불구하고 언론 보도로 인하여 마치 이미 사건의 전모가 드러난 듯한 인식이 재판에 영향을 미칠 수 있다. 즉, 언론의 보도가 사회적 여론이 되어 제대로 된 법원의 판단에 대해서도 부당하거나 잘못된 판단인 것처럼 인식하게 만들 위험성이 있다. 특히 사회적으로 논란이 되는 사건이 무죄나 무혐의로 판단되는 경우 이를 마치 이변인 것처럼 받아들이고, 법원의 판단을 의심하게 만들어 사법부의 신뢰를 추락시킬 수 있다는 점이다.

둘째, 언론의 보도로 시청자나 독자의 머릿속에 '형성된 진실'로 인하여 '사법적 진실'에 대한 믿음이 훼손될 수 있다. 실제로 사법적 진실은 형평성과 정의를 구현하기 위한 진실 발견의 절차를 따른다고 할 수 있는 반면 언론의 보도는 언론사의 정치/경제적 상황, 언론인의 개인적 특징이나 가치관, 매체적 특수성 등 여러 가지 요인에 영향을 받게 되므로 언론적 진실은 사법적 진실과 같을 수 없다. 그럼에도 언론을 접하는 수용자들은 언론의 보도가 마치 사법적 진실인 것과 같은 현실 인식을 구성하게 된다.

셋째, 범죄 보도로 인한 사회적 가치를 지니는 담론이 제대로 생산되지 못한다. 즉, 범죄 보도는 대개 그 초점이 피의자 개인의 죄상을 따지는 것에 집중하고 범죄를 저지른 이유나 증거가 어떻게 확보되었는지 그리고 어떤 과학적이고 공정한 과정을 통하여 진상이 밝혀졌으며 범죄 이면의 구조적인 부정과 비리의 내용인지, 범죄의 사회적 파급 효과는 어떠한지, 그리고 차후에 이러한 범죄를 예방하기 위해서는 어떻게 해야 하는가에 대한 논의가 거의 없다. 보도가 대부분 범죄 응징을 위한 선정적인 것으로 실제로 흥미 위주의 사건으로 다루게 되는 경우가 허다하다. 그래서 범죄 보도는 그 시야가 좁고 지엽말단적인 것에 너무 집착하는 경향을 보인다는 것이다.

넷째, 범죄 보도가 무분별하게 이루어지게 되면 흥미롭게도 정치적으로 해결해야 할 문제들이 사법적인 절차를 거치도록 형사 사건화되는 경우가 종종 발생하게 된다. 예를 들어, 선거 출마자에 대한 정치적 공세가 발생하면 이를 정치적으로 해결하기보다는 명예 훼손 등으로 고소·고발하여 사법적으로 해결하려고 하는 경향이 있다. 이로 인해 수사 기관인 검찰도 정치적인 제약을 받아왔다는 인식이 있어 왔으며, 국민은 검찰의 중립성에 대한 의심을 계속할 수밖에 없었다. 다시 말하자면 잘못된 범죄 보도가 정치적인 갈등 해소의 역량을 위축시키는 결과를 가져올 수 있다는 것이다.

다섯째, 무분별한 범죄 보도가 언론의 권력화를 강화시키는 역할을 한다. 언론의 사회적 책임은 공평한 보도이지만 현실은 그렇지 못하며 어떤 것이 공평한 보도인지에 대한 인식은 상대적이다. 본래 최대한 다양한 시각과 목소리를 전달하는 것이 언론의 역할이고 사회적 책임이지만, 대개 언론사들은 자신들이 추구하는 의제가 있기 때문에 공정하고 공평하게 보도하는 것이 쉽지 않다. 특히, 재판이 예정되어 있는 사안이나 사건에 대해서 아젠다가 실린 보도는 사법부에 부당한 압력을 행사할 수 있다.

이러한 주장에 따르면 결국 여러 요인들로 인하여 범죄 또는 피의 사실에 대한 언론의 보도를 못하게 하는 것이 무분별한 보도를 허용하는 경우보다 공익적 목적에 더 부합한다고 할 수 있다. 물론 보도는 국민의 알권리를 위해서 필수적인 것이지만 보도로 인하여 중대한 인격권의 피해가 발생할 수 있는 경우에는 이를 제약할 수 있을 것이다. 아울러 범죄 보도가 수사 기관과 나아가서는 사법부에 상당한 압력을 행사함으로써 개인의 공정한 재판을 받을 권리까지 침해할 가능성도 없지 않다는 것이다.

3. 판례 분석

1) 한국

우리나라에서의 판례는 언론 매체의 보도나 방송으로 인한 초상권 등의 침해와 관련된 것과 이를 언론 매체가 보도하도록 하여 피의 사실 공표 금지가 문제가 된 판례로 구분해서 볼 수 있다. 우선 언론 보도로 인한 인격권 침해 판례의 경향은, 범죄 보도로 인한 인격권에 피해가 발생하는 경우에는 동행 취재로 인한 것이든 수사 기관의 보도 자료를 그대로 기사화한 것이든 간에 언론사는 완전히 면책될 수는 없다는 것이다. 기존의 판례를 정리하면 표 5-1과 같다.

직접적인 범죄 보도로 인한 것은 아니지만 사건 사고에 대한 기획 취재를 하면서 불거진 이른바 '공포의 통과 의례' 사건은 보도로 인하여 개인의 사생활과 초상권이 침해되어서는 안 된다는 것을 명

표 5-1. 범죄 보도와 관련된 주요 판례

판결 일자	판결 요지	법원
1995. 1. 26 1995. 2. 20	경찰청의 발표 내용을 그대로 기사화한 것이라도 그 내용이 특정 신문을 통하여 공표된 이상, 그 신문의 사실에 관한 보도라고 할 것이며, 인격적 법익에 피해를 받았을 것임이 명백하므로 신청인에게는 반박할 권리가 있다.	서울지방법원(94카기5463) (94카기5716)
1996. 2. 27	수사 담당 경찰관이 경찰 출입 기자들을 상대로 피의 사실을 공표하고 그에 관한 보도를 적극적으로 요청함과 동시에 취재 편의를 제공하였고, 나아가 기자들로 하여금 피의 사실을 관계자들의 실명 또는 초상과 함께 언론에 보도되게 하였으므로, 국가는 손해 배상 책임이 있다.	서울고등법원(95나24946)
1996. 8. 20	수사 기관이 피의자의 자백을 받아 기자들에게 보도 자료를 배포하는 방법으로 피의 사실을 공표함으로써 피의자의 명예가 훼손된 사안에서, 피의 사실이 진실이라고 믿은 데에 상당한 이유가 없기 때문에, 보도 자료의 작성·배포에 관여한 경찰과 국가에 연대 배상의 책임이 있다.	대법원(94다29928)
1996. 5. 28	다른 언론 매체의 보도 내용을 마치 직접 취재한 것처럼 기사를 작성하면서, 그 기사 내용의 사실 확인 노력도 하지 아니한 채 별다른 근거 없이 기사를 작성한 경우, 일간 신문이 신속성을 요구한다는 점을 감안하더라도 그 언론 매체에게 그 기사의 취재 과정에서 그 기사의 내용이 진실이라고 믿은 데에 상당한 이유가 있었다고 보기 어렵다.	대법원(94다33828)
1997. 9. 30	신문에 보도된 기사의 내용이 허위의 사실이라고 하더라도 행위자가 이를 진실로 믿고 진실로 믿은 데 상당한 이유가 있었으며, 그 행위가 오로지 공공의 이익에 관련한 것인 경우에는 위법성이 조각되는 것이다.	대법원(97다24207)
1998. 7. 14	범죄 자체를 보도하기 위하여 반드시 범인이나 혐의자의 신원을 명시할 필요가 있는 것은 아니다. 범인이나 혐의자에 관한 보도가 반드시 공공성을 가진다고 볼 수 없다.	대법원(96다17257)
1999. 1. 26	구속 영장의 기재나 타 매체 기사 열람만으로 진실성을 담보하기에 필요한 취재를 다했다고 보기 어렵다.	대법원(97다10215/97다10222 병합)
2000. 8. 23	범죄 보도는 범죄 행위에 대한 비판에 중점을 두어야 하며, 수사 당국의 발표 내용을 수정하거나 상당한 정도를 넘는 추측을 가미하여 발표 내용에도 없는 사항을 발표한 것처럼 보도한 경우 위법성이 조각된다고 볼 수 없다.	서울지방법원(99가합30768)
2000. 9. 19	경찰 단계에서 혐의 사실에 불과함에도 불구하고 이를 사실인 것처럼 단정적으로 표현하고 있음은 물론, 혐의 사실을 기정 사실화하여 이를 전제로 단정적인 해설 기사까지 싣고 있는 점에 비추어 기사의 내용이 진실하다고 믿은 데 상당한 이유가 있다고 보기는 어렵다.	부산지방법원(99가합9588)

2000. 10. 11	피의자의 실명이나 신상과 같은 개인적인 사항을 노출시킨 경우에는 이를 밝히는 것이 국민의 알권리 충족에 있어 지대한 정보 가치를 가지고 있다는 등의 특별한 사정이 없는 이상 공익성이 있다 할 수 없다.	서울지방법원(2000가합4673)
2001. 10. 10	피의 사실을 공표하는 것이 공익을 위하여 필요한 것이라 할지라도, 객관적이고 타당한 확증과 근거가 없는 상태에서 피의 사실을 공표하는 행위는 위법성이 조각된다고 할 수 없다.	서울지방법원(2001가합1961)
2001. 11. 7	직접 수사를 담당한 수사 기관이 피의 사실을 공표하는 경우에는 공표하는 사실이 의심의 여지없이 확실히 진실이라고 믿을 만한 객관적이고 타당한 확증과 근거가 있는 경우가 아니라면 공표하는 사실이 진실이라고 믿은 데 상당한 이유가 있다고 할 수 없다.	서울지방법원(2000가합68769)
2001. 12. 26	범죄 보도는 공공의 이해에 관한 사항으로서 공중의 정당한 관심의 대상이며, 피고들이 공개한 원고의 편지 및 사진들은 범죄 행위에 제공되었거나 그와 관련된 것들로서 프라이버시권의 보호 범위에 포함된다고 볼 수 없다.	서울지방법원(2001가합25387)
2002. 5. 10	타 신문사의 기사 내용과 피의자에 대한 구속 영장 사본만을 열람한 것만으로는 기사 내용의 진실성을 담보하기 위하여 필요한 취재를 다한 것이라고 할 수 없으므로, 보도의 신속성이란 공익적인 요소를 고려한다고 하더라도, 이러한 기사를 게재한 것이 위법성을 조각하게 할 정도에 이른 것이라고 볼 수 없다.	대법원(2000다50213)
2002. 8. 22	원고가 이 사건 범행의 공범이라고 인정할 만한 객관적이고 타당한 확증과 증거가 없는 상태에서 피의 사실을 공표하여 원고의 명예를 훼손하였다.	서울고등법원(2001나66293)
2003. 7. 4	수사 기관의 공식적인 수사 결과 발표가 없는 상태에서 당사자 일방의 주장만을 기사화하는 경우 명예 훼손에 해당된다. 단, 원고는 유명 연예인으로 잘 알려진 공인이므로 그의 범죄 경력은 공중의 정당한 관심 대상이 되므로 원고의 보도는 공공의 이해에 관한 것이다.	서울지방법원(2005가합78777)
2004. 12. 28	실명을 공개했더라도 확인 과정을 거쳐 세무 공무원인 원고가 뇌물 수수 혐의로 구속 기소되었다는 객관적 사실을 보도한 것은 공적 인물에 해당하는 원고가 수인해야 할 범위 내의 것이다.	서울고등법원(2004나49923)

확히 한 최초의 판례이다.[6] 이 사건은 MBC의 시사 보도 프로그램인
<시사매거진 2580>이 모 대학 음대 학생들의 신입생 환영회 문화
를 기획 취재한다는 명분에서 시작되었다.

---

6. 서울지법 남부지원 1997.8.7. 선고 97가합8022 판결; 서울고법 1998.1.13. 선고 97나43156 판결.

방송 촬영을 요청하자 처음에는 학교 측에서 거절하였으나 취재팀은 촬영의 동의를 구하기 위해서 보도가 공정하고 긍정적일 것이라고 사전 약속을 했고 이러한 약속을 토대로 공식적인 환영회 행사만을 취재하기로 했다. 그러나 취재팀은 사전 약속과 다르게 신입생 환영회의 뒤풀이 장소인 나이트클럽에까지 가서 음주 장면을 비롯하여 화장실에서의 대화, 구토하는 장면 등을 무단으로 촬영하였고 추후에 "공포의 통과 의례"라는 제목으로 퇴폐 풍조에 물들고 위험하기까지 한 신입생 환영회의 문제점을 비판적으로 지적하는 프로그램을 방송하였다. 이에 성모 씨 등은 <시사매거진 2580>의 방송으로 인하여 사생활의 비밀과 자유 그리고 초상권이 침해되어 피해를 입었다고 주장하며 소송을 제기하였다.

서울지방법원은 "모든 국민은 인격권으로서의 사생활의 비밀과 자유 및 초상권을 침해 받지 않을 권리가 있고 TV 등 언론 매체에 대하여 자신의 사생활과 초상에 관한 방송을 동의한 경우에도 본인이 예상한 다른 방법으로 방송된 경우에는 사생활의 비밀과 자유 및 초상권의 침해가 있다고 할 것"라고 하면서 사생활의 비밀과 자유 그리고 초상권에의 침해를 인정했다. 법원은 동의를 구하고 촬영한 사진이라도 이를 함부로 공표하거나, 공표된 사진을 다른 목적에 사용하는 행위는 모두 초상권의 침해에 해당한다고 판결했다. MBC는 항소하였으나 서울고등법원은 방송사의 취재 보도가 원고들에 대한 사생활의 비밀 및 초상권의 침해를 정당화할 정도의 공익성을 인정하기에 충분하다고 할 수는 없으므로 피고들의 항변은 이유 없다고 보았다.

이 판례는 범죄 보도의 경우 보도 내용이 진실이 아니거나 프라이버시를 침해하는 내용임에도 불구하고 본인의 동의 없이 사진을 공표하는 경우 이는 프라이버시와 초상권을 침해한다는 것을 보여 준다. 즉, 피의자가 보도 기관의 사진 촬영과 공표에 동의한 경우에도 사진의 공표가 동의를 받은 방향으로 보도되지 않은 경우에는 이는 동의의 범위를 넘어서는 공표로서 초상권 침해에 해당하게 된다는 것이다.

또 다른 관련 사건은 지하철 범죄 현장을 취재하던 방송 프로그램에서 성추행 혐의로 지모 씨를 체포하는 것을 방송하면서 발생하였다(서울지법 2000.10.11. 선고 2000가합4673 판결). SBS의 시사 프로그램인 <추적, 사건과 사람들>에서 이를 혐의자의 얼굴을 모자이크 처리하여 보도하였고, 혐의자는 실명과 함께 <국민일보>와 <한국일보>에 보도되었다. 문제는 방송의 모자이크 처리가 불완전하여 얼굴과 이름, 주민등록번호, 주소 등이 식별될 수 있었고, 음성도 변조되지 않았다는 것이다. 또한 관련 신문 기사와 구속 영장의 근접 확대 촬영을 통하여 용의자가 법원 사무관이라는 신분이 드러나기도 하였다. 기타 용의자의 정신과 상담 내용 등 개인적 정보가 포함된 내용이 방송되었다.

서울지방법원은 범죄 보도의 공익성이 인정되기 위해서는 보도의 초점이 범죄 행위 자체에 대한 비판에 주어져야 한다고 전제하고 피의자의 실명이나 신상이 공개되는 것은 국민의 알권리 충족을 위해서 반드시 필요한 경우를 제외하고는 허용되어서는 안 된다고 보았다. 법원은 지하철 성 범죄에 대한 보도의 중요성은 인정되지만 모자이크 처리가 완벽하지 않은 점 그리고 신문 기사나 구속 영장을 근접 촬영함으로써 원고의 초상과 음성이 드러나게 된 사실을 감안한다면 그가 공무원의 신분이었다 하더라도 신상에 대한 개인적인 사항은 국민의 알권리의 대상이 아니라고 판단했다. 그런데 최근의 판례들은 원고가 공적 인물이나 공인으로 인정되는 경우 피의 사실 보도가 공공의 이해에 관한 것으로 어느 정도 수인되어야 한다고 지적한다(서울고법 2004.12.28. 선고 2004나49923 판결). 즉, 적합한 취재·보도 과정을 거치는 경우에는 공인에 대한 객관적인 피의 사실에 대해 보도하는 것은 위법성이 없다고 보는 경향이 나타났다.

판례 중에서 보도로 인한 인격권, 특히 사생활권에 대한 침해가 발생하고 있는데 그 중 가장 대표적인 사례가 바로 2001년 발생한 유명 대학 여자 교수의 불법 과외 보도 사건이다. 이 사건은 한 유명 대학의 음대 교수가 교습실을 차려놓고 수험자들에게 당시에는 불법인 과외를 하던 것이 SBS의 <8시 뉴스>에 보도되면서 시작되었다 (서울고법 2001.1.11. 선고 99나66474 판결). 사건이 발생할 당시에는 교수의 과외가 불법이었으며 당시 불법 레슨의 문제가 불거지면서 해당 교수를 개인 교습실에서 체포하는 과정에 방송 기자가 동행하면서 문제가 불거졌다. 이때 해당 방송사 취재 기자는 레슨을 마치고 교습실을 나오는 학생과 학부모 그리고 해당 교수를 사전의 동의도 받지 않고 무단으로 촬영하였다. 또한 경찰이 현장을 철수한 뒤에도 기자의 신분임을 밝히지도 않은 채 연습실 내부를 계속해서 촬영하였고, 이러한 것들을 뉴스로 만들어 보도하였다.

서울고등법원은 판결문에서 "원고의 동의를 얻지 아니한 위 취재 기자의 위와 같은 행위로 원고가 배타적으로 사용하고 있던 연습실에서의 원고의 사생활과 초상권이 침해되었다"며 손해 배상을 명하였다. 아울러 법원은 "언론의 자유의 보장 속에는 취재의 자유도 포함된다고 할 것이지만 언론의 자유에 제한이 있듯이 취재의 자유 역시 다른 법익을 침해하지 않는 범위에서만 인정된다고 할 것이다. 원고의 위 연습실과 같은 개인의 사적인 장소는 비록 취재 당시 원고가 현행범으로 체포되고 있는 때라고 하더라도 체포와 관련되어 적법 절차를 갖춘 사람 이외에는 관계자의 동의 없이는 출입이 금지되고 그곳에서의 취재도 원칙적으로 불법"이라고 판시했다. 결국 현직 대학 교수의 불법 과외에 대한 취재가 국민의 알권리를 충족시킨다는 공익적 목적의 차원이었다고 인정한다고 하더라도 개인의 사적 공간인 교습실을 무단으로 침입한 행위는 명백한 개인의 사생활 침해로 위법성이 인정된다. 다시 말하자면 아무리 공익적 측면이 강조된다고 하더라도 개인의 사생활을 침해하면서까지 정당화될 수는 없다는 점을 보여 준다.

170

또한 범죄 사건에 대한 공표로 인하여 피의자 및 그 가족들이 피의 사실 공표로 인하여 피해가 발생하였다고 민사상의 손해 배상 청구를 제기하여 문제가 된 경우가 있다. 즉, 우리 법원이 해당 수사관의 피의 사실 공표 행위가 형법 제126조에 위반된다고 판시하거나 문제가 된 검사의 수사 내용 공표 행위가 위법하다는 판결을 내린 바 있다(대법 1999.1.26. 선고 97다10215/10222 판결). 그러나 이러한 판단은 형법상의 범죄 행위에 대한 위법성 판단이라기보다는 민사상의 불법 행위(민법 제750조 등)로서의 위법성을 인정하는 것이라고 볼 수 있다.

또한 그 판결들은 어떤 경우에 해당 공표 행위의 위법성이 조각되는지에 대한 논의를 담고 있으나, 그것은 범죄로서의 피의 사실 공표 행위의 위법성을 조각하는 사유에 관한 논의가 아님을 주의하여야 한다. 실제로 법원은 공표를 허용함으로써 얻을 수 있는 이익인 언론(표현)의 자유와 알권리의 실현 등 공익적 고려 사항을 한 축에 두고 범죄 사실에 대한 보도의 유예를 통해서 얻는 이익을 다른 한 축에 두고 이들을 비교 형량하여 위법성 조각 여부를 판단한다. 일반적으로 판례에 따르면 법원은 ① 보도 목적이 공익적인지, ② 보도 내용이 공공적인 사안인지, ③ 보도 매체는 어떠한 성격의 것인지, ④ 보도 내용이 신속한 보도를 요구하는 것인지, ⑤ 보도 근거가 된 정보원이 믿을 만한지, ⑥ 보도가 제대로 된 절차를 거쳤는지, ⑦ 보도가 어떠한 표현 방법을 사용했는지, 그리고 ⑧ 보도로 인하여 피해자가 입게 될 정도 등을 판단의 근거로 삼고 있다.[7]

전술한 바와 같이 보도로 인한 인격권 침해와 아울러 피의 사실 공표가 문제가 되어 발생한 판례들을 살펴보아야 한다. 이러한 경우 피해자 개인의 법익뿐만 아니라 이러한 사적 이익에 더하여 ① 공정

---

7. 대법 1999.1.26. 선고 97다10215 판결; 대법 2002.5.10. 선고 2000다68474 판결.

한 재판의 확보, ② 수사권의 적정한 행사, ③ 사법부의 독립 유지, ④ 법원의 평판이 부당하게 손상 받지 않도록 할 필요, 그리고 ⑤ 여론 형성 과정이 수사 기관의 영향력에 좌우되지 않도록 함과 동시에 언론의 영향력이 수사와 재판의 작동 기제를 왜곡하지 않도록 하는 등의 것도 같이 중요한 이익으로 모두 고려되어야 한다.

무엇보다 우리 사법부는 피의 사실 공표죄를 엄격히 묻는 경우가 있는 것으로 보이나 이에 대한 구체적 지침이 되는 관련 판례는 많지 않은 것으로 나타났다. 피의 사실 공표죄에 대해서 대법원은 "수사 기관의 발표는 원칙적으로 일반 국민들의 정당한 관심의 대상이 되는 사항에 관하여 객관적이고도 충분한 증거나 자료를 바탕으로 한 사실 발표에 한정되어야 하고, 이를 발표함에 있어서도 정당한 목적하에 수사 결과를 발표할 수 있는 권한을 가진 자에 의하여 공식의 절차에 따라 행하여져야……" 하는 것으로 판단하였다(2000다68474 판결).

이 사건은 서울지검의 한 강력부 검사가 폭행 및 협박 미수 혐의로 체포된 피의자에 대한 구속 영장을 신청한 상태에서 법조 출입 기자들이 이를 파악하고 찾아오자 이들에게 사건의 내용을 설명하고 그 자리에서 수사 기록을 열람하게 하면서 발생하였다. 언론들이 이렇게 얻은 정보를 근거로 피의자의 혐의 사실이 마치 사실인 것처럼 보도했으나 당시 혐의자는 차후에 무죄를 선고받았다.

그런데 이와 다른 맥락에서 경찰이 사건 내용을 검찰 송치를 전후하여 언론 기관에 유출한 사건에서 대법원은 경찰에서 언론 접촉이 경찰청 내부 절차를 밟아서 이루어졌는가의 여부를 밝히지는 않고 있다(2001다49692 판결). 다른 사건(97다10215 판결)에서 법원은 기자들이 법원에 접수된 구속 영장 사본을 열람하여 피의 사실을 파악하여 검사에게 취재를 요청하였고 검사는 다른 기자들이 동석한 가운데 피의 사실이 요약·정리된 자료를 배포하고 수사 경위 등도 설명하였으며, 이러한 취재 자료에 근거하여 언론들은 피의자가 범행을 저질

172

렀을 것이라는 인상을 심어 주는 형태의 보도를 하였다. 이후 당사자는 무죄 판결을 받았고 대법원은 검사의 공표 행위가 소정의 절차에 의한 발표라는 점을 인정하기는 하였으나, 이를 피의 사실의 진실성을 담보할 만한 객관적이고 충분한 증거로 인정하지 아니하였다. 단지 이를 보도한 언론사의 경우 보도 행위는 '검사로부터 취재한 피의 사실을 기사화하는 경우 별도의 취재를 하지 않고 보도하더라도 종래의 취재 관행에 반하지 아니하는 한 보도 행위에 대한 위법성은 인정할 수 없다고 보았다. 그러나 수사를 담당한 경찰관이 아무런 내부적 결재 절차 없이 기자실에 전화를 걸어 기자들을 불러 모으고 사건 내용을 공개하는 경우에 이는 공식적인 발표라고 할 수 없고 이를 언론이 받아서 보도하는 경우 면책이 되지 않는다고 보았다.[8]

이러한 점에서 본다면 수사 기관의 공식적인 발표의 경우에는 언론의 보도가 적법한 절차를 거쳐 보도한 셈이므로 상당성이 인정되어 보도로 인한 책임을 지지 않는다고 볼 수 있을 것이다. 그러나 서울고등법원은 판례에서 "우리의 형법이 피의 사실 공표를 금하고 있는 취지에 비추어 검찰이나 경찰 등 범죄 수사 기관이 그 관할 처리 사건에 관하여 국민의 알권리를 충족시키기 위해 공식 발표를 할 수 있는 경우란 그 사건의 국민 전반에 미치는 영향이 광범위하고 지대하여 국민 대다수의 긴절한 궁금증을 풀어 주기 위하여 불가피한 경우에 신중하게 처리되어야 한다"고 언급하고 있어서 공식적인 발표의 경우에도 완전히 면책되는 것은 아니라는 점을 염두에 두어야 할 것이다. 즉, 아무리 내부적 절차를 거친 공개적인 발표라고 하더라도 완전히 위법성이 조각될 수 없다는 것으로 판단된다(서울고법 1996.2.27. 선고 95나24946 판결).

---

8. 대법 1998.7.14. 선고 96다17257 판결; 서울고법 1996.2.27. 선고 95나24946 판결.

피의 사실 공표죄에 대해서 고려할 때 조직 내의 필요한 절차를 거쳤는가와 마찬가지로 피의 사실이 진실이라고 믿을 만한 객관적이고도 충분한 증거를 확보하는 것도 대단히 중요하다(97다10215 판결). 그러한 사정은 공표 내용이 진실이라고 믿을 상당한 이유가 있는지(형법 제310조)를 가늠하는 잣대가 되기 때문이다. 물론 이에 대한 판단은 공표 주체가 수사 기관이냐 아니면 언론 기관이냐에 따라 달라진다. 언론사의 경우 취재원의 신빙성과 발표의 공식성에 의존하여 그 정보의 진실성에 대한 믿음에 따라서 취재 보도를 하기 때문에 수사 기관이 소정의 절차를 통하여 발표한 내용에 기하여 피의 사실을 그대로 작성, 보도한 경우에는 '그 진위 여부에 관하여 별도의 조사를 하지 아니한 채 기사를 게재하였다고 하여 그것이 위법한 것이라고 할 수는 없다'고 하겠다. 물론 '단순한 구속 영장의 기재나 일간 신문의 기사를 열람한 것만으로 기사 내용의 진실성을 담보하기 위하여 필요한 취재 절차를 거친 것이라고 할 수 없다'는 판례도 있기 때문에 명확히 어느 정도까지가 면책의 대상이 되는지 알기가 힘들다.

그런데 2004년 12월 6일 대법원은 피의 사실의 공표의 기준을 엄격히 해석해야 한다는 판결을 내리고 있다. 대법원은 "검사가 피의자나 피의자 아닌 자의 진술을 기재한 조서는 공판 준비 또는 공판 기일에서 원진술자의 진술에 의하여 형식적 진정 성립뿐만 아니라 실질적 진정 성립까지 인정된 때에 한하여 비로소 그 성립의 진정함이 인정되어 증거로 사용될 수 있다고 보아야 할 것……"이라고 판단하여 '실질적 진정성'을 확보할 수 있는 증거를 바탕으로 판단해야 한다고 판시했다(2002도537 판결).9 여기서 형식적이 아닌 실질적인 진정성

---

9. 2005년 6월 10일 선고된 2005도1849 판결에서 대법원은 '검사가 피의자나 피의자 아닌 자의 진술을 기재한 조서 중 일부에 관하여만 원진술자가 공판 준비 또는 공판 기일에서 실질적 진정 성립을 인정하는 경우에는 법원은 당해 조서 중 어느 부분이 원진술자가 진술

이란 객관성 있는 충분한 증거라고 하는 것일 수 있는데, 이러한 증거는 실제로 공판이 진행되기 이전에는 판단을 할 만한 기회가 없다는 점에서 찾기 힘들다는 지적이 있다. 다시 말하자면 공판에 가서야 비로소 조서의 증거 능력이 밝혀지는 것인데, 이것이 바로 공판 중심주의의 핵심이라는 것이다. 이러한 인식의 변화는 앞으로 수사 기관의 공표 행위에 대한 위법성 판단에 큰 형향을 미칠 수 있으며 동시에 언론의 공표 행위에 대해서도 영향을 미칠 것이라 판단된다. 섣부른 보도로 인하여 발생한 피해에 대해서 언론도 책임을 질 가능성이 훨씬 커질 것이기 때문이다. 결국 언론은 혐의 내용이 피의자나 증인의 진술에 의존한 경우라면 그 진위 여부에 대한 별도의 조사 및 확인을 거치지 않은 채 기사화하는 경우에는 계속 배상 책임에서 벗어나기 힘들 것으로 판단된다.

물론 대법원은 범죄 보도가 공공의 이익이 있다는 것을 부정하지는 않는다. 대법원은 "일반적으로 대중 매체의 범죄 사건 보도는 범죄 행태를 비판적으로 조명하고, 사회적 규범이 어떠한 내용을 가지고 있고, 그것을 위반하는 경우 그에 대한 법적 제재가 어떻게, 어떠한 내용으로 실현되는가를 알리고, 나아가 범죄의 사회 문화적 여건을 밝히고 그에 대한 사회적 대책을 강구하는 등 여론 형성에 필요한 정보를 제공하는 등의 역할을 하는 것으로 믿어지고, 따라서 대중 매체의 범죄 사건 보도는 공공성이 있는 것으로 취급할 수 있을 것"이라고 판시하여 범죄 보도의 중요성에 대해서 인식하고 있다(96다17257 판결).

이 판결이 지지한 서울고등법원의 판결은 '형사 사건과 그 수사 경과에 관하여 알려는 대중의 강한 관심이 있고 사실상 그에 관하여

한 대로 기재되어 있고 어느 부분이 달리 기재되어 있는지 여부를 구체적으로 심리한 다음 진술한 대로 기재되어 있다고 하는 부분에 한하여 증거 능력을 인정하여야 하고, 그 밖에 실질적 진정 성립이 부정되는 부분에 대해서는 증거 능력을 부정해야 한다'고 판시하였다.

다수의 대중이 원한다는 것만으로 공공의 정당한 정보의 이익을 인정할 수는 없고, 그 관심의 대상이 실질적인 정보 가치를 갖는 것이어야 할 것'이라고 좀더 자세히 설명하고 있다. 즉, 일반 독자의 호기심과 범죄 내용에 대한 집착적 관심에 부응하려는 보도에 대하여는 그 상업성을 인정할 수는 있으되 공공성을 인정할 여지는 없다는 것이다. 따라서 우리 법원은 원칙적으로는 '범죄 자체를 보도하기 위하여 반드시 범인이나 범죄 혐의자의 신원을 명시할 필요가 있는 것은 아니고, 범인이나 범죄 혐의자에 관한 보도가 반드시 범죄 자체에 관한 보도와 같은 공공성을 가진다고 볼 수도 없다'는 입장을 취하고 있다. 특히 서울고등법원은 피의자 및 관계자의 신원에 관하여 언급함이 없이 그 범죄와 그 수사에 관하여 알리는 것이 가능함을 지적하며, '범죄 보도에 관한 언론의 과업은 객관적인 범죄의 현상과 그에 대한 처벌 및 범죄에 대한 대책의 보도에 국한될 뿐이지 범죄를 탄핵하고 관계인에게 응징을 가하는 데 있는 것은 아니다'라는 분명한 견해를 표명하고 있다(익명 보도의 원칙).

그런데 법원은 신원을 명시할 수 있는 '예외'를 인정하는 경우가 있는데, 이는 범죄인이 공적 인물인지, 범죄 사건의 중요성은 어떠한지, 배경이나 비범성 등은 어떤지를 고려해서 살펴야 한다고 보았다. 구체적으로 보자면 첫째, 범죄 행위를 국민에게 알리는 것이 시사에 관한 포괄적 정보를 습득케 하는 것이 필요하고, 둘째, 범행이 사회적으로 고도의 해악성이 있으며, 정치·경제·사회·문화 등 공적 생활이나 기타 사회의 상위 이익에 대하여 직접적 연관을 갖는 경우에 한하여 그 신원을 명시한 실명 보도나 초상의 보도가 허용된다고 보고 있다. 예를 들어, 악명을 떨치던 도둑이나 강도가 체포되었을 때 이에 대해서는 익명 보도의 원칙이 예외적으로 적용될 수 있다. 나아가 일상적 범죄라고 하더라도 혐의자가 공적 인물인 경우에는 사회적 중요성을 갖게 되거나 주목을 받게 되어 시사성을 인정할 여지가 있다. 일반인의 경우에는 반대로 범죄가 뉴스 가치가 있고 성격이 공공성이 있다고 하더라도 그 혐의자의 신원에 대한 정보가 공공성은 인정할 수 없다고 보는 것이 법원의 입장이다.

2) 미국

미국의 경우에는 상당한 정도의 범죄 관련 보도로 인한 판례들이 있다. 우선 1994년의 판례를 보면 연방항소심법원은 범죄 보도에 있어 피의자의 가택에 대한 수색 영장 집행은 반드시 영장이 명시하고 있는 범위 내에서만 이루어져야 하며 프라이버시의 침해는 최소화하도록 해야 한다고 판시하였다.[10] 따라서 공무를 집행하는 과정에서 언론을 동행하도록 하는 것은 영장이 명시하는 범위를 넘는 것이며, 극적인 효과를 얻기 위한 언론의 현장 보도는 개인의 권리를 침해하는 것으로 용인될 수 없다고 보았다.

　이 사건 이후에도 연방대법원은 유사한 판결을 내린다. 연방대법원은 윌슨 대 레인(Wilson v. Layne) 사건에서 신문 기자들이 경찰과 동행하여 피의자의 집을 수색하는 과정에서 취재하는 것은 합당하지 않다고 보았다(526 U.S. 603 (1999)). 이 사건은 < 워싱턴 포스트 > 기자들이 경찰과 동행하여 당시 도피 중에 있던 피의자의 집을 수색하는 과정을 취재하면서 가족들의 프라이버시 침해로 인한 소송을 제기하면서 발생하였다. 연방대법원은 공무를 집행하는 사람들이 자신에게 주어진 권한의 한도에서 법 집행하는 것은 문제가 되지 않지만, 공무를 집행하는 과정에 언론을 동행하도록 하는 것은 주어진 법적 권한 내의 일이 아니라고 판시했다. 아울러 < 워싱턴 포스트 > 기자들이

---

10. Ayeni v. Mottola, 35 F.3d 680 (2d Cir. 1994), *cert. denied*, 115 S. Ct. 1689 (1995).

동행한 것은 경찰의 공무 집행을 돕기 위한 것이 아니기 때문에 아무런 정당성을 갖지 못한다고 보았다. 연방대법원은 범죄 현장에 기자들이 동행하는 것은 경찰 권력의 남용을 줄이고 동시에 피의자와 경찰의 안전을 보호하기 위한 것이라는 <워싱턴 포스트>의 주장을 일축하면서 기자들의 동행은 공적이라기보다는 사적 목적에 가까운 것이라고 판단했다.

또 다른 사건에서 연방대법원은 같은 취지의 판결을 내린다. CNN과 TBS 방송 기자들이 동물 학대를 조사하는 공무 요인들과 동행하여 취재, 보도한 이유로 소송이 불거진 한론 대 버거(Hanlon v. Berger) 사건에서. 연방대법원은 동행 취재한 기자들과 이를 허용한 공무원들의 위법성을 인정하였다(526 U.S. 808 (1999)). 사건을 조사하면서 관련 공무원들 중 한 명은 방송사가 제공한 도청 장치를 숨긴 채 농장을 수색했고 기자들은 장시간에 걸쳐 영장 집행과 농장을 촬영했고 이를 토대로 준비된 자료를 보도했다. 대법원에 앞서 연방항소심 법원은 기자들로 하여금 상업적 프로그램에 필요한 이미지를 얻는 데 도움을 준 것과 도청 장치 등을 이용한 은밀한 녹음 행위를 지적하면서 이는 영장 집행의 목적에 부합하지 않을 뿐 아니라 영장의 범위를 벗어나는 것이라고 보면서 사생활과 기타 권리의 침해를 인정했다(Berger v. Hanlon, 129 F.3d 505 (9th Cir. 1997)). 그럼에도 언론의 동행을 허락하는 것이 위법이기는 하지만 당시는 명확하게 이론적으로 정립되어 있지 않다는 이유로 공무원들의 면책을 허용했다. 결국 동행 취재가 범죄 피의자의 권리를 침해하는 경우 공무원과 기자들의 책임을 동시에 묻는 것이 대법원의 요지라고 할 수 있다.

4. 범죄 보도의 위법성 조각 사유

범죄(피의 사실) 보도는 반사회적 행위를 고발하여 국민의 알권리 충족을 위한 대상이 된다는 점에서 공익적 성격을 띠는 것이다. 그러나 아무리 공익성 있는 범죄 보도라고 하더라도 범죄자나 혐의자의 인격권을 침해하는 경우 정당화되지는 않는다. 결국은 혐의자의 인격권과 범죄 보도의 법익이 서로 이익 형량되어야 한다. 무엇보다 범죄 보도의 내용이 범죄 행위 자체를 비판하는 것이 주를 이루는 경우에 한해서 공익성11이 인정되고 보도로 인한 언론의 위법성은 조각된다 (서울지법 2000.10.11. 선고 2000가합4673 판결). 반면 피의자의 실명이나 신원에 관한 개인적 사항이 공표되어 사적인 내용이 드러나는 경우 이는 실제로 국민의 알권리 충족을 위한 정보 가치가 있는 것이라 판단하기 힘들기 때문에 언론은 책임을 면하기 힘들 것으로 보인다.

무엇보다 공익성의 개념이 명확하지 않다. 즉, 어떠한 사실을 어떻게 보도하는 것이 공익성에 부합하는 것인지 알기가 힘들다. 단순히 뉴스 가치가 있다고 해서 공익성이 있다고 볼 수도 없다. 따라서 현재로서는 문제가 된 범죄 보도의 내용적인 측면이나 취재 방법 등과 같은 것을 근거로 개별적으로 판단할 수밖에 없다. 판결의 경향을 살펴보면 뉴스 가치가 있는 사실이 사회 전체의 이익에 상당한 영향을 미칠 수 있는 정당한 관심사에 해당하는 것이 공익성이 있다고 할 수 있다. 구체적으로 법원은 "당해 적시 사실의 구체적 내용, 당해 사

---

11. 공익을 판단할 사회적으로 동의된 기준과 원칙이 없다. 다만 여러 학자들이 공익의 개념에 대하여 공통적으로 인식하고 있는 요소들을 살펴보면, 공익이란 첫째, "공공의 주체들이 형성 혹은 획득할 수 있는 일반적 이익의 영역에 대한 접근 가능성 및 공개성을 의미한다." 둘째, "집단 생활이 공공의 존재 없이는 불가능하고 공공에 의해 조건지어진다는 의미에서 공적 생활의 주체로서 공중, 즉 인격화된 공공을 의미한다." 셋째, "그 실질적 내용으로서 현대 국가에게 고유하게 부과된 국가성의 본질을 의미한다"(박순국, 1993, p.34).

실의 공표가 이루어진 상대방의 범위의 광협, 그 표현의 방법 등 그 표현 자체에 관한 제반 사항을 감안함과 동시에 그 표현에 의하여 훼손되거나 훼손될 수 있는 타인의 침해의 정도 등을 비교·고려하여 결정하여야 한다"고 밝히고 있다(대법 1998.7.14. 선고 96다17257 판결).

문제는 범죄 보도에 있어 혐의자의 신원이 드러나는 경우에 공익성이 있다는 것에 대해 부정적이라는 점이다. 법원은 "범죄 보도에서는 그 보도 내용이 어디까지나 범죄 행위 자체에 대한 비판에 중점이 놓여 있는 경우에만 공익성이 있다 할 것이지, 피의자의 실명이나 신상과 같은 개인적인 사항을 노출시킨 경우에는 이를 밝히는 것이 국민의 알권리 충족에 있어 지대한 정보 가치를 가지고 있다는 등의 특별한 사정이 없는 이상 공익성이 있다 할 수 없다"고 판시하고 있다(서울지법 2000.10.11. 선고 2000가합4673 판결). 피의자의 신분이 공적 인물이 아닌 일반인인 경우 공익성 인정이 더욱 힘들어질 것으로 보인다. 법원은 "범인이나 범죄 혐의자에 관한 보도가 반드시 범죄 자체에 관한 보도와 같은 공공성을 가지는 것은 아니라는 점에 비추어 보면, 일반 사인에 관한 범죄 보도에 있어서는 익명 보도 원칙이 요구된다"고 판단하고 있다(서울지법 2001.12.26. 선고 2001가합25387 판결). 대법원도 일반 독자들은 언론에 보도된 피의 사실의 진실 여부를 확인할 수 있는 별다른 방도가 없을 뿐만 아니라 언론 기관이 가지는 권위와 그에 대한 신뢰로 인해 보도된 내용을 진실로 받아들이는 경향이 있고 광범위하고도 신속한 전파력으로 인하여 사후 정정 보도나 반박 보도 등으로는 사실상 침해된 인격권의 충분한 회복을 기대할 수 없다고 주장한다(대법 2002.5.10. 선고 2000다50213 판결).

그러나 법원은 언론의 신뢰도의 문제 등으로 인하여 어쩔 수 없이 일반인의 신원을 밝히는 경우에 한해서 그 예외를 인정하고 있는데, 이는 첫째, 시사에 관한 포괄적 정보의 이익을 위하여 필요하고 여론 형성과 관련하여 중요한 의미를 갖는 것으로서 기사 작성상 불가피하거나 범행이 직접적인 정치적 관련을 갖는 것이어서 그 중대성 때문에 포괄적인 해설을 필요로 하는 경우, 둘째, 범행이 사회적으로 고도의 해악성을 가지며, 정치·경제·사회·문화 등 공적 생활이나 기타 사회의 상위 이익에 대하여 직접적 연관을 갖는 경우에 한하여 실명과 초상의 사용이 허용될 수 있다고 보고 있다(서울고법 1996.2.27. 선고 95나24946 판결). 그런데 "범행의 증명이 확정되지 아니한 단계에서는 그러한 요건을 충족한다 하더라도 그 혐의를 사전에 보도하여야 할 특별히 불가피한 이유가 있는 경우 그의 범행이 자의로 진술된 신빙할 만한 자백에 의해 증명되었거나 다툼이 없는 경우에 한하여 허용된다"는 엄격한 해석을 내리기도 한다. 이러한 엄격성은 국민이 "범죄 혐의의 부담이 없는 가운데 인간으로서의 존엄과 행복추구권을 구가하며 자유롭게 생활할 수 있는 기반을 마련"해 주기 위한 것이라고 할 수 있다(서울지법 2000.8.23. 선고 99가합30768 판결).

공익성의 경우 보도된 범죄 뉴스의 사실이 진실하거나 또는 진실이라고 믿을 만한 상당한 이유가 있었는지가 관건이 된다. 상당성의 경우에는 기사의 성격, 정보원의 속성, 피해자와의 대면 여부, 적절한 취재 절차 여부, 보도의 객관성과 공정성, 범죄의 유무죄 여부를 암시하는 내용의 여부 등을 따져서 판단해야 한다. 상당성이 부정되는 경우는 단정적으로 혐의 사실을 기정 사실처럼 보도하는 경우, 발표 내용의 수정이나 추측의 가미, 경찰 내부 문서와 비공식적인 확인 절차만을 토대로 한 보도, 구속 영장 사본과 타매체 기사의 열람에 의존, 진위 여부를 확인하기 위한 별다른 노력 없이 직접 취재한 것처럼 기사를 작성하는 경우, 수사 결과에만 의지하여 사실 확인 없이 혐의자를 범죄자로 묘사, 공개 수배하고 사진을 방영한 경우 등이다. 그런데 최근 판례는 직접 수사를 담당한 수사 기관이 피의 사실을 공표하고 이 사실이 의심의 여지없이 확실히 진실이라고 믿을 만한 객관적이고 타당한 확증과 근거가 있고 객관적인 인용 보도를 하는 경우에는 상당성이 인정된다고 본다(대법 1998.7.14. 선고 96다17257 판결; 서울지법 2001.11.7. 선고 2000가합68769 판결).

그러나 피의자가 피의 사실을 부인하고 있음에도 불구하고 담당 검사가 추가 보강 수사를 하지 않은 채 참고인 측의 불확실한 진술만을 근거로 마치 피의자의 범행이 확정된 것처럼 언론에 피의 사실을 공표한 경우 위법성이 조각된다고 볼 수 없다(대법 1999.1.26. 선고 97다 10215/97다10222 판결). 또한 수사 담당 경찰관이 수사 과정에서 알게 된 피의 사실을 출입 기자들을 상대로 공표하고, 적극적으로 보도를 요청함과 동시에 여러 가지 취재 편의를 제공하여 피의자의 초상권과 기타 인격권이 침해된 경우,12 피의자 검거와 또 다른 피해를 막기 위하여 피의 사실을 공표하는 것이 공익을 위하여 필요한 것이라 할지라도, 원고가 범행의 공범이라고 인정할 만한 객관적이고 타당한 확증이 없는 상태에서 원고에 대한 소재 탐지 또한 적극적으로 하지 아니한 채 원고에 대한 피의 사실을 공표한 경우 위법성이 조각된다고 볼 수는 없다는 것이 법원의 입장이다.13

5. 올바른 범죄 보도를 위하여

언론의 보도에 있어 상당 부분을 차지하는 범죄(피의 사실) 보도는 국민의 알권리를 충족시키고 사회적 경각심을 높이는 공익적 성격을 띠고 있다. 그러나 국민의 알권리 충족이 개인의 인격권을 침해하는 경우에는 상충하는 개인권 간의 적절한 비교 형량이 이루어지지 않

---

12. 대법 1998.7.14. 선고 96다17257 판결; 서울고법 1996.2.27. 선고 95나24946 판결.
13. 서울지법 2001.10.10. 선고 2001가합1961 판결; 서울고법 2002.8.22. 선고 2001나66293 판결.

으면 안 된다. 다시 말하자면 언론의 보도로 인해서 얻을 수 있는 이익, 예를 들어 사회적 일탈에 대한 경계심을 강화하고 이에 대한 대책의 제시 등의 이익과 언론의 보도를 자제함으로써 얻을 수 있는 이익, 즉 개인의 인격권과 공정한 수사와 재판을 받을 권리 등의 제반 이익을 서로 저울질하여 어디에 더욱 무게를 두어야 할 것인가를 신중하게 판단해야 할 것이다.

물론 언론이 자발적으로 범죄 보도에 대한 자율성을 강화하고 무분별한 보도를 자제하는 것이 가장 바람직한 것으로 보인다. 즉, 언론의 윤리적 차원에서 공중의 신뢰가 떨어지지 않도록 주의하는 것이 현재로서는 언론이 할 수 있는 가장 최선의 방법으로 보인다. 신문윤리실천요강(제7조)에서 알 수 있듯이, 언론은 유죄가 확정되기 이전에는 피의자나 피고자의 인권을 존중해야 한다. 특히, 범죄 피해자 및 사건과 무관한 가족들의 인권과 신원의 공표에 신중을 기해야 한다. 물론 상황에 따라서는 그렇지 못하고 시의성 있는 보도를 해야 할 때가 있다. 그래서 현행범이나 공적 인물의 경우를 제외하고 대개 개인들의 동의를 받지 않으면 안 된다.

가장 바람직한 것은 윤리에 충실한 취재 보도를 하는 것이다. 그러나 현업에서 항상 윤리적인 보도를 하기란 쉽지 않을 것이다. 이러한 경우에는 수사 기관의 조사 내용에 대해서만 초점을 맞추던 것을 법원의 판결의 결과와 내용에 초점을 맞추어 보도하도록 하는 것이 필요하다. 또한 범죄 현장에 대한 동행 취재나 수사 기관의 범죄 사실의 공표에 있어 언론을 통한 발표가 큰 파장을 가져올 수 있다는 점을 언론은 신중하게 고민해야 한다.

언론을 통한 공적 토론의 정당성은 인정되지만 범죄와 관련된 쟁점에 대해서 보도를 하는 경우 이것이 실제로 개인의 인격권 침해나 공정한 재판을 받을 권리를 훼손시킬 가능성이 있는 만큼 정당성이 인정되는 정도로 보도하는 것이 중요하다. 그래서 법조계는 수사 기관이 재판 전에 수사 결과를 발표할 법적 근거가 없으므로 이는 자제되어야 한다고 본다. 즉, 아무리 국민들이 궁금증을 가지고 있다고 할지라도 국민의 생명이나 신체 등 안전에 급박한 위해가 있어 이를 방지해야 할 경우가 아니라면 수사 결과를 발표하고 이를 언론이 보도하게 하여 얻을 수 있는 이익보다 개인적인 권익에 대한 피해가 더 클 수 있다는 것이다.

미국의 경우에는 연방 법무부의 준칙에 따라서 범죄 보도에 있어 법무부 직원들은 일반적으로 ① 피의자의 성명, 연령, 직업, 주소, 결혼 여부, 기타 신상, ② 혐의 범죄 또는 기소의 대상이 된 범죄 사실, ③ 담당 수사 기관, 체포 기관, 그리고 수사 기간, ④ 체포된 상황, 즉 체포의 시간과 장소, 피의자의 저항 또는 무기 사용 여부, 사용된 무기의 종류에 대해서만 언론에 알리게 되어 있다. 이 준칙에 따르면 피의자 또는 증인의 진술이나 그 신빙성 여부 아울러 피의자 또는 피고인의 유죄 여부에 대한 견해 공표할 수 없도록 규정하고 있다(이상돈, 1985, p.19).

한국에서의 명예 훼손 판결의 경우 마치 사법부가 수사 결과를 발표할 수 있는 권한을 가지고 있으며 사건에 관하여 공식 발표를 할 수 있는 경우가 예외적이나마 있는 것처럼 판시하지만 만일 피의사실공표죄에 그 초점이 맞추어진다면 법원의 경우에도 어떻게 판단할 수 있을까에 대해서 명확치 않을 것으로 판단된다. 그래서 미국과 같이 한국에서도 수사 기관의 발표는 우선 내부의 결재 절차를 거쳐 공식 발표를 하는 것이 허용된다고 하더라도, 최소한의 내용, 즉 발표의 내용은 누가 어떤 혐의로 언제 체포되어 얼마 동안 조사받았으며 어떠한 죄목으로 기소되었는가에 그쳐야 할 것이며 홍보성 보도 요구는 최대한 자제해야 할 것이다.

반면 언론이 이를 보도하는 경우 발표에 충실하게 내용을 전달할 필요가 있으며 부연 설명을 달거나 타인의 입을 통해 범죄 사실을 해석하도록 하는 것은 지양해야 한다. 범죄에 대한 자세한 내용은 재판이 끝난 다음에 밝혀지므로 보도가 필요하다면 그때 가서 해도 늦지 않을 것이다. 재판 전의 범죄 보도는 결국은 재판 결과에 영향을 미칠 수 있기 때문이다. 국민에게 재판에 대한 의혹을 일으킬 수 있는 보도는 법적인 문제뿐만 아니라 도덕적인 면에서도 피해야 한다(팽원순, 1985). 이와 함께 수사 기관도 언론에 수사 결과를 공표할 수 있는 권한이 본질적으로 주어진 것은 아니라는 점을 인식해야 한다.

6장

만화 · 만평과 인격권

1. 만화 · 만평의 속성

사례 1: 1999년 5월 4일 모 일간지 편집국장에게 당시 청와대 공보수석으로
부터 전화가 걸려왔다. 전화의 내용은 신문의 만평에 대한 수정을 요구하는
것이었다. 편집국장과 공보수석과의 한 차례의 '고쳐달라, 안 된다'의 언쟁
을 벌이던 중 공보수석은 시사 만화가 정부만 너무 비판하는 것이 아니냐는
불평을 했고 편집국장은 만화 · 만평에 대해서는 수정을 하지 않는다는 원칙
을 고수하였다…… 외압은 청와대로부터만 온 것은 아니다. 7월 2일자 27면
에 씨랜드 청소년 수련원의 참사와 관련, 사고 당시 유치원 원장의 남편인
국정원 직원이 인솔 교사들에게 술 파티를 열어 주었다는 사실이 보도되었
다. 1일 밤 미리 인쇄된 가판 기사 내용을 파악한 국정원 관계자가 편집국을
찾아와 기사 삭제를 요구했으나 받아들여지지 않았다(<중앙일보>, 1999. 10.
3, 3면).

사례 2: 1999년 9월 15일 모 일간지의 만평에서는 이회창 한나라당 총재가
미국에서 김 대통령을 '제왕'에 비유하고 현 정부를 '독재 국가'라고 비난한
것을 소재로 다루고 있다. 만평은 이 총재의 연설을 듣는 청중 가운데 노벨
평화상 심사위원이 '(노벨 평화)상 못 받겠다'는 독백을 하고 있다. 그러나 이
만평은 결국 외적 압력과 당시 해당 신문사가 처한 사태의 추이에 대한 경

영, 편집 간부들의 판단에 따라 '동티모르 파병'을 소재로 한 만평으로 대체되었다(<중앙일보>, 1999. 10. 7, 3면).

사례 3: 1999년 5월 한나라당 이회창 총재가 시사 만화가들에게 100만 원씩의 촌지 및 향응을 제공한 것이 문제가 되었는가 하면 1999년 3월 10일자와 12일자 <중앙일보> '김상택 만화세상'에서 현역 정치인들이 김대중 대통령에게 잇달아 총을 쏘는 내용의 만평을 게재하자 청와대와 국정원, 청와대 경호실 등에서 강력한 항의가 들어왔다. '명 저격수 만평'으로 불린 이 만화는 홍준표와 이부영 의원을 차례로 김대중 대통령 저격수로 등장시켰다. 이 만화는 "어떻게 불경스럽게 대통령에게 총을 겨누는 그림을 그릴 수 있느냐"는 강한 질책을 받았다. 이러한 항의에 대해 김상택 화백은 신문사로부터 그런 항의가 들어왔다는 말을 들은 적이 없다고 말했다(<미디어오늘>, 1999. 3. 24).

이러한 사례들은 비록 언론의 관점에서 바라보는 것이기는 하지만 카툰과 정치권과의 관계를 단적으로 보여 주는 한편 카툰의 정치적 기능과 그 표현의 한계에 대한 시사점을 던져 준다. 신문의 중요한 기능 중 하나는 사회 비판 기능이라고 할 수 있는데, 그 백미는 무엇보다도 풍자를 통한 카툰cartoon이다(이원복, 1991, p.157). 다시 말하자면 카툰은 저널리즘의 기본적인 기능인 사회 비판을 위한 핵심적인 요소이다. 이러한 카툰은 사회상을 풍자와 해학 그리고 패러디를 곁들여 단순화해서 전달한다. 궁극적으로 카툰은 자유로운 발상을 영상적 이미지를 통해 명료하게 독자들의 의식 속에 심게 된다. 따라서 간단한 영상으로 사안의 급소를 찔러 독자들을 감동시키거나 웃음 속에서 교훈을 전달하는 '촌철살인寸鐵殺人'의 달성이 성공적인 카툰의 관건이 된다고 할 수 있다(오규원, 1981).

간단히 말하자면 카툰은 신문을 구성하는 필수적 요소이다. 신문의 카툰 한 컷이 독자들에게 기쁨을 선사하기도 하고 슬픔과 분노 때로는 근엄함을 자아내기도 한다. 또한 독자들은 이러한 카툰을 통해서 그날 그날의 사회적 중요 의제가 무엇이며 사회가 어떻게 변화하는지를 가늠할 수 있으며 시의성 있는 대화거리를 제공받기도 한다. 카툰은 어떤 사건의 배경·과정·결과·전망을 모두 포괄하는 하나의 그림을 전달하여 사건을 일목요연하게 정리해 준다. 또한 카툰은 여타의 기사들이 전달할 수 없거나 또는 그 전달이 효과적이지 못한 경우에 그 중요성이 더욱 커지는 저널리즘의 핵심적인 요소로서 인식되고 있다.

　이러한 특성을 가진 카툰은 정치적으로 중요한 기능을 수행한다. 무엇보다 카툰은 정치 권력이나 정치인들에 대한 비판적 메시지를 직설적으로 전달한다. 카툰은 정치 권력에 굴하지 않는 인물을 설정하여 정치인들을 고발하거나, 권력에 의해 억압받는 사람들을 통해 독자들의 동정심을 이끌어 내기도 하며, 복잡하게 얽힌 정치적 쟁점들을 단순한 방식으로 해석함으로써 독자들의 공통된 관심과 흥미를 유발하는 동시에 중요한 정치적 이슈를 부각시키며, 특별히 유식하지 않은 사람들조차 쉽게 정치적 사안에 접근할 수 있도록 유도한다. 이러한 정치적 기능으로 인해 카툰은 기성 정치인들에게는 이들의 정치적 생명을 결정하는 요인으로 여겨져 왔다(Long, 1962, p.56).

　카툰이 이처럼 중요한 정치적 역할을 하기 때문에 그 표현이 자유로워야 한다는 시각이 존재한다. 적어도 카툰의 표현 정도는 어느 정도 융통성이 인정되어야 한다고 인식되어 왔는데, 이는 카툰을 '제2의 사설'(이원복, 1991), 또는 '글 없는 사설'(이재진, 2000)이라고 하는 점에서 알 수 있다. 그래서 많은 언론학자들과 법학자들은 카툰의 표현의 자유는 다른 저널리즘 요소들보다 더욱 넓게 보호되어야 한다고 주장한다(Carter et al., 1994). 대개의 경우 카툰의 정치적 기능은 한 사회에서 카툰의 표현이 어느 정도 허용되는가에 따라 결정된다.

　그러나 카툰의 시각이 편파적이거나 특정 언론사의 논리를 옹호하고 정치적 현상을 교묘히 왜곡한다는 지적도 있으며 그 대상이 되는 인물들의 개인적 법익을 심하게 침해한다는 비판도 있다. 이러한 지적의 가장 큰 이유는 카툰의 과장되고 해학적인 표현 양식 때문이다(Long, 1962). 그럼에도 역사적으로 성공적인 정치적 카툰은 전통적인 전달 방식보다는 좀더 충격적인 방법을 통해 그 목적을 달성해 왔다(Press, 1981). 다시 말하자면 카툰의 본질을 최대한 발현하기 위해서는 그 특수한 전달 양식이 필수적이다.

물론 카툰이 전달하고자 하는 그 표현에 있어 절대적인 자유가 보장되는 것은 아니다. 정치적 기능상 비록 최대한 폭 넓은 표현이 인정되어야 한다고 인식되지만 카툰에도 무제한의 자유가 허용되는 것은 아니기 때문에 여타의 개인적 기본권과 다툼이 발생하는 경우 이들 간의 비교 형량이 이루어져야 한다. 특히 카툰이 개인적 인격권과 다툼이 발생하는 경우 이를 어떻게 해결하느냐 하는 것은 카툰의 표현의 자유와 한계에 관련된 핵심적인 논점이 된다. 이처럼 표현의 자유와 여타 기본권과의 이익 형량이라는 두 축에서 카툰은 어느 정도의 표현의 자유를 누리며 그 한계는 무엇인가? 이 장은 이러한 문제에 대한 해답을 구하고자 한다.

카툰의 표현의 자유와 한계에 대한 궁극적인 해답은 법원의 판단을 통해서 찾을 수 있다. 즉, 카툰의 표현의 자유와 한계를, 다른 기본권과의 다툼에서 법원이 어떻게 해결하는가를 분석함으로써 파악할 수 있다. 특히 정치 분야에서 가장 문제가 되는, 카툰에 의한 정치인이나 공인들의 명예 훼손이나 사생활 침해 판례들은 표현의 한계에 대한 법원의 인식을 잘 보여 준다. 명예 훼손 다툼과 관련되어 2000년 6월 한국에서는 최초의 대법원 판례가 등장하였다. 대법원 판례의 등장은 카툰의 비평 기능을 결정하는 표현 자유의 정도에 대해서 한국 법원이 본격적인 판단 기준을 제시한 것으로 평가할 수 있어, 저널리즘 분야에서 대단히 흥미로운 사건이라고 할 수 있다. 이러한 점에 비추어

190

이 장에서는 과연 한국 신문에 등장하는 카툰 표현의 자유의 정도 및 그 한계가 무엇인지를 미국의 경우와 비교하여 살펴보고자 한다.

과거 카툰이 중요한 정치적 기능을 수행함에도 불구하고 법적인 측면에서 표현의 한계를 측정하고자 하는 노력은 과소 평가되거나 정치적 논리에 의해 해결되는 문제로 인식되어 왔다. 그런 이유로 현재까지의 카툰에 대한 연구들은 비록 양적으로는 적지 않으나 대부분의 경우 카툰의 내용을 분석하여 정치적 성향을 살피거나, 카툰의 역사적 발전 과정을 살피거나, 카툰에 대한 독자들의 반응이 어떠한가를 조사하거나, 또는 카툰의 비판 기능을 사회학적 이론에 근거해서 검증하는 것이 대부분이었고, 판례를 통해 카툰에 대한 법적인 인식이 어떻게 이루어져 왔는가 하는 연구는 아직 없는 것으로 보인다. 여기서는 카툰의 표현의 자유가 여타의 다른 기본권과 어떻게 이익 형량을 이루는가를 판례 분석을 통하여 밝히고 카툰의 표현의 한계가 어떠한가를 분석한다는 점에서 카툰에 대한 논의에 깊이를 더할 수 있을 것이다. 뿐만 아니라 언론법이 발달한 미국의 경우에도 카툰의 정치적 기능과 표현의 자유에 대한 판례 분석 연구가 많지 않다는 점에서도 의미가 있다.

2. 만화 · 만평에 대한 이론

카툰은 '큰 종이 한 장*a big sheet of paper*'이라는 의미에서 파생된 것이다. 이는 벽화의 밑그림처럼 대강 그린 그림을 뜻하는 것이었는데, 19세기 초반까지 캐리커처*caricature*와 유사어로 쓰이다가 오늘날과 같은 카툰으로 사용되게 되었다(임청산, 1989, p.184). 카툰이란 용어가 한국 만화계에 도입된 것은 1980년대이며, 이는 '한 칸 만화'와는 개념을 달리

하는 시각 언어로서 함축된 메시지를 전달한다는 차원에서 사용되기 시작되었다(이원복, 1991, p.232). 여기서 다루는 카툰에는 신문에 실리는 1~4컷짜리 시사 만화 및 만평이 속한다.

카툰은 본질적으로 정치적 기능을 지닌다. 카툰은 여타의 희화적 표현과는 달리 일반적 사회 현상과 모순 그리고 부조리에 대한 혹독한 비판을 주요 목적으로 삼아 이를 유머와 위트를 통해 되도록 절제되고 섬세한 언어로써 비판적 메시지를 전하는 이성적 소구를 추구한다(이원복, 1991, p.155). 다시 말하자면 카툰은 단지 웃어넘기는 정도의 가벼운 터치라기보다는 이를 보는 독자들에게 비판적 의식을 고취하고 깊이 생각할 수 있는 소재를 제공하는 정치적 기능을 한다(임혜정, 1998, p.124).

한국에서 신문 카툰은 한국전이 끝난 1954년부터 정형화된 모습으로 나타나기 시작하였다. 1954년 7월 13일부터 <한국일보>가 미국의 4칸 만화인 <블론디>를 싣게 되고, 국산 만화에 대한 인식을 새롭게 하고자 하는 움직임이 나타나면서부터 현재의 신문 카툰의 형태가 확립되기 시작하였다(김성환, 1978, p.8). 특히 김성환의 만화 <고바우>의 연재는 한국 신문의 시사 만화 발전의 디딤돌이 되었다. 이후 거의 모든 일간 신문에서 현재와 같은 형태의 카툰을 싣게 되었다(p.9).

앞서 말한 바와 같이 카툰은 본래 패러디를 통해 사회적 부조리와 모순을 고발하는 비판적 특성을 가지고 있다. 따라서 카툰은 저널리즘 요소들 중에서 가장 비판적인 것이라고 할 수 있다. 이러한 이유로 카툰은 상당히 정치적인 매체로 인식되어 왔다. 카툰이 어떠한 정치적 역할을 하는가를 알기 위해서는 먼저 카툰의 매체로서의 특성을 이해할 필요가 있다. 첫째, 카툰은 글의 명료함과 그림의 즉각성을 결합하여 글의 어려움은 그림을 통해서, 그리고 그림의 다의성은 글을 통해 보완하는 복합적 특성을 지닌다. 이는 카툰이 갖는 융통성과 자유로운 속성을 말하는 것인데, 카툰은 이러한 점에 근거해서 정치적 사안을 단순하지만 명료하게 전달할 수 있는 힘을 갖는다. 둘째, 카툰의 경우 그 안에 일정한 이야기를 포함하고 있는 것이기 때문에 긴 내용을 압축적으로 표현할 수 있는 경제적 특성을 가진다. 그래서 카툰은 정치적 사안의 묘사에서 논리적이거나 이성적인 측면보다는 감성적이거나 정서적인 측면을 강조하는 방향으로 그 설득력을 발휘한다(정준영, 1994, pp.28~35). 이와 같은 매체적 특성을 통하여 카툰은 독자들이 정치적 현상을 용이하게 인식하도록 한다.

그러나 카툰은 독자들에게 지속적인 인식의 방향을 설정해 주기보다는 정치적 현실이나 관행에 대해 비판적 자각을 제공한다. 이는 그날 그날의 핵심적인 의제를 설정해 주기도 하지만, 수많은 뉴스와 정보에 가려서 독자들의 눈에 잘 띄지 않지만 기억 한편에 남아 있는 사건들을 영상적으로 재구성하여 독자들의 눈 앞에 순간적으로 떠민다. 즉, 카툰은 독자들의 의식에 충격적인 소구를 통하여 정치적 사안을 전달한다(만화평론가협회, 1998, pp.126~7). 또한 카툰은 풍자의 대상을 마음대로 변형시켜 나가면서 대상의 본질을 더욱 정확하게 파악하도록 한다(정준영, 1994, p.33). 간략히 말하자면 카툰은 글과 그림을 적절히 조화시킬 수 있는 매체적 특성을 통해 풍자나 해학의 표현 양식을 빌어 정치적 사안을 압축적으로 전달하여 독자들이 스스로 현상에 대한 의미를 비판적으로 파악하도록 한다.

카툰은 독자들의 비판적 인식을 일깨우는 역할을 할 뿐만 아니라 카툰 작가들의 역사적 인식을 반영한다. 즉, 카툰은 변화하고 있는 시대에 대한 작가들의 인식을 반영하는 것이므로 카툰에 나타난 작가의 인지적 변화는 사회 변화의 단면을 보여 주는 것이라고 할 수 있다. 카툰의 소재와 주제의 변화는 한 사회의 변화의 양상을 상징적으로 보여 주는 것이며 이를 통해서 시대적 흐름을 파악할 수 있다(김상택, 1995, p.280). 결국 사회의 변화는 작가들의 작품에 영향을 미치지 않을 수 없기 때문에 카툰 내용을 분석함으로써 작가들이 작품의 내용을 결정하고 표현하는 데 어떠한 영향이 작용하는가를 간접적으로 알 수 있다(만화평론가협회, 1995, p.74).

한국의 카툰 작가들은 정치적 전환기에 카툰 작가들의 역할을 강조하였다(한국언론재단, 2000). 이들은 언론이 위축되거나 사회가 경직되는 분위기에 젖어들 때에, 카툰에 대한 기대와 효과가 더욱 커지게 된다는 점에 주목한다. 이러한 과정에서 중요한 시책이나 정책을 입안, 책정, 집행하는 정치인들이나 공인들이 언론 활동의 구체적 표적이 되는데 이들에 대한 공격 정도는 어디까지나 사안이 초래하는 사회적 해악의 정도에 따라 달라야 하며 작가의 사사로운 감정은 배제해야 한다고 주장했다.

이들은 "만일 작가들이 비판의 균형을 잃거나 대안을 제시하지 못한다면 카툰으로서의 의미가 약화되는데, 근래의 한국 신문의 카툰은 정치적인 비판 기능은 상실한 채 단지 구색 갖추기 식의 풍자물로 전락하고 있는 듯한 경향을 보인다"고 지적하였다(<문화일보>, 1998. 7. 15, 17면). 이러한 이유 때문에 한국 신문의 카툰은 내용 전달이 단순 명료하지 못하고 지리하며 매일의 카툰 내용을 정치적 사안에 무리하게 연결시키려고 하며, 직접적인 정치적 주제에 집착하거나, 대상이 되는 사람들의 표정 묘사도 적절치 못하다는 비판이 나오기도 하였다(<대한매일>, 1999. 11. 24, 15면). 또한 신문의 카툰이 비판이나 풍자에 그치지 않고 자사의 파당성, 편향성, 이념의 표출로 변질되는 경우 독자들의 비판을 받을 수 있다는 점도 지적되었다(한국언론재단, 2000, p.10).

결과적으로 카툰이 얼마나 표현의 자유를 누리는가 하는 점은 카툰 작가들이 자신의 작품을 그리는 데 얼마나 많은 조직 내외적 압력을 느끼는가의 여부와 연관된다. D. 암몬스D. Ammons 등의 연구에 따르면, 1970년대 미국에서 카툰 작가들의 경우 약 86%가 자신의 작품에 대해서 특별한 압력이 없이 자유롭게 작품을 그리는 것으로 나타났다(Ammons et al., 1988). 즉, 카툰을 그리는 데 있어 자신의 이념이나 신념에 반하는 표현을 하게 하는 압력이 없었다고 대답한 사람이 대다수였다. 한편 신문 편집자들의 경우 약 95% 정도가 카툰 작가들은 일반적으로 생각되는 것보다 더 많은 자유를 누리고 있다고 인식하고 있는 것으로 나타났다(pp.83~4). 그러나 이러한 결과에 대해 D. 리페D. Riffe 등은 신문사 편집인들은 카툰이란 본질적으로 신문사가 추구하는 바와 맥락을 같이 해야 한다고 생각하고 있으며, 실제로 대부분의 카툰 작가들은 신문사의 기준에 위반되는 만화를 낼 수 있는 여지가 거의 없다고 반박한다(Riffe et al., 1985, p.97). 또한 카툰 작가들은 작품을 그릴 때 그 견해가 신문의 편집자나 발행인뿐만 아니라 지역 사회의 시민 단체, 광고주들과 다른 경우 상당한 갈등을 겪는다는 연구도 있다(Best, 1986, p.34).[1]

한국의 경우는 어떠한가? 1999년 언론개혁시민연대가 마련한 한 세미나에서 카툰에 대한 검열이나 간섭이 없어야 한다는 주장이 제기되었다. 발제자들은 카툰은 언론사의 간섭에서뿐만이 아니라 자기 검열로부터도 벗어나야 하면 동시에 외부적 환경으로부터도 자유로워야 한다고 주장하였다. 그러나 현재와 같이 언론이 보수적이고 자사 이기주의로 흘러가는 상황에서 카툰만 바뀌는 것은 불가능하며 만일 이 때문에 카툰 작가가 현상을 왜곡하는 경우 이를 언론 노조나 언론 단체 등에 강력히 항의해야 한다고 지적했다(<대한매일>, 1999. 11. 24, 15면). 이러한 면은 카툰 작가들이 작품을 그리는 데 있어 여러 경로의 압력에 시달리고 있음을 잘 말해 준다.

---

1. 그럼에도 미국의 경우 풍자나 해학이 전통적으로 건전한 감정 표출의 자연스러운 양식으로서 보호받아 왔기 때문에 카툰 작가들의 표현상의 허용 정도가 폭 넓게 인정되어야 한다는 공감대가 형성되어 왔다(Zelezney, 1997).

그러나 한국의 언론사는 카툰에 대해 확연히 다른 인식을 가지고 있는 것으로 보인다. 카툰 작가들과 언론사와의 관계가 어떠한가를 알기 위해서 실시한 한 중앙 일간지의 관계자와의 인터뷰(2000년 6월 7일 인터뷰, 상공회의소 12층)에서 관계자는 "신문 카툰의 경우 이를 그리는 작가들이 언론사에 대해 표현의 자유를 요구하는 것으로 알려져 있어 이는 마치 언론사에서 어떤 식으로 카툰을 그리라는 압력을 가하는 것처럼 들릴 수 있으나 이는 잘못된 것이다. 오히려 카툰 작가들의 과감한 표현에 그 표현의 강도나 수위를 낮추라는 요청 정도를 하는 실정"이며 "비록 카툰의 내용에 대한 외적인 청탁이나 압력이 들어오더라도 대개의 경우 신문사에서 이를 처리한다"고 말했다. 그는 또한 "내용의 수정이나 수위 조절과 같은 언론사의 요청은 화백들에게 잘 받아들여지지 않고 있다"면서 한국 신문에서 카툰은 나름대로 최대한의 표현의 자유를 누리고 있으며, 신문사도 이를 지켜 주려고 한다고 언급했다.

　　이러한 인터뷰 내용만으로 본다면 한국의 카툰 작가들은 외형적으로는 가장 언론의 자유가 발달한 미국과 유사한 정도의 표현의 자유를 향유하고 있는 것으로 볼 수 있을 것이다.[2] 그러나 이러한 인식에도 불구하고 작가들은 때로 신문사의 사정에 따라 카툰을 수정하기도 하고 대체하기도 한다. 심지어 신문에 도움이 되지 않는다고 판단되는 경우 퇴사 압력을 받기도 하는 것으로 나타났다(윤영옥, 1991, p.371). 가장 좋은 예는 1972년 < 서울신문 > 에 게재되던 윤영옥의 < 까투리 여사 > 사건인데, 만화가 당시 농림부의 정책을 비판하는 내용을 게재하자 마치 새마을 운동을 비방하는 것 아니냐는 정부의 항의를 받게 된 신문사 측이 징계위원회를 열어 카툰을 무기한 휴재

---

2. 상세한 내용에 대해서는 손상익, ≪한국 만화 통사≫(상) (하), 1996 및 한국언론재단, ≪한국 시사 만화≫, 2000을 참고하라.

休載시키는 조치를 내렸고 얼마 후 작가는 신문사를 떠나야 했다(윤영옥, 1986, p.315).

　카툰 작가들에 대한 다양한 압력은 카툰이 중요한 저널리즘 요소로서의 막강한 정치적 영향력을 발휘하기 때문인데, 이는 특히 정치인에게 대단한 불안감을 일으키는 이유가 된다고 한다(해리슨, 1989). R. P. 해리슨R. P. Harrison에 따르면, 정치인들이 느끼는 불안감은 카툰이 갖는 세 가지 특징에 근거한다(해리슨, 1989). 이는 첫째, 정권에 아첨하지 않는 인물을 통해 정치인들을 묘사하는 카툰의 야성적 능력, 둘째, 복잡한 문제들을 단순한 은유를 통해 표현함으로써 행동을 유발시키는 카툰의 동기적 능력, 셋째, 특별히 유식하거나 정치적인 지식을 갖고 있지 않은 사람조차도 접근할 수 있는 카툰의 광범위한 접촉 능력이다(p.18). 이러한 정치적 매체로서의 카툰에 대한 인식은 이미 오래된 것인데, 예를 들어 미국에서 남북 전쟁 중 링컨 대통령은 당시 정치인들에 대해 가차 없는 비판의 칼을 휘두른 카툰 작가를 수많은 병사에 버금가는 영향력을 가진 사람으로 보았다(p.74). <뉴스위크>는 1980년도 대통령 선거 캠페인 기간 중 정치 만평 작가cartoonist에 대한 특집호 표지 기사에서 정치인들은 사람들에게 광적으로 읽혀지는 작품을 통해 포악무도한 행위를 저지르는 만화가들의 무한한 자유에 대해 어느 정도 두려움을 느끼고 있다고 지적하였다(Newsweek, 1980, p.83). 신문 카툰의 정치적 영향력에 대해 S. 헤스S. Hess는 카툰이 전달하고자 하는 논점에 대해 가장 잘 파악하고 있는 사람들은 바로 내용의 대상이 되는 정치인들이기 때문에 이들은 카툰에 의해 가장 많은 영향을 받는다고 설명한다(Hess, 1968). 즉, 일반인들은 작가들이 의도하는 카툰의 정치적 효과에 대해 대수롭지 않게 여기는 데 반해 직접 공격의 대상이 되고 있는 정치인들은 카툰의 내용에 대해 매우 민감한 반응을 보인다고 지적한다.3

　이러한 점은 비록 오늘날의 만화가 이전에 비해 그 접촉의 범위나 이념성이 훨씬 줄어들었지만 정치인이나 공인에게는 더 큰 영향력을 발휘하는 매체가 되었다는 것을 보여 주는 것이다(*Newsweek*, 1980, p.87). 이에 대해 해리슨은 카툰은 오늘날 필수불가결한 커뮤니케이션 현상으로서 상징적 표현을 통해 정치적 현실을 개략적이지만 아주 예리하게 보여 준다고 지적하였고(해리슨, 1989, p.32), 손상익은 카툰을 대중의 알권리를 충족시키기 위한 '대중 전달력'을 가진 정치적 매체로 보았으며(손상익, 1966, p.21), 본드는 카툰은 독자들이 다른 기사들에 비해 많이 볼 뿐만 아니라 짧은 시간에 정치적인 주의 주장을 집약적으로 전달할 수 있기 때문에 여론 형성에 있어 중대한 기능을 한다고 간파했다(Bond, 1954, p.198).

실제로 카툰은 단순히 정치인에 대한 비판적 영향력뿐만 아니라 정치적으로 중요한 쟁점들이 어떻게 해결되는가를 보여 주기도 한다. 예를 들어, K. J. 메이어K. J. Meyer 등은 미국 여성들의 역할 변모 과정을 분석하기 위해 정치적 만평에 대한 사회학적 고찰을 시도하였으며, 일반적인 정치적 변화 및 사건을 조사하기 위하여 신문의 시사 만화를 분석하기도 하였다(Meyer et al., 1980). M. E. 휠러M. E. Wheeler와 S. K. 리드S. K. Reed는 특정한 역사적 사건, 예를 들어 케네디 대통령 피살 등과 같은 것을 조명하기 위해 시사 만화를 분석하였는데, 여기서는 대통령의 직업적 특성, 대통령 선거 캠페인, 그리고 구체적인 대통령의 이미지에 대한 카툰의 분석에 초점을 맞추었다(Wheeler & Reed, 1975). S. 호프S. Hoff는 초창기 카툰에서부터 현재까지의 유명 작가들의 신문 카툰에 대해서 분석하여 정치 만평과 정치적 변화와의 관계에 대해 사려 깊은 비평을 시도하였다(Hoff, 1976).

---

3. 이러한 점은 정치적 영역에서 카툰이 갖는 제3자 효과*The Third Person Effect*와 일맥상통하는 것이라고 할 수 있다. 즉, 정치인들은 카툰에 묘사된 자신들의 행위나 태도에 대해서 독자들이 과대 평가할 것이라고 생각한다(Davison, 1983, p.3).

그러나 문제는 카툰의 확장된 영향력으로 인해 많은 갈등과 다툼이 발생한다는 것이다. 예를 들어, 미국 캘리포니아 LA시의 전 시장인 샘 요티Sam Yorty가 <LA 타임스*LA Times*>의 만화가 폴 콘래드Paul Conrad를 명예 훼손으로 고소하면서 600만 달러의 손해 배상금을 청구하였고, 위니온 정유 회사의 회장인 하틀리도 그에게 400만 달러의 손해 배상금을 청구하는 등 예민하게 반응하였다. 이는 카툰의 정치인에 대한 비평적 기능의 일면을 보여 주는 것이며(Smolla, 2000), 동시에 카툰이 비판적 메시지를 전하는 경우에도 노골적인 공격보다는 해학과 유머를 통해 간접적으로 이루어져야 한다는 점을 암시한다(이원복, 1991, p.164).

그러나 정치인들과 카툰 사이의 다툼은 대개 정치인들의 패배로 끝났는데, 그 이유는 카툰이 전달하는 메시지가 '정말로 어떠한 해악을 끼치지 않았다'는 판단에 의해서라기보다 '언론을 억압할 수 있는 어떠한 법도 의회는 제정할 수 없다'고 규정하는 수정 헌법 제1조(the First Amendment)의 근본적인 취지에 기인하는 것으로 보인다. 즉, 미국에서 카툰은 공적인 쟁점에 대한 논의의 중요한 양식으로 인정되며 이러한 공적인 논의와 자유로운 토론은 비록 상대에 대한 증오나 혐오에서부터 출발한 것이라고 하더라도 억압되어서는 안 되며(Gertz v. Welch, 1974), 정치적인 논의란 풍자나 과장과 같은 형식을 빌리지 않고서는 그 핵심적 전달이 어려우므로 비록 다소간 무리가 있다고 하더라도 이를 억압하면 안 된다는 사상에 근거하여 보호되고 있다. 궁극적으로 카툰에는 대중의 공개적인 사상의 표출이 독자들에게 공격적일 수 있다는 이유만으로는 규제되어서는 안 된다는 원칙(Street v. New York, 1969)이 적용된다. 그래서 정치적 담화의 중요한 양식인 카툰을 억압하는 것은 표현의 자유의 본질을 억압하는 것으로 이는 수정 헌법 제1조에 위배되는 것으로 인식된다.[4]

한국에서 신문 카툰은 1920년대에 등장하였고 꽤 오랜 역사를 지니고 있다. 그러나 카툰의 사회적 및 심리적 영향력에 대해서는 제대로 연구가 이루어지지 않고 애매한 채로 남아 있다. 즉, 카툰이 한국 사회의 현실적인 반영물로서 인식되어 오면서도 카툰에 대한 연구는 다른 분야와 비교해 볼 때 상대적으로 활성화되지 못했다. 그럼에도 몇몇 연구들은 한국 신문의 카툰의 현주소를 잘 알려 준다. 한국의 경우 1980년대까지는 4칸짜리 시사 만화가 억압적 정치 상황 때문에 인기를 끌어온 반면 1990년대부터는 사회적 민주화의 물결과 함께 1칸짜리 만평이 독자들의 욕구에 부합하는 내용을 통해 인기를 얻어왔으며, 1990년대 중반 이후는 오락성의 만화가 시사 만화, 만평 등과 함께 실리는 혼재 현상을 보이고 있다. 이러한 변화 속에서 카툰은 점차 보수화되거나 비판의 예리함이 무뎌지는 경향을 보이기도 하고(한국언론재단, 2000, p.83) 만평이 독립성을 유지하기보다는 언론사의 방침에 종속되는 성향을 보였다. 예를 들어, 2000년 남북 정상 회담 이후 정부의 대북 정책에 대한 비판적이면서 보수적인 만평들이 상당 기간 지속되었다(김종배, 1999). 궁극적으로 1990년대 중반 이후 만평은 대개의 경우 정치적 연성화의 길을 걸어 왔으며 사회를 비판하는 역할을 올바로 하지 못하게 되었다는 지적도 있다(최열, 1995). 이원복(1991)은 한국에서 정치 만평이 제기능을 못하는 까닭을 작가의 단도직입적 묘사에 대한 집착으로 인한 기법상의 제한 이외에 권위주의적인 통치 집단의 카툰에 대한 부정적 시각에서 찾는다. 다시 말하자면 갈등을 사회 발전의 요소로 수렴하지 못하고 이를 저해 요소로서 기피하려는 수직적 사고 방식 속에서 출발하는 소재와 묘사의 제한이 카툰의 생명인 비판 기능을 막고 한 사건이나

---

4. 파이퍼Pifer는 "만화는 그 작가의 태도가 호전적일 경우 훨씬 더 효과적일 것이며, 그가 분노를 느낄 때 더욱 그러할 것이며 그리고 그가 증오에 사로잡히게 될 때, 실제로 행동에 착수할 수 있게 되는 것이다"라고 언급하였다. 맥넬리McNelly는 "만일 그림을 그릴 수 없게 될 경우 자객으로라도 고용되길 원하는 많은 위대한 만화가들을 알고 있다"고 말하면서 카툰 작가들의 정치적 인식에 대해서 표현하고 있다(*Newsweek*, 1980, p.85).

현안에 대한 정리, 요약에 그치게 되었다고 보았다(p.165).

그럼에도 한국의 신문 카툰은 점차 더 많은 공감을 얻게 되고 정치적 억압에 대한 분노의 출구 역할을 할 것이라고 지적한다(손상익, 1996). 이러한 점은 1980년대 말 이후 한국의 카툰이 비록 그 정도의 차이는 있을지언정 정치적 현상, 사회적으로 중요한 이슈나 인물들, 그리고 기득권층을 소재로 많이 다루기 시작했다는 점에서 반영된다. 이러한 점에서 카툰은 그날 그날의 신문에서 보이는 가장 중요한 정치적 또는 사회적 문제를 암시한다고 할 수 있는데, 예를 들어 1987년 6 · 29 선언 이후 카툰의 정치적 기능이 극대화되면서 정치적 만평이 지켜야 할 도덕적, 사회적 한계의 수위가 위협할 정도가 되었으며(이원복, 1991, p.167), 1999년의 경우 독자 만평란은 김대중 정부에 걸었던 도덕성에 대한 기대가 무너지면서 국민들이 분노하는 것을 '옷 로비 사건'의 풍자로 채웠다(<한겨레>, 1999. 12. 31, 8면). 이처럼 정치성이 강한 내용의 등장과 정치인, 정부에 대한 비판은 앞으로 계속될 전망이다.

그러나 카툰이 아무리 사회적 공분의 분출구로서의 기능을 수행하지만 그 표현에 있어 무제한적인 자유를 누리는 것은 분명 아니다. 미국이나 한국의 카툰도 내용이 명예 훼손적이거나 프라이버시를 침해하는 성격의 것이라면 그 표현의 정도는 개인적 기본권과 균형을 이루도록 조정되어야 한다. 한국의 경우 이러한 기본권들 사이의 이익 형량을 다룬 본격적인 소송이 최근 등장하면서 카툰의 법적 보호 정도에 대한 논의의 필요성이 제기되고 있다.5 이러한 논의는 지난

---

5. 신문에 대한 소송은 개인들만 한 것은 아니다. 중앙일보사는 홍석현 사장이 구속된 것과 관련해 <중앙일보>의 편집 방향을 비판적으로 다룬 사설, 칼럼, 만평, 기사의 내용이 명예를 손상시켰다는 점으로 <한겨레>에 대한 언론중재위원회에 정정 보도를 청구하는 중재 신청을 냈다.

몇 년 간 언론에 대한 명예 훼손 소송의 증가와도 관련된다. 그럼에도 카툰에 체계적으로 접근하여 그 표현의 법적인 허용 정도가 어떠한가를 분석한 연구는 거의 없는 것으로 나타났다. 다시 말하자면 기존의 연구들은 카툰을 인상적인 수준에서 다루거나 표현의 한 장르인 만화의 일부로서 취급해 온 반면 카툰을 저널리즘 요인으로서 인식하고 이를 법적으로 정립하고자 하는 노력은 거의 없었으며 박선영(2000) 및 김재형(2001) 등 소수의 논문은 한국의 카툰에 대한 법적 판결에 대해 소개하는 데 그치고 있다. 즉, 저널리즘 요소로서의 카툰의 정치적 기능과 관련하여 표현의 한계가 어떠한가를 카툰에 대한 법원의 인식을 통해 추론할 수 있다는 점에서 카툰에 대한 심층적인 연구가 필요하다.

3. 판례 분석

1) 미국

미국의 경우 정치적 담화*political dialogue*의 가장 중요한 양식으로 인정되는 카툰을 규제하는 것은 표현의 자유의 본질을 억압하는 것으로, 이는 수정 헌법 제1조에 의해 엄격히 금지되는 경향을 보인다. 즉, 카툰의 정치적 언론으로서의 본질을 최대한 보장하여 '어떠한 언론을 그 내용적인 측면에서 억압하게 되면 궁극적으로 보호해야 할 언론조차도 억압하게 될 위험이 있다'는 이른바 '미끄러운 경사*Slippery Slope*'의 위험성을 배제해야 한다는 것이 미국에서의 카툰에 대한 대체적인 인식이다(Schauer, 1985). 그래서 미국의 판례 분석은 기본적으로 이러한 인식에 근거해야 한다.

　미국에서 나타난 카툰 관련 명예 훼손 소송의 특징은 카툰이 언론 자유의 핵심적 요인으로 인정되기 때문에 비록 사회적으로 많은 쟁점이 제기되면서도 실제로는 카툰을 대상으로 하는 소송 건수가 적다는 점과 대부분 정치인이나 공직자 또는 공적 인물이 제소자로 등장한다는 점이다. 카툰과 직접적으로 관련되어 연방대법원(The United Sates Supreme Court)까지 상정된 경우는 아직 없는데, 이는 카툰이 여타의 개인권과 문제를 초래할 수 있는 위험이 있다고 하더라도 이보다 카툰의 정치적 기능을 더 보호해야 한다는 점을 시사한다고 하겠다.6 때문에 간혹 공인들이 신문의 카툰을 대상으로 명예 훼손이나 프라이버시 소송을 제기한 경우는 있었지만 이것이 제대로 법적인 판단에까지 이어진 경우는 드문 편이며 판결에 이른 경우에도 대개는 제소자들에게 압도적으로 불리하게 나타났다(Duke, 1985). 이러한 점은 카툰이 갖는 수정 헌법 제1조의 핵심적 논거인 자유로운 비판 기능을 중요시하는 전통이 반영된 것이라고 할 수 있다. 그러나 관련자가 공인이 아니며 그 주제가 정치적 성격이 약한 경우 이익의 형량은 사안에 따라서 달라질 수 있는 것으로 나타났다.

정치인 또는 공인과 관련된 카툰에서의 표현의 자유와 한계의 쟁

---

6. 비록 카툰과 관련된 직접적인 판례는 아니지만 연방대법원의 허슬러 잡지사 대 폴웰(Hustler Magazine, Inc. v. Falwell) 판례는 풍자에 대한 보호의 기준을 확립하는 계기를 마련해 주었다. 이 사건은 성인 잡지인 <허슬러>에 등장한 술 광고에 이용된 패러디가 폴웰 목사의 감정적 고통*emotional distress*를 가져왔다는 이유로 시작되었다. 광고 카피는 "제리 폴웰 목사가 처음 경험한 것은 다락방에서 어머니와 함께였다"라는 표현을 삽입하여 보는 이에 따라서는 마치 폴웰 목사가 도덕적으로 부정한 사람인 것처럼 묘사하고 있다. 법원은 잡지의 광고를 보는 일반적 상식을 가진 사람들은 광고의 내용이 사실이라고 인정하지 않을 것이며, 따라서 폴웰 목사는 공인으로서 그의 피해에 대한 보상을 구하기 위해서는 잡지의 광고가 현실적 악의에 근거했다는 것을 증명해야 한다고 판시하였다. 여기서 W. H. 렝퀴스트 W. H. Rhenquist 대법원장은 미국 역사에서 카툰이 정치적 논의를 풍부하게 해 준 것을 강조하면서 광고의 패러디도 이러한 측면에서 이해해야 한다고 보았다. 비록 이 판결이 카툰을 명예 훼손에서 완전히 면책시켜 주는 것이 아님에도 카툰의 풍자와 정치적 기능에 대한 수정 헌법 제1조의 전통을 확인하는 함의를 지닌다.

점은 미국의 전 로스앤젤레스 시장이었던 샘 요티가 〈LA 타임스〉의 만화 비평가인 폴 콘래드를 상대로 한 명예 훼손 소송에서 잘 나타나 있다. 요티 시장은 당시 대통령 당선자에 의해 국방장관 후보물망에 올라 있었고 요티 자신도 공공연히 국방장관직에 대해서 관심을 표명하고 있는 터였다. 〈LA 타임스〉는 이러한 요티의 태도는 과대 망상이라는 취지의 기사와 함께 한쪽에서는 건장한 정신병원 남자 간호사들이 교정복*straight jacket*을 들고 서 있고 다른 한쪽에서는 요티 시장이 전화를 받고 있는 만평을 "나 지금 끊어야 해…… 내가 국방장관으로 임명되었거든. 경호실 요원들이 지금 와 있어*I've got to go now …… I've been appointed Secretary of Defense and the Secret Service men are here*"라는 하단의 문구과 함께 게재하였다. 요티 시장은 콘래드가 만평에서 자신을 정신 질환을 앓고 있으며 정신병 치료를 받아야 마땅한 사람인 것으로 묘사하여 마치 자신을 무능하고 자격이 없는 사람처럼 오인하도록 하는 데 결정적인 영향력을 발휘하였다고 주장하였다.

원심에서 LA군 고등법원(Superior Court, LA County)은 문제가 된 만평은 명예 훼손적인 것이라고 볼 수 없다고 판시하였고 이에 요티 시장은 항소하였다. 항소심에서 캘리포니아 주 고등법원은 카툰은 본래 수사학적으로 과장*hyperbole*된 것이기 때문에 이러한 과장된 표현은 비록 요티 시장을 특정 고위직에 적합하지 않는 인물인 것처럼 묘사하고 있다고 하더라도 이는 명예 훼손 소송의 대상이 될 수 없다고 판시하였다. 법원은 과장된 기법을 이용하는 카툰은 그 성격상 사실적 묘사와는 달리 비판적 기능을 수행하고 있다는 점을 강조하면서 "카툰은 정치적 성격의 표현이며 카툰의 내용은 사실을 전달하기보다는 의견이나 비평과 같은 역할을 하며 이는 다소 과장된다고 하더라도 수정 헌법 제1조에 의해 전통적인 보호를 받는다"고 주장하였다. 법원은 정치적 만평의 내용이 단일한 의미로만 해석되거나 또는 그 해석이 명예 훼손적인 것이 아니라면 이는 소송의 대상이 되지 못한다는 면책 원칙을 고수하였다(Yorty v. Chandler, 13 Cal. App. 3d 467, 91 Cal. Rptr. 709(1970)).

카툰에 대한 면책 원칙은 1981년 퍼거슨 대 데이톤 신문사(Ferguson v. Dayton Newspapers) 사건에서 다시 한 번 확인된다. 오하이오 주 항소심 법원은 만일 당시 선출직인 군의회 의원인 수잔 퍼거슨Susan Ferguson과 같은 공직자는 명예 훼손적 기사, 사설 그리고 카툰이 작가의 개인적인 악 감정ill will 또는 앙심spite이라기보다는 현실적 악의에 근거해서 게재되었다는 사실을 증명하지 못하는 한 명예 훼손에 대한 보상을 구할 수 없다고 판시하였다. 데이톤 신문사에 발행하는 <데이톤 데일리 뉴스Dayton Daily News>와 <헤럴드 저널Journal Herald>은 군의회 의원인 퍼거슨이 1978년 12월 이후 몇 개월에 걸쳐 퍼거슨 이전의 군의회 의원이었던 오스카 페이지Oscar Page가 개인적인 치부를 위해서 운송 등록 자금vehicle registration fund에 투자해 벌어들인 공적 자금의 일부를 착복했다는 취지의 기사와 함께 같은 취지의 만평을 몇 차례 실었는데, 여기에서 퍼거슨을 스컹크, 마녀, 비열한 인간, 그리고 거짓말쟁이라고 빗대어 묘사하였다.

법원은 판결문에서 카툰은 사설과 같은 차원에서 이해되어야 하며 이는 의견opinion의 카테고리에 속하는 것으로 보아야 한다고 판시했다. 법원은 거츠 대 웰치의 판결을 인용하여 만평의 내용은 '사실'이라기보다는 '의견'으로서 판단하고 이에 기준한 면책 사유가 적용되어야 한다고 주장하였다. 법원은 계속해서 비록 원고가 개인적으로 만평으로 인하여 명예가 훼손되는 감정을 느꼈다고 하더라도 개인적인 공격을 위해서 사용된 의견은 오하이오 주법에 따르자면 명예 훼손이 성립되지 않는다고 설시하였다. 동시에 법원은 퍼거슨이 주장하듯 비록 만평이 악 감정이나 앙심에 근거했다고 인정한다고 하더라도 이것만으로는 부족하고 피해에 대한 보상을 구하기 위해서는 만평 작가의 현실적 악의를 증명하지 않으면 안 된다고 보았다.

법원은 만평이 단지 사설을 시각적으로 전달한 것일 뿐이라는 만평 작가들의 주장에 동의하면서 공직자의 경우 만평으로 인한 명예 훼손에 대한 피해 보상을 위해서는 일반적 뉴스 기사*article*보다 높은 수준의 거증 책임이 요구된다고 보았다(Ferguson v. Dayton Newspapers, 7 Med. L. Rptr. 2502(1981)).

이후에 나온 판례들은 요티와 퍼거슨의 판례와 대개 유사한 결과를 보이는데, 1982년 워커 대 사우스이스턴 신문사(Walker v. Southeastern Newspapers)에서 법원은 카툰에 의견과 같은 면책 사유가 적용된다는 점을 다시 강조하였다. 이 사건은 찰스 워커Charles Walker가 조지아 주 정부의 인간관계개선위원회(human relations commission: HRC)의 위원장으로 재직하면서 위원회의 공금을 유용하였다고 보도한 사우스이스턴 신문사를 명예 훼손으로 제소하면서 시작되었다. 문제가 된 신문은 워커가 위원장으로 재직하던 당시 인간관계개선위원회가 시에서 실시하는 정규 회계 감사에서 연방 정부가 지급하는 공적 자금의 일종인 EEOC 자금을 받고 있다는 사실이 드러나자 마치 워커가 그러한 공적인 자금을 자신이 멋대로 남용한 듯한 인상을 주는 만평을 두 차례에 걸쳐 게재했다. 신문사는 이전의 판결들에 비추어 볼 때 만평은 의견의 표출이기 때문에 그것이 아무리 "사악한 인상을 주는 것이라고 해도 명예 훼손으로부터 면책이 되며, 비록 사실적 내용이 포함되었다고 하더라도 워커가 공직자인 이상 현실적 악의 원칙이 적용되어야 한다"고 주장하였다. 이에 대해 워커는 자신은 선출직이 아닌 임명직이며 또한 만평은 구체적인 사실을 적시한 이상 그 책임을 면할 수 없다고 주장하였다. 그러나 조지아 주 법원은 신문의 손을 들어 주었다. 법원은 공직자의 경우 선출직이냐 임명직이냐의 문제가 공직자 여부를 결정하는 변수는 아니며 따라서 워커는 공직자로서 비록 만평의 표현 방식을 받아들일 수 없으며 내용이 사실의 적시라고 하더라고 하더라도 그러한 사실의 게재 당시 기자나 편집자가 그 게재 사실이 허위라는 것을 알고 있었거나 그것의 진실 여부에 대해서 부주의했다는 점을 증명해야 한다고 판시하였다(Walker v. Southeastern Newspapers, 9 Med. L. Rptr. 1516 (1982)).

카툰이 의견이냐 사실이냐의 구분에서 더욱 발전하여 1984년 러셀 대 맥밀런(Russell v. McMillan)에서는 카툰이 아예 명예 훼손이 성립되지 않으며 카툰에는 절대적인 표현의 자유가 보장되어야 한다는 판결이 나왔다. 이 사건은 엘시 러셀Alsie Russell이 콜로라도 주에서 발간되는 주 2회 간행물 <트라이앵글 리뷰Triangle Review>가 몇 건의 기사와 함께 게재한 만평을 명예 훼손적인 것으로 판단 제소하면서 발생하였다. <트라이앵글 리뷰>는 시의회 의원인 러셀이 콜로라도 주의 전력위원회(electric power authority board) 대의원으로 부임하면서 부동산 거래에 불법적인 방법을 동원하였다는 취지의 기사와 만평을 게재하였다. 이에 대해 러셀은 신문 기사와 만평의 내용은 진실이 아니며 실제로 부동산 매입은 자신이 대리위원으로 부임하기 이전임에도 신문은 현실적 악의를 가지고 이를 보도하였다고 주장하였다. 콜로라도 주 고등법원은 요티 판결을 인용하면서 만평은 명예 훼손 소송의 대상이 되지 않기 때문에 만평의 내용이 사실이냐 의견이냐를 구분하는 것은 무의미하다고 판시하였다.[7] 또한 만평은 사설의 상징적 표현symbolic expression of editorial이며 만평의 대상이 공직자이므로 현실적 악의의 원칙이 적용된다고 보았다(Russell v. McMillen, 10 Med. L. Rptr. 1888 (1984)).

유사하게 밀러 대 찰스턴 가제트(Miller v. Charleston Gazette) 사건에서 웨스트버지니아 주 항소심 법원은 카툰은 성격상 본래적으로 예술성이 강한 수사적 과장의 형태를 띠기 때문에 명예 훼손적 의도가 내포

---

7. 혼합 의견 또는 복합 의견mixed opinion에 대해 미국 법원은 Milkovich v. Lorain Journal Co., 497 U.S. 1 (1990)과 Masson v. The New Yorker Magazine, Inc., 960 F.2d 896 (1992)에서 자세히 다루고 있다.

되어 있다고 의심하기는 힘들다고 보았다. 이 사건은 당시 검찰청장으로 고려되고 있던 밀러가 자신을 코르셋을 입고 파라솔을 든 채 채찍과 쇠사슬로 코끼리를 심하게 다스리는 조련사로 묘사한 웨스트버지니아 주의 <찰스턴 가제트>를 대상으로 소송을 제기하면서 촉발하였다. 밀러는 신문의 만평이 마치 자신을 비이성적 행위에 탐닉하며 권력을 전횡하는 사람인 것처럼 오인케 하여 지역 사회에서 자신의 명성을 심히 훼손하였다고 주장하였다. 그러나 법원은 독자들이 제소인이 괴상하고 비정상적인 종류의 행위에 탐닉하고 있는 것처럼 인식한다는 점은 단순히 제소인의 가정hypothesis에 불과하며, 이러한 가정에 근거해서 문제된 만평을 명예 훼손적인 것으로 해석하는 것은 불합리하다고 보았다. 법원은 계속해서 카툰은 사진과 달리 거의 항상 현실을 과장되게 서술하고 왜곡하는 특성이 있는데, 이를 잘못된 것이라고 판단할 수는 없다고 보았다. 또한 법원은 비록 현직은 아니지만 고위 공직에 거론되는 후보의 경우에도 공적 인물로 간주해야 한다는 살보 대 살렘 뉴스(Salvo v. Salem News, 4 Med. L. Rptr. 1857 (Mass. 1978)) 판결과 요티 결정을 인용하여 만평에 실린 과장된 내용은 명예 훼손적이거나 타인을 오인토록 만들었다는 이유가 성립되지 않는 것으로 보았다(Miller v. Charleston Gazette, 9 Med. L. Rptr. (BNA) 2540 (W. Va. Cir. Ct. 1983)).

이처럼 정치인들이 관련된 경우와는 달리 일반인이 관련된 경우 판결은 상황에 따라 달라질 수 있는 것으로 보인다. 이러한 점은 1984년 불러 대 퓰리처 출판사(Buller v. Pulitzer Publishing Co.) 판결에 잘 나타나 있는데, 여기에서 피소자가 발행하는 <플로렌스 싱클Florence Shinkle>은 "미래가 열려 있다The Future Lies Ahead"는 제목으로 만평을 게재하면서 심령술사psychic인 제소자를 혼잡한 도표와 도형 등으로 둘러싸인 채 침대에 기괴한 옷을 입고 기대고 있는 사람으로 묘사하였다. 원심에서 제소자는 카툰이 자신을 심령술사로서 무능력하고 전문성이 없으며 사기를 치는 사람인 것처럼 묘사하여 자신이 오로지 돈밖에는 관심이 없는 사람인 것처럼 오인하도록 만들었다고 주장하였다. 이에 대해 미주리 주 고등법원은 문제되는 카툰이 제소자의 직업상의 무능력 그리고 부도덕성을 교활하게 묘사하고 있다는 점은 소송의 대상이 된다고 보았다. 법원은 일반인의 경우 자신의 직업이 이처럼 묘사되면 어느 누구라도 수치심과 모멸감을 느낄 것이라고 전제하면서 "문제 카툰에서 영상적으로 제시된 사실들은 의견에 주어지는 보호의 자격이 없다"고 하여 카툰이 그 자체로 의견의 보호를 누린다는 신문사의 주장을 일축하였다(Buller v. Pulitzer Publishing Co., 11 Med. L. Rptr. (BNA) 1289 (Mo. Ct. App. 1984)).

그런데 일반인이 관련된 경우라고 하더라도 직접적인 피해가 발생하지 않았다면 명예 훼손으로 인한 소송의 대상이 되지 않는다는 판례가 나왔다. 뮬렌마이스터 대 스냅온 공구사(Mullenmeister v. Snap-On Tools Corp.) 사건은 뉴욕의 유명 공구 회사에서 발간되는 사보house journal에 이 회사의 전 직원이었던 한 사람이 나치 표식swastika이 새겨진 헬멧을 쓰고 있는 것으로 묘사된 카툰이 게재되자 이것이 자신의 명예를 훼손하였다고 제소함으로써 발생하였다. 이에 대해 뉴욕 주 법원은 먼저 카툰이 그 자체로서는 명예 훼손이 성립이 안 되며 뉴욕 주법상 특별 손해 배상의 증거 없이는 소송을 제기할 수 없다는 회사 측의 주장을 일축하였다. 법원은 "지난 2차 대전 때의 쓰라린 역사적 경험에 비추어 볼 때 나치 표식은 일반적으로 히틀러나 나치당의 상징으로 인정된다"고 판시하면서 "법원들은 개인의 정치적 성향을 잘못 지적하는 것은 그 자체로 명예 훼손적일 수 있다는 점에 대개 동의하고 있다"고 주장하였다. 그러나 법원은 제소자가 묘사되는 맥락으로 보아 제소자에 대한 표현이 단일한 의미single meaning로만 해석될 수 있는 것이 아니기 때문에 — 즉, 이는 중의적 표현으로 이해될 수 있기 때문에 — 실제적인 피해가 발생하지 않은 경우 소송이 성립되지 않는다고 결론지었다(Mullenmeister v. Snap-On Tools Corp., 585 F. Supp. 868 (S.D.N.Y.1984)).

　이처럼 일반인과 관련된 소수의 판례들을 제외하면 소송에 있어 공인들은 신문에 나타난 카툰을 상대로 한 소송에서 성공적이지 못했다. 이는 결국 비록 카툰이 아무리 비열한 의도에서 그려졌다고 하더라도 이를 상대로 승소하기 힘들다는 점을 암시한다. 법원들은 풍자란 일반적으로 당사자에 대한 직접적인 사실적 주장이라기보다는 헌법적으로 보호되는 '수사학적 과장rhetorical hyperbole,' '조소,' '빈정거림,' 그리고 '의견'으로 인식하고 있는데(Keinke, 1994, p.84) 이는 카툰 자체가 '명예 훼손적일 수 없다'는 판단이라기보다는 일반적 독자들이 카툰이란 대개 과장이나 의견 이상의 아무것도 아니라고 인식한다는 법원의 판단 때문인 것으로 보인다(Smolla, 2000, pp.4:52~4:53).

2) 한국

한국에서 카툰의 정치적 기능과 관련된 법원의 판례는 현재까지 3건에 불과한데, 이는 카툰의 표현의 자유와 관련된 다툼들이 법원 밖에서 해결되는 경우가 많기 때문인 것으로 보인다. 다시 말하자면 카툰의 정치적 표현의 정도는 법원의 판단에 의하기보다는 법 외적 요인들에 의해 결정되는 경우가 많은 것으로 판단된다(<경향신문>, 1998. 12. 25, 23면). 대개의 판례 경향을 보면 신문 카툰에 의해 인격권이 침해될 수 있다는 것으로 인식하고 있다(김재형, 2001, p.112). 의견이나 논평이라고 하더라도 사실의 적시를 전제로 하는 경우에는 명예 훼손이 될 수 있으며, 간접적이고 우회적인 표현이라고 하더라도 허위 사실을 암시하는 경우에도 명예 훼손이 성립되며(서울지법 2000.1.19. 선고 99가합42730 판결), 특히 진실에 반하는 사실의 적시를 포함하거나 논평을 빙자해 사실상 타인의 명예를 훼손하는 허위의 사실을 암시하는 경우 등은 논평으로서의 범위를 일탈하여 명예 훼손에 해당한다고 본다(서울지방 법원 서부지원 2000.3.22. 98가합14917 판결). 판례들에 따르면 카툰은 그 성격 상 의견이나 논평에 속하는 것이지만 사실을 허위로 적시하는 경우 명예 훼손으로 인한 책임을 물을 수 있다.

최근 카툰 관련 대법원 판례가 나와서 관심을 끌고 있다. 대법원 은 2000년 7월 28일 김인호 전 청와대 경제수석이 <경향신문>과 김상택 화백을 상대로 한 손해 배상 청구 상고심에서 원심의 판결을 확정했다. 이 사건은 김 전 수석이 경제 환란(IMF) 직후인 1997년 12월 20일자와 1998년 1월 21일자 <경향신문> 만평인 '경향만평란'에서 각각 항공권을 구입하고 출국장 한쪽에 서 있는 모습을 풍자하자 "해 외 도피를 모의하고 있는 내용으로 묘사, 명예를 훼손했다"며 1998년 1월 10억 원의 손해 배상을 청구하면서 발생하였다.

12월 20일자 경향만평은 출입문에 '미국 여행사'라고 표시된 여 행사로 보이는 사무실 안에 '전 경제수석,' '강경식,' '전 한은총재'로 표시된 세 사람이 여행용 가방을 들고 있는데, 이 중 '전 경제수석'으 로 표시된 사람이 오른쪽 손가락 3개를 들어 보이며 항공권을 주문 하고 있고, '이사철,' '정형근,' '재'로 표시된 세 사람이 여행사 문 밖 에서 '우리도 가자!'라고 말하는 장면과 여행사 사무실 벽에 설치된 텔레비전 화면에 한 사람이 오른손을 들고 '경제 망친 X들 사그 리……'라고 말하고 있으며, 여행사 직원들이 항공권을 주문하는 세 사람을 쳐다 보거나 손가락으로 가리키며 웃는 장면, 컴퓨터 단말기 모니터에 'LA 3자'이라는 자막이 있는 장면을 담고 있다. 1월 21일자 경향만평의 경우 공항의 출국장 한쪽 구석에 '윤,' '이X식,' '김인X,' '강경X,' '강'으로 표시된 다섯 사람이 모여서 "'어른'은 살릴 거야. 퍼뜩 튀자!"고 말하며 출국을 서두르고 있고, 출국 심사대에 앉아 있 는 경찰관과 그 앞에 줄 서 있는 사람들이 이들 다섯 사람이 있는 쪽 을 쳐다보고 있으며, 출국 심사대가 놓인 벽면에 '출국 금지 박지만 마약 복용'이라고 표시된 출국 금지 포스터가 부착되어 있고, 출국 심사대 옆으로 보이는 공항 활주로에 미국 항공기가 착륙해 있는 장면이 담겨 있다.

원심에서 서울지방법원은 "만평을 통해 특정인을 풍자의 대상으로 삼아 그를 희화적으로 묘사한 경우, 구체적인 사실을 적시하는 데까지 이르지 않았더라도, 특정인의 명예 감정이나 인격권이 침해되었다면, 표현된 사상事象이 허위이고 풍자의 기법이나 내용이 사회에서 용인될 수 있는 한계를 벗어나 위법하다고 인정되는 경우에는, 불법 행위로 평가될 수 있는 것이나, 만평 내용이 객관적 사실에 부합하고 풍자 기법이나 내용이 사회에서 용인될 수 있는 한계를 벗어난 위법한 것이라고 보이지 아니하므로, 불법 행위를 전제로 한 원고의 청구는 이유 없어 기각한다"고 판시했다(김인호 대 경향신문, 서울지방법원 1998.8.12. 선고 98가합15397 판결). 법원은 카툰의 의견으로서의 성격보다는 묘사 내용의 사실 부합성과 사회 용인성에 주목하였다.

항소심에서 서울고등법원은 원심대로 원고 패소 판결을 내렸다. 법원은 판결문에서 "김상택 만평 게재 당시 새 정부가 전 경제수석이었던 원고의 책임을 물을 것으로 관측되면서 원고의 출국 여부가 주목되는 상황이었다"면서 "그런 현실을 만평으로 풍자한 것은 원고의 명예를 훼손했다고 볼 수 없다"고 밝혔다. 법원은 계속해서 "이 사건과 같이 한두 컷의 그림과 이에 관한 압축된 설명 문구를 통해 인물 또는 사건을 희화적으로 묘사하거나 풍자하는 만평 또는 풍자 만화의 경우, 그 장르의 성격상 인물 또는 사건 풍자의 소재가 되는 구체적인 사실 관계를 직접 적시하지 아니하고 이에 풍자적 외피를 씌우거나 다른 사실 관계에 빗대어 은유적으로 표현하는 기법을 사용하는 만큼, 그 만평을 통하여 어떠한 사상이 적시 또는 표현되었는가를 판단함에는 이와 같은 풍자적 외피 또는 은유를 제거한 다음, 작가가 그 만평을 게재한 동기, 그 만평에 사용된 풍자나 은유의 기법, 그 만

212

평을 읽는 독자들의 지식 정도와 정보 수준, 그리고 그 만평의 소재가 된 객관적 상황이나 사실 관계를 종합하여, 그 만평이 독자들에게 어떠한 인상을 부여하는가를 기준으로 삼아야 한다"는 점도 지적하고 있다.

또한 "만평 등을 통하여 특정인을 풍자의 대상으로 삼아 그를 희화적으로 묘사한 경우, 그 만평이 특정인의 명예를 훼손할 만한 구체적인 사실을 적시하는 데까지 이르지는 않았더라도, 그로 인하여 특정인의 명예 감정이나 인격권이 침해되었다면, 그리고 그 만평을 통해 표현된 사상이 허위의 내용이고, 나아가 그 만평에 사용된 풍자의 기법이나 내용이 사회에서 용인될 수 있는 한계를 벗어나 위법하다고 인정되는 경우에는 불법 행위로 평가될 수 있는 것이나, 이 사건각 만평이 표현하고 있는 내용, 즉 당시 원고가 경제 위기의 책임자로 지목되어 그 책임 추궁을 면하기 어려운 상황에 처해 있었다는 것이 객관적 사실에 부합하고 있음을 위에서 본 바와 같고, 더욱이 당시 대통령 경제수석 비서관이라는 원고의 지위나 이 사건 각 만평이 소재로 삼은 사안의 성격과 내용에 비추어 볼 때, 이 사건 각 만평에서 사용한 풍자의 기법이나 내용이 사회에서 용인될 수 있는 한계를 벗어난 위험한 것이라고는 보이지 아니하므로, 이 사건 각 만평의 게재가 위와 같은 의미의 불법 행위에 해당한다고 보기도 어렵다"고 판시하였다(김인호 대 경향신문, 서울고법 1998.12.28. 선고 98가합16397 판결). 여기서 법원은 카툰의 본질적인 풍자적 성격과 독자들의 인상 정도를 중시하였다.

상고심에서 대법원은 "구체적인 사실 관계를 드러내지 않고 한두 컷 그림과 압축된 설명을 통해 특정 인물이나 사건을 풍자한 경우 명예 훼손에 해당되지 않는다"고 보면서 원고 패소 판결한 원심을 확정했다. 법원은 판결문에서 "김 씨의 만평은 당시 경제 위기와 관련된 책임 추궁이나 처벌을 면하기 어려운 상황에 놓여 있던 원고의 해외 도피 가능성을 암시하고 출국 금지 조치가 필요하다는 견해를 우회적으로 피력한 것일 뿐 원고가 해외 도피를 계획 또는 모의하고 있다는 사실 자체를 표현한 것으로 볼 수 없다"고 보면서 "원고가 해외 도피를 계획하고 있다는 사실을 암시하거나 독자들이 그러한 인상을 받았을 것으로 보기는 어렵다"고 설시하였다. 법원은 계속하여 "만평이나 풍자 만화의 경우 명예 훼손 여부를 판단하려면 작가의 의도, 소재가 된 객관적 상황 등을 종합해 독자에게 어떤 인상을 줬는가를 봐야 한다"면서 독자들의 판단 정도가 표현의 정도를 결정하는 기준이 된다고 보았다(김인호 대 경향신문, 대법 99다6203 판결). 대법원은 카툰이 사실을 표현한 것이 아니라고 하면서 종합적 상황을 고려하여 이를 판단해야 한다는 점에 주목하고 있다.

이외에 아직 판례로 나온 바는 아직 없지만 '카툰에 대해서도 반론권이 인정되는가'하는 점이 중요한 법적 쟁점이다. 가장 핵심적인 쟁점은 카툰이 대개 작가의 주관을 과장하거나 단순화하여 희화적으로 표현하는 것인데, 이러한 카툰이 한국법상 사실적 주장에만 인정되는 반론권의 청구 대상이 되는가 하는 것이다. 여기에는 시각 차이가 존재한다. 카툰은 그 표현에 있어 비유 또는 비판의 방법을 사용하기 때문에 이에 대한 반론권이 적용되지 않는다는 시각도 있으나 상형적인 언어들, 즉 사진이나 그림, 만화, 만평 등이 사실을 적시하거나 사실적 주장에 근거한 경우에는 반론 또는 대응하는 상형물의 게재가 인정된다는 점에서 카툰도 반론권 청구의 대상이 된다고 인정된다(박선영, 2000, p.41). 비록 법원의 판례가 아닌 언론중재위원회 중재 결정이기는 하지만 이 또한 신문 카툰의 표현의 자유와 한계를 살펴보는 데 중요한 자료를 제공한다.

실제로 언론중재위원회에 카툰을 대상으로 세 건의 반론권 청구가 있었는데 카툰의 정치적 기능과 관련된 것은 두 건이다. 이들 중 한 건은 < 조선일보 > 의 < 야로씨 > 에 대한 것이었고, 다른 하나는

<중앙일보>의 <왈순 아지매>에 대한 것이다. 먼저 <조선일보>의 네 컷짜리 시사 만화인 오룡의 <야로씨>, 1983년 3월 11일자에서 "당국: 탈락 대학생은," "당국: 밥통대학으로 가라" "그게 아닙니다," "당국: 정정한다. 방통대로 가라"라는 문안을 곁들여 졸업 정원제에 대한 정부의 문교 정책을 풍자하였다. 이 만화는 대학 졸업 정원제에 의해 강제 탈락된 학생들의 구제책으로 이들 학생 중 희망자를 전원 방송통신대학에 편입할 수 있도록 하는 문교부의 정책이 언론에 보도되어 의견이 분분할 즈음, 1983년 모 여성 단체가 자매 결연을 맺은 일본 단체를 방문하고 귀국하면서 일제 밥통을 대량 반입해와 사회적 물의를 일으키던 당시 이 두 사건을 합성하여 풍자 비판한 내용을 게재한 것이다.

그런데 여기서 한국방송통신대학을 '밥통대'로 표현한 것이 문제가 되어 총학우회와 총동창회는 만화가 방통대를 오도, 왜곡되게 표현했다고 신문사와 작가에게 전화와 편지, 그리고 <조선일보>의 독자란인 '민성'을 통해 항의하는 문제가 발생했다. 신문사 측은 그 만화 내용의 저의가 방통대를 오도해서 명예 훼손시킬 의도로 그리거나 게재된 것은 절대 아니라고 해명했으나 그 뜻이 받아들여지지 않았고 언론중재위원회에 반론문을 신청하였다. 신청인은 <조선일보>의 <야로씨>가 방송통신대학을 왜곡하여 그 명예를 현저히 실추시켰다고 주장하였다. 신청인은 <야로씨>가 정부의 교육 정책을 비판 풍자하려는 작가의 의도와는 별개로 방통대를 밥통대학으로 표시하여 이를 폄하 또는 무시하는 가치 판단 내용과 함께 거기에는 한국방송통신대학이 정규 대학의 졸업 정원제 실시로 인하여 탈락한 자를 수용하는 대학에 불과하다는 사실 관계가 강력히 암시되어 국민들의 인식을 그르치고 있다는 점에서 가치 판단과 사실 주장이 혼합된 보도라고 주장하였다.[8] 이에 대해 언론중재위원회는 3차에 걸친 중재 회의를 통해 <야로씨> 만화란 밑에 사과 기사와 함께 이 대학에

대한 특집 기사를 200자 원고지 15매 이상의 분량으로 신문에 싣도록 하여 쌍방의 합의를 이끌었다(83 서울중재 10 결정 및 83 서울중재 11 결정).

<야로씨>에 이어서 반론이 청구된 <중앙일보>의 <왈순 아지매>는 1982년 건립된 독립기념관 기공식에서 독립기념관건립추진위원회가 마치 국민이 낸 성금을 불꽃놀이 등을 하는 데 사용하면서 정부가 제대로 예산을 집행하지 못한다는 내용을 게재하였다. 당시 왜곡된 일본 중·고교 역사 교과서 문제로 국민들의 반일 감정이 고조된 것을 계기로 독립기념관 건립 계획이 발의되고, 전 국민의 건립 기금 모금 운동이 대대적으로 전개되었다. 각계각층의 정성 어린 성금 약 500억으로 1986년에 완공된 독립기념관 기공식이 광복 38주년인 1983년 8월 15일에 기념식과 함께 불꽃놀이 등 다채로운 행사와 함께 성대하게 베풀어졌다. 이 기공식이 있는 다음날인 8월 16일자 <중앙일보> 사회면에 문제의 만화가 게재되었는데, 만화에서 남자 주인공이 기공식 축하 불꽃놀이 광경을 TV를 통해 구경하면서 "내가 낸 성금 만원으로 벽돌 몇 장을 쌓게 되느냐?"고 기념관 건립 관계자에게 전화로 문의하자, 그 관계자는 "불꽃놀이 화약 한방이 9000원으로 당신이 낸 성금 만 원은 이미 써 버렸다"고 대답하고 있다.

작가는 사실 모든 국민들이 많고 적은 성금을 내어서 독립기념관을 건립하기 때문에 기공식과 같은 형식적인 행사는 간소하게 치러야지 화려한 행사로 경비를 낭비해야 되겠느냐는 뜻을 담고 있다고 피력했다. 그러나 독립기념관건립추진위원회는 불꽃놀이 행사의 비용은 건립추진위가 아닌 충청남도와 천원군에서 지출한 것이기 때문에 <왈순 아지매>의 내용은 사실과 다르며 기념관 건립추진위원

---

8. 방송통신대학은 대학의 정원제 탈락자를 수용하기만 하는 대학이 아니라 일하면서 배우려는 주경야독의 평생 교육 장소라는 신청인들의 해명적 사실 주장의 보도를 바라는 보충적 반론권 형태의 반론 보도 청구는 인정되었다(오영권·김명섭, 1998, p.30).

회의 명예를 훼손한 것이라며 중재 신청을 했다. 신청인은 만화가 독립기념관 건립에 대한 국민의 정성과 기대를 저버리게 했을 뿐 아니라 앞으로 기념관 건립을 추진하는 데 큰 저해 요인이 될 수 있다고 주장하면서 사과문 게재를 요구했다. 이에 대해 신문 측은 만화는 <왈순 아지매>의 작가가 밝힌 자신의 견해가 하나의 의견의 형식으로 전달되었을 뿐 특정 사실과 연계하여 발생한 것은 아니었다고 주장하였다. 중재회의에서 신청인과 피신청인이 사과 내용의 만화를 게재하기로 의견이 접근되어 합의에 이르게 될 것으로 보였으나 독립기념관 건립추진위 측에서 그 같은 내용의 만화 게재만으로는 합의할 수 없다고 주장 결국 성립되지 못했다. 이후 작가는 8월 19일자에 독립기념관 기공을 주제로 한 만화를 그리면서 "8월 16일자 만화 중 불꽃놀이 화약값은 성금과 관계없음이 알려졌습니다. 화가"라는 알림을 만화의 네 번째 칸에 실었다. 만화가 나온 이후 신청인과 피신청인 간에 타협하여 작가가 독립기념관 건립추진위 측에 사과문에 보냄으로써 일단락되었다(<신문과 방송>, 1983년 9월호).

판례나 언론 중재 결정으로 나오지는 않았으나 카툰을 대상으로 피해 보상을 구하려는 시도들이 정치권을 중심으로 몇 차례 발생하였다. 1999년 11월 김한길 당시 청와대 정책기획수석비서관은 <중앙일보>에 대해 반론 보도 청구 소송과 정정 보도 청구 및 5억 원의 손해 배상 청구 소송을 제기했다. 1999년 10월 13일치 <중앙일보>는 '한강변 별장 탈법 건축' 기사와 함께 관련 만평을 게재하였는데, 김 전 수석은 언론중재위원회에 중재 신청을 했으나 언론중재위원회가 제시한 조정안을 <중앙일보>가 수용하지 않아 소송으로 이어지게 되었다. 문제의 기사와 만평은 당시 청와대 정책기획수석이었던 김한길이 위장 전입 등 탈법 수단을 통해 그린벨트 내 주택, 농지를 매입해 보유 중이며 별장으로 사용 중인 주택은 중과세 대상에서도 누락돼 있는 것으로 보인다는 내용을 담고 있다. 이에 대해 김 전

수석은 자신의 입장을 정리한 해명서를 배포하면서 "문제의 기사가 의도하는 바는 '김한길 죽이기'에 그치지 않고 궁극적으로는 청와대와 국민의 정부의 도덕성에 상처를 내기 위한 것"이라고 항의하였다. 계속해서 김 수석은 서울지방법원으로의 소장에서 "위장 전입을 한 게 아니라 집과 땅을 산 뒤 전입 신고를 하고 1년 이상 실제로 살았는데도 위장 전입으로 보도하는 바람에 공직자로서 도덕성에 큰 흠집이 남게 됐다"고 주장했다. 이에 대해 해당 신문사는 "핵심적인 쟁점은 김 수석이 1993년 11월 건축 허가를 취득할 목적으로 전입 신고한 뒤 1994년 11월 실제 거주하지 않은 사실이 드러나 주민등록이 직권 말소됐다는 것"이라며 "그럼에도 김 수석은 1995년 1월부터 현지에 거주했다는 본질과 동떨어진 해명을 하고 있다"고 반박했다(<중앙일보>, 1999. 11. 18, 27면). 그러나 신문사는 곧바로 김한길 수석 관련 기사 중 위장 전입 탈법 건축은 사실과 다르다는 기사와 김 전 수석의 명예가 훼손된 데 대한 사과문을 게재하였으며, 김 전 수석은 1999년 12월 8일 소송을 취하했다(<중앙일보>, 1999. 12. 9, 2면). 이러한 '김한길' 사건은 정치인과 언론 그리고 명예 훼손 소송의 삼자의 역학 관계성을 잘 보여 주는 동시에 언론이 정치인에 대한 기사를 게재하는 경우에도 정확한 증거나 기록에 근거해야 한다는 사실을 암시하고 있다.

2000년 4 · 13 총선 당시 서울 종로구에서 출마한 민주당 이종찬 후보가 2000년 4월 7일 <중앙일보>의 <왈순 아지매>와 관련 신문사와 작가를 상대로 출판물에 의한 명예 훼손 혐의로 서울지검에 고소한 사건이 있었다. 이종찬 후보는 고소장에서 "총선시민연대는 국보위 입법회의 위원으로 민주 헌정 질서를 파괴했다는 사유로 본인을 낙선 운동 대상으로 삼았는데도 피고소인들은 <중앙일보> 2000년 4월 6일자 <왈순 아지매>에서 마치 언론 문건과 도청이 낙선 운동 사유인 것처럼 묘사했다"고 주장하였다. 이에 대해 카툰 작가는 "이 후보가 시민 단체의 부적격 후보 명단에 포함돼 최종 22명에까지 올랐기 때문에 이를 만화의 소재로 삼은 것"이라며 "사실을 골격으로 개연성과 과장의 살을 붙여 풍자하는 시사 만화까지 고소한다면 시사 만화는 설 자리가 없다"고 반박했다(<중앙일보>, 2000. 4. 8, 27면). 검찰은 2000년 9월 25일 이를 무혐의 처리했다. 검찰은 "당시 <왈순 아지매> 만화에선 이종찬 후보가 언론 문건과 도청 사건 등으로 비난을 받고 있는 것처럼 그려진 점은 인정되나 언론 문건과 도청 사건은 허위가 아닌 실제 사건인 만큼 이 만화를 공공 이익에 부합되지 않는 내용으로 간주, 처벌하기 어렵다"고 밝혔다(<중앙일보>, 2000. 9. 26, 31면). 이 사건에서 검찰은 카툰 내용의 진실성과 공익성 여부에 주목하였다.

2004년 10월 초, <문화일보>에 만평이 빠지는 일이 발생했다. 이는 <문화일보>의 만평이 당시 서울시청 앞 잔디 광장에서의 집회가 보수 단체들한테만 허용되는 점을 꼬집고, 국정 감사에서 친북 교과서 논란을 일으킨 정치인의 색깔몰이를 비판한 내용을 게재하였으며, 개혁을 지향하면서도 중심을 못 잡고 흔들리는 열린우리당과 개혁 자체를 방해하는 한나라당을 풍자한 내용을 실었다는 이유로 당시 만평을 담당 이재용 화백의 동의 없이 신문에서 삭제되었다. 당시 이 화백은 일방적으로 편집국장이 사설의 취지에 만평이 맞지 않으므로 뺀다는 통보를 받았을 뿐이라고 불만을 표시했다. 이에 대해 전국시사만화작가회의는 기자 회견을 열고 <문화일보>의 행위는 언론 개혁을 방해하고 편집권 독립을 무력화시키는 행위라고 비난하고 재발 방지를 촉구했다. 작가회의는 아울러 만평을 그리는 작가가 편향된 사람만 아니라면 작가의 표현의 자유가 철저히 보장되어야 하며 작가에게 특정 이데올로기를 강요하는 것은 <문화일보>가 언론이기를 스스로 포기하는 것이라고 강도 높여 비판하였다.

3) 한국과 미국의 판례 비교

미국과 한국의 관련 판례 분석의 결과 미국과 한국 모두 마찬가지로 카툰을 중요한 저널리즘 요소로서 인식하고 있었으며, 카툰의 정치적 비평 기능에 대해 충분한 사회적 이해가 존재하는 것으로 드러났다. 그러나 다음과 같은 몇 가지 공통점과 차이점이 발견되었다.

첫째, 한국과 미국 공히 카툰을 의견에 비견하는 면책 사유가 적용되는 것으로 인식하고 있다. 카툰은 한국과 미국에서 그 표현의 정도가 사설과 비슷하게 높게 보장되고 있는 것으로 나타났다. 그러나 미국의 경우 주장 내용이 구체적인 사실을 특정하고 있는 복합 의견에 대해서는 명예 훼손 책임을 묻는 반면, 한국의 경우 사실의 적시가 있다고 하더라도 이것이 허위가 아니고 진실이라면 대개 책임을 묻지 않는 경향인 것으로 나타났다.

둘째, 한국과 미국 공히 제소인들의 명예 훼손 감정보다는 독자들의 카툰에 대한 인상이 더욱 중요한 판단 근거가 된다. 그러나 미국에서 독자들의 인상이란 정말로 독자들이 명예 훼손적인가를 판단할 수 있는 능력이라기보다는 카툰이라는 것이 본질적으로 왜곡되고 과장된 것이기 때문에 상식 있는 일반 독자들은 적시된 내용을 사실이라고 믿지 않을 것이라는 법원의 판단을 의미하는 반면, 한국의 독자 인상이란 독자들의 지적인 정도뿐만 아니라 카툰이 나오기까지의 복합적인 요인, 즉 작가의 게재 동기, 카툰에 사용된 풍자나 은유의 정도 그리고 그 카툰의 상황이나 사실 관계를 종합하여 판단하는 것을 의미한다.

셋째, 미국의 경우 단순한 풍자, 해학 등으로서 정치인이나 공적 인물을 묘사하는 경우 피해 당사자들은 명예 훼손이나 사생활 침해로부터 보상을 구하기 위해서는 카툰의 현실적 악의를 증명해야 하나, 한국의 경우 법원의 카툰 내용에 대한 결과론적 해석이 중요하며 현실적 악의 원칙은 적용되지 않는다. 그럼에도 한국 법원은 사회적 공익이나 정치적 인물들이 관련된 경우 카툰의 비판적 특수성에 대해 어느 정도 인정하고 있다.

넷째, 미국의 경우 사용되는 풍자의 기법이나 내용에 대한 '사회적 용인 정도'가 한국보다 폭넓은 것으로 나타났다. 한국의 경우 카툰이 특정인을 풍자적으로 묘사했을 때 구체적인 사실을 적시하는 데까지 이르지 않았더라도 전달 기법이나 내용이 사회적으로 용인될 수 있는 한계를 벗어나는 것으로 판단되는 경우 그 책임을 물을 수 있는 반면 미국의 경우 카툰이 특정 사실과 직접적인 연관이 있는가 하는 것이 중요하고 표현 기법상의 사회적 인내 한계 등에는 한정을 두지 않고 있다.

다섯째, 미국에 있어 정치적 카툰의 경우 순수 의견과 유사한 절대적인 면책 사유가 적용되는 반면에 한국의 경우 이에 대한 명확한 기준이 제시되지 않고 있다. 한국의 경우 아직까지 판례를 통해 어느 정도의 보호가 적용되는지에 대한 기록을 남겨 놓지 않았으나 최소한 사실과 관련하여 허위적 내용이 아니라면 이에 대해서는 최대한 보호하려고 하는 경향을 보이고 있다. 특히, 정치적 흐름을 대변하는 소재에 대해서는 악의적 요소가 포함되지 않은 경우 면책되는 것으로 보며 카툰에 대한 반론권의 행사에 있어서는 사실적 주장에 해당하는 요건을 까다롭게 만들어 최대한 이를 보호하려는 것으로 나타났다.

4. 만화·만평의 표현의 한계

이 장에서는 저널리즘의 한 요소로서 카툰의 정치적 기능과 관련하여 그 표현의 범위와 한계를 알아보기 위하여 미국과 한국의 명예 훼손 판례 및 법적 사건을 분석하였다. 판례 수집 과정에서 나타난 특징적인 것은 한국은 물론 미국의 경우도 관련 판례가 많지 않았다는 점이다. 이는 언론 자유의 전통이 카툰에도 적용되어 왔다는 사실을 반증하는 것이며 동시에 카툰과 관련된 다툼은 법원에 이르기 전에 어떠한 방식으로든 대개 해결되고 있다는 점을 반증한다. 또한 카툰은 판례의 경우 저널리즘 요소로서의 '사설'과 같이 다루어져 왔다. 이들 판례 중 정치적 기능과 관련되는 판례들을 선별적으로 분석하였는데, 이들은 정치인 또는 공인들이 제소자로 등장하는 판결이다. 미국의 경우 9건 그리고 한국의 경우 3건의 관련 판례들이 수집, 분석되었으며, 한국의 경우 언론중재위원회에 반론권이 청구된 것이 3건 중 관련된 언론 중재 결정 2건과 법원에 이르기 전에 검찰에서 기소 중지되거나 기각된 2건이 분석되었다.

판례 분석을 통해서 공통적으로 알 수 있는 것은 미국의 경우 법원의 판결과 이에 대한 법적인 논의들을 통해서 카툰 표현의 허용 정도와 한계에 대해서 원칙이 설정되어 있는 반면 한국의 경우 아직까지 카툰에 대한 법적인 논의가 정립되지 않았다는 것이다. 미국의 경우 1964년 뉴욕 타임스 대 설리번 사건 이후 확립된 명예훼손법상의 헌법적 대원칙들이 카툰에도 그대로 적용되고 있는 것으로 보인다. 즉, 정치인이나 공인의 경우 현실적 악의의 거증 책임이 요구되며 카툰은 논설이나 칼럼과 같은 '의견'의 면책 사유가 인정되고 있다. 의견의 경우 사실적인 설명이나 지적과 연결되지 않는 순수한 의견일 경우 명예 훼손에서 절대적으로 면책된다. 복합 의견의 경우 정치인이나 공인과 관련되었을 때 순수 의견과 별로 다르게 취급되지 않는 것으로 나타났다. 다시 말하자면 카툰의 정치적 역할과 표현상의 특성을 충분히 고려하여 최대한 카툰을 보호하려는 것으로 보인다. 일반인이 관련된 경우 그 법적 기준이 카툰에 대한 언론 자유의 범위와 한계를 결정하는 데 적용되고 있다.

한국의 경우 판례상으로는 아직 명확하게 드러나고 있지 않지만 미국과 마찬가지로 카툰은 상당히 표현의 자유가 보장되고 있는 것으로 볼 수 있다. 카툰에서 나타나는 영상적인 부분이 명예 훼손 소송의 대상이 될 수 있다는 점에서 완전히 표현의 자유가 확보되었다고 보기는 힘들지만 일반 기사보다는 높은 그리고 사설이나 칼럼과 유사한 지위를 누린다는 점에서 한국의 법조계도 카툰을 의견과 유사하게 다루고 있는 것으로 볼 수 있을 것이다. 하나의 쟁점은 대부분의 카툰의 내용을 구성하는 정치인과 공인은 자신들이 카툰의 소재로 이용된다는 것에 상당한 거부감을 가지고 있으며 법적 대응과 같은 공식적 방법은 물론이고 개별적인 압력이나 청탁 등의 사적인 방법을 동원하여 이에 대해 제재를 가하려는 경향이 있다는 것이다.

결론적으로 카툰은 상당한 범위의 표현의 자유를 향유하고 있는 것으로 보인다. 비록 절대적인 것을 의미하는 것은 아니지만 카툰의 비평적 기능을 최대한 보장하는 방향으로 그 중요성이 인식되고 있다. 그러나 미국이나 한국 모두 카툰이 명예 훼손이나 프라이버시 침해로 인한 소송의 대상이 될 수 있다는 점에서 그 내용은 엄연히 한계가 설정될 수 있다. 그 한계의 설정이 어느 정도인지는 각 사회가 처한 정치적 상황과 표현에 대한 사회적 용인의 정도 그리고 내용의 전체적 측면에서의 피해 발생 여부에 따라서 달라질 수 있는 것으로 보인다. 미국의 경우 개별적인 방법으로 사안을 해결하기보다는 원칙principle을 설정하고 이에 충실한 모습을 보이는데, 신문 카툰은 대개 정치적인 내용과 관련되는 표현의 경우 절대적인 보호가 주어지는 것으로 판단된다. 한국의 경우 신문 카툰은 은유나 과장 그리고 풍자 등의 기법을 주요 전달 방식으로 인정하며 동시에 작가의 만평 게재 동기와 아울러 독자들의 정보 수준, 그리고 만평의 소재가 되는 상황이나 사실 관계 등을 모두 종합적으로 평가함으로써 명예 훼손 여부를 개별적으로 인식하고 있다. 이때 위법성을 판단하기 위해서는 내용이 허위적이어야 한다는 허위성의 논리와 사회적으로 용인될 수 있는 한계를 벗어난 기법인지 아닌지를 판단하는 용인성의 논리가 적용된다.

결국 신문 카툰의 정치적 기능은 어느 정도의 표현이 가능한가에 의해 결정되며 이러한 표현의 정도는 사회적으로 어느 정도의 용인이 가능한가 하는 법원의 판단으로 결정된다는 것을 알 수 있다. 그러나 미국의 경우 대원칙론적 법리가 적용되는 반면 한국의 경우 사안에 따라서 개별적 방법으로 판단되기 때문에 사법부에 작용하는 정치적 영향력에 의해서 결정이 달라질 수 있는 위험이 있다. 개별적인case-by-case 판결의 경우 법 적용에 있어서 융통성을 발휘할 수 있으나 법 적용의 안정성stability은 떨어지고 정치적 상황에 따라서 판결의 오류가 발생할 가능성이 있다(Shapiro, 1981, pp.135~6). 그럼에도 현재까지의 판례 분석의 결과만으로 판단한다면 미국과 한국 모두가 카툰의 정치적 중요성을 인정하고 이에 대해 상당한 정도의 표현상의 보호를 인정하고 있는 것으로 보인다. 따라서 카툰에 대한 법적 제약이 약하기 때문에 카툰의 표현의 한계는 궁극적으로 정치적 상황과 해당 언론사의 분위기 그리고 작가의 성향 세 가지 요소 간의 상호 작용에 의해서 많은 부분 결정될 것으로 보인다.

7장

언론 중재(반론권) 제도와 인격권

1. 언론 중재 제도의 의미

2005년 1월 언론중재및피해구제에관한법이 제정되고 7월 28일부터 시행되면서 이제 한국의 언론 중재 제도는 명실 공히 가장 핵심적인 피해 구제로 자리매김하게 되었다. 아울러 언론중재위원회의 설치와 함께 수입되어 시행되어 온 반론권 제도에 대한 헌법 차원에서의 논란도 일단락하게 되었다. 이렇게 언론 중재 제도가 한 국가의 피해 구제 제도로 확대 발전하게 된 데에는 여러 요인들이 작용하였다. 즉, 여러 요인들이 서로 얽혀 작동하여 한국적인 형태의 구제 제도로서 성장할 수 있었다. 이러한 점에 근거하여 이 장에서는 반론권 제도가 어떻게 도입되어 발전하게 되었으며, 인격권과 언론 자유 사이의 비교 형량을 어떤 방식으로 해야 바람직할 것인가를 탐구하고자 한다.[1]

---

1. 기존 언론 중재 제도에 대해서는 상당히 많은 연구들이 있다. 여기서는 중재 제도의 모든 쟁점에 대해서 다루기보다는 언론중재법이 제정되기까지의 핵심적 쟁점이었던 조정 전치주의를 중심으로 논의를 다루고 있다. 새로운 언론중재법에 대해서는 김서중(2005)을 참조하라.

통신 기술과 장비의 발달로 언론 매체가 거대화, 광역화되면서 잘못된 언론 보도에 따른 인격권 침해 현상은 그 형태가 복잡하고 다양해졌을 뿐만 아니라 그에 따른 피해는 빠르고 넓게, 그리고 지속적으로 확산되는 경향이 나타나기 시작하였다(윤경, 2003, p.2). 언론 보도로 피해가 발생하는 경우 구제 방법은 국가마다 상이한데, 한국의 경우는 법원에 민·형사 소송을 제기하는 방법과 함께 언론중재위원회(이하 '중재위원회'라 한다)에 반론 보도나 정정 보도의 중재를 신청하는 등의 이원적 구제 방법을 갖추고 있다. 중재위원회라는 법정 기관을 활용한 언론 피해 구제 제도는 반론권 제도가 일반화된 서구 어느 나라에도 없는 한국법상의 독특한 제도(박용상, 1991, p.21)로 법원이 아닌 기관에 의해 분쟁 해결을 도모한다는 점에서 '소송에 갈음하는 분쟁 해결 방안'(Alternative Dispute Resolution: ADR)2의 일종이라 할 수 있다.

중재위원회는 1980년 12월 31일 제정된 언론기본법에 의해 설치된 후 지난 25년 동안 반론보도청구권 등에 대한 조정을 해오면서 초기부터 언론계로부터 언론의 자유를 침해하는 제도로 비판을 받기도 하였고(김창룡, 2001), 중재위원회의 핵심 중재 대상인 반론보도청구권의 위헌 시비도 제기된 바 있으나, 반론보도청구권이 헌법에 합치된다는 헌법재판소의 결정(1991.9.16. 선고 89헌마65)이 나오고 중재 활동에

---

2. 이를 '재판 외 분쟁 해결 절차(방법)' 등으로 표기(호문혁, 2002; 송상현, 2002)하기도 하나, 여기에서는 '소송에 갈음하는 분쟁 해결 방안'으로 통일해 사용하고자 한다. '소송에 갈음하는 분쟁 해결 방안'으로는 화해·중재·조정 등이 있다(호문혁, 2002, p.5). ADR은 가정이나 교회, 지역 사회 등이 더 이상 분쟁 조정자로서의 역할을 수행하지 못하게 되어 소송 사건이 폭주하게 됨에 따라, 재판이 지연되고 많은 비용이 들게 되는 등 일반인의 사법에 대한 불신이 팽배해지면서 1960년대 후반 들어 미국에서 연구와 그 활용이 적극화된 것이다(권오곤, 1996, p.17). 즉, 공식적인 분쟁 해결 방법인 소송 제도가 갖고 있는 문제점인 재판 지연, 과다 비용, 재판 과정의 기술적 난해성, 경미하거나 특수한 분쟁에 대한 소송 절차의 부적합성 때문에 소송 제도에 대한 대안을 모색하는 차원에서 부각된 제도이다(송상현, 2002).

대한 오해도 상당히 해소되어 언론 보도로 인한 피해 구제 기관으로 위상을 강화해 왔다. 그러나 중재위원회의 중재가 얼마나 실효성이 있느냐에 관해서는 현재도 여전히 평가가 엇갈리는데, 중재위원회의 중재가 그다지 효과가 없다는 견해에서부터 신속하고 효과적인 언론 피해 구제 제도로 자리 잡고 있다는 평가에 이르기까지 차이가 크다 (Lee, 1998b).

중재위원회의 중재 활동에 비판적인 측에서는 언론 중재 제도가 언론 보도로 피해를 입은 국민들의 권리 구제를 돕는 것이 아니라 오히려 지연시키는 제도라고 비판한다. 반론보도청구권은 피해 보상 효과가 미약해 곧바로 손해 배상 소송을 청구하는 경우가 많다는 점과 중재의 강제성이 없기 때문에 언론사가 합의를 거부했을 경우 마땅히 대응할 수단이 없다는 것 등을 지적하고 있다(장호순, 2003; 김창룡, 2001). 이와 함께 언론 보도를 둘러싼 다툼에 있어 당사자 간의 합의 가능성이 적고 합의가 이루어지는 경우에도 만족을 주지 못하는 중재를 피해자의 의사에 반하여 강제하는 것은 상당히 불합리한 처사이며, 특히 필요적 중재 제도는 언론에 의한 피해를 구제하는 제도가 아니라 오히려 언론사를 보호하기 위한 제도로 운용되도록 하는 결과를 낳을 수 있다는 주장도 제기되었다(김종서, 1994).

반면 중재위원회의 중재 활동을 긍정적으로 평가하는 견해도 적지 않다. 양삼승(2000)은 1981~2000년까지의 언론 중재 사건 신청 현황을 분석하면서 예상보다 훨씬 높은 비율의 사건들이 중재 성립 등 당사자 간의 합의에 의해 해결(30.4%)되었다고 밝혔다. 통계상으로는 신청 취하 항목으로 처리되었으나 실제적으로는 당사자 간의 합의 성립을 토대로 한 취하가 대부분인 점을 고려한다면 중재 과정에서의 합의 비율은 훨씬 높은 것으로 간주해야 한다고 전제한 후, 중재위원회의 중재 실적이 실증적으로 입증된 이상 한편으로 중재 대상을 넓히고, 다른 한편으로는 반드시 중재를 거치도록 하는 것은 언론 피해 사건의 효율적인 해결을 위하여 바람직한 것으로 여겨진다고 그는 주장한다. 유재웅(2003)도 중재 제도는 다양한 정보를 더 많이 제공할 수 있는 기회가 되므로 선용을 하면 바람직한 구제 시스템이 된다고 보았다.

지난 25년간 중재위원회는 현행 중재 제도에 대한 성과를 바탕으로 중재의 실효성을 높이기 위한 다양한 방안을 지속적으로 모색하여 왔다. 그런데 그동안 논의들이 실제적인 입법 추진으로 이어지지는 못하다가 2002년 2월 8일 국회의원 27인(대표 발의 심재권 의원)이 발의한 정기간행물의등록등에관한법률(이하 '정간법'이라 한다) 개정안이 국회에 상정되면서 구체적으로 논의가 시작되었다. 아울러 언론으로 인한 피해를 구제하기 위한 별도 입법의 필요성이 제기되었고 언론 피해를 구제하기 위한 다양한 방법들을 통합하여 운영하며 실질적인 효과를 거둘 수 있는 방법의 모색이 요구되었다. 이러한 이유로 언론중재위원회 및 시민 단체들이 별도의 입법을 위한 개정안들을 제시해 왔다.

새로운 법의 제정과 시행으로 인하여 기존과는 몇 가지 다른 차이점들을 나타내게 되는데 가장 특징적인 것들을 간단히 살펴보면 첫째, 피해에 대한 손해 배상을 언론중재위에 청구할 수 있게 되었고(제18조 제2항), 둘째, 인터넷 언론에 대해서도 반론권을 인정하였으며, 셋째, 중재위원의 수가 40인 이상 80인 이내로 규정하던 종전보다 약간 증가하였고(서울에 제6중재부 설치), 넷째, 언론사가 고충 처리인 제도를 도입하도록 규정하였으며, 다섯째, 제3자에 의한 시정 권고를 서면으로 할 수 있게 되었고, 여섯째, 기존의 중재위원회의 조정 역할 이외에 실질적인 중재 역할을 추가하였다.[3]

---

3. 고충 처리인 제도나 제3자 시정 권고 제도는 언론의 자유를 침해할 수 있다고 해서 위헌이라는 주장이 제기되었다.

실제로 법 제정 당시 중재위원회의 조정 전치 기능을 강화시키고
자 하는 이들 법안들은 그 바탕에 중재위원회가 그동안 언론 보도로
인한 피해 구제 장치로 나름대로 기여해 왔다는 인식이 공통적으로
깔려 있었다.4 그러나 흥미롭게도 그간의 연구를 살펴보면 판단의 핵
심 전제가 되는 중재 실태 및 이용자 만족도 등에 대해 객관적이고
체계적인 분석이 미흡했었다는 점을 보여 준다. 따라서 중재위원회
가 그간 행해온 중재 활동이 과연 실효성이 있었는지, 있었다면 어느
정도인지에 대한 인식과 평가는 최근 변화된 위원회의 권한과 책임
의 정도를 얼마나 될 수 있는가를 판단함에 있어 매우 중요한 기준이
될 수 있을 것이다. 즉, 효율적인 구제를 목표로 해서 제정된 언론중
재법이 제 구실을 하기 위해서는 이전의 필요성을 최대한 만족시킬
수 있으며 한편으로는 언론에 대한 부담을 적절히 조절하는 것이 요
구된다. 한편 현재 몇몇 신문사를 중심으로 법의 일부분이 위헌이라
고 위헌성 여부의 판단을 청구하고 있는 상황이다.

이 장에서는 이러한 문제 의식을 바탕으로 중재위원회가 그동안
행하여온 조정 활동 결과를 다시 정리해 보고, 이를 토대로 중재위원
회의 강화된 조정 전치 기능이 정당한 것인지, 실질적으로 효율적 구
제에 도움이 될 수 있으며 나아가서는 언론에 위축 효과를 최대한 줄
일 수 있는지를 실증적이고 사적인 측면에서 검토하고자 다음과 같
이 세 가지 문제에 논의의 초점을 맞추고자 한다.

---

4. 언론 중재 제도의 의의에 대해 박용상(1991)은 ① 화해에 의한 명예로운 해결의 기회
부여, ② 중재부가 현직 법관을 비롯해 각계 전문가가 위원으로 참여할 수 있어 언론과
피해자 쌍방을 이해시키는 데 유리하다는 점, ③ 언론 측에서도 제소 전 단계에서 절충할
기회를 갖게 된다는 점, ④ 막강한 언론 권력 앞에 무기력한 개인에게 소송 비용, 번잡한
소송 절차 없이 피해 구제를 시도할 수 있다는 점을 들고 있다. 함석천(2002), 양경승(2001)
도 언론 중재 제도가 언론 보도를 둘러싸고 다툼이 있는 경우 신속하고 저렴하게 분쟁을
해결하고 균형 있는 국민 여론을 형성하는 데 중요한 역할을 하고 있다고 평가하고 있다.

첫째, 기존의 중재위원회의 '조정 전치 제도'가 명예 훼손에 대한 구제 제도로서의 실효성이 대단히 약했는가 하는 것이다. 이를 알아보기 위해서는 중재 제도 설립 이후 그간의 중재 처리 결과와 이용자 만족도 조사 결과를 토대로 어느 견해가 보다 타당한 것으로 보아야 하는지 검토 분석해 보아야 한다.

둘째, 손해 배상 청구권을 포함한 강화된 중재위원회의 조정 전치 기능이 헌법과 법률이 보장하는 다른 기본권과의 조화를 달성하는데 기여할 수 있는가 하는 점이다.

셋째, 중재 제도의 강화가 조정의 실효성을 확보하는 데 직접적인 영향을 줄 수 있을까 하는 점이다. 이 문제는 중재위원회에 손해배상청구권에 대한 조정 권한의 부여가 실제적으로 효과를 발행할 수 있을지에 직접적으로 관련된다.

이러한 문제들을 분석하기 위해서 여기서는 언론 중재 제도 및 **ADR**과 관련한 국내외 연구 논문, 입법례 및 판례와 함께 중재위원회가 외부 전문 기관에 의뢰해 실시한 중재 제도 이용 만족도 조사 결과,5 언론 중재 관련 각종 현황 통계 등을 활용하였다.

---

5. 중재위원회는 이용 만족도 조사를 4회 실시한 바 있다. 1차는 1989년에 연세대학교 사회과학연구소에 의뢰해 실시한 "언론 중재 제도 개선을 위한 평가 연구"가 있고, 2차는 1996년 서강대학교 언론문화연구소에 의뢰해 실시한 "언론 중재 제도 이용 만족도에 관한 연구"가 있다. 3차는 2003년에 한양대학교 커뮤니케이션연구센터에 의뢰해 실시한 "2003년도 언론 중재 제도 이용 만족도 연구"가 있다. 4차 조사는 2004년 리서치 회사에 의뢰한 것으로 2003년 조사 이후 1년간의 변화 상황을 간단히 집계한 것이다(이 조사에 대해서는 분석을 생략하였다).

2. 언론 분쟁 해결 제도 및 조정 전치

1) 언론 분쟁 해결 제도

언론 보도를 둘러싼 분쟁 해결 방법은 국가마다 상이하다. 영국이나 미국에서는 언론에 의한 인격권 침해에 대하여 엄중한 배상 책임을 지우는 방법으로 해결책을 찾은 반면 프랑스나 독일에서는 반론권을 제도화함으로써 이를 해결하고 있다(성낙인, 2002). 그러나 각각의 제도를 살펴보면 궁극적인 목적은 충돌하는 제 이익 간의 균형과 조화를 도모하는 것임을 알 수 있다. 이러한 측면에서 한 사회의 명예훼손법은 그 사회에서 상충하는 특정의 기본적 가치들 — 명예권과 언론 자유 — 에 대하여 부여하는 상대적인 중요성을 반영한다(Schauer, 1980). 또한 명예훼손법은 잘못되거나 무분별한 뉴스 보도를 처벌하기 위한 실질적인 기제로 이해되기도 한다(Vick & Macperson, 1996, p.933). 같은 맥락에서 반론권*right of reply*은 언론의 자유와 개인의 명예권을 균형 잡는 데 있어 사회적 가치들의 함축적인 의미를 반영한다. 즉, 반론권 제도의 존재와 이용에 있어 각각의 사회가 처해 있는 상황에 따라 그 적용의 범위와 성격이 다르게 규정될 뿐만 아니라 반론권 청구 소송이 개인들에 의한 언론에 대한 법적 응징의 의미도 포함하게 된다(이재진, 2002b).[6]

---

6. 독일 형법은 모욕적인 언사나 명예 훼손적 표현에 대하여 벌금이나 징역형을 부과하고 있다. 그러나 실제 형벌의 적용은 극히 드물거나 악명이 높은 사건의 경우에 한해서만 이루어지는 실정이다. 민법의 경우 그 책임을 제823조 및 제824조에 명시하고 있는데, 사실적인 주장만이 소송이 가능하다. 독일은 반론권*Gegendarstellungsanspruch*을 명시하는 연방 차원의 법은 존재하지 않으며 개별 주 단위로 규정하고 있다(박운희, 1995). 독일에서 반론권의 중요한 이론적 근거는 반론권이 민주적 절차나 여론을 보호하기 위한 것이라기보다는 잘못된 언론으로부터 개인을 보호하려는 데 있다는 것이다(Kohl, 1985). 독일의 반론권은 사실적 주장에 대하여만 인정되는 특징을 갖고 있다. 독일에 앞서 1881년 출판법에 반론권

한국은 '언론의 자유에 관한 제한 입법의 원천적 금지 구조'를 갖고 있는 미국7과는 달리 기본권의 본질적인 내용을 침해하는 수준이 아니면 그 권리를 제한하는 법률도 만들 수 있는 '언론의 자유에 관한 제한 입법의 한정적 허용 구조'라는 헌법 체계를 갖고 있다(박형상, 2002). 이러한 헌법 정신에 따라 한국의 정간법 등에서는 반론 보도 청구의 경우 반드시 언론 중재 제도를 반드시 거치도록 하고 있다. 한국의 법 제도상 언론 분쟁 해결 방법은 크게 민사적 구제와 형사적 구제, 특별법에 의한 구제 등으로 대별해 볼 수 있다. 형사적 구제는 보도 내용에 대하여 명예 훼손 등으로 고발하는 것을 말하며, 민사적 구제는 손해 배상 청구 및 명예 훼손의 특칙인 원상 회복에 적당한 처분 제도(정정 보도 청구), 보도 또는 방영 금지 가처분 신청 제도 등이 있다. 특별법에 의한 구제 수단으로는 정간법과 방송법에 의한 반론 및 정정 보도 청구, 추후 보도 청구 등이 있다.

이 중 언론 분쟁 해결 수단으로 빈번하게 이용되고 조정 전치 제도와 관련해 논의 대상이 되고 있는 것이 손해배상청구권와 반론보도청구권, 정정보도청구권이다. '손해배상청구권'은 언론 보도로 인한 피해에 대한 사후적 구제 수단 중 하나이다. 민법 제750조(불법 행위의 내용) 및 제751조(재산 이외의 손해의 배상)에 근거를 두고 있으며 가장 일반적인 방법은 민법 제751조에 의한 정신적 손해로서 위자료 배상 청구가 된다. 그러나 침해 보도와 손해 발생 사이의 인과 관계의 입

규정의 골격을 만든 프랑스는 반론권을 개인의 주관적인 기본적 권리이자 일반적이고 절대적인 권리로 이해하고 있다(성낙인, 2002). 프랑스의 반론권은 독일과 달리 사실적인 주장뿐만 아니라 비판이나 평가에도 적용된다는 특징을 갖고 있다. 미국에서의 비록 방송에 관하여 한정적으로 반론권이 인정되나 아직까지 반론권 청구와 관련된 판례가 없다.
7. 미국은 1971년 마이애미 헤럴드 대 토닐로(Miami Herald v. Tornillo) 사건에서 인쇄물에 대한 반론권의 인정은 편집의 고유한 권한을 침해하는 것이라고 판단했다. 반면 방송의 경우에는 부분적으로 반론권을 인정하고 있다. 자세한 것은 이재진(2002b)을 참조하라.

증이 가능하다면 재산상의 손해 배상 청구도 가능하다(박형상, 2002, pp.209~16). '반론보도청구권'은 정기 간행물이나 방송 등에서 공표된 사실적 주장에 의하여 피해를 입은 자가 정기 간행물의 발행인이나 방송 사업자 등에게 서면으로 반론 보도문을 게재하거나 반론을 방송할 것을 청구하는 권리라고 할 수 있으며, 정기 간행물이건 방송이건 보도와 개별적 관련성을 가지는 자가 언론사에 대하여 반론을 요구하면 그 보도의 진실, 허위 여부와는 관계없이 언론사는 일정한 범위 안에서 그 반론을 반드시 실어 주어야 한다(함석천, 2002, pp.228~9). 이에 반해 '정정보도청구권'은 타인의 명예를 손상시킨 보도에 대하여 잘못된 부분이 있었음을 알리고 그 부분이 사실이 아니거나 사실이 아닐 가능성이 크다는 취지를 같은 보도 매체 혹은 다른 언론 매체를 통하여 일반에 알리고 이로써 명예 회복을 꾀하고자 하는 것으로 명예 훼손에 대하여 민법 제764조에 따라 실무상 인정되어온 제도이다. 정정보도청구권은 명예를 훼손하는 불법적인 보도가 있음을 전제로 하고, '보도가 허위일 것'을 전제로 하고 있는 점에서, 허위 아닌 진실에 대한 반론도 가능한 반론보도청구권과 차이가 있다(함석천, 2002, p.224). 다시 말해 불법 행위로 인한 청구권이 실질적 권리 관계의 규명을 전제로 하여 인정되는 데 반해 반론보도청구권은 실체적 권리 관계를 따지지 아니하고 형식적 요건만 구비하면 인정되는 것으로서 형식적 성격이 강하다(표성수, 1997; 유재웅, 2003).

2) 정간법과 조정 전치 제도

언론중재법 이전 정간법과 방송법은 언론 보도로 인한 피해 구제와 관련해 법원에 반론 보도 청구의 소를 제기하기 위해서는 중재위원회의 중재를 반드시 거치도록 규정하여 필요적 조정 전치주의를 채택하였다. 이러한 전치주의[8] 제도는 언론 보도의 피해자에게는 신속하고 저렴한 피해 구제의 기회를 제공해 주고 언론 기관에게는 반성과 재고의 기회를 부여하기 위해 마련된 것이라고 판단되었다(강현중, 1996, p.13). 그러나 새로운 법은 제18조에 "이 법에 따른 정정보도청구·반론보도청구 및 추후보도청구와 관련하여 분쟁이 있는 경우 피해자 또는 언론사는 중재위원회에 조정을 신청할 수 있다"고 하여 임의적 전치주의로 성격을 전환하였다. 이러한 점에 대해서도 찬반의 논의가 나뉜다.

언론 중재 제도가 언론기본법(1980.12.31. 법률 제3349호)에 의거해 출범할 당시 언론의 책임을 확보하기 위한 장치로 새로 도입된 정정보도청구권(당시 반론권의 명칭은 정정보도청권이었음)의 법적 성격을 둘러싸고 논란이 많았으나,[9] 대법원에서 "정정보도청구권은 그 제목의 표현과는 달리 언론사에 대하여 정기 간행물이나 방송의 보도 내용을 진실에 부합되게 시정할 것을 요구하는 권리가 아니라 그 보도 내용에 대하여 피해자가 주장하는 반박 내용을 보도해 줄 것을 요구하는 권리"

---

8. 전치주의는 ① 조정 전치주의, ② 화의 전치주의, ③ 행정 심판 전치주의, ④ 결정 전치주의 등이 있다. '조정 전치주의'는 민사상의 분쟁에 관해서는 우선 조정 청구를 하고 조정이 성립되지 않은 경우에 비로소 심판을 청구할 수 있다는 주의를 말한다(가사조정법 제50조). '화의 전치주의'는 파산 신청이 있을 경우 먼저 화의를 하도록 하고, 화의가 성립되지 아니할 때에는 고유의 파산 선고를 하도록 하는 주의를 말한다(화의법 제9조). '행정 심판 전치주의'는 위법 또는 부당한 처분 등에 대하여 법령이 행정 심판을 인정하고 있는 경우 그 행정 심판을 거치는 것을 행정 소송 제기를 위한 필요적 전심 절차로 하는 제도를 말한다(행정소송법 제18조). 공무원의 위법한 직무 집행 행위로 인한 손해 배상 청구의 경우 국가배상법은 종전에는 반드시 배상심의위원회 결정을 거치도록 되어 있었으나, 2000년 12월 29일 법 개정으로 바로 소송 제기도 가능하도록 변경(국가배상법 제9조)되었다. 소송 제기 전 결정을 거치는 경우 이를 '결정 전치주의'라고 한다.

9. 이러한 비판은 언론 중재 제도의 모태가 되는 언론기본법이 담고 있는 언론관과 절차적 정당성 등에 대한 비판과도 관련이 있다. 언론기본법은 1980년 당시 국가보위입법회의를 통과하여 제정됨으로써 입법 절차상 정당성이 결여되어 있고, 언론 자유에 대한 과도한 규제와 공적 책임에 대한 지나친 강조로 보도 활동의 위축에 대한 각계의 비판과 언론계의 저항을 받아 1987년 폐지되었다(유일상, 1998, p.32).

라고 판시(대법 1986.1.28. 선고 85다카1973 판결; 1991.1.15. 선고 90다카25468 판결 등)

하여 법적 성격을 명확히 한 후 이에 관하여는 더 이상 이론이 제기

되지 않게 되었다.

아울러 반론보도청구권 제도가 언론 자유를 침해하는지 여부를

둘러싸고 논란이 제기된 바 있었으나 이 역시 헌법재판소가 언론 자유

의 본질적 내용을 침해하는 것으로 볼 수 없다며 합헌 결정(헌재 1991.9.16.

선고 89헌마165)을 내림으로써 위헌 시비도 일단락되었다. 헌법재판소는

결정문에서 "정정보도청구권은 신속한 권리 구제를 위해 언론 보도로

인한 피해자에게 언론 보도를 반박할 기회를 준다는 점에 특색이 있으

므로 언론 자유와의 관계는 기본권의 조화라는 전체적인 관점에서 평

가되어야 한다"면서 "이 제도는 상충되는 기본권 사이의 조화를 목적

으로 삼는다는 점에서 헌법에 위배되지 않는다"고 밝혔다.10

언론 중재 제도는 이러한 논란을 거쳐 독특한 언론 보도 피해 구

제 장치로 발전해 왔다. 1987년 언론기본법이 폐지되고, 정간법 및 방

송법이 새로 제정될 때에도 반론권 제도와 언론 중재 제도는 그대로

존속되었고, 1995년 12월 30일 정간법이 개정되면서 종전에 불법 행

---

10. 그러나 이 결정에 대해 소수 의견을 낸 한병채, 이시윤 재판관은 "정정보도청구권은
일반 소송과 달리 약식 절차에 따르게 함으로써 언론사의 발행인, 편집인에게 충분한 방어
기회를 주지 못해 평등의 원칙과 공정한 재판을 받을 권리에 어긋난다"고 지적하고 있다.
이와 관련, <국민일보>가 1996년 4월 25일 정정 보도 청구에 대하여 민사 소송법상 가처
분 절차 규정에 의거하여 재판한다는 정간법 규정이 언론 기관의 평등권과 재판 청구권을
부당하게 제한하고 언론 자유의 본질적 내용을 침해한다는 위헌 소원을 제기한 데 대해
헌법재판소는 "정간법상의 정정보도청구권은 그 용어상의 표현에도 불구하고 반론권으로
해석함이 타당하다"며, 89헌마165 결정을 다시 확인하면서, "피해자가 본안 소송 절차에
의하여만 권리를 구제 받게 된다면 피해 구제의 실효성을 거둘 수가 없고, 독자들이 공정
한 여론 형성에 참여할 자유나 객관적 질서로서의 언론 제도를 보장하는 데도 반하는 것이
므로 가처분 절차에 따라 심판하도록 하는 것이 평등의 원칙에 반하거나 언론 자유의 본질
적 내용과 언론 기관의 재판청구권을 부당하게 침해하는 것으로 볼 수 없다"고 합헌 결정
이유를 밝히고 있다(95헌바25 결정).

위에 기인한 본래의 '정정보도청구권'과 정간법상의 '정정보도청구권'이 혼동을 불러일으켰던 점을 개선하여 '반론보도청구권'으로 명확히 하는 한편, 중재위원회에 직권 중재 결정을 할 수 있는 권한을 새로 부여한 것 등이 이를 잘 보여 준다. 그러나 언론 중재 제도는 언론도 하나의 상품으로 인식되고 그에 따른 피해 구제를 요구하는 것이 당연한 것으로 인식되는 시대 변화 추세에 비추어 볼 때 반론권 차원에 머물러 있기에는 사회적 기대에 크게 미치지 못하고 있다는 지적(양경승, 2001)이 적지 않았다. 이는 조정 전치 제도 등 중재위원회의 위상과 권한에 대한 근본적인 재검토를 해야 할 필요성을 의미하는 것으로 해석할 수 있다.

전치 제도에 대한 본격적인 검토의 필요성이 제기되면서 이를 어떻게 개선할 것인가에 대한 논의들이 이어져 왔다. 그런데 이에 앞서 지금까지 약간 혼동되어 사용되어 온 '중재'의 개념과 '조정,' '알선,' '주선' 등 유사 개념 간의 차이를 명확히 할 필요가 있다. 먼저 정간법에서 사용되고 있는 '중재仲裁'라는 용어는 본연의 의미의 '중재'라기보다는 '조정調停'에 해당되는 법적 성질을 갖고 있다. 중재arbitration는 법적으로 중재인으로 하여금 중재 판정을 내리게 한 다음 반드시 이에 따르게 하는 분쟁 해결 방법이다. 중재인은 당사자들의 합의로 선임되고 인정되는 사실 관계에 당사자들이 미리 합의한 실체법을 적용하여 중재 판정을 내린다. 중재에 의하여 분쟁을 해결하기 위해서는 당사자들 사이에 반드시 중재에 의하여 분쟁을 해결하기로 하는 합의arbitration clause가 있어야 하며(권오곤, 1996, pp.17~8), 중재인의 중재가 내려진 경우에는 당사자가 특별한 사정이 없는 한 이에 승복하여야 한다는 점에서 확정 판결과 동일한 효력(양삼승, 2000, p.36)을 갖는다. 이에 반해 정간법상에서 사용하는 '중재'는 중재위원회에서의 결정이 양 당사자의 의사와는 무관하게 효력을 가지는 것이 아니며 당사자가 중재위원회가 제시하는 결정 사항을 받아들여 합의에 다다른

236

경우에만 화해와 동일한 효력을 갖게 되므로 법적 성질은 조정調停[11]이라 할 것이다.[12] 다시 말해 지금까지의 이름은 중재로 되어 있었지만 실질적으로는 조정 역할을 해 왔다. 이러한 점이 언론중재법 제정과 실시에 반영되었다.

당시 정간법은 제18조 제6항에서 "중재부는 직권으로 당사자의 이익 기타 모든 사정을 참작하여 신청 취지에 반하지 않는 한도 내에서 사건의 공평한 해결을 위한 중재 결정을 할 수 있음"을 규정하여 직권 중재 제도를 규정하고 있다. 이 제도는 언론 중재 제도가 당사자간 합의가 결렬되어 아무런 실효성을 담보하지 못하고 있는 데 대한 비판 여론을 받아들여 언론 중재의 실효성을 담보하기 위한 제도라고 할 수 있다. 그러나 직권 중재 결정 역시 '결정을 송달 받은 날로부터 7일 이내에 이의 신청을 하는 경우' 결정이 효력을 상실하므로(제18조 제6항 본문, 제7항 단서), '중재'의 성격을 가지는 것으로는 볼 수

---

11. '조정conciliation'이라 함은 중립적 위치에 있는 제3자, 즉 조정인이 협상에 개입하여 분쟁 당사자들이 쉽게 협상을 이룰 수 있도록 도와 주는 분쟁 해결 방법이다. 조정은 당사자 사이의 합의가 성립되는 것을 전제로 한다. 조정은 원칙적으로 당사자들이 이에 동의하여야 개시되는 것이지만, 법원에 있어서의 조정과 같이 당사자의 의사 여하에 불문하고 조정에 회부되는 것도 있다(권오곤, 1996, pp.17~8). 조정은 담당 기관이 누구인가에 따라 법원 조정, 행정 조정, 민간 조정으로 나눌 수 있다(송상현, 2002, pp.8~9). 알선 또는 주선 mediation은 분쟁 당사자들이 스스로 합의 또는 양해에 도달하여 분쟁을 해결할 수 있도록 중립적인 제3자가 직접적 또는 간접적으로 교섭, 협상, 고무, 촉진, 중개, 주선, 조회 등의 노력을 행하는 과정이고, '조정'은 제3자가 독자적으로 분쟁 해결을 위한 타협 방안을 마련하여 당사자의 수락을 권고하는 것이라 하여 양자를 구분한다. 그러나 양자를 구별할 실익이 없으며 오히려 알선이 조정보다 제3자가 더 적극적으로 참여하는 형태라는 주장도 있다(권오곤, 1996, p.17). 따라서 이하에서는 중재위원회가 행하는 '중재'를 불가피한 경우가 아니면 본연의 법적 개념에 맞게 '조정'으로, '중재 전치'는 '조정 전치'로 사용하고자 한다.
12. 송상현(2002, p.12), 성낙인(1998, p.270), 권오곤(1996, p.16), 함석천(2002, p.255), 임병국(2000, p.385) 역시 같은 입장이다. 법원의 관련 판결로는 서울지법 남부지원 1995.8.31. 선고 95카합2283 판결을 참조하라. 그런데 언론중재법에서는 현재 중재와 조정을 같이 할 수 있도록 규정하고 있다.

없고 '조정안의 강력한 권고'라는 의미(강현중, p.14)를 가지는 데 그칠 뿐이라는 점에서 민사상 '강제 조정'과 유사하다(권오곤, 1996, pp.16~29; 성낙인, 1998, p.293).

그러던 것이 새로운 법에 따라 실질적인 중재 제도가 도입되게 되었다. 언론중재법에 의하면 중재의 종류를 정확히 조정과 중재로 구분하고(제7조 제1항), 중재의 경우는 "당사자의 쌍방은 정정 보도 청구 등 또는 손해 배상의 분쟁에 관하여 중재부의 종국적 결정에 따르기로 합의하고 중재를 신청할 수 있다"고 규정하였다(제24조 제1항). 이는 종래의 조정·심의 기능에 부가하여 실제적인 중재의 기능이 부여된 것으로서 언론중재위원회의 관할 업무가 확장되었다는 것을 의미한다. 아울러 일정 정도 이상의 구속력이 커지게 되어 실질적 효력이 발생할 것으로 판단할 수 있다.

3. 중재위원회 조정 전치 실태 및 문제

1) 조정·심의 실태

중재위원회가 출범한 1981년부터 2003년까지 23년간의 중재 신청 처리 현황을 분석해 보면 위원회가 출범한 이래 중재 신청 건수가 꾸준히 증가해 왔음을 알 수 있다. 중재 처리 현황을 5년 단위로 끊어 살펴보면 이러한 추세가 확연히 드러난다. 표 7-1에서 보듯이 중재위원회 출범 초기인 1981~5년까지는 중재 신청 건수가 연평균 55.6건에 불과했고, 1986~90년까지도 연평균 86.2건에 머물러 중재 처리 실적이 미미했다. 그러나 1990년대 들어서면서 중재 신청 건수가 급증해 1991~5년은 연평균 418.6건, 1996~2000년까지는 579.2건을 기록했고, 2001~3년까지는 연평균 631.3건을 기록했다.

표 7-1. 언론 중재 처리 현황 (5년 단위)

구분		계	1981～5	1986～90	1991～5	1996～2000	2001～3
신청 건수	총	7,592	278	431	2,093	2,896	1,894
	평균	330.1	55.6	86.2	418.6	579.2	631.3
중재 건수	총	7,366	264	419	2,024	2,824	1,835
	평균	320.3	52.8	83.8	404.8	564.8	611.7
구제 건수	총	4,316	129	229	1,096	1,680	1,182
	평균	187.7	25.8	45.8	219.2	356	394
구제 비율(%)		58.6	48.9	54.7	54.2	59.5	64.4
합의, 동의 건수	총	2,464	73	111	538	1,005	737
	평균	107.1	14.6	22.2	107.6	201	245.7
합의, 동의 비율(%)		33.5	27.7	26.5	26.6	35.6	40.2

출처: 언론중재위원회(http://www.pac.or.kr/data/data.html)의 자료를 연구자들이 재정리한 것임(이하 동일).

중재위원회 조정의 실효성을 나타내 주는 직접적 지표라고 할 수 있는 중재 파정에서의 합의율이나 중재위원회의 직권 숭재 결정에 대한 동의 비율도 1995년까지는 20%대에 머물렀으나 1996년 이후 35～40% 대로 약간 증가한 모습을 보인다. 언론 중재 신청이 1980년대 말부터 급증한 이유로 한동원(2001, p.30)은 ① 정기 간행물의 등록 요건 완화에 따른 대중 매체의 급증과 매체 환경의 변화, ② 중재위원회에 대한 인지도 상승, ③ 1987년 6·29 선언 이후 고양된 국민들의 권리 의식, 법 의식 등에 영향을 받은 것으로 진단한다.

또한 중재위원회의 중재 합의율이 높아진 원인에 대하여는 1995년 12월 30일 정간법 개정시 도입된 직권 중재 결정 제도의 영향이 컸던 것으로 해석할 수 있다. 즉, 피신청인인 언론사들이 종전에 합의를 해 주어야 할 이유가 충분히 있었음에도 불구하고 불성립으로 유도했던 신청 사안들과 이와 유사한 사안들이 중재 결정으로 처리되는 것을 피하기 위해 미리 알아서 합의를 해 주는 경우가 많아졌기 때문이라는 것이다. 이러한 측면에서 언론중재법상의 중재 도입으로 합의율이 중재위원회가 밝힌 '설질적 피해 구제율'[13]은 1981～5년까지는 평균

48.9% 수준이었으나 1986~90년은 54.7%, 1991~5년은 54.2%, 1996~2000년은 59.5%를 기록하다가 2001~3년까지는 64.4%로 증가했다.14 '실질적 피해 구제율'은 중재위원회가 행하는 조정 노력의 실효성 판단과 직결되는 만큼 그 내용을 상세히 살펴보면, 반론 보도문이나 정정 보도문이 게재되었다고 해서 이를 중재위원회의 노력으로 간주하기에는 어려운 면이 있어 보인다. '합의'의 경우는 중재위원회의 조정 노력으로 중재 신청인과 피신청인 간의 합의가 이루어진 것이므로 별다른 이론의 여지가 없으나, '취하'는 반론 및 정정 보도가 이루어졌다고 하더라도 당사자 간의 이면 합의로 이루어진 것이 많아 결과만 놓고 실질적 피해 구제가 이루어졌다고 보기에는 무리가 있다. 아울러 그 내용 면을 살펴보더라도 신청인과 피신청인 간에 대등한 입장에서 합의가 이루어졌다고 보기는 힘들어 합의의 질까지를 고려한다면 단순한 게재 비율 합산은 문제가 있다.

언론 중재를 신청했다가 '취하'하는 비율은 표 7-2에서 보듯이 43%에 달해 합의 및 동의율 32.4%에 비해 크게 높다. 취하율이 합의나 불성립에 비해 높은 이유로 한동원(2001, p.31)은 두 가지 이유를 들

표 7-2. **언론 중재 신청 처리 결과** (1981. 3. 31~2003. 12. 31)

| 구분 | 신청건수 | 처리 결과 | | | | | | | | | 비고 |
| | | 합의 | 중재 결정 | | | 중재 불성립 결정 | 기각 | 각하 | 취하 | 계류 | |
			동의	이의	계속						
계	7,592 100.0%	2,377 31.3%	87 1.1%	110(15) 1.4%		1,527(247) 20.1%	188 2.5%	38 0.5%	3,265(1,590) 43.0%		

( )은 실질적 피해 구제 건수.

---

13. 중재위원회는 '실질적 피해 구제율'을 다음 공식으로 산출한다. 피해 구제 건수＝합의＋중재 결정 중 동의＋(중재 결정 중 이의, 중재 불성립 결정, 취하) 중 정정 또는 반론 기사 등이 게재된 건수.

14. 1981년 중재위원회 출범 이후 2003년 12월 31일까지 총 누적 '실질 피해 구제율'은 58.6%이다.

고 있다. 첫째, 중재위원회의 중재라는 타율적인 방법에 의해 합의되어 반론 보도나 정정 보도를 게재하는 것이 언론사로서는 불명예스럽고, 둘째, 문제의 기사를 취재, 보도한 기자들이 회사 내에서의 책임 추궁이나 고과 반영 등의 불이익을 받을 수도 있어 관련 기자들이 중재 신청 자체를 없었던 것으로 하기 위해 모든 수단과 방법을 동원해 신청인을 회유하기도 하고 위협을 가하기 때문이라는 것이다.

이 점은 2003년도 언론 중재 제도 이용자 만족도 조사 결과에서도 확인되고 있다. 이 조사에 따르면 중재 신청 후 언론사로부터 연락 받은 경험이 있느냐는 질문에 대해 신청인의 60.1%가 있다고 응답했는데, "호의적인 기사 게재를 조건으로 중재 신청 취하 요구" 53.8%, "무조건적인 취하 요구" 11%, "위협적인 내용" 11%로 나타났다.15 이와 관련, 신청인이 중재 신청을 취하한 이유로는 34.3%가 "언론사의 후속 보도 형태의 반론 보도 게재 약속이 있었기 때문"이라고 응답했으며, "언론사의 사과로 만족"의 경우 17.1%에 불과했다(언론중재위원회, 2003, pp.77~86). 중재 신청 취하 경위가 이러하다면, 취하 후 반론 및 정정 보도문이 게재되었다고 하더라도 이를 실질적 피해 구제로 합산해 해석하는 데는 신중을 기해야 한다.

2) 중재 제도 이용자 만족도

중재위원회는 그동안 이용자 만족도 조사를 3회(1989년, 1996년, 2003년)에 걸쳐 실시한 바 있다.16 1989년도 조사는 신청인 및 언론학회 회원

---

15. 이와 관련, 피신청인의 응답은 대조적이다. 피신청인도 49.1%가 신청인에게 연락한 경험이 있다고 응답했으나, 그 의도에 대하여는 "신청인의 요구와 의도를 알기 위해서"가 62.7%, "기사 작성의 절차적 정당성을 알리기 위해"가 21.6%로 조사되었다(언론중재위원회, 2003, p.77).

16. 연세대학교 사회과학연구소가 실시한 1차 조사의 경우 조사 대상은 1981년 3월부터

을 대상으로 조사를 실시한 반면, 1996년과 2003년도 조사는 신청인 및 피신청인을 대상으로 조사를 실시한 차이가 있다. 각각의 조사 결과를 비교 분석해 보면 중재위원회의 조정 전치의 필요성 및 실효성 등과 관련하여 시사점을 읽을 수 있다.

　우선 중재 제도의 '필요성'에 관해서는 어느 정도 공감대가 형성되어 있음을 알 수 있다. 1996년도 조사에서는 신청인 중 82.5%, 피신청인 중 95.1%가 필요하다고 응답해 언론 중재 제도의 실효성에 대한 논란에도 불구하고 언론 중재 제도는 기본적으로 유지 발전시켜 나가야 할 제도로 대부분 인식하고 있음이 드러났다. 언론 중재 제도의 '이용 동기'(표 7-3)에 대하여도 1989년도 조사에서는 "정정 보도만으로도 족하다고 생각했기 때문에"라는 응답이 38.6%로 가장 많았고, 다음으로 "민·형사 소송은 시간이나 비용 면에서 부담을 주기 때문에"와 "언론중재위원회에 가야만 하는 것으로 알았다"가 각각 20.5%였다. 이에 비해 1996년 조사에서는 "개인적 항의보다 피해 구제 효과 확실"이 50.3%, "정정 보도 등을 통한 정신적 보상"이 32.9%

1989년 9월까지 중재 신청 경험이 있는 자로 했으며, 전문가 집단인 언론학회 회원을 대상으로 한 조사가 함께 실시되었다. 조사는 1989년 8월부터 10월까지 설문 조사 및 일부 방문 조사 방법을 사용해 이루어졌다. 설문 회수율은 신청인의 경우 8.4%(전체 대상 건수 490건 대비 90건 응답)였고, 전문가 집단은 24.3%(전체 대상 230명 중 56명)였다(언론중재위원회, <언론중재>, 1989년 겨울호, pp.6~34). 서강대학교 언론문화연구소에 의뢰해 실시한 2차 조사는 1993~5년 및 1996년 7~9월 기간 중 언론 중재 신청인 및 피신청인을 조사 대상으로 했으며, 조사 기간은 1996년 9~11월까지 3개월간이었다. 조사 방법은 우편 조사 방법을 사용하였다. 응답률은 신청인은 1012명 중 161부, 피신청인은 735명 중 111부가 회수되어 총 회수율은 15.6%였다(언론중재위원회, <언론중재>, 1996년 겨울호, pp.118~27). 한양대학교 커뮤니케이션연구센터가 실시한 3차 조사는 2000년 1월부터 2003년 6월까지 3년 6개월 간 언론 중재 제도를 이용한 경험이 있는 신청인과 피신청인을 대상으로 실시했다. 조사 방법은 우편 조사 방법을 사용하였다. 응답율은 신청인 17.4%(대상자 1355명 중 236부), 피신청인이 13.0%(976명 중 127부)로 전체 회수율은 15.2%였다(언론중재위원회, <언론중재>, 2003년 겨울호, pp.18~22). 2004년 리서치 회사에서 실시한 약식 조사는 여기에 포함되지 않았다.

표 7-3. 중재 신청 동기

1986년 조사		1996년 조사		2003년 조사	
정정 보도만으로도 족하다고 생각했기 때문에	38.6%	개인적 항의보다 피해 구제 효과 확실	50.3%	확실한 피해 구제 효과 기대	45.6%
민·형사 소송은 시간이나 비용 면에서 부담을 주기 때문에	20.5%	정정 보도 등을 통한 정신적 보상	32.9%	물질 보상보다는 정신 보상을 원함	24.5%
언론중재위원회에 가야만 하는 것으로 알았다.	20.5%	시간이나 비용의 부담이 적어서	6.1%	시간·비용 부담 적기 때문	14.5%
피해 구제가 훨씬 빠르기 때문에	10.2%	피해 구제를 위한 다른 방법을 몰라서	6.1%	반론 보도를 위한 전치 제도이므로	9.5%
기타	10.2%	기타	4.7%	기타	5.9%

출처: <언론중재>, 1989년 겨울호, p.15; 1996년 겨울호, p.126; ≪2003년 이용자 만족도 연구≫, p.79.

였으며, 2003년 조사에서도 각각 45.6%와 24.5%로 나타나 언론 중재를 통한 피해 구제와 정신적 피해 보상이라는 목적이 명확해지고 있음을 알 수 있다.

조사 결과를 보면 언론 중재의 '실효성'은 아직 기대에 미치지 못하고 있음을 보여 주고 있다. 중재 처리 결과에 대한 '만족도'는 신청인을 대상으로 실시한 1989년도 조사에서는 합의된 경우와 불성립 사례를 각각 나누어 조사하고 있는데, 합의 사항에 대한 만족도에서조차 "매우 불만족" 39.1%, "대체로 불만족" 34.8%이어서 응답자의 73.9%가 불만족스럽게 생각하는 것으로 나타났다("대체로 만족"은 26.1%). 이에 비해 1996년도 조사에서는 언론사와 합의한 신청인의 경우 합의 결과에 대해 32.6%가 "만족한다"고 응답한 반면에 "불만족스럽다"는 응답은 36%인 것으로 조사되어 만족도가 다소 나아지기는 했으나 여전히 불만족도가 높음을 보여 준다. 그러나 피신청인에 대한 조사 결과는 신청인과는 대조적이어서 "매우 또는 대체로 만족한다"는 의견이 38.2%였고 불만을 표한 의견은 18.7%에 불과했다.

2003년도 조사에서는 신청인을 대상으로 중재 처리 결과 만족도를 5점 척도로 조사한 결과 '합의'에 이른 경우(평균 3.17)를 제외한 모

든 경우에 "대체로 불만족스럽다"는 평가를 내리고 있다. 중재 합의
에 이른 경우에도 "매우 또는 대체로 만족한다"는 의견이 34.6%이고,
"매우 또는 대체로 불만족한다"는 의견은 34.8%여서 1996년도 조사
와 비슷한 결과를 보이고 있다. 이에 비해 피신청인의 중재 처리 결과
에 대한 만족도는 신청인과 큰 차이를 보이고 있다. 피신청인은 '중재
불성립'을 제외한 모든 결과(중재 합의, 중재 취하, 중재 기각, 각하 등)에 대해
"보통이다," "대체로 만족한다"고 응답하였다. 이 점 역시 1996년도
조사와 유사한 결과를 나타내고 있어 언론 중재 처리 결과에 대한 만
족도는 신청인보다 피신청인이 높다고 해석할 수 있다.

언론 중재 제도에 대한 만족도 조사 결과를 종합하면, 중재 제도
의 필요성에 대해서는 신청인이나 피신청인 모두 공감하면서도 만족
도는 아직 기대에 미치지 못하고 있는 것으로 나타났다. 중재 결과에
대해 신청인은 다수가 불만족스러워하는 반면, 피신청인은 상대적으
로 만족도가 높음을 알 수 있다. 따라서 언론중재위원회의 중재 결과
에서 얻을 수 있는 시사점은 중재위원회 제도는 유지·발전시키면서
이용자의 만족도를 높이는 것이 타개하여야 할 과제로 드러났다. 이
러한 점은 앞으로 언론중재법 실시 일정기간 이후 어느 정도 만족도
가 높아졌는가에 대한 조사를 통해서 살펴볼 수 있다.

3) 중재위원회 조정 전치의 문제

언론중재법이 제정되기 이전 중재위원회의 조정 전치 제도가 소송에
갈음하는 분쟁 해결 방안으로 의미를 가지려면 법원에 소송을 제기
하는 것보다 비용이나 시간을 절약하고 중재 결과에 대한 만족도가
높아야 한다는 지적이 제기되어 왔다.[17] 앞서 중재 처리 현황에 대한
분석 및 이용 만족도 조사에서 나타난 언론중재법 이전 중재위원회
의 조정 전치 제도는 다음과 같은 문제점들을 갖고 있었다.

첫째, 중재 제도의 필요성에는 신청인이나 피신청인 다수가 공감하면서도 이용자의 만족도는 아직도 상당히 낮다는 점이다.

둘째, 중재 과정을 통한 합의율 및 직권 중재 결정에 대한 동의율이 점차 나아지고는 있으나 여전히 30% 수준에 머물러 있는 것 역시 조정 전치 제도 내지 언론 중재 제도 전반에 걸쳐 한층 근본적인 법적, 제도적 개선책을 강구할 필요가 있음을 보여 준다.

셋째, 중재위원회가 밝히는 실질적 피해 구제율이 갖고 있는 문제점이다. 중재위원회는 실질적 피해 구제율이 58.6%에 달한다고 주장하나 이는 무리가 있는 해석이라고 할 것이다. 물론 언론 중재 제도라는 공적 장치가 있음으로써 당사자 간에 합의가 이루어지는 효과도 간과할 수는 없으나, 신청인의 취하 과정과 이유, 결과에 대한 만족도 등을 종합하여 보면 당사자 간의 합의가 오히려 언론 중재 제도의 존재 의의를 근본적으로 흔드는 측면도 있다. 이 때문에 중재 신청 후 취하된 것 중에서 설사 반론이나 정정 보도문이 게재되었다고 하더라도 이를 실질적 구제율로 기계적으로 합산하는 것은 적절치 않다.

따라서 중재위원회는 반론 또는 정정 보도문이 게재되었다는 외형적인 측면을 살펴 실질적 피해 구제율의 다과로 언론 중재 제도의 존재 의의를 강조하기보다는 균형 있는 잣대로 실태를 정확히 분석 진단하면서 문제점을 타개해 나가는 방안을 모색해야 한다. 중재위원회의 조정 전치 기능이 만족할 만큼 작동되지 못하는 원인과 관련하여 권오곤(1996, p.27)은 반론보도청구권과 언론 중재 제도 자체에 대

---

17. 미국의 상사 중재에 있어서도 실효성 제고가 논의되고 있다. 아문센(Amundsen, 2003, pp.383~408)은 국제 상거래에 있어 중재*arbitration*가 ADR의 중요한 방법이 되고 있고, 합의율이 높아가고 있지만, 사법 제도를 통한 중재 재정*arbitral award*이나 동의가 실행되도록 하여야 하며 그러하지 못할 경우 중재의 실효성이 떨어진다고 주장한다.

한 언론사의 강한 거부감을 지적하였다. 그는 언론사가 조정에 응하는 경우는 오보임이 입증되어 향후 법원의 소송 사건으로 발전되더라도 언론사의 패소가 충분히 예상되는 경우에 분쟁을 더 이상 확대하지 아니하고 조속히 마무리 짓고자 하는 차원에서 합의에 응하는 경우가 대부분이라고 보았다.

함석천(2002, p.255)은 중재위의 조정 제도가 갖고 있는 좀더 근본적인 문제점으로 자칫 반론보도청구권의 의의가 훼손될 가능성이 있음을 지적한다. 즉, 중재위원회의 조정이 판결보다 유연할 수 있어, 분쟁은 정식 반론 보도나 정정 보도 대신 언론사에서 신청인에게 유리한 보도를 해 주고 반론 보도나 정정 보도에 갈음하는 형태로 분쟁이 많이 해결되어 왔다. 그러나 대체 보도 방식으로 분쟁을 해결하는 경향은 당사자들의 이해타산의 결과 때문에 정보의 자유로운 유통을 보장하고자 하는 객관적 제도로서의 반론보도청구권의 의의를 훼손하는 결과가 될 수 있다는 것이다.

이러한 지적들은 소송에 갈음하는 분쟁 해결 방안이 갖고 있는 근본적인 문제점이기도 하다.[18] 소송에 갈음하는 분쟁 해결 방안은 복잡하고 엄격한 민사 소송에 비하면 융통성이 있고 신속하게 분쟁을 해결할 수 있으며, 판결에 의한 '일도양단식—刀兩斷式' 해결이 아닌 당사자들의 합의를 전제로 한 것이기 때문에 진정한 의미의 분쟁 해결이라는 장점을 갖고 있으나,[19] 이러한 방식은 당사자들의 합의

---

18. 허버와 트래치트(Huber & Trachte, 2001, pp.221~2)는 상사 거래에 있어 1990년대 국제 ADR의 10대 주요 진전 사항을 정리하면서, 미국의 경우 대법원이나 제2 항소 법원의 선도에 따라 법원들이 국내나 국제 거래에 있어 약정에 의한 중재의 역할을 크게 확대해 오고 있다고 밝히고 있다. 연방법원은 중재를 강하게 선호하고 있으며, 알선을 조장해 왔다면서 중재를 제한하여 왔던 초창기 연방법원 판례는 사라졌다고 주장한다. 법원 재판에서 중재로의 전환은 특히, 배심원에 의한 심리와 같은 다양한 절차 보호 규정을 제거했다. 그러나 배분하는 식의 결론은 약자보다 강자에 호의적인 것처럼 비칠지도 모른다고 주장한다.

내지 양보를 전제로 하기 때문에 권리자는 권리를 충분히 실현시키지 못하고, 의무자는 그의 의무를 완전히 이행하지 않아도 되는 결과를 초래해 법치주의가 제대로 실현되지 않는 단점을 지니고 있기 때문이다(호문혁, 2002, p.6).

4. 중재위원회 조정 전치 기능 강화 쟁점

1) 주요 쟁점

중재위원회가 한국 사회에 특유한 소송에 갈음하는 분쟁 해결 방안(ADR)의 하나로 자리를 잡기 위해서는 몇 가지 쟁점에 대한 법리적·정책적 검토와 판단이 필요한 것으로 나타났다.

첫째, 중재위원회의 조정 전치 강화 대상과 방법 문제이다. 국회에 계류 중인 정간법 개정안에는 현행 정간법상 반론보도청구권 외에 정정보도청구권을 필요적 조정 전치 대상으로 추가하고 손해배상청구권은 임의적 전치 대상으로 규정하였다. 반면에 양삼승(2003) 등은 반론보도청구권, 정정보도청구권, 손해배상청구권 모두를 중재위원회의 필요적 전치 대상으로 규정하기도 하였다. 중재위원회의 조정 전치 기능을 강화하더라도 그 대상을 어디까지 확대할 것인지, 확대

---

19. 미국도 해상 분야에 있어 최근 20여 년 이상 ADR로서의 알선에 대한 관심이 증가했을 뿐만 아니라 유용한 수단으로 이용되고 있다. 주 정부 및 연방 정부도 지난 수십 년 동안 알선을 소송 건수를 가볍게 하는 것으로 인식했다. 지난 15년 이상 약 40개 주에서 ADR, 특히 알선 분야에서의 지원·감시·확대를 위한 기관을 만들고 있다. 1990년에는 당사자가 동의한다면, 행정 프로그램과 관련해 논란이 되는 이슈를 해결하기 위해 연방 기관이 ADR을 활용하는 것을 허용하는 연방 ADRA(Administrative Dispute Resolution Act)가 입법화되었다. ADRA는 상호 동의라는 핵심 개념을 유지한다(Measter & Skoufalos, 2002, pp.516~27).

시 필요적 조정 전치 대상으로 하여 강제성을 부여할 것인지 아니면 강제성을 배제하여 임의적 전치로 규정할 것인지가 쟁점이었다.

둘째, 중재위원회 조정의 실효성 제고와 국민의 권익 침해, 언론 자유 위축 등 타 법익과의 조화 문제이다. 현행 중재위원회의 조정은 법적 강제력이 없어 당사자 간에 합의에 이르면 재판상 화해와 같은 효력을 발휘하지만, 어느 일방이 이의를 제기하면 효력을 상실하는 문제가 있다. 그렇다면 중재위원회의 조정 전치 활동이 의미를 갖도록 실효성을 높이는 방법은 무엇이고, 각 방안에서 기대되는 효과와 문제점은 무엇인지를 검토해 보는 것은 조정 전치 대상을 확대하는 것 이상의 본질적인 문제라고 하겠다. 문제는 중재위원회 조정의 실효성을 높이다 보면 헌법이 보장하는 국민의 재판을 받을 권리 및 언론의 자유 보장 문제와 상호 법익이 충돌하는 문제가 발생할 수 있어 이들 법익 사이의 균형을 합리적으로 도모할 수 있는 방안을 모색할 필요가 있다.

셋째, 중재위원회의 권한 강화와 현실적인 수용 여건의 문제이다. 중재위원회가 그동안 담당해 온 조정 활동을 긍정적으로 평가하는 측에서는 위원회의 법적·제도적 권한 강화가 이루어져야 언론 중재 제도의 실효성을 확보할 수 있다고 주장하나, 급속한 권한 부여를 경계하는 견해도 있었다. 중재위원회가 감당할 수 있는 적정 권한의 범위가 어디까지인지는 법률적 판단 못지 않게 현실 운영 여건에 대한 판단이 중요하다. 아무리 법적으로 이상적인 권한을 중재위원회에 부여한다고 하더라도 현실적으로 감당할 수 없다면 권한 부여는 무의미하기 때문이다.

2) 쟁점별 검토

(1) 중재위원회 조정 전치 강화 대상 및 방법

언론중재법은 손해배상청구권, 반론보도청구권, 정정보도청구권 모두를 중재위원회의 조정 전치 대상으로 규정되어 있다. 그러나 손해배상청구권은 임의적 조정 전치 대상으로 규정하고(제25조, 제31조 제1항, 제37조 제1항), 정정보도청구권만 현행 반론보도청구권처럼 필요적 조정 전치 대상으로 규정하고 있다.[20] 그런데 양삼승(2003)은 손해 배상, 정정 보도, 반론 보도 청구의 소는 모두 중재위원회의 조정 절차를 거치지 않고서는 제기할 수 없다(안 제29조 제3항)고 규정하여 반론 보도, 정정 보도 청구와 함께 조정 전치주의를 획일적으로 채택하는 안을 제시한 바 있다.[21]

이 문제는 법률적 판단과 함께 중재위원회에 어느 정도의 조정 권한을 부여하는 것이 적절할 것인지에 관한 정책적 판단의 문제와 맞물려 있었다. 양삼승(2000)은 손해 배상, 정정 보도, 반론 보도 모두를 조정 전치 대상으로 규정한 이유로 1981년 이후 중재위원회의 조정 실적이 실증적으로 입증되었으므로, 이들 모두를 반드시 중재를 거치도록 하는 것이 언론 피해 사건의 효율적인 해결을 위하여 바람직한 것으로 여겨진다고 주장하였다. 그는 정정보도청구권을 필요적 전치 대상으로 규정한 데 대해서도 현재 중재위원회가 선택

---

20. 이 '정정보도청구권'은 그 요건으로 '고의, 과실로 인한 위법성'을 요하지 않는다고 규정(안 제27조 제2항)하여 민법 제764조에 의거해 민법상 불법 행위로 인한 손해 배상의 예외적인 조치로서 특별한 경우에 인정되는 권리 구제 수단으로 이해되어온 정정보도청구권보다 요건을 훨씬 완화하고 있다.

21. 양경승 역시 같은 입장이다. 언론 보도로 인한 분쟁을 하나의 절차 내에서 한꺼번에 해결하기 위하여 반론 보도 청구는 물론 정정 보도 청구와 손해 배상 청구까지 모두 중재위원회의 조정 대상으로 확대하고 모두 필요적 전치 절차로 하는 것이 필요하다고 주장한다(2001, p.15).

적으로만 다루고 있는 정정 보도 청구 사건의 처리 실태를 보면, 이를 필요적 중재 대상으로 하는 데 하등의 문제가 없으며 오히려 언론사나 피해자 입장에서도 당연한 것으로 여긴다는 견해를 밝히고 있다.22

그러나 김서중(2005)의 지적과 같이 반론권 등은 임의 전치 조항으로 하는 것이 수용자의 이익에 더욱 부합하는 것이고 중재 제도가 따로 도입됨으로써 특별한 문제를 발생시키지 않는 것으로 판단된다. 사실상 손해 배상에 대해서 중재위원회의 조정 대상에 포함시킬 것인지, 포함시킬 경우 필요적 조정 전치로 할 것인지 아니면 임의적 조정 전치로 할 것인지는 신중한 검토가 필요하다는 주장들이 많았다. 손해 배상에 대하여도 중재위원회의 조정이 필요하다고 주장하는 측은 반론 보도, 정정 보도뿐만 아니라 손해 배상까지 조정 대상

---

22. 반론보도청구권은 '무기대등의 원칙'이 적용되는 권리로서 인격권 침해로 인한 불법 행위상의 청구권과 유사하나, 불법 행위로 인한 청구권이 실질적 권리 관계의 규명을 전제로 하여 인정되는 데 반해 반론보도청구권은 실체적 권리 관계를 따지지 아니하고 형식적 요건만을 구비하면 인정되므로 형식적인 성격이 강하다(유재웅, 2003, p.152). 그런데 신청인뿐만 아니라 언론 중재나 법원의 재판 과정 등을 보면 정정보도청구권과의 차이를 명확히 구분하지 못하는 사례가 종종 있어 왔다. 이에 대해 양경승(2001, p.15)은 양자 모두 원래의 보도 내용을 부정하고 그와 배치 또는 반대되는 사실을 보도함으로써 원 보도 내용의 수정이나 원상 회복을 꾀한다는 점에서 커다란 차이가 없으므로 특별한 사정이 없는 한 이를 엄격하게 구별하기보다 상대화시킬 필요가 있다고 지적한다. 그러나 반론 보도 청구 사건에서의 법원의 결정문을 보면 반론 보도 청구의 정당한 이익을 판단하기 위하여 결과적으로 당해 사건에 있어서 보도 내용이 실체적 진실에 부합하는지의 여부를 판단하고 있다. 반론보도청구권이 단순히 당사자에게 반론의 기회를 부여하는 데 불과한 것임에도 불구하고 반론 기회 부여의 정당성 여부를 판단하는 과정에서 결과적으로 보도된 내용의 실체적 진실 부합 여부를 판단하게 된다는 것이다. 그러나 그 판단이 실체적 진실 여부를 가리는 수준에 이르게 되면 이미 반론보도청구권의 본질을 뛰어넘는 것이기 때문에, 법원은 반론 보도가 인용될 수 있는 사안인지의 여부에 관한 판단에 그쳐야지 실체적 진실이 무엇인가에 매달릴 필요가 없다. 그럼에도 불구하고 상당수 법원의 판례는 자칫 당해 사건에서의 언론 보도의 내용이 실체적 진실에 부합하는지 여부에 집착하는 경향을 보인다(성낙인, 2001, p.68).

에 포함시킴으로써 언론 보도를 둘러싼 분쟁을 일거에 해결할 수 있어 경제적이고 바람직하다고 주장했다. 반면에 이에 반대하는 측에서는 언론 피해로 인한 손해 배상의 액수 산정이 용이하지 아니하며, 특히 경제적 손해를 입은 당사자가 기업인 경우에는 인과 관계 및 손해 범위의 산정이 지극히 곤란하므로, 법원에 제소하기에 앞서 언론 보도로 인한 분쟁을 신속히 마무리 지으려는 중재 제도의 취지에 적합하지 아니하다고 주장하여 의견이 대립되었다.

이에 대해 이재진·유재웅(2004)은 중재위원회가 손해배상청구권까지 조정하는 데 따른 부작용이 염려되지 않는 바는 아니나 중재위원회의 조정 전치 제도에 대해 다수의 국민이 필요성을 인정하면서도 실효성이 미흡한 것으로 인식하고 있고, 손해배상청구권에 대한 중재위원회의 조정 절차를 거치는 것이 바로 법원의 판단 절차를 거치는 것보다 당사자에게 유용할 수 있는 측면이 크다면, 법리적으로 커다란 문제가 있지 않는 한 필요적 조정 전치 대상에 포함시키는 것이 적절하다고 주장하였다.[23] 그러나 언론중재법에서 손해 배상은 임의적 조정 전치 대상으로 보았다.

그런데 법으로써 임의적 조정 전치로 규정된 이상 기속력이 없고 상징성만 있다는 점에서 큰 의미를 부여하기 어렵다는 지적도 있다. 아울러 언론중재위원회에 손해배상청구권에 대한 조정 권한을 부여할 경우, 위원회가 이에 대한 의욕이 지나쳐 이로 인해 본연의 임무

---

23. <2003년도 언론 중재 제도 이용 만족도 연구>에 따르면, 중재위원회의 권한을 '언론 피해로 인한 손해 배상'에까지 확장하자는 의견에 대해 신청인들의 58.7%는 "분쟁을 일거에 해소할 수 있다는 점에서 경제적이고 바람직하다"고 응답했고, 20.9%만이 "중재 제도의 취지에 비추어 무리한 발상"이라고 답하고 있다. 반면에 피신청인의 경우에는 "법적인 문제가 파생될 수 있으므로 법원의 판단을 요구한다"라는 의견이 31.2%, "비현실적이고 무리한 발상이다"가 29.5%, "시기 상조이다"라는 의견이 24.1%로 응답해 신청인들과 인식에 있어 괴리가 있음을 보여 준다.

라고 할 수 있는 반론 보도나 정정 보도 문제의 해결에 차질을 주지 않도록 유념할 필요가 있다(양삼승, 2003).

(2) 조정의 실효성 제고와 타 법익과의 조화 문제

과거 중재위원회의 조정이 실효성이 적다는 논란은 무엇보다도 조정이 당사자의 합의에 의존하고 있고 직권 중재 결정도 당사자가 거부하면 결렬되는 데 기인한다는 지적들이 많았다. 정간법 개정안에서는 직권 중재 결정에 대하여 이의가 있는 경우에는 바로 소가 제기된 것으로 간주(안 제38조 제2항)하도록 규정하여 소송 절차와의 신속한 연계 방안을 강구하였다. 또한 법원의 심리에 있어 현행법은 반론 보도 청구 소송의 경우 '가처분 절차'에 의하도록 되어 있고 정정 보도는 본안 소송의 절차에 의하던 것을 모두 민사소송법상의 본안 소송 절차에 의하도록 하되 반론 보도 청구 소송에 관해서는 '증명'이 아닌 '소명'만으로도 청구를 인용할 수 있도록 하고 있다. 양삼승도 직권 중재 결정에 이의 신청이 있는 때에 자동적으로 소송이 제기된 것으로 봄으로써 새로이 소송을 제기하는 불편을 최소화하는 방안(안 제30조 제2항)을 제시하였다. 그는 이와 함께 직권 중재 결정에 대해 이의 신청이 있을 경우 법원에서 1심의 심리를 건너뛰어 1심 지방법원에 대응하는 고등법원의 관할(안 제33조 제2항)로 하는 안을 제시하였다.

중재위원회의 직권 중재 결정은 신청인의 주장이 이유 있다고 판단되는 경우 당사자의 이익과 그 밖의 모든 사정을 참작하여 신청 취지에 반하지 않는 한도 안에서 사건의 공평한 해결을 위하여 중재부가 직권으로 내리는 결정이다.[24] 이에 대해 이의가 있어 소송이 제기

---

24. 직권 중재 결정 회부 기준과 관련, 현행 정간법(제18조 제6항)과 개정 검토안 공히 '당사자 간 합의가 이루어지지 않았으나 신청인의 주장이 이유 있다고 판단되는 경우 당사자의 이익 그 밖의 모든 사정을 참작하여 신청 취지에 반하지 않는 한도'를 기준으로 내세우

될 경우 바로 소가 제기된 것으로 간주하는 것은 번거로움을 최소화하는 측면뿐만 아니라 중재위원회의 중재 결정의 실효성을 높이기 위해서도 필요한 조치라고 판단된다. 다만, 직권 중재 결정에 대한 소송 제기시 이의 관할을 어디로 할 것인가는 국민의 재판을 받을 권리 중 3심의 재판을 받을 수 있는 권리, 즉 심급의 이익을 박탈하는지 여부가 논란[25]이 될 수 있다(양삼승, 2000, p.40). 이 문제는 법원의 현직 부장판사가 중재부장을 맡고 있는 중재위원회의 중재부가 '직권 중재 결정'을 내리는 정도의 사안이라면 중재부의 결정을 1심 심리로 보는데 기본적으로 무리는 없을 것으로 보이지만, 중재위원회의 직권 중재 결정에 대한 국민적 신뢰가 아직 충분한 단계에 이르렀다고 보기 어렵고, 손해배상청구권에 대한 조정 권한까지 행사한다면, 위원회의 조정 전치 결과에 대한 당사자 및 국민의 신뢰가 어느 정도 구축된 후 법원의 1심과 같은 효력을 부여해도 늦지 않다고 본다.

이와 함께 고려해야 할 사안이 언론 보도를 둘러싼 정정 보도, 반론 보도 및 손해 배상 청구의 증가가 언론 보도로 인한 국민의 피해

고 있다. 그러나 직권 중재 결정에 대해 당사자가 이의를 제기하면 아무 효력을 발생치 못하는 현행 정간법에 비해, 새 검토 안에서는 직권 중재 결정에 이의 신청이 있은 때에 반론 보도 청구의 소 또는 정정 보도 청구의 소가 제기된 것으로 보며(심재권 의원 등 발의안), 법원에 소송 제기시 관할을 고등법원으로 함으로써 직권 중재 결정을 1심 심리로 대체(양삼승 안)하는 점을 감안할 때 현행보다 구체적인 기준이 필요할 것으로 보인다. 정간법상의 직권 중재 결정과 노동조합및노동관계조정법상의 직권 중재가 상이한 법적 성격을 갖고 있기는 하나, 노조법상 직권 중재 회부의 적법성 내지 적정성을 기할 구체적 기준의 제시가 필요하다는 문제 제기를 언론 중재 제도에서도 참고할 필요가 있다(이승욱, 2002, p.94).

25. 헌법 제27조가 규정하는 '재판을 받을 권리'라 함은 자기가 권리·이익이 불법하게 침해되었을 때 독립된 법관에 의하여 침해된 권익을 회복하거나, 필요한 손해 배상의 조치를 강구하는 권리이다(구병삭, 1996, p.673). 재판을 받을 권리에 상고심에서의 재판, 즉 대법원의 재판을 받을 권리가 포함되는가가 문제되는데, 현행 헌법에는 이에 관한 명문 규정이 없고 상고 문제는 법률에 근거하고 있다. 그러나 개별 입법이 상소권을 전면적으로 봉쇄하는 것은 상소권의 본질을 박탈하는 것이어서 위헌이다(권영성, 1995, p.405).

구제를 강화하는 측면과 함께 자유로운 언론 활동을 위축시키는 요인이 될 수 있다는 점이다. 특히 문제가 될 수 있는 것이 언론의 존립에 직접적으로 영향을 미칠 수 있는 손해 배상 책임의 범위와 한계의 문제이다. 이 문제는 기본적으로 통상의 언론 활동으로부터 파생된 손해에 대하여는 피해자에게 신속하고 적정한 수준의 배상을 충족시키되 자유로운 언론 활동을 위축시키거나 그 존립을 위협할 정도에 이르지 않도록 책임의 한도를 설정할 필요가 있다(양경승, 2001, p.14)는 주장을 전향적으로 검토할 필요가 있다.26 미국의 경우 보도의 정정 또는 해명을 했을 경우에는 언론사 측에 대하여 손해 배상을 제한하고, 일정한 경우 소송 비용을 상대방에게 부담시키는 것을 골자로 하는 미국의 통일법안(Uniform Correction or Clarification of Defamation Act)27이 각 주에 소개되고 있다는 것도 시사하는 바가 크다(함석천, 2002, p.231).

---

26. 양경승은 구체적인 방법으로 네 가지를 제안하고 있다. ① 언론사 내에 자율적 사전 규제 및 감시 기관으로 옴부즈맨 설치 의무화, ② 언론의 보도 내용이 공공의 이익을 위한 것이고 그것이 진실한 경우 명예 훼손 등의 죄책을 면제하는 형법상의 정당화 사유를 손해 배상의 민사적 영역에까지 확장하여 정정 보도나 반론 보도 외에는 사실상 정상적인 언론 활동으로 인하여 언론사나 언론인이 민·형사상 책임을 지지 않게 함, ③ 소멸 시효 기간 대폭 단축, ④ 손해 배상액도 당해 언론 보도의 목적과 경위, 언론사와 언론인이 기울인 주의의 정도 및 그 자력, 피해자의 신분 및 그 재산 정도, 정정 보도나 반론 보도가 이루어진 여부 등 제반 사정을 참작하여 중재위원회나 법원이 손해액을 상당한 범위 내로 감경할 수 있도록 함(2001, p.14).
27. 이 법안이 논의되는 배경은 미국의 경우 거액의 손해 배상 청구를 당할 우려에 시달리는 언론인들이 많고, 근래 언론 보도에 따른 손해 배상이 명예 훼손에 대한 확실하고 효과적인 구제책이냐에 관한 회의론이 제기됨에 따라 실질적인 구제 방안을 모색해 보자는 데서 비롯된 것이다. 따라서 일정한 요건을 전제로 언론사가 정정과 해명 보도를 했을 경우에는 징벌적 손해 배상을 제외한, 그 보도로 인한 실제 손해로만 배상을 제한하자는 취지이다(함석천, 2002, p.231; 표성수, 1997).

(3) 중재위원회의 새 권한 수용 여건 문제

조정 전치와 관련된 중재위원회의 권한을 대폭 강화한다고 하더라도 위원회가 현실적으로 이를 감당할 수 있는 여건을 구비했는지도 문제가 아닐 수 없다. 이와 언론중재법은 등은 중재위원회의 위원 수를 현행 40인 이상 80인 이내를 40인 이상 90인 이내로 늘리고, 중재위원의 5분의 1 이상은 시민·사회 단체에서 추천한 자로 하도록 하고 있다. 중재위원장은 현행 비상임에서 상임으로 하도록 하는 안도 있었으나 언론중재법에 반영되지 못했다. 양삼승(2003)은 중재위원회의 격상된 위상을 감안, 위원장은 상임화하고 임명권자를 현행 문화관광부장관에서 대통령으로 격상시키는 안을 제시한 바 있다.

언론중재법으로 인하여 실제로 중재위원회의 조정 전치 대상이 확대되어 위원회는 상당한 정도로 권한이 커졌다고 할 수 있다. 위원회가 이원화된 언론 피해 구제 제도의 한 축을 담당하는 명실상부한 준사법적 권한을 행사함으로써 언론 보도로 인한 피해자나 언론사 등 당사자들에게 공정하고 객관적인 분쟁 해결 기관으로 자리매김하려면, 상임중재위원 임명28 및 인터넷 언론의 특성을 잘 아는 전문가의 중재위원 임명 등 권한 강화에 걸맞는 조직과 인력을 갖추어 전문성을 제고하는 것이 앞으로 필요할 것으로 판단된다. 아울러 조정에 당사자들이 승복해 합의에 이르도록 하거나, 직권 중재 결정이 권위와 전문성을 확보하려면 충분한 사전 조사와 심리가 병행되어야 할 것이다.

---

28. ≪2003년도 언론 중재 제도 이용 만족도 연구≫에서도 상임중재위원 위촉에 대해 신청인은 69.8%, 피신청인은 69.7%가 찬성하는 것으로 나타났다. 그 이유로는 전문성, 공정성 제고 및 강한 권한 및 책임 부여 등을 들고 있다.

5. 바람직한 언론 중재 제도의 방향

중재위원회의 조정 전치 기능은 그간의 많은 노력에도 불구하고 아직은 기대에는 미치지 못하고 있다. 그렇다고 법원에 의한 재판에 호소해 언론 보도로 인한 피해 구제를 받도록 하는 방법은 피해자에게는 많은 비용과 시간의 투입을 요구하는 것이고, 언론사에게도 법적 불안정 기간을 장기화하는 등 자유로운 비판 기능을 위축시킬 수 있다는 점에서 가능하면 소송에 갈음하는 분쟁 해결 방법(ADR)의 하나인 중재위원회의 조정 제도를 실효성 있게 정착시켜 나가는 것이 바람직하다는 의견이 있었다(이재진·유재웅, 2004). 문제는 중재위원회가 공정하면서도 중립적인 입장에서 한층 적극적으로 중재에 나서고 그 결과에 대해 당사자가 승복할 수 있도록 실효성을 확보할 수 있는가에 달려 있다. 즉, 중재위원회가 출범한 지 24년이나 된 만큼 앞으로는 양적인 조정 실적에서 한 걸음 더 나아가 질적으로 얼마나 만족할 만한 중재를 하느냐로 초점을 옮겨야 할 시점이 되었다.

언론중재법의 핵심은 조정 전치의 범주와 조정의 기속력을 어떻게 설정하여 조정과 중재의 실효성을 제고시킬 수 있는가의 문제로 집약된다. 언론중재법은 중재위원회의 조정 전치 범주에 관하여는 반론보도청구권뿐만 아니라 정정보도청구권 및 손해배상청구권까지로 확대하여 언론 피해 구제에 관해서는 그야말로 '원스톱 서비스'를 구현할 수 있는 체제를 갖추었다. 조정 신청의 당사자 범위가 확대된 것도 이러한 측면에서 이해할 수 있을 것이다(제14조 제1항).29 아울러 중재위원회의 직권 중재 결정에 대하여는 당사자가 이의 신청을 하

---

29. 제14조 제4항 민사소송법상 당사자 능력이 없는 기관 또는 단체라도 하나의 생활 단위를 구성하고 보도 내용과 직접적인 이해 관계가 있는 때에는 그 대표자가 정정 보도를 청구할 수 있다.

였을 경우 별도의 신청 절차를 거치지 않더라고 자동적으로 소가 제기된 것으로 간주하고 법원의 1심과 동일한 효력을 부여해 지방법원의 합의부로 가게 한 것도 바람직한 방향으로 판단된다.

다만, 이러한 방안은 언론 피해 구제의 실효성 제고라는 단선적 차원에서만 살필 것이 아니라 헌법이 보호하고 있는 또 다른 기본권과의 충돌 여부 등 법리적 판단, 중재위원회의 현실적 수용 여건 등을 종합적으로 고려해야 새로운 제도의 착근이 가능하므로 단계별로 도입되어 시행되었다면 더 좋았을 것으로 판단된다. 그래서 이재진·유재웅(2004)의 지적대로 1단계로는 조정 전치의 대항을 어떻게 정하고 법의 적용을 어떠한 방식으로 할 것인가에 대해서 판단하도록 하고, 2단계 과제로 중재위원회의 직권 중재 결정에 대해 법원의 1심과 동일한 효력을 부여하는 문제 등을 고려해 추진하는 등의 단계적 언론 중재 확대 방안을 실시하는 것도 좋았을 것이다. 아울러 중재위원회의 조정 전치 기능 강화와 함께 위원(장) 상임화, 중재위원 위촉권자를 문화관광부 장관에서 대통령으로 격상시키는 문제, 인터넷 언론 전문가 언론중재위원 임명 등도 검토되어야 한다.

단일법이 제정됨으로써 중재위원회가 명실상부하게 소송에 갈음하는 분쟁 해결 기관으로서의 역할을 하게 되었다. 무엇보다 언론 피해 구제 수단에 대한 소멸 시효와 제소 기간 등 절차를 간명하고 통일성 있게 규율할 수 있고, 유사한 구제 수단 상호 간의 유기적 연결과 상호 변환을 통해 분쟁 해결 가능성과 만족도를 높일 수 있는 효과가 기대된다(양경승, 2001, p.14). 특히 이전에 법률적 근거가 구제 수단별로 근거 법령이 나뉘어 있고, 여기에 편집권, 소유 제한 등의 예민한 문제가 포함되어 있어, 개정을 시도할 때마다 정치적 문제에 봉착했던 점을 고려할 때 별도의 법 체계라면 차후에는 이러한 정치적 제약으로부터 상대적으로 더 자유스러울 수 있다. 아울러 언론사가 중재에 적극 임하도록 하고 중재의 실효성을 높이는 차원에서 미국에서 논의되고 있는 명예 훼손법 통일 개정안(Uniform Correction 또는 Clarification of Defamation Act)을 참고해, 언론 보도를 둘러싸고 손해 배상 청구가 제기되었을 경우 반론이나 정정 보도문이 게재되었다면, 손해 배상을 경감하거나 제한토록 하는 등의 방안을 검토할 필요가 있다.

:

8장

통신사 면책과 인격권

1. 통신사 인용의 쟁점

뉴스의 홍수 속에 사는 오늘날 한 언론사가 국내외에서 일어나는 수많은 뉴스들을 모두 취재해 보도한다는 것은 불가능한 일이다. 이에 따라 각국의 언론사들은 통신사와 같은 뉴스 네트워크로부터 기사를 제공받아 활용함으로써 시간적·공간적·경제적 제약을 극복하여, 뉴스 공백을 보완하고 있다. 무엇보다 지구촌 곳곳에서 일어나는 소식을 전하는 외신의 경우 세계적인 통신사들이 제공하는 뉴스에 의존하는 것은 불가피한 현실이다.

외신뿐만 아니라 국내 뉴스도 통신사에 크게 의존하기는 다를 바 없다. 중앙 언론사는 물론이고 특히 지방 신문과 방송, 일부 특수 신문들의 경우 중앙 및 타 지방 기사의 대부분을 연합뉴스(구 연합통신)가 제공하는 통신 기사에 의존하고 있는 실정이다. 문제는 통신사가 제공한 기사를 신문이나 방송이 받아쓰고 난 후 그 기사가 오보이거나 타인의 명예를 훼손하는 것이어서 법적인 다툼이 발생할 경우 이에 대해서 누가, 어떻게, 어느 정도의 책임을 지느냐는 것이다. 즉, 명예 훼손의 책임을 기사를 제공한 통신사가 지느냐, 또는 기사를 사용한 해당 언론사가 지느냐, 아니면 통신사와 해당 언론사가 공동으로 책임지느냐가 논점이 된다.

이러한 문제는 언론이 통신사가 제공한 정보의 진위 여부를 파악하기가 힘들다는 데서 발생한다. 다시 말해 원칙적으로 언론은 정보의 출처가 어디든 보도하기 전에 그 진위 여부를 확인하는 과정을 거쳐야만 하지만, 믿을 만한 통신사의 기사까지 일일이 출처를 확인하는 것은 쉽지 않은 일이다. 특히, 신문이나 방송이 통신 기사에 많이 의존하는 외신의 경우 나라 밖에서 일어난 일까지 확인 절차를 거친다는 것은 사실상 불가능하다. 이러한 이유로 통신 기사의 인용·보도로 인해 발생한 인격권 침해에 대해서까지 언론사가 책임을 져야 하는가의 문제가 발생한다.[1]

이와 관련해 가장 문제가 되는 것은 한국 언론의 잘못된 보도 관행이다. 한국 언론이 통신 등 타 언론 매체의 기사를 인용하는 경우 정확하게 출처를 밝히지 않고 마치 자신들이 취재한 것처럼 각색, 기사화해 온 것은 잘 알려진 사실이다. 이런 경우 인격권 침해 등에 대한 책임 소재가 불분명해질 수 있다. 더욱이 타사의 기사를 그대로 전재하거나 본질적 내용을 훼손하지 않는 선에서 손질해 사용하는 수준을 넘어 새로운 내용을 부가하거나 여러 소스의 관련 기사를 혼합해 재작성하는 과정에서 과장·왜곡·조작 등과 같은 보도의 정도를 벗어난 행위가 적지 않다.

한국 언론은 특히 체면과 자존심 때문에 가급적 통신 기사 전재 사실을 숨기려는 경향이 있다는 지적도 있다(이재진, 2003c, p.206). 이러

---

1. 일반적으로 통신 기사의 인용은 전문 인용, 일부 인용, 신문사의 독자적인 취재 내용을 가미한 수정 인용의 세 가지가 있다. 이 장에서는 통신 기사의 본질적 내용에 변경을 가하지 않은 전문 인용, 일부 인용의 경우가 주요 논의의 대상이다.

한 관행 이외에도 언론이 사건의 진위 확인을 위한 노력이 부족하다는 비판도 있다(대법 1996.5.28. 선고 94다33828 판결). 이 때문에 명예 훼손 등의 책임 소재를 둘러싸고 피해 당사자와 언론사, 통신사와 언론사 간에 법적 다툼이 벌어질 가능성이 상존한다.

비록 명예 훼손 소송으로 발전하지는 않았지만 지난 2001년 11월 영국에서 발생한 어학 연수생 '진효정·송인혜 양 살해 사건'의 경우 잘못된 관행으로 인한 인격권 침해의 좋은 예라고 할 수 있다. 이 사건에서 당시 두 사람의 피살 원인과 관련, 영국에 특파원이 없는 국내 신문들은 연합뉴스가 전송한 진 씨의 마약 과다 복용, 약물 밀매 조직과 연계 가능성을 언급한 추측성 기사를 받아서 사실 확인 없이 대서특필했다. 연합뉴스 런던 특파원이 보낸 기사를 각 신문들이 인용 보도했는데, 당시 이 기사는 진 씨가 묵었던 민박집 주인으로 진 씨의 살인 용의자로 지목된 김모 씨가 보낸 전자 메일을 근거로 작성된 것이며 김 씨의 일방적 주장에 불과한 것이었다. 이후 진 씨는 마약을 복용한 적이 없는 것으로 드러났다. 통신 기사를 토대로 진 씨가 마치 마약을 복용했던 것처럼 오인하도록 한 언론 보도는 인격권 침해 소지가 있었다는 비판을 받았다(김창룡, 2002, pp.375~90).[2]

언론에 의한 개인의 명예나 사생활권과 같은 인격권의 부당한 침해가 있어서도 안 되겠지만 민주주의 근간이 되는 언론 자유 또한 보장되어야 한다. 언론이 소송으로 인한 시간 소비와 경제적·정신적 부담 때문에 자기 검열을 강화하는 지나친 위축 효과chilling effect를 초래한다면, 권력에 대한 견제와 감시와 같은 본연의 기능과 역할을 제

---

2. 당시 신문들의 보도 양태는 제각각인데, <경향신문>, <한국일보> 등은 연합통신 크레딧을 달아 통신 기사를 그대로 보도한 반면 <문화일보>, <세계일보>, <국민일보> 등은 연합통신의 크레딧을 뺀 채 국제부 기자의 이름을 달아 마치 자사에서 취재해 보도한 것처럼 기사화했다. 또한 파리에 특파원이 있는 <조선일보>, <동아일보>는 연합통신 기사를 파리 특파원이 보낸 것처럼 윤색해 사용했다.

대로 수행하지 못할 것은 자명하다(Blasi, 1977, pp.521~38). 따라서 상충하는 두 법익 간 원만한 조화를 이룰 수 있는 합리적 비교 형량의 방법이 모색되어야 할 것이다.

　이러한 관점에서 이 장은 한・미・일 간 통신 기사 인용과 관련한 소송 사건의 판례들을 수집해 각 판례의 내용과 판결 경향, 특징을 분석하고, 관련 판례들을 상호 비교하고자 한다.3 이를 통해 통신 기사 인용에 따른 여러 형태의 법적인 문제점들과 언론사의 책임 정도에 대하여 고찰하고, 한국과 미국 그리고 일본 사이의 판례상의 차이점을 살펴 미국의 통신 기사 인용 면책 항변 제도의 적용 가능성을 검토한다. 통신 기사 인용과 관련한 판례가 아직 충분히 축적되지 않은 데다 이에 관한 연구 역시 활발하지 못해 국내 논문도 많지 않은 것으로 나타났다.

2. 통신 기사 면책

수정 헌법 제1조의 정신에 근거하여 언론 자유의 우월성을 인정하고 있는 미국은 통신 기사를 인용한 언론사에 대해 일정한 조건하에서 법적 책임을 면제하는 이른바 '통신 기사 인용 보도 면책' 또는 '통신

---

3. 언론 관련 국내 판례들은 언론중재위원회가 발행한 ≪국내 언론 관계 판례집≫ 1~11권과 역시 언론중재위가 발행하는 계간지 <언론중재>에 게재된 판례, 대법원 판례집, 법원 도서관에서 CD로 발행하는 판례 모음집(≪법고을 LX 7.9≫) 및 대법원 사이트(www.scourt.go.kr) 등 각종 인터넷 법률 서비스 사이트 등을 통해 수집되었다. 미국 판례는 온라인 법률 데이터베이스 서비스인 '렉서스'(www.lexis.com)를 이용해 수집되었다. 일본 판례는 헌법재판소 도서관에 보관된 일본 최고재판소, 고등재판소 판례집과 <판례시보判例時報>, <판례타임즈判例タイムズ>, 그리고 일본최고재판소 사이트(www.courts.go.jp), 엔조이 제팬 네이버 사이트(http//enjoyjapan.naver.com) 등 인터넷 법률 서비스 사이트를 활용했다.

서비스 면책*wire service defense*' 제도가 발전하여 왔다. 이러한 통신 기사 인용 보도 면책은 '신뢰성 있는 통신사가 제공하는 기사를 정확하게 게재한 언론사는 바로 그 기사의 내용이 명예 훼손 사실을 포함하고 있더라고 명예훼손법상의 현실적 악의나 과실*fault*이 있다고 할 수 없 어 불법 행위의 책임을 지지 않는다'[4]는 것을 의미한다(염규호, 1993, pp.61~85).

그러나 한국 법원은 통신을 비롯한 타 매체 기사의 인용과 관련 한 명예 훼손 소송 사건에서 통신 기사 면책에 대해 부정적인 입장을 취하고 있다. 즉, 다른 신문이나 잡지의 기사, 통신사로부터 수신된 기사를 인용한 경우 위법성을 조각할 상당성 판단에 있어서 일반의 취재원과 달리 취급되지 않는 것이 일반이다(표성수, 1997, pp.118, 392~3).

한국 대법원은 이와 관련하여 "언론 매체가 다른 매체 보도 내용 을 참작해 보도하더라도 자신의 보도로 인한 책임을 면할 수 없으므 로 자기 책임하에 그 내용의 진위 여부를 직접 확인해야 한다"고 설 시한 바 있다.[5] 다시 말하자면 통신사로부터 입수된 내용이 비록 그 진실 여부를 확인하기 힘들다고 하더라도 이를 확인하는 작업이 요 구된다고 하여, 실질적으로는 통신사 인용 보도 면책을 부정하는 것 이라고 할 수 있다.

일본의 경우 통신 기사 전재 항변[6]에 대해 하급 심의 판례나 학설 은 이를 긍정하는 쪽과 부정하는 쪽으로 나뉘어 있다. 통신 기사의 정확성에 대해서는 통신사가 전적으로 책임을 지도록 되어 있으므로 이를 전재한 신문사는 통신사로부터 받은 기사가 진실이라고 믿는 데 대해 상당한 이유가 있다는 판례와, 신뢰성이 높은 통신사로부터 기

---

4. New York Times, Inc. v. Sullivan, 376 U.S. 254 (1964).

5. 대법 1996.5.28. 선고 94다33828 판결.

6. 일본에서는 배신配信 기사 전재 항변, 전송 서비스 항변이라는 용어를 주로 사용한다.

사를 받아 전재했다는 이유만으로 그것이 진실이라고 믿은 데 상당한 이유가 있다고 할 수 없다는 판례가 대립하고 있다. 그러나 2002년 일본 최고재판소가 처음으로 이를 부인하는 판결을 잇달아 내렸다.

언론학자들과 언론현업 종사자들은 이러한 한국과 일본 법원의 결정과는 다르게, 통신사가 제공한 기사를 신뢰해서 이를 사용한 언론사에 대해 그 기사의 오류로 인해 제기되는 명예 훼손 소송과 같은 법적인 책임을 모두 지운다는 것은 과도한 부담이라고 주장한다. 즉, 인용 기사에 크레딧을 붙여 보도하거나 그대로 보도하였다면 피해자는 통신사로부터 손해 배상을 받을 수 있으므로 그 언론 기관의 기사가 진실하다고 믿는 데 '상당한 이유'가 있다고 인정함이 타당하다는 것이다(한위수, 1999a, p.21).

실제로 시간이 촉박한 상황에서 통신 기사의 진실 여부를 일일이 파악하기란 현실적으로 거의 불가능하다. 물론 명확하게 진위가 의심스럽다거나 여러 가지 말썽의 소지가 있어 보이는 기사에 대해서는 언론사 나름대로 이를 확인하는 노력을 기울일 필요가 있다. 대부분의 언론사들이 그런 정도의 주의는 기울이고 있다고 주장한다. 한국의 중앙지들의 경우, 외신 기사를 제외하고 통신 기사를 그대로 전재하는 경우는 드물고 대부분 자사의 취재망을 동원해 사실 여부를 확인하여 기사 가치를 따져 재작성하거나 재편집해 사용하는 것으로 알려져 있다. 이 경우 통신 기사라 하더라도 사실상 해당 언론사의 기사로 바뀐 만큼 반드시 뉴스의 소스를 밝힐 필요는 없다고 인식하는 경향이 있다.

비록 통신 기사의 본질적 내용을 변경하지 않고 인용하는 경우에도 해당 언론사가 법적 부담을 감수해야 한다면 국민의 알권리 보장이라는 통신 기사 인용에 따른 이점은 훨씬 줄어들 수밖에 없다(김창룡, 1998, p.69).[7] 더욱이 정치적 자유의 진전에 따라 국민의 권리 의식이 증진되면서 최근 들어 언론사를 상대로 한 각종 분쟁이 급증하고 있다(이재진, 2002b, pp.13~46). 2002년 한 해 동안 언론중재위원회에 접수된 중재 신청 건수가 총 511건을 기록했는데, 중재 불성립 또는 언론중재위원회를 거치지 않고 곧바로 법원에 소송을 제기하는 언론 관련 소송 건수도 빠르게 증가하고 있다.8 통신 기사 인용과 관련한 소송은 아직 많지 않지만 2001년 발족한 통신사 뉴시스NEWSIS가 최근 적극적인 뉴스 공급에 나서고 지방 언론의 활성화와 인터넷을 비롯한 각종 매체의 발전에 따른 다매체 다채널 시대를 맞아 관련 소송은 더욱 증가할 것으로 예상된다.

만일 명예 훼손적인 통신 기사를 인용·보도한 언론사가 통신사와는 별개로 명예 훼손 행위를 한 책임을 지게 된다면 국내외 모든 곳에서 일어난 제반 뉴스에 대해 언론사가 일일이 진위 여부를 다 확인하고 보도할 수 있느냐는 문제가 발생한다. 이는 속보성에 근거한 언론의 기본적인 속성은 말할 것도 없고 경제적으로나 물리적으로도 불가능한 일이다. 그래서 통신사의 신뢰성이 중요하며, 만일 신뢰성이 있는 통신사가 보낸 기사를 그대로 전재한 언론사에 대해서까지 명예 훼손 책임을 묻는 것은 궁극적으로 언론의 자유를 위축시켜 국민의 알권리를 제한하는 결과를 초래할 수 있다.

이러한 점에 근거하여, 미국의 경우 아직 연방대법원의 판례는 없지만, 대다수 법원들이 재게재 금지 원칙의 예외로서 통신 기사 면책을 인정해 왔다.9 '명망 있고 믿을 만한 통신사'가 제공한 기사를

정확하게 게재한 언론사는 통신 기사에 명예 훼손적인 사실을 포함하고 있더라도 명예훼손법상의 과실이나 현실적 악의가 있다고 할 수 없어 불법 행위에 따른 책임을 지지 않는다는 것이다.[10] 이에 따라 1964년 설리번 사건(New York Times v. Sullivan) 이후 대부분의 통신 기사 인용 관련 소송에서 언론사가 승소하고 있는 것으로 나타났다. 즉, 명예 훼손적 발언을 한 피고(언론사)가 진실 입증의 책임을 지도록 했던 미 보통법상의 엄격 책임주의strict liability 전통이 파괴되어 표현의 내용이 허위임을 입증하는 책임이 원고(개인)에게 넘겨진 것이다(이재진, 2003c, p.169).

설리번 사건 이후 통신 기사 면책 원칙이 크게 발전하였지만, 통신 기사를 전재한 신문과 방송의 책임성이 조각된다는 원칙, 즉 통신 기사 면책 항변 원칙이 미국에서 논의되기 시작한 것은 1933년 플로리다 주의 '레인 대 트리뷴' 사건부터인 것으로 알려져 있다.[11] 이 사건에서 플로리다 주 대법원은 '평판이 높은reputable' 통신사가 제공한 기사를 받아 신문 방송이 이를 보도한 경우에는 보도에 있어 '태만하거나 무모할 정도로 부주의한 방식in a negligent, reckless, careless manner'으로 기사를 처리했다는 것이 확실하지 않는 한 책임이 없다고 판결했다. 다시 말하자면 보도된 기사가 '평판 높은 출처인가 아닌가' 하는 출처의 신뢰도와 인용 보도시 기사를 '태만하게 처리했느냐 아니냐' 하

---

9. 영미법상 명예 훼손적인 언사를 다시 게재하는 것은 그 자체가 하나의 새로운 명예 훼손이 되며 따라서 다시 게재한 사람은 그 명예 훼손에 대해 책임을 지게 된다.

10. 미국 명예훼손법은 명예 훼손 사건에서 원고가 사적 인물인 경우 과실을, 공인인 경우 '현실적 악의'를 증명해야 한다. '현실적 악의 원칙'은 1964년 뉴욕 타임스 대 설리번 사건에서 공인의 경우 언론이 문제의 기사가 허위라는 것을 알았거나 그 기사의 진위 여부를 무모할 정도로 무시하였다는 것을 입증해야 한다고 판결한 것이다. 실제 피해자가 언론의 현실적 악의를 입증한다는 것은 매우 어려운 일이기 때문에 언론 자유 우위의 원칙을 확립한 시금석으로 평가받고 있다.

11. Layne v. Tribune Co., 146 So. 234 (Fla, 1933).

는 처리 방식이 통신 기사 면책 원칙이 적용될 수 있는 기준으로 제시되었다. 이러한 레인 판결에서 제시된 원칙들이 발전해 오면서 법원들의 논란도 있었고 아직도 주_state에 따라서 다소간 차이는 있지만 지난 수십 년간 미국 언론이 통신 기사로 인한 수많은 명예 훼손 소송의 부담에서 벗어날 수 있는 안전판 역할을 해왔다(Youm, 1993).

전술한 바와 같이 언론이 통신 기사를 인용했다 해서 무조건 면책되는 것은 아니다. 통신 기사 면책이 언론에 적용되기 위해서는 다음과 같은 일정한 요건을 갖춰야 한다.

첫째, 신문·방송사가 통신사로부터 받은 뉴스를 그대로 보도한 경우 신뢰할 만한 통신사로부터 뉴스를 서비스 받아 사용해야 한다. 여기서 문제가 되는 것은 통신사의 신뢰성이 어느 정도 확보되어야 하느냐이다. 즉, 어느 정도가 되어야 신뢰성이 있는 것으로 인정되는가 하는 점이다. 미국의 경우 통신사의 평판의 정도는 '전국에 거쳐 뉴스 공급 서비스가 이루어지고, 기사의 정확성에 관해서 널리 인정되어 합리적인 일반인들이 이를 의심할 만한 이유가 없어야 한다'는 점이 강조되고 있다. 미국 판례는 AP, UPI, AFP, REUTER 등 세계적인 통신사에 국한하지 않고, 신뢰성 있는 다른 신문사와 잡지사, 방송사의 기사를 인용 보도한 경우에도 통신 기사의 인용 보도와 마찬가지로 통신 기사 면책 원칙을 원용하는 방향으로 발전하고 있음을 보여 주고 있다(김재협, 1998, p.42).

둘째, 언론사로서는 뉴스의 내용이 허위 사실인지를 몰랐으며 또한 뉴스 자체의 문맥상으로는 그것이 부정확한 것일지도 모른다는 의심을 가지게 할 만한 사항이 없어야 한다.

셋째, 언론사가 통신사로부터 수신된 내용을 어떠한 실질적인 변경을 가하지 않고 그대로 보도해야 한다. 즉, 언론사가 임의로 통신 기사를 왜곡 또는 과장, 축소하는 경우 면책에서 제외된다(차형근·조병래·최영훈, 2000, p.425; 박용상, 1997, p.139).

일본도 앞에 언급한 최고재판소 판결에서 통신 항변의 법리에 대해 "통신 기사 전재의 항변, 즉 보도 기관이 정평 있는 통신사로부터 송신된 기사를 실질적인 변경을 가하지 않고 게재한 경우, 그 게재 기사가 타인의 명예를 훼손하는 것이라고 하더라도 송신 기사의 문맥상 언뜻 보아 그 내용이 진실이 아님을 알 수 있거나 게재 신문 자신이 오보임을 알고 있었을 것이라는 등의 사정이 있는 경우를 제외하고는 당해 타인에 대한 손해 배상 의무를 지지 않는다는 법리를 채용할 여지가 있다"고 미국의 법리와 동일한 요건을 규정하고 있다.

3. 판례 분석[12]

1) 미국

레인 사건 이후 1967년 미주리 주 연방지방법원이 워커 대 퓰리처 출판사 사건, 1977년 푸에르토리코 대법원이 토레스 실비아 대 엘 문도(Torress Silva v. El Mundo) 사건, 1979년 알래스카 주 연방지방법원이 게이 대 윌리엄스(Gay v. Williams) 사건, 1982년 뉴욕 주 항소법원_high court_이 제테스 대 리치맨(Zetes v. Richman) 사건, 하와이 주 대법원이 1983년 미하우 대 가네트 퍼시픽사(Mehau v. Gannett Pacific Corp.) 사건에서 통신 기사 면책 판결을 내리는 등 많은 주에서 법원이 통신 기사 면책 법리를 채택하고 있는 것으로 나타났다(김재협, 1998, p.41).[13]

---

12. 관련 판례가 충분히 축적되지 않았으며 법적인 토대가 다르기 때문에 여기에서는 한국, 미국, 일본의 판례를 체계적으로 분류할 수 있는 일정한 틀을 설정하지는 않았다.
13. 렉시스(www.lexis.com)를 통해 통신 항변 관련 판례를 조사한 결과 알래스카, 워싱턴 D.C., 플로리다, 조지아, 하와이, 켄터키, 루이지애나, 매사추세츠, 미주리, 뉴욕, 노스캐롤라이나, 위스콘신, 미시건, 캘리포니아, 일리노이, 펜실베이니아, 컬럼비아, 애리조나, 텍사

통신 기사 면책과 관련된 최초의 판례로 인정되는 레인 사건은 레인이 연방 금주법을 어기고 불법적으로 술을 소지하고 있다고 AP 통신과 유니버설 서비스Universal Service 통신이 잘못된 기사를 전송했고 < 탬파 모닝 트리뷴Tampa Morning Tribune > 신문이 이 통신 기사를 게재하면서 시작되었다. 레인은 오보를 실은 트리뷴을 명예 훼손 혐의로 고소했다. 판결문에서 플로리다 주 대법원은 문제의 기사에 언급된 죄 등으로 해서 원고(레인)가 기소 당했다는 허위 보도를 게재한 것이 본질적으로 명예 훼손임을 인정했다.

그러나 평판 높은 통신사가 제공한 기사를 받아 이를 보도한 경우에는 태만하거나 무모하거나 부주의한 방식으로 처리하지 않은 이상 이에 따른 책임이 없다고 판결했다. 대법원은 보통법상의 엄격한 재게재 금지 원칙은 신문사가 통상적으로 신문에 게재함으로 해서 생기는 명예 훼손을 구제하는 데 의미가 있다고 판시하면서, "어느 신문사에게도 효율적이고 신속하게 뉴스 기사를 계속하여 게재하면서 믿을 만한 통신사가 제공한 기사 모두에 대해 일일이 사실을 미리 확인해야 하는 부담을 지울 수 없다"고 주장했다.[14]

그러나 레인 사건 이후 상당히 오랜 기간 동안 통신 기사 면책을 논의한 판례들이 나오지 않았다. 이러한 논의는 1980년대에 들어서면서 다시 본격화되었다. 레인 사건 이후의 판례들은 레인 사건의 논리와 크게 배치되지 않는다. 이들 중 주목할 만한 판결이 바로 애플비 대 데일리 햄프셔 가제트(Appleby v. Daily Hampshire Gazette) 사건이다.[15]

스, 앨라배마, 버지니아, 미네소타, 테네시 등 20여 개 이상의 주에서 채택하고 있으며 미국령인 푸에르토리코에서 채택하고 것으로 확인되었다. 본문에 예시한 사건들은 AP, UPI 등 통신사가 제공한 기사를 게재했다가 명예 훼손 소송이 제기된 것으로 재판부는 통신 항변과 현실적 악의의 원칙을 들어 원고의 주장을 배척했다.

14. Layne v. Tribune Co. 146 So. 234 (Fla, 1933).

15. Appleby v. Daily Hampshire Gazette, 478 M. E.2d 721(Mass. 1985).

이 사건에서 애플비는 매사추세츠 주 경찰이 자신의 집과 재산을 수색했다는 AP와 UPI 등 대형 통신사들의 기사를 매사추세츠 주의 여러 매체들이 인용 보도하자 이 매체들을 상대로 소송을 제기하였다. 이 사건은 레인 사건과 유사한 판결을 내리게 되나, 평판 높은 통신사의 기사를 받아 보도할 경우 '태만negligence' 문제는 아예 생길 수 없다고 보아 언론 매체들에게 더욱 우호적인 판결을 내렸다(Mclean, 1995, pp.53~63). 판결문에서 매사추세츠 대법원은 신문사들이 통신 기사를 이용하는 것은 통상적인 것이며 통신 기사를 독립적으로 직접 확인하지 않고 그대로 게재하는 것이 관행이라고 판시했다. 아울러 신문들에게 독자적으로 통신 기사를 검증하라고 요구하는 것은 너무 큰 부담이며, 시간이 걸리고 비용이 많이 들 것이며, 작은 신문들의 경우 큰 신문과 경쟁하기 어렵게 되며, 또한 불안정한 자기 검열로 이끌게 될 것이라고 우려했다.16 그러나 법원은 통신 기사가 원천적으로 도저히 사실 같지 않거나 혹은 피고 언론사가 그 기사의 정확성에 대한 의심을 가질 어떠한 이유가 있거나 혹은 있을 수 있다고 생각되는 경우에는 사실 확인이 의무적인 것으로 인정될 수 있음을 밝혔다.

이러한 애플비 사건에서 구성된 통신 기사 면책 원칙은 이른바 넬슨 사건(Nelson v. Associated Press)에서 전폭적으로 채택되었다.17 넬슨 사건은 원고인 넬슨이 죽은 부인과 특이한 영적 화합을 하고 있다는 AP통신의 기사를 < 마이애미 헤럴드Miami Herald > 가 전재하면서 발생하였는데, 플로리다 주 연방지방법원은 원고 패소 판결을 내렸다.

---

16. Washington Post Co. v. Keogh, 365 F.2d 965 (D. C. Cir. 1966) 사건에서 연방고등법원은 정기 신디케이트 뉴스 보도와 기고 칼럼에 신문사가 허위를 의심할 만한 충분한 이유가 있었다는 증거가 없는 한 사실 확인 의무 원칙을 적용해서는 안 된다고 판결했다. 사실 확인에 따른 시간적인 소비와 자체 검열 가능성을 고려, 사실 확인 책임 부과에 신중을 기해야 한다고 주장했다.

17. Nelson v. Associated Press, Inc. 667 F.Supp. 1468 (S.D. Fla. 1987).

법원은 판결문에서 "통신 기사 면책은 수정 헌법 제1조의 정신과 완전히 일치하는 것이며 이 수정 조항은 언론인들이 원하는 것을 전달하게끔 하기 위해서 경우에 따라 과실이 아닌 뉴스 취재상의 실수를 인정하고 있는 것"이라고 언명했다. 특히 이 사건은 연방지방법원이 신문사가 통신사뿐 아니라 신뢰성 있는 다른 신문사들, 더 나아가 잡지사, 방송사의 등 다른 언론사의 기사를 인용 보도한 경우에도 면책 사유가 인정된다는 점을 밝히고 있다는 점에서 통신 기사 면책 사유의 한층 발전된 모습을 보여 준다.

이는 1년 후에 발생한 브라운 사건(Brown v. Courier Pub. Co.)에서도 적용되는데 이 사건에서는 이전과는 달리 지방 법원에서 면책 원칙을 수용하였다.[18] 이 사건에서 AP통신이 원고 브라운이 연방법원 증인의 생명을 위협했다가 기소된 사람이라는 잘못된 기사를 보도하였고, 이를 < 쿠리어 헤럴드*Courier Herald* > 등 3개 지방 신문들이 받아서 보도하자 브라운이 명예 훼손 혐의로 신문사를 제소하였다. 조지아 주 더블린 지방법원은 비록 이전에 주 연방법원이 통신 기사 면책 원칙을 수용한다는 결정을 내린 바 없지만 지방 언론이 명성 있는 통신사가 제공한 기사에 대해 본질적 내용을 변경하지 않았고, 그 기사가 허위라는 사실을 알지 못했다면 이는 면책된다는 원칙을 받아들여 원고 패소 판결을 내렸다. 법원은 "작은 지방 언론에게 통신 기사의 진위 여부를 확인토록 하는 의무를 부과하는 것은 시간과 비용 부담을 주어 우려할 만한 자기 검열을 초래할 것"이라고 판시했다. 따라서 지방 언론은 기사에 거짓 내용이 없는지, 설명할 수 없는 불일치가 없는지 여부에 대한 통상적인 주의*ordinary care*만 하면 족하고 기사의 정확성 확인과 같은 특별한 주의*extraordinary care*까지 할 필요는 없다고 밝혔다.

---

18. Brown v. Courier Pub. Co. 700 F.Supp. 534 (Georgia, 1988).

그러나 통신 기사 면책이 모든 주에서 다 인정되는 것은 아니어서, 비록 통신 기사 면책에 해당하는 조건이 갖추어 지더라도 면책의 인정이 배제되는 경우가 종종 발생했다. 대표적인 판례가 이른바 하우 사건(Virgil M. Howe v. Detroit Free Press, Inc.)이다.[19] 이 사건은 디트로이트에서 발행되는 <프리 프레스Free Press>가 1986년 7월 23일 메이저리그 투수 스티브 하우Steve Howe 선수의 마약 끊기 투쟁과 그가 이룬 성공적인 야구 인생을 보도하면서 발생하였다. 이 보도 가운데 하우 선수의 아버지가 알코올 중독자이며 아버지의 과음으로 집안이 심하게 쪼들렸다는 부분을 그의 아버지 버질 하우Virgil Howe가 명예 훼손이라 하여 1987년 2월 26일 신문사를 상대로 소송을 제기하였다. 그런데 원래 이 기사는 1986년 7월 20일 <산호세 머큐리 뉴스San Jose Mercury News>에 실렸던 것인데, 디트로이트 <프리 프레스>가 국제적 통신사 KTN 뉴스 통신을 통해 이 기사를 받아 보도한 것이다. 원심에서 신문사는 유명 야구 선수의 아버지도 공인이므로 현실적 악의를 증명해야 한다고 주장하였고, 법원은 선수의 아버지가 제한된 목적a limited purpose의 공인이라고 신문사의 손을 들어 주었다. 이 사건은 항소법원을 거쳐 주 대법원까지 갔으나 당시 통신 기사 면책 원칙을 도입하지 않고 있는 미시간 주 대법원은 피고(신문사) 패소 판결을 내렸다. 신문사는 버질의 음주 운전 기록이 담긴 보호 관찰 기록의 공개를 요구하였으나 대법원은 버질은 공인이 아니며 사인이고, 신문사는 사인의 프라이버시가 담긴 이 기록을 접할 위치에 있지 않다고 판시했다.[20]

또한 인용한 통신 기사가 분명히 제시되지 않는 경우에도 통신

19. Virgil M. Howe v. Detroit Free Press, Inc., 440 Mich 203; 487 NW2d 374 (1992).
20. 공인에 대한 논의는 대단히 광범위하므로 여기서는 생략하고자 한다. 이에 대해서 자세히 알기 위해서는 차용범(2001), 이재진(2002b)의 글을 참조하라.

기사 면책이 적용되지 않는다는 판례도 보인다. 주웰 사건(Jewel v. NYP Holdings, Inc.)에서 < 뉴욕 포스트*New York Post* > 는 1996년 주웰이 건국 100주년 기념 올림픽 공원의 폭탄 테러 사건의 용의자로 보도하였으나 주웰이 무혐의로 풀려나면서 신문사를 상대로 명예 훼손 소송을 제기했다.21 주웰은 < 뉴욕 포스트 > 가 기사·칼럼·사진·만평 등으로 자신을 범인으로 묘사해 명예를 훼손했다면서 손해 배상을 요구했다. < 뉴욕 포스트 > 는 방어 논리의 하나로 통신 기사 면책을 동원했지만 법원은 이를 거부했다. 기자들이 어떤 통신 기사를 보고 기사를 썼는지 구체적으로 증명하지 못했기 때문이다. 실제로 기자들은 AP와 CNN 보도를 보았다고 말했을 뿐 자신이 쓴 기사의 바탕이 되는 통신 기사나 방송 기사를 명확히 밝히지 못했다. 법원은 언론사가 통신 기사 면책을 주장하려면 인용한 통신 기사를 명확히 제시하여야 한다고 보았다.22

이처럼 때로 통신 기사 면책을 수용하지 않는 경우도 있지만 통신 기사 면책 원칙은 지속적으로 발전하고 있다. 최근의 카페타노빅 사건(Kapetanovic v. Stephen J. Channel Prods, Newsweb Corporation's)은 이러한 점을 잘 반영한다.23 이 사건에서는 피고인 채널 프로덕션*Channel Production*사가 관세청의 실제 대외비 파일에 의거해 국제 무기 밀매상을 다룬 TV 시리즈물 < 미국 세관*U.S. Customs: Classified* > 을 제작하고 이를 비디오 테이프로 만들어 네트워크에 가입된 TV 방송국에 배포한 것이 문제가 되었다. 이 프로그램에는 원고인 카페타노빅과 아이반이 등장하는데 내레이터가 이들이 무기 밀매 범죄에 관여된 것으로 해설을 한다. 카페타노빅은 유고슬라비아 연방 크로아티아 출신으로 미국에

21. Jewel v. NYP Holdings, Inc. 23 F.Supp.2d 348 (New York, 1998).

22. http//www.ganett.com/go/newswach/98/november/nw1113-5.html

23. Kapetanovic v. Stephen J. Cannell Prods, Newsweb Corporation's, 97c 2224 (Illinois, 2002).

이민 온 뒤 크로아티아 독립을 위해 상원에 청원도 하고 모금도 하다가 무기 비밀 거래로 체포되어 재판을 받았으나 무죄를 선고받은 전력이 있다. 그런데 시카고에 본사를 둔 뉴스웹Newsweb TV가 이 시리즈물을 방영하자 소송을 제기한 것이다.

일리노이 주 지방법원은 그의 주장이 사실임을 인정하면서도, 방송사인 뉴스웹의 경우 프로그램의 기획·제작·편집에 전혀 관여하지 않았고 다만 제작사로부터 프로그램을 공급받아 방영만 했을 뿐이기 때문에 책임이 없다고 판결했다. 법원은 원고의 소송을 거부하는 근거로 통신 기사 면책 법리를 원용하였다. 즉, 명성 있는 통신사가 제공한 기사를 그대로 인용하는 경우 기사 내용이 틀린 것이 있더라도 면책되는 것처럼, TV 오락 프로그램도 제작사로부터 제공 받아 내용에 변경을 가하지 않고 그대로 방영할 경우 책임을 지지 않는다고 판시한 것이다. 이러한 판례를 통해 알 수 있듯이 통신 기사 면책 원칙은 비단 평판이 높은 통신 기사뿐 아니라 신뢰성 있는 신문·잡지·방송사에 이어 오락 프로그램에까지 적용 범위가 확대, 발전해왔다. 이는 언론의 자유에 우월적인 지위를 부여해 온 명예훼손법의 발전과 그 맥을 같이 한다.[24]

2) 일본

전술한 바와 같이 통신 기사 면책 항변의 인정 여부를 놓고 판례와 학설이 엇갈리고 있다. 특히 이른바 '로스ㅁㅈ 의혹 사건'[25]을 둘러싸

---

24. www. lexis. com., Legal＞Combined & State Case Law–U. S.＞ Federal & State Cases– After 1944, Combined Courts①

25. 이 사건은 1981년 8월 미국 로스앤젤레스에서 원고인 A가 부인을 구타해 부상을 입혔고(구타 사건) 같은 해 11월 부인이 LA에서 총격을 받고 사망하는 일이 벌어졌다. (구타 사건과 총격 사건을 합쳐서 로스 의혹이라 한다.) ＜주간 문춘지週刊 文春誌＞가 "의혹의

고 최고재판소가 최종적으로 통신 항변을 부인하는 판결을 내렸으나 하급심에서는 인정하는 판결과 부인하는 판결이 나오는 등 통신 항변에 대한 법원과 학계의 견해를 이해하는 데 좋은 판례가 되고 있다. 따라서 여기서는 로스 의혹 사건의 판례에 한정해 통신 항변 법리에 대한 일본 법원의 입장을 고찰하고자 한다.

최고재판소는 '로스 의혹 사건'의 살인 피의자 A가 교도통신共同通信社와 통신 기사를 게재한 데일리스포츠 신문사 등을 상대로 손해 배상을 청구한 소송 사건 중 통신 기사 전재 항변을 인정한 3건의 2심 판결을 파기하고, 도쿄고등법원에 되돌려 보냈다.[26]

여기서의 쟁점은 기사의 공공성, 공익 목적, 기사 내용의 진실성이라기보다는 통신 기사 전재 항변의 성립 여부였다. 최고재판소는 1995(オ) 제1421호, 손해 배상 청구 사건 1월 29일 제3소법정 판결에서 "신문사가 통신사로부터 기사를 받아 자신이 발행하는 신문에 그대로 게재한 기사가 사인私人의 범죄 행위나 스캔들, 그리고 이와 관련한 사실을 내용으로 하는 것일 경우에는 취재를 위한 인적, 물적 체제가 정비되어 있고, 일반적으로는 그 보도 내용에 일정한 신뢰성이 인정된다는 통신사로부터 송신된 기사에 근거한 것이라는 한 가지 이유만으로, 당해 신문사가 이 기사 내용을 진실이라고 믿은 데 무리가 있었다고 할 수 있으며 이 사실을 진실이라고 믿은 데 대해 상당한 이유가 있었다고 인정할 수 없다"고 판시, 통신 기사 전재 항변을 부인했다.

총탄"이란 제목으로 살인자가 누구인가에 초점을 맞춰 로스 의혹에 대한 특집 기사를 연재한 것을 계기로 1984년 1월부터 의혹 사건에 대한 기사가 쏟아져 나왔다. A는 1985년 9월 11일 처에 대한 살인 미수 사건의 피의자로 일본 경시청에 체포되었다. 그 후 피의자들이 기사를 게재한 신문사 등을 상대로 명예 훼손 혐의로 19건의 소송을 제기, 장기간 재판이 진행된다.

26. ≪最高裁判所判例集≫, 제56권 1호, 2002, pp.185~245; <判例タイムズ>, 1066호, 2002, pp.96~101.

최고재판소는 특히 "현재까지 일본의 현상에 비추어 적어도 본
건 송신 기사와 같이 사회의 관심과 흥미를 끄는 사인의 범죄 행위나
스캔들 그리고 이와 관련된 사실을 내용으로 한 분야의 보도의 경우,
통신사로부터 송신 기사를 포함한 보도가 가열화하여 취재에 신중함
이 결여된, 진실하지 않은 내용의 보도가 간혹 보인다. 따라서 보도
내용이 일정한 신뢰성을 갖고 있다고 보는 통신사로부터의 송신 기
사라고 하더라도 일본에서는 당해 송신 기사에 적시된 사실의 진실
성에 대해 높은 신뢰성이 확립되어 있다고 말할 수 없다"면서 송신
기사의 신뢰성에 관한 정평이라는 중요한 전제가 결여되어 있다고
주장했다. 그러나 "사인의 범죄·스캔들 보도 이외의 분야의 기사에
서는 통신 기사 전재의 항변 법리를 채용할 수 있는 여지가 있다"고
통신 항변에도 일정한 이해를 표시했다. 따라서 성격상 일종의 조건
부 부인 판결을 한 셈이다.

　　이 판결의 의미를 정리하면 다음과 같다. ① 통신 항변의 적용 여
부를 놓고 하급심 판례나 학설이 갈라져 있는 데 대해 최고재판소가
최초 판단을 내렸다. ② 사인의 범죄 보도에 대해서는 항변 채용의
전제가 되는 통신사의 정평定評이 결여되었다고 보고 있다. 다만 통
신 항변 법리의 채용 여부에 대해서는 본격적인 판단을 내리지 않았
다. ③ 송신 받은 기사에 통신사 크레딧을 붙이지 않은 데 대해서는
문제 삼지 않았다. 송신 기사의 내용을 왜곡하여 편집해서는 안 되며
원칙적으로 게재 기사마다 송신한 통신사의 크레딧을 붙이도록 계약
에 명시되어 있으나 자국 내 뉴스의 경우 크레딧을 붙이지 않는 일본
언론의 실무 관행을 인정한 것으로 보인다. ④ 공공성, 공익 목적이
인정되는 보도에 대해 다시 그 보도 대상이 사인인지 공인인지, 보도
내용이 범죄 보도나 스캔들인지 여부를 검토하는 새로운 시도를 했
다는 점에서 주목된다. 그러나 판결은 통신 기사와 관련하여 사인과
공인의 구별 기준에 대해서는 언급하지 않았다.[27]

이 판결과 동일한 사건을 다룬 1995(ㄱ) 제9530호, 손해 배상 사건을 다룬 2002년 3월 8일 최고재판소 제2소법정은 교도통신사 전재기사로 명예 훼손을 당했다며 A와 함께 살인 피의자로 기소된 B가 기사를 게재한 <후쿠시마민유福島民友>에 손해 배상을 청구한 소송의 상고심 재판에서도 "정평 있는 통신사의 송신 기사라는 이유만으로 통신 기사를 게재한 신문사가 기사를 진실이라고 믿는 데 상당한 이유가 있다고 인정할 수 없다"고 판시, 신문사의 불법 행위를 인정하지 않은 항소심 판결을 파기하여 심리를 도쿄고등법원에 환송했다.[28]

이에 앞서 하급심인 도쿄고등재판소(2심)는 1995년 3월 29일자 판결[29]에서 "교도통신사는 다수 보도 기관이 가맹하고 있는 일본의 대표적인 통신사이며 인적 물적으로 취재 체제도 정비되어 있으며 기사의 정확성에 대해서도 통신사가 전적을 책임을 지고 기사의 송신을 받은 보도 기관은 확인 취재를 할 필요가 없다는 전제하에 보도 체제가 갖추어져 있다. 이런 보도 체제는 상당한 합리성이 인정되므로 송신 기사에 대해 진실이라고 신뢰하는 데에는 상당한 이유가 있다"고 통신 기사 면책 항변을 인정했다. 나아가 "이런 보도 시스템은 지방의 보도 기관이 물리적, 경제적 내지 인적 제약을 넘어 세계적 내지 전국적 사건 등을 보도하는 것을 가능하게 하는 것으로 보도의 자유에 이바지 한다"고 강조했다.

같은 법원의 1995년 12월 25일자 판결[30]도 "정확성 내지 신뢰성에 정평이 나있는 통신사의 전송 뉴스에 기초해 신문 등의 보도 기관이 신문 기사를 작성해 게재하는 경우 전송 뉴스 내용이 사회 통념상

---

27. <언론중재>, 2002년 겨울호, "외국의 언론 관계 판결 자료," pp.132~8.
28. <언론중재>, 2002년 봄호, pp.118~20; 2002년 여름호, p.97; 일본 <判例タイムズ>, 1086号, 2002, pp.96~101; <新聞協會報>, 2002. 2. 5, 3. 19.
29. <判例時報>, 1606号, 1997, pp.107~20.
30. <判例タイムズ>, 923号, 1997, pp.219~25.

불합리한 것, 혹은 허위라고 의심해야 할 만한 사정이 없는 한 그 진실성을 확인하기 위해 확인 취재를 할 의무는 없다고 해석해야 하며 전송 받은 뉴스 내용이 진실에 반해 특정인의 명예나 신용을 해하는 결과가 되었어도 보도 기관에는 전송 뉴스를 진실이라고 믿는 데 상당한 이유가 있어 과실은 없다"고 전송 이론을 긍정했다.

반면 도쿄고등재판소 1996년 11월 19일자 판결[31]은 같은 사건에 대해 지지통신時事通信이 보낸 기사를 아오모리靑森현에 본사가 있는 <니쿠오신문陸奧新聞>이 인용 보도한 기사에 대한 명예 훼손 소송에서 "시사통신사가 전송 계약에 따라 전송한 기사를 그대로 받아 일체의 수정 없이 신문에 게재했더라도 이 기사에 의해 피항소인의 사회적 평가를 저하시켰기 때문에 이로 인한 손해를 배상해야 한다"고 통신 항변을 부인했다. 특히 기사의 제목과 관련, "읽는 사람에게 필자가 말하려는 취지 내용을 단적으로 명확히 표현한 것으로서 독자에게 강하게 어필하는 본문 이상의 독립된 의견의 표현 부분이라고 볼 수 있다. 통신사가 보낸 기사와 제목을 바탕으로 기사의 표제를 달았더라도 피항소인의 인격 평가를 단정적이고 명확히 표현한 것은 통신사의 의견인 동시에 해당 신문사의 의견이기도 하다"면서 "극단적이고 단적인 인격의 열악한 평가일 수밖에 없는 의견 표명은 공정한 논평의 법리를 벗어난 문제다"라고 피력했다.

또 도쿄고등재판소는 동일 사건에 대한 교도통신사의 기사를 전재한 <오키나와 타임스沖繩 タイムズ>와 <후쿠시마민유> 신문 등에 대한 1996년 5월 20일자 명예 훼손 소송 본심[32]에서 통신 항변을 인정하지 않고 전송을 받은 보도 기관의 게재 책임을 부과하고 있다. 판결은 첫째, 통신사의 전송 기사의 신뢰성에 대한 의문으로 통신사

---

31. <判例時報>, 1587号, 1996, pp.65~72.
32. <判例タイムズ>, 918号, 1996, pp.178~86.

와 같은 정도의 취재 조직을 갖고 있는 대신문사라 하더라도 명예 훼손 책임을 무는 점에 비춰 볼 때 이름난 통신사의 전송 기사 때문이라 해서 전송 받은 곳의 책임을 면제할 수 없다. 둘째, 확인 취재 능력의 결여가 명예 훼손 책임을 면하는 이유가 될 수 있을까 하는 문제로, 자기 책임과 위험 부담에 있어서 그 확인 취재를 생략하고 통신사의 전송 기사를 게재하는 것에 의해 이익을 올리고 있는 것이므로 그것에 의한 배상 책임의 위험을 지는 것은 당연하다. 셋째, 책임의 수신인과 관련, 피해자의 입장에서 보면 전송을 받은 쪽의 보도 기관을 통해 해당 기사가 일반 공중에 유포됨으로써 명예를 훼손당했기 때문에 직접 가해자는 기사를 보도한 언론사다. 넷째, 신문사에 배상 의무가 인정되는 것은 명예 훼손에 한정되기 때문에 지방 신문사 등의 보도 업무에 지장도 없고 보도 자유 등에도 제약이 생기지 않는다고 지적했다.

실제로 제1심에서는 동일 사건에 대한 도쿄지법 민사 제40부 1996년 8월 28일 판결[33]을 제외하고 대부분 통신항변을 인정하고 있지 않다. 항변을 인정한 도쿄지방법원의 판결은 첫째, 통신사의 역할 및 평가와 관련, "교도통신사는 다수의 보도 기관이 가맹한 일본의 대표적 통신사이며 인적 물적으로 취재 체제도 정비되어 있어 그 전송 기사의 신뢰성이 높이 평가되고 있다. 내용의 정확성도 가맹 보도 기관은 확인 취재를 필요로 하지 않는다는 전제 아래 보도 체제가 만들어져 있다"고 했다. 특히 지방에 사는 국민의 알 기회를 확보하는 관점에서 그 효용성을 강조하고 있다.

둘째, 전송 기사의 확인 취재 여부에 대해 범죄 보도 등의 명예 훼손적 보도가 대량으로 존재하고 있고 이러한 전송 기사의 진실성

---

33. < 判例時報 >, 1611号, 1997, pp.95~101.

을 모두 독자적으로 확인 조사하는 것은 정보 전달의 신속성을 해하는 것이 될 수 있으며 결국 일반 국민에게도 적절하지 않은 결과를 초래하는 것이 된다는 입장을 피력했다.

셋째, 피해자 구제는 교도통신사에 책임을 추궁할 수 있기 때문에 아무런 문제가 없으며, 넷째, 상당성 요건과 관련 기사의 정확성과 신뢰성에 정평이 있는 통신사이고 기사가 허위라고 의심할 사정이 없는 점 외에 전송 기사를 수정이나 변경을 가하지 않고 사용한 점도 들고 있다.

한편 학자 간에도 의견이 엇갈린다. 긍정설을 지지한 다시마 야스히코(田島泰彦, 1997, pp.107~10), 마에다 요이치(前田陽一, 1997, pp.85~8) 등은 보도의 자유와 국민의 알권리 보호 차원에서 통신사 시스템이 보도에서 맡고 있는 적극적인 역할과 효용, 확인 취재의 실재적 곤란과 그럼에도 확인 의무를 부과할 경우의 위축 효과, 지방지에서 통신 기사가 점하는 비율 등을 감안할 때 이런 시스템을 보호하는 특별한 법리가 요구된다고 말했다. 이들은 보도의 자유와 시민의 권리에 보다 적절한 조정을 도모하기 위해 통신 항변을 인정하되 예외적으로 진실 확인이 요구되어 게재 책임을 물을 수 있는 장면과 범위를 넓혀 가는 것이 타당하다고 주장했다. 제목을 포함해 전송 기사 범위 내인지 아닌지를 비롯해 항변의 요건을 엄격히 규정할 것인가, 게재 책임을 전제하되 확인 의무를 극히 느슨한 형태로 완화해 면책의 범위를 넓혀 갈 것인가 등이 검토할 사안이며 어느 방향이든 면책 범위를 더 한층 확대하는 법리의 구축이 필요하다고 지적했다.

부정설을 지지한 노무라 요시히로野村好弘, 오가노 쇼이치小賀野晶一(1994, pp.23~9), 가미야 마사코紙谷雅子(1997, pp.90~4) 등은 송신된 기사 하나하나에 대해 검증을 요구하는 것은 곤란하다면서 그러나 신뢰성이 높은 통신사로부터 기사의 전송을 받았다는 것만을 갖고 기사의 게재, 보도에 관해 아무런 책임을 지지 않을 합리적 이유가 없다고 주장했다. 즉, 기사를 전송한 통신사가 그 내용을 진실이라고 믿을 만한 상당한 이유가 있을 때는 그것을 신뢰해 기사로 신문에 게재한 자도 역시 진실이라고 믿을 만한 이유가 있음을 인정하는 것이 가능하지만 통신사가 이런 상당한 이유를 갖고 있지 않았을 경우에는 이를 신뢰했다는 것만으로 신문사에 이러한 상당한 이유가 있다고 말할 수 없다고 해석해야 할 것이라고 말했다.

3) 한국

한국에서는 통신 기사 면책 항변이 법적으로 통용되지 않고 있으며 이에 관한 논의도 거의 이뤄지지 않았다. 현재까지의 판결 중 미국 명예훼손법상 면책 사유로 인정되는 요건을 다 갖춘 경우에 위법성조각 사유 또는 책임 조각 사유가 되느냐를 직접적으로 언급한 판결은 없는 것으로 나타났다. 그러나 비록 수적으로 많지는 않지만 언론 관련 명예 훼손 사건 가운데 통신 기사 인용과 관련해 상당성을 인정할 것이냐 여부를 다루었던 사건들을 중심으로 그 판례 동향을 분석한다.

먼저 가장 주목할 만한 판례는 최유리(원고) 대 KH(코리아헤럴드, 피고) 사건이다.[34] 이는 원심에서 최초로 통신 기사 면책과 관련된 내용을 다루었으며 또한 같은 쟁점으로 대법원 판결까지 이른 사건이다. 이 사건은 한국의 대표적인 영문 일간 신문인 <코리아 헤럴드*Korea Herald*>가 1991년 1월 12일자 신문에 "여배우 불법 유학 관련 혐의 *Film actress accused of overseas study scam*"라는 제목과 "약 100억 원 챙겨, 한국 유학생 250명 미국 산악 지역 가건물에서 시간만 낭비*Pockets about ₩10 bil.: 250 Korean students idling in makeshift building on U.S. mountain*"라는 소제목

---

34. 서울지법 1993.8.12. 선고 93가합2361 판결; 서울고법 1994.5.26. 선고 93나39814 판결; 대법 1996.5.28. 선고 94다33828 판결.

아래 '최유리Choi Yu Ri'라는 성명이 붙은 원고의 이름, 사진과 함께 "서울 경찰은 중고생 수백 명을 미국의 한 고등학교에 유학토록 불법 알선하고 100억 원 이상을 챙겼다는 미확인 혐의로 유명 여배우 최유리(28)를 찾고 있다. 유학 알선업체인 코리아 아카데미 대표인 최유리는 경찰 수사가 시작된 후 미국으로 도피한 것으로 알려졌다"는 내용으로 보도하면서 시작되었다.

당시 경찰서 출입 기자가 없는 <코리아 헤럴드>는 사실의 진위를 파악하기 위해 원고와 접촉을 시도하였으나 원고의 소재를 파악할 수 없어 경찰의 보도 자료와 연합통신의 통신문, 다른 신문사의 보도 기사, 그리고 방송 매체의 방송 내용을 참고로 하여 위 기사를 작성하였다. 그러나 보도 내용에는 경찰의 보도 자료에는 전혀 언급되어 있지 않은 '유학 간 학생들이 산간 가건물에서 허송 세월하고 있다거나 원고가 미국으로 도피하였다'는 내용 등이 추가되었고 추가 부분 중 일부는 소제목으로 강조·과장하여 독자들의 흥미를 유발하도록 기사가 작성되었다. 최 씨는 이를 이유로 <코리아 헤럴드>를 상대로 명예 훼손 소송을 제기했다.

이에 대해 대법원은 "언론 매체가 다른 언론 매체의 보도 내용을 참작하여 보도하였다 하더라도 자신의 보도로 인한 책임을 면할 수 없으며 더구나 이 사건과 같이 다른 언론 매체의 보도 내용을 명시적으로 인용하는 것이 아니라 직접 취재한 양 작성하는 경우에는 언론사가 진위 여부의 확인에 더욱더 노력해야 한다"고 판시했다. 대법원은 계속해서 "비록 신문사가 기사 내용의 진위 여부를 확인하기 위하여 피해자 및 관련자와의 접촉을 시도하기는 하였으나, 그 방법이 부적절하였거나 노력을 다하지 못하여 실패하자 더 이상의 사실 확인 노력도 하지 않고 별다른 근거 없이 기사를 작성하였으므로, 일간 신문이 신속성을 요구한다는 점을 인정하더라도 언론사가 그 기사의 취재 과정에서 그 기사의 내용이 진실이라고 믿는 데에 상당한 이유가 있었다고 보기 어렵다"고 주장하였다.

흥미롭게도 대법원의 판결과는 달리 하급심인 서울고등법원은 위 통신 기사 인용 기사가 공공의 이익을 위하여 보도된 것이며, 사건을 경찰로부터 직접 취재한 것이 아니라 연합통신 등을 참고하였으며, 언론이 원고의 반론권을 보장하려 한 점 등이 인정된다고 주장하면서 비록 기사의 진실성이 증명되지는 못했지만 내용이 보도 당시에 진실하다고 믿은 데에 상당한 이유가 있었으므로 명예 훼손으로 인한 위법성이 조각된다고 판결했다. 아울러 동 법원은 같은 명예 훼손 사건으로 피소된 < 경인일보 >를 비롯한 5개 지방 신문에 대해서도 보도의 신속성을 기하기 위해 비교적 공신력이 있는 연합통신이 제공한 기사에 의존할 수밖에 없었던 사정이 인정되므로 연합통신이 제공한 기사가 진실하다고 믿었고 그와 같이 믿는 데 정당한 사유가 있었기 때문에 위법성 내지 책임성을 결하여 불법 행위를 구성하지 않는다고 보았다.

원심에서도 이와 유사한 취지로 판결했는데, 서울지방법원은 통신 기사를 윤색 없이 전재한 경우에는 기사 취재의 여건, 진실에 접근하려는 기자의 취재 태도 등을 종합적으로 판단하여 통신문 게재에 의해 명예 훼손적인 결과가 발생했다 하더라도, 통신문을 진실하다고 믿는 데 상당한 이유가 있었다면 위법성이 조각된다고 판시하였다. 비록 대법원에서는 부인하였지만 이처럼 하급심 판결에서 통신 기사 면책을 인정하였다는 점이 주목할 만하다.

그러나 이후의 판례들은 통신 기사 면책을 부정하는 경향을 보이고 있다. 오세응 대 우리신문 사건에서는 통신 기사뿐만 아니라 여타 언론 매체의 기사의 인용 보도의 경우에도 책임을 면할 수 없다고 보았다.[35] 이 사건은 주간 < 우리신문 >이 < 경향신문 >의 보도 기사를 인용하여 모 국회의원이 재산 공개 때 시가를 축소 신고하고, 연고지도 없는 지역에 부인의 명의 등으로 부동산을 투기한 의혹이 있다는 인용 보도를 하였다가 신청인으로부터 정정 보도 청구를 받았으나 이를 거절하자 원고가 소송을 제기한 것이다. 법원은 판결에서 "비록 다른 신문 기사를 인용하여 보도한 것이라 할지라도 보도 내용의 진실 여부에 대한 검증 없이 임야를 투기할 목적으로 취득한 것처럼 보도한 것은 <경향신문>의 보도와는 별도로 정정 보도의 요건에 해당되므로 신청인에게 정정 보도 청구권이 인정된다"고 하였다. 이 판결은 명예 훼손 소송이 아니라 정정 보도 청구와 관련된 것이지만 법리 면에서는 거의 차이가 없다고 할 수 있다(김재협, 1998, p.46).[36]

이 사건 이후의 판례들은 하급심과 상급심의 논란이 있기는 하지만 대개 통신 기사 면책이 부정되는 경향을 보인다. 이는 허모, 최모 씨 대 <조선일보>, <동아일보>, 연합통신 사건에서도 예외는 아니어서, 판결은 통신사의 기사를 전재하는 경우에서 진실성 여부에 대한 주의를 기울여야 한다고 보았다.[37] 이 사건은 <조선일보>가 1994년 4월 17일자 신문에 "김일성 찬가 불러 구속"이라는 제목과 "노래패 '희망새' 3명"이라는 소제목 아래 "부산 경찰청은 16일 각종 집회에서 북한과 김일성을 찬양하는 노래를 부른 노래패 희망새 기악부장 허○○ 씨와 최○○ 씨 등 3명을 국가보안법 위반 혐의로 구속했다"고 보도하면서 시작되었다. 그러나 이들은 북한과 김일성을 찬양하는 노래를 부른 것이 아니라 NLPDR(민족 해방 민중 민주 혁명)론을 주장하는 희망새라는 노래패에 가입, 반국가 단체인 북한 공산 집단의 활동에 동조하였다는 혐의로 구속되었다.

원심에서 서울지방법원은 <조선일보> 등이 연합통신으로부터

---

35. 수원지법 성남지원 1993.7.30. 선고 93카합312 판결.
36. 정정보도청구권이라는 용어는 1995년 12월 30일 정간법 개정 이후 반론보도청구권이라는 용어로 쓰고 있다.
37. 서울지법 1996.12.20. 선고 96가합3260 판결.

제공받은 기사의 내용을 인용, 게재하였으나 언론 매체가 다른 언론 매체의 보도 내용을 인용하여 보도하는 경우라도 자신의 보도로 인한 책임을 면할 수 없으며, 그 통신 기사 내용이 진실한 것인지 여부를 확인하는 데 필요한 조치를 취하여야 함에도 불구하고 이런 조치를 취하지 아니하고 통신 기사의 내용을 그대로 옮긴 기사를 게재·반포함으로써 명예 훼손으로부터 면책될 수 없다고 판시했다. 즉, 통신 기사는 물론 여타의 매체도 인용하는 경우 진실 여부에 대한 주의 의무가 있음을 명시하고 있다.

통신 기사 면책과 관련하여 논란이 될 만한 판례가 손충무(원고) 대 부산일보 사건이다.[38] 이 사건은 원고가 발행하는 <인사이더월드>라는 잡지에 미국 교포 신문인 <LA 데일리 타임스*LA Daily Times*> 발행인으로부터 건네받은 자료로 "김영삼 민자당 대표최고위원에게 숨겨 놓은 딸이 있다"라는 기사를 게재하였다가 출판물에 의한 명예 훼손 혐의로 구속되면서 불거졌다. <부산일보>는 원고의 구속 사실을 보도하면서 기사 말미에 "손 씨는 지난 1988년 신동아 그룹 회장이 통일교도라는 취지의 내용을 기사화한 이후 최모 회장에게 시가 7억 원짜리 땅을 21억 원에 사라고 강요하다가 미수에 그쳐 공갈 미수 혐의로 구속된 후 징역 8개월을 선고받아 복역하기도 했다"는 내용을 덧붙였다. 그러나 원고는 위와 같은 혐의로 구속되어 징역형을 선고받은 사실이 없고, 위의 내용으로 문제가 된 사람은 <LA 데일리 타임스> 발행인이었다면서 소송을 제기했다.

원심에서 수원지방법원 성남지원은 "신문사가 통신사로부터 받은 기사를 그대로 게재할 경우에는 통신사가 신뢰할 만한 뉴스 수집 기관이고, 피고로서는 그 뉴스가 허위인지를 몰랐으며 그 뉴스 자체의

---

38. 수원지법 성남지원 95가합3509 판결; 서울고법 95나41965 판결.

문면상으로 그것이 부정확한 것인지도 모른다고 주의를 하게 할 만한 사항이 없고, 또 피고가 수신한 내용을 실질적인 변경 없이 그대로 보도한 경우에는 진실이라고 믿는 데 상당한 이유가 있다고 할 것이다"라고 판시하면서 통신사 기사 인용 보도의 경우 언론사에 위법성 조각 사유가 있다는 점을 긍정했다. 법원의 이러한 추론은 미국 명예 훼손법상의 통신 기사 면책 원칙의 논리와 일치하는 것으로 보인다.

그러나 항소심인 서울고등법원은 신문사가 통신사와 통신 송수신 및 전재 계약을 맺고 그 기사를 그대로 게재하면서도 전재 사실을 명시하지 아니한 채 자신이 직접 취재한 것처럼 보도한 경우에는 자기 책임하에 그 내용의 진위 여부를 직접 확인하려는 노력을 다하여야 하며 이런 노력을 다하지 않은 경우 불법 행위 책임을 면할 수 없다고 원심 판결을 배척했다. 이 사건에서 언론사가 통신 기사를 인용하면서 통신 기사 전재 사실을 명시하지 않았다는 것이 문제가 되었다. 사건이 상고가 되지 않아 대법원의 최종적인 판단이 내려지지 않았으나 통신 기사 인용의 경우 크레딧을 붙였는지의 여부가 위법성 조각 사유 요건 중 하나가 되느냐는 문제를 과제로 남겼다.

인용시 크레딧을 붙이는 것이 문제가 된 유사한 사안을 다루는 판례가 조일현 대 강원도민일보 사건이다.[39] 이 사건에서 < 강원도민일보 > 는 1996년 4월 11일자 신문에서 "조일현 의원 곧 소환"이라는 큰 제목, "검찰, 자민련 공천 헌금 관련 김영태 씨로부터 1000여만 원 수수 혐의"라는 중간 제목, "돈 준 김 씨는 금주 말 불러 조사 방침"이라는 작은 제목 아래 관련 기사를 게재하였다. 신문은 2 ~ 4면에서도 관련 기사를 게재하였다. 당초 김영태 씨는 자민련 공천에서 탈락하자 < 강원도민일보 > 기자와 전화 인터뷰에서 "헌금 공천 사실을

---

39. 서울고법 1998.4.17. 선고 98나25445 판결.

폭로하겠다"고 말했으나 실제 기자 회견에서는 조직책 탈락 후 너무 흥분하여 과장하여 말한 것이라며 금품 전달 주장을 번복하였다고 보도했다. <강원도민일보>는 이 기사는 기사 전재 계약을 맺고 있는 연합통신이 전송한 기사를 인용한 것으로 권위 있고 신뢰할 만한 통신사로부터 송고 받은 기사를 그대로 게재하는 것은 일반적 관행이며 기사 내용이 진실하다고 믿을 만한 상당한 이유가 있으므로 위법성이 조각된다고 주장되었다.

그러나 법원은 "연합통신으로부터 제공받은 기사를 자신이 직접 취재한 것처럼 보도하면서 그 기사의 진실 여부에 대한 확인 노력을 전혀 하지 않았으며, 연합통신이 전국에 걸쳐 각 신문사들과 기사를 송수신을 하고 있다는 점과 피고가 지방지인 관계로 보도의 신속성을 기하기 위하여 연합통신 기사에 의존하였다는 점을 감안하더라도 이 사건 기사의 취재 과정에서 그 기사 내용이 진실이라고 믿는 데에 상당한 이유가 있었다고 보기 어렵다"고 판시했다. 법원은 첫째, 1면에 게재된 내용은 연합통신사로부터 송고 받은 내용과 대체로 일치하지만 2, 3, 4면 관련 기사는 공천 헌금을 수령한 것이 사실임을 전제로 작성되었고, 둘째, 위 기사를 보도하는 데 있어서 원고를 상대로 그 진위 여부를 확인하는 등 충분한 조사를 하여 나름대로의 진실 확인 작업을 한 뒤 기사화하여야 할 것이나 그와 같은 진실 확인 작업을 하였다는 아무런 입증 자료가 없으며, 셋째, 연합통신과 맺은 송수신 및 전재 계약서 제3, 4조는 "(연합통신은) 고의 또는 과실로 뉴스 원문 개작·왜곡에서 오는 일체의 책임을 지지 않는다. (연합통신이) 제공하는 뉴스를 전재할 때는 크레딧을 반드시 붙여야 한다"고 규정하고 있으나 신문은 이를 지키지 않아 통신 기사 면책 항변을 받아들일 수 없다고 판결하였다.

법원의 판결 이외에 통신 기사의 인용으로 언론중재위원회에 정정 보도를 청구한 사건이 있었다. 이는 유명 제약 회사인 한국그락소가 잘못된 보도를 한 연합통신과 이를 인용 보도한 <조선일보>, <중앙일보>, 문화방송을 상대로 정정 보도를 청구한 사건이다.[40] 이 사건에서 연합통신은 "미국 제약 회사인 그락소의 만성 천식약 세레벤트를 사용한 환자 20여 명이 최근 잇따라 숨진 것으로 드러나 미식품의약국(FDA)이 조사 중이다"는 외신 기사를 전송했고, 신문과 방송은 이를 통신 기사임을 밝히고 인용 보도하였다. 그런데 한국 내 세레벤트 판매를 맡고 있는 한국그락소가 이 기사가 오보임을 주장하면서 정정 보도를 요청했다. 한국그락소는 1차 보도 매체인 연합통신과 2차 보도 매체인 신문 및 방송을 구별하지 않고 같은 차원에서 정정 보도를 언론중재위에 신청했고 신청을 받은 매체들도 정정 보도에 응해 이 사건은 언론중재위에서 조정돼 법정에까지 가지는 않았다.

실제로 이 사건은 연합통신이 AP통신 기사를 잘못 번역한 데다 제목도 잘못 단 채 언론사들에 전송했고 언론사들이 대체로 그대로 보도했기 때문에 발생하였다. 이 사건에서는 기사를 인용 보도한 매체들이 미국 명예훼손법상의 통신 기사 면책 원칙에 따른 요건을 모두 구비하여 만일 이를 적용하면 위법성이 조각이 될 가능성이 있었다. 특히, 연합통신이 야간에 전송한 이 기사는 미국에서 일어난 사건을 다루고 있기 때문에 그 진위 여부를 확인하기란 사실상 불가능하다. 당시 언론사들이 정정 보도를 비교적 순순히 수용한 것은 연합통신의 오류가 명백해 자사에는 흠이 가지 않았기 때문이라는 지적이 있다. 중재 과정에서 한 신문이 통신 기사를 믿고 게재한 신문에 무슨 죄가 있느냐고 항변하였으나 언론중재위원회는 모든 기사에 대한 판단 책임은 해당 언론사에 있다고 반박하였다. 중재에서 미국의 통신 기사 면책 항변에 대해서는 논의되지 않았다.[41]

---

40. 94 서울중재 311 결정.

41. 한국그락소 사건과 관련한 언론중재위 결정건은 언론중재위원회, <1994년도 연차 보

4. 한국·미국·일본의 판례 비교

위의 분석에서 살펴본 바와 같이 한국·미국·일본 간 통신 기사 인용과 관련한 소송과 판례에 나타난 공통점과 차이점을 비교하면 다음과 같다.

첫째, 미국의 경우 비록 연방대법원 판례는 아직 없으나 대다수 주에서 수정 헌법 제1조의 정신에 따라 국민의 알권리를 보장하고 표현의 자유를 확대한다는 차원에서 명성 있는(평판이 좋은) 통신사가 제공한 기사를 인용 보도한 경우 면책을 인정하는 경향을 보이고 있다. 통신 기사가 허위로 드러났다 하더라도 이를 인용 보도한 언론사가 이 같은 사실을 알았거나 기사 내용의 본질적 내용에 변경을 가하지 않는 한 이를 보도한 언론사에 책임을 묻지 않고 있다.

일본은 비록 최고재판소에서 통신 항변을 부정하는 판결을 내렸지만 하급심에서는 인정하는 경향을 보이고 있고 최고재판소도 "사인의 범죄, 스캔들 보도 이외의 분야에서는 통신 항변의 법리를 채용할 여지가 있다"고 밝혀 이 법리의 도입 가능성을 열어 놓았다. 이에 반해 한국 법원은 아직 통신 기사 면책 원칙에 대해 분명한 입장을 표명한 판결은 없지만 대체로 이를 부정하는 것으로 나타났다. 따라서 미국과 같은 헌법적 논리선상에서 통신 기사 인용 면책이 다루어지지 않았다. 한국 법원은 언론이 통신 기사를 인용해 보도하더라도 이를 위법성이 조각되는 상당성의 근거로 삼지 않고 있으며 보도에 따른 법적 책임은 기사를 보도한 해당 언론사에 있다는 입장을 취하고 있다. 다만 하급심의 몇몇 판례들은 한국 법원이 통신 기사 면책 항변 원칙에 대해 충분히 인식하고 있음을 보여 준다.

고서>, 1994를 참조하라.

둘째, 통신 기사의 신뢰성 문제와 관련 미국과 일본은 정평 있는 통신사가 작성한 기사에 대해 높은 신뢰성을 인정하고 있는 점은 일치한다. 다만 일본 법원은 신뢰성 있는 통신 기사라는 한 가지 이유만으로 기사 내용을 진실이라고 믿는 데 무리가 있다고 유보적인 입장을 취하고 있다. 반면 한국 법원은 통신 기사의 신뢰성에 의문을 표시하고 있다. 따라서 통신 기사 인용의 위법성 조각 여부에 대한 판단은 면책 항변이 아니라 기사가 진실한 사실이라고 믿는 데 상당한 이유가 있었느냐는 점과 사안의 진위 여부에 대한 확인의 책임을 다했는가 하는 점에서 찾고 있다. 비록 신뢰할 만한 통신사의 기사를 인용하는 것이 상당성 인정의 근거는 되지만 개별 사안의 진위 여부에 대한 확인 책임은 기사를 인용, 보도한 언론사에 있다는 것이다. 언론사도 통신 기사 인용을 상당성의 근거로 제시하고 있으나 미국의 통신 항변 법리를 들어 면책을 주장하지 않은 것으로 나타났다.

셋째, 전송 기사의 확인 취재 여부에 대해 미국은 언론사에 대해 기사 내용에 명백한 거짓이 없는지, 설명하기 어려운 불일치한 내용이 있는지와 같은 통상적인 주의만을 요구하고 있다. 일본은 하급심은 전송 기사 진실성 모두 조사하기 어렵고 보도의 신속성을 해친다는 견해와 전송 기사를 게재, 이익을 올리고 있으므로 자기 책임과 위험 부담을 지는 것이 당연하다는 주장이 대립한다. 최고재판소는 이에 대해 명확한 입장을 표명하는 대신 로스 의혹 사건과 같은 사회의 관심과 흥미를 끄는 범죄 행위나 스캔들 보도는 취재에 신중함이 결여되기 쉬워 통신사가 전송한 기사라도 사실의 진실성에 대해 높은 신뢰성을 부여하기 어렵다고 밝혀, 확인 취재의 필요성을 간접적으로 표명하고 있다. 반면 한국의 경우 앞서 살핀 대로 통신 기사를 보도한 언론사에 기사 내용의 진위 여부에 대한 확인을 요구하고 있다.

넷째, 통신 기사의 인용 사실을 밝히는 크레딧 명시 여부와 관련, 미국과 일본은 통신 기사의 본질적 내용을 훼손하지 않고 그대로 전재하면 되는 것이지 인용한 통신사 크레딧의 명시를 요구하지 않고 있다. 즉, 통신 항변 또는 상당성 인정의 요건이 되는 것은 아니다. 우리는 통신 기사를 인용하더라도 기사의 본질적 내용을 훼손하여서는 안 되며 전재 사실, 즉 통신의 크레딧을 명시해야 한다.42 그러나 이러한 경우에도 법원이 위법성 조각 사유로 인정하거나 통신 기사 면책 항변을 긍정한 상급심 판례는 없다. 그러나 최유리 대 코리아헤럴드 사건에서 동일 기사로 소송을 당한 <경인일보> 등 5개 지방 언론사에 대한 하급심 판결에서 상당성 원칙을 적용, 면책 판결을 내렸다는 점에서 어느 정도 재론의 여지가 있는 것으로 보인다.

다섯째, 통신 기사로 인한 피해자 구제는 미국과 일본은 통신사에 대해 책임을 추궁할 수 있기 때문에 아무런 문제가 없다는 입장이지만 한국은 통신사와 해당 언론사가 공동으로 손해 배상 책임을 지고 있다.

여섯째, 미국은 통신 기사의 인용뿐 아니라 신뢰성 있는 신문, 잡지, 방송 기사에 이어 오락 프로그램에까지 통신 기사 면책 법리를 확대 적용하고 있지만 한국 법원은 앞서 지적한 것처럼 타 언론 매체의 보도를 인용한 경우 면책을 인정하지 않고 있다. 그래서 정치인 부동산 투기 의혹 사건에서 보듯 타 언론 기사 인용을 상당성 판단의 근거로 인정하지 않고 있다. 언론의 특종 의식과 대중 호기심에 영합하는 상업성 등 신뢰성이 문제가 되고 있는 상황에서 타 언론 기사의 인용으로 문제된 기사는 통신 기사 면책 법리를 적용하는 것은 시기상조이고 개별적 구체적 사안에 따라 진실성, 상당성 여부를 판단해야 한다는 하는 것이 대체적인 시각이다. 일본도 방송사의 키국과 네

---

42. <경향신문>과 연합뉴스가 체결한 전재 계약서를 확인한 결과 모든 전송된 기사에 크레딧을 달아 사용하도록 의무화하고 크레딧 없이 나간 기사에 대해서는 통신사가 일체의 책임을 지지 않는다는 점을 명시했다.

트워크국 간 기사 인용에 따른 면책 법리 적용 문제가 거론되고 있지만 아직 판례가 나온 것은 없다.

　일곱째, 공인과 관련된 소송의 경우 미국은 언론사가 "현실적 악의"를 갖고 보도했다는 것을 원고인 공인이 입증해야 하지만 한국의 경우 공인의 명예를 일반인보다 더 두텁게 보호하는 경향이 있다(차용범, 2001, pp.387~421). 또한 인용한 통신 기사를 위법성 조각 사유인 상당성을 인정하는 경우에도 경찰의 공식적인 수사 발표나 보도 자료는 인정되지만 수사관이나 관련자로부터 개별적인 취재를 통해 수사 발표와 다른 내용을 추가하거나 별개의 기사를 보도한 경우에는 상당성이 인정되지 않는다.

5. 통신사 인용 면책 사유의 필요성

한국 법원은 이상의 논의에서 보았듯이 언론을 상대로 한 소송 사건에서 대체로 보도의 공정성, 정확성, 객관성을 그다지 신뢰하지 않는 듯한 인상을 주고 있다. 이는 다른 기본권과의 형량에 있어서도 언론 자유를 우선해 보호해야 한다는 인식을 갖고 있지 않다는 것을 반증한다. 법원의 이러한 인식에는 한국 언론이 그동안 사회적 공기로서 맡겨진 역할과 기능을 제대로 수행했느냐는 문제도 무관하지 않은 것으로 보인다. 군사 정권 시절에는 권력의 나팔수 역할을, 그리고 정치 민주화가 이뤄진 뒤에는 자사 이기주의, 상업주의를 앞세운 과당 경쟁과 기사의 과장 왜곡 표절이 다반사로 이뤄지고 이로 인한 인격권의 침해가 심각한 수준에 이른다는 비판론과도 그 궤를 같이한다고 할 수 있다.

　따라서 기사의 신뢰성이 의문시되는 상황에서 미국의 통신 기사 면책 항변 법리를 도입하는 것이 시기 상조라고 판단하는 것은 어쩌면 자연스런 귀결인지도 모른다. 아울러 2001년 9월 뉴시스라는 민간통신사가 발족했지만 연합뉴스가 취재 체제나 기사의 질 면에서 독점적 지위를 누리고 있는 것이 현실이다. 정부 투자 기관인 연합뉴스가 경영진 인사 및 뉴스 제작 등에서 정부의 영향력으로부터 완전히 자유롭다고 할 수 없는 점도 신뢰성 판단에 영향을 미쳤을 것으로 보인다.

그러나 뉴스의 다양화, 국제화에 따라 통신 기사의 의존과 인용은 불가피한 실정이다. 특히 영세한 지방 언론사는 더욱 그렇다. 아직 한국은 통신 기사 인용에 따른 소송 사건이 많지 않지만 최근 언론 소송의 증가 추세를 볼 때 이와 관련한 소송이 증가할 가능성이 높다. 따라서 신속한 보도를 해야 하는 언론사에 대해 통신 기사 인용에 따른 과도한 부담을 덜어 주고 국민의 알권리 확충 차원에서 통신 기사 인용 보도의 면책 제도 도입을 긍정적으로 검토할 필요가 있다고 본다. 다만 통신 기사를 포함해 한국 언론 보도의 신뢰성이 확립되지 않은 데다 미국과는 법제상 차이가 있는 우리가 통신 항변 법리를 전면적으로 수용하는 것은 무리다. 따라서 항변의 인정의 요건을 엄격히 정해 제한적 범위 안에서 도입함으로써 개인의 인격권 보호와 절충점을 찾는 것이 바람직하다.

이를 위해 일본 법원에서 보이는 긍정설의 주장 일부를 원용하여, 통신사 크레딧을 붙여 인용 기사임을 밝히고 제목을 포함해 전송된 통신 기사의 본질적 내용을 훼손하지 않은 채 보도한 경우에 한해 일정 부분 상당성을 인정, 통신 기사의 오보로 인한 책임을 면책해 주는 것이 타당한 것으로 여겨진다. 이 경우에도 범죄 및 스캔들 보도와 같은 높은 사회적 흥미와 관심을 유발하는 기사는 신중성을 결여하기 쉽다는 점에서 일정 범위에서 게재 책임을 묻는 방법을 고려해 볼 가치가 있다. 이때 언론중재위 제소, 반론 보도 청구, 정정 보도 청구, 민·형사상 책임 등 피해 구제는 통신사를 상대로 청구하면 될 것이다. 반론 보도, 정정 보도 등과 같이 통신사 단독의 행위로는 효력이 나타나지 않는 경우 통신 기사를 인용 보도한 2차 보도 매체가 어떤 조치를 취해야 하는지는 언론사와 통신사가 사용 계약을 체결할 때 계약서에 명시하는 방법이 있을 수 있다.

여기서는 통신 항변과 관련한 미국의 최근 판례를 충분히 섭렵하지 못했고 예외적이긴 하지만 외국 통신사 기사를 인용 보도한 기사에 대해 소송이 제기될 경우의 책임 문제는 고찰을 하지 못했다는 점을 연구의 한계로 지적할 수 있다. 한편 통신 기사 면책 법리를 인터넷 미디어 시대에 어떻게 적용할 것인가도 중요한 연구 과제이다(Buell, 2000). 본래 통신 기사 면책 원칙은 신뢰도가 높고 평판 좋은 통신사가 1차 보도 매체일 때 생긴 원칙이지만, 인터넷 시대에는 크고 작은 수많은 웹사이트들이 각각 독립된 1차 보도 매체 구실을 하고 있다.

지난 클린턴 미국 대통령의 성 추문 사건 때 이를 폭로한 것은 거대 통신사가 아니라 <드러지 리포트*Drudge Report*>라는 작고 명성도 없는 웹 신문이다. 평판이 좋은 매체라기보다는 평판이 나쁜 매체다. 그러나 권위 있는 신문과 방송이 그 폭로 내용을 뒤따라 보도함으로써 신뢰성의 시비가 사라졌다. 매체의 평판이 별로 없는 수많은 인터넷 미디어들이 사이버 공간에서 무수한 뉴스를 퍼뜨리는 경우는 어떻게 책임을 물을 것인가 하는 문제를 해결하기 위한 새로운 원칙이 만들어져야 할 것이다. 아울러 최근 인터넷 포털 서비스 업체의 계약에 의한 오프라인 매체 뉴스의 공급에 있어 명예 훼손 등의 문제는 어떻게 다루어져야 할 것인가에 대한 귀추가 주목된다.

9장

사이버 공간에서의 인격권 침해

1. 관련 쟁점

언론의 자유(표현의 자유)가 헌법적으로 보장되기 시작한 이후 언론에 의한 인격권 침해, 즉 신문이나 방송의 보도로 인하여 발생하는 개인의 인격권에 대한 침해는 사법계의 핵심적인 쟁점이었다. 다시 말하자면 언론의 자유와 개인의 인격권이 충돌하는 경우 이를 어떻게 해결할 것인가 하는 것이 가장 논란이 되는 사법적 주제였다. 그런데 그 해결 방식의 가장 큰 특징은 사회적 상황에 따라서 다르다는 것이다. 즉, 언론 자유에 대한 범위와 한계에 대한 인식, 그리고 개인적 법익들이 충돌할 때의 그 해결 방식 등이 사회적 배경에 따라서 다를 수밖에 없는 것이다. 한국 대법원도 개인의 인격권과 언론의 자유가 충돌하는 경우 "…… 그 조정을 어떻게 할 것인지는 구체적인 경우에 사회적인 여러 가지 이익을 비교하여 표현의 자유로 얻어지는 이익, 가치와 인격권의 보호에 의하여 달성되는 가치를 (비교) 형량하여 그 규제의 폭과 방법을 정해야 한다……"고 판시한 바 있다.[1]

같은 맥락에서 개인적 인격권이 침해되는 경우 각 사회는 다툼을 조화롭게 해결하기 위하여 사회가 처한 환경에 맞는 방안을 제공한다(Lee, 1998a, p.155). 좀더 구체적으로 말하자면 각 사회의 사법 제도는 문제 해결을 위하여 기존의 매체 운영자의 책임을 정하고 이를 규제하기 위한 각 사회의 배경에 어울리는 메커니즘을 제공하게 된다(Vick & Macpherson, 1996, pp.923~55). 결국 각 사회는 이들이 처한 상황에 의해서 허용되는 사법적 방식을 통해서 인격권과 표현의 자유 사이에서 어떤 법익이 더욱 공익의 실현을 위하여 중요한가에 대한 판단을 통하여 두 법익 사이의 조화를 추구하게 되는 것이다.

그런데 언론 자유와 인격권 사이의 갈등은 기존의 언론 매체에뿐만 아니라 인터넷 언론에 있어서도 중요한 쟁점으로 등장하였다. 이러한 쟁점은 무엇보다도 인터넷 언론의 기술적 특성에서 연유한다. 예를 들어, 인터넷 언론은 지역적 한계를 초월하는 특성을 가지므로 그 사법권 행사에 문제가 있을 수밖에 없다는 것이다. 때문에 이 장의 분석 대상 국가인 미국, 일본, 한국의 경우에도 각 국가의 법적인 틀로서 인터넷에서 발생하는 초국가적 문제를 다 해결할 수 없다. 예를 들어, 미국에서 운영되는 게시판에서 한국이나 일본의 이용자가 명예 훼손되었을 때 이를 어떻게 대처할 것인가 등 복잡한 문제들이 발생하기 쉽다.

또한 인터넷에서 이용자들은 익명으로 정보의 바다를 항해하게 된다는 점이 문제를 발생시키기도 한다. 따라서 인터넷에서의 정보 발신자의 확인이 힘들고 허위와 비방으로 타인의 명예를 훼손하기 쉽다. 사회적 압력이 없이 자신의 신분을 감추기 때문에 범죄를 조장

---

1. 계속해서 대법원은 "…… 타인의 명예를 훼손하는 행위를 한 경우에도 그것이 공공의 이해에 관한 사항으로서 그 목적이 오로지 공공의 이익을 위한 것일 때에는 진실한 사실이라는 증명이 있으면 위 행위에 위법성이 없으며 또한 그 증명이 없더라도 행위자가 그것을 진실이라고 믿을 만한 상당한 이유가 있는 경우에는 위법성이 없다"고 보았다(대법 1988.10.11. 선고 85다카29 판결).

하는 결과를 낳기도 한다. 뿐만 아니라 일단의 네티즌들이 집단적으로 명예 훼손 행위를 하는 경우에는 어떻게 사법적 판단을 할 것인가에 대해서도 명확하지 않다.

이러한 이해를 바탕으로 이 장에서는 최근 가장 중요한 화두가 된 인터넷에서 발생하는 인격권 침해와 관련한 쟁점들을 살펴본다. 즉, 인터넷이라는 매체에서 발생하는 언론의 자유와 인격권 사이의 갈등의 원인은 무엇이며 어떻게 해결되고 있는가를 비교법적으로 탐구하고자 한다.[2]

2. 인터넷과 인격권

1) 인터넷의 기술적인 특징과 문제점

인터넷은 누구나 용이하게 접근하여 특정 목적을 달성하기 위해 자신의 견해, 생각, 그리고 사상을 순간적이고 광범위하게 유포하고 타인의 그것을 획득할 수 있는 상호 작용적 커뮤니케이션 매체이다. 이러한 이유로 인터넷 언론은 기존 미디어 체계에 있어 영원한 숙제였던 '민주주의 실현'의 중요한 장場이 되며, 신속하게 필요한 정보를 교환할 수 있는 기술적 측면은 진리의 발견에 크게 기여할 것으로 기대되었다.[3]

---

2. 이 장에서 가장 핵심적인 개념인 '인터넷 언론'에 대한 구체적인 정의는 아직 보이지 않으나 이는 좁은 의미로는 '인터넷을 통해 뉴스를 매개하는 조직 또는 기업'이라고 할 수 있으며, 넓은 의미로서의 인터넷 언론은 인터넷이라는 공간에서 여러 사람들이 모여서 인터넷을 매개로 벌이는 다양한 언론 활동을 지칭한다(이재진, 2003a, pp.22~3).

3. 여기서의 언론의 자유와 표현의 자유는 서로 양립하는 의미라기보다는 서로 교환 가능한 의미를 담고 있다. 즉, 언론의 자유이라고 할 때 이는 매체상의 표현 및 매체의 취재,

그러나 인터넷을 통한 커뮤니케이션이 자유로운 소통의 장을 가져올 것이라는 기대는 설득력을 잃고 있는 듯이 보인다. 사람들의 기대에 반하여 인터넷 언론을 이용하는 데 여러 다양한 형태의 범죄와 불법 행위들이 발생하고 있기 때문이다. 결국 인터넷에 대한 기대는 단지 인간이 조장해 낸 '환상'에 불과하며, 이상적 공론장으로서의 정보의 바다가 아니라 불법의 바다로 전락할 위험에 봉착해 있다는 우려도 많다(Gandy, 1994). 따라서 인터넷에서 발생하는 새로운 유형의 범죄를 해결하기 위한 적절한 법적인 대응이 요구된다.

인터넷을 통한 커뮤니케이션 과정에서 복잡한 법적 쟁점들 중의 하나가 바로 표현(언론)의 자유와 인격권 보호와의 갈등이다. 여기서의 인격권이란 명예권4과 사생활권5을 주로 지칭하는 것이다.6 즉, 인

발행의 자유를 포함한다. 인터넷의 경우 자신이 자유롭게 창출한 생산물을 어떠한 형태의 제도적 검열도 받지 않고 서로 공유할 수 있다는 점에서 기존 매체의 '전달*transmission*' 이상의 "공유, 참여, 결사, 또는 공동의 신념 구현"을 가능하게 하는 특성을 가지고 있다. J. W. Carey, *Communication as Culture*, Boston: Unwin Hyman, 1989.

4. 인격권의 핵심인 명예는 개인들이 속한 지역 사회에서의 신뢰, 명망, 그리고 전문적 능력 등에 대한 평가에 직결되는 사회 생활에 필수적인 요인이다. 반면 언론은 일상적으로 반복되는 취재, 보도가 시간을 다투어 진행되기 때문에 개인들의 명예를 세심하게 고려할 수 없는 경우가 종종 발생하게 된다. 그래서 언론이 불필요한 소송을 예방하고 소송으로 인한 피해를 최소화하기 위해서는 언론 자유와 명예권 사이의 사법적 이익 형량이 어떻게 이루어지고 있는지에 대한 세심한 이해가 요구된다. 한국의 현행법은 언론의 보호가 비록 명예 훼손적이기는 하지만 보도의 내용이 진실하고 오로지 공익에 관한 경우에는 위법성이 조각되도록 하여 그 절충을 이루도록 규정하고 있다(형법 제310조). 이때의 진실이라는 것은 보도 내용이 어떤 '오류도 없이 진실한가'의 여부보다는 사실적 내용을 '얼마나 제대로 충실하게 보도하려고 하였는가'를 의미하는 것으로 해석할 수 있다. 그래서 언론이 보도할 당시에 보도 내용이 진실이라고 믿을 만한 상당한 이유가 있었는가 하는 상당성 원칙이 대개 적용된다.

5. 인터넷에서의 사생활권의 문제는 ① 정보 프라이버시*Information Privacy*, ② 통신 프라이버시*Communication Privacy*, ③ 신체상의 프라이버시*Biometics Privacy*, ④ 공간 검색 프라이버시*Territorial Privacy*의 유형으로 분류할 수 있으나, 여기서는 통신 프라이버시와 관련하여 그 논의를 한정하도록 한다(정영화, 2000). 또한 통신 프라이버시 중에서도 적극적인

터넷은 개인이나 서비스 제공자들이 자유롭게 자신들의 견해를 표출할 수 있는 공간인 동시에 개인들의 명예와 사생활이 침해되지 않도록 보호가 요구되는 곳이기도 하다. 이러한 권익들 간의 갈등이나 다툼을 현재의 법 체계 기준으로 해결할 수 있는가에 대해서 논의들이 많이 있어 왔으나 아직 명확한 진단이 나오지 않고 있는 실정이다(강경근, 2003, pp.4~6).

미국의 저명한 헌법학자 F. 샤우어F. Schauer에 따르면 인격적 권리와 언론의 자유 사이의 갈등은 주어진 각 사회가 처해진 상황에 근거하여 독특한 문제 해결 양상을 보인다고 한다. 즉, 인격권과 표현의 자유 사이의 해결은 각 사회가 인격권의 중요성과 언론 자유의 중요성에 두는 사회적, 정치적 가치에 따라서 결정된다고 피력하였다(Schauer, 1980). 그는 이러한 증거로 영국과 미국의 명예훼손법에 대해 비교 고찰하면서, 영국과 미국의 경우 보통법의 전통은 그 뿌리가 같음도 명예훼손법상의 법리는 상당히 이질적으로 발전해 왔음을 지적했다. 그는 미국의 수정 헌법 제1조상의 언론 자유의 전통에 대해 분석하면서 미국의 경우 영국과는 달리 표현의 자유를 우월적인 권리로서 보고 표현의 자유에 대한 침해는 개인의 명예에 대한 피해보다 더욱 심각한 것으로 이해하고 있다고 설명했다.

샤우어는 미국의 경우 표현의 자유가 여타 다른 개인적 기본권에

개인의 통제보다는 소극적인 측면에서의 통신 프라이버시, 즉 인터넷의 전자 게시판 등에 정보를 게재하거나 주고받는 과정에서 이것이 타인의 사생활을 침해하여 개인 간의 갈등이 발생하는 경우 또는 전자 메일 등으로 정보를 교환하거나 제공하는 과정에서 여러 형태의 검열이나 이의 공개로 인하여 갈등이 발생하는 경우로 논의의 범위를 제한한다.
6. 한국의 경우 EU 국가들에서 볼 수 있듯 포괄적인 법률 제정을 통한 프라이버시 보호보다는 미국과 같은 개별적인 보호 형태를 띤다. 즉, 새로운 입법이 새로운 기술에 뒤따라서 시도되기 때문에 개인 정보의 보호가 취약한 약점을 갖는다. 동시에 통일적인 감시 기구를 설치하지 않고, 일반 법원 재판의 권리 구제에 의존하기 때문에 사법적 거래 비용이 많이 드는 단점이 있다(정영화, 2001, pp.214~67).

우선하기 때문에 비록 명예 훼손적인 언사라고 하더라도 이를 허용하지 않는 것은 인간의 본질에 대한 침탈이라고 주장한다. 그는 이러한 측면에서 미국적인 특색을 가장 잘 보여 주는 것이 1964년 뉴욕타임스 대 설리번 사건에서 제시된 '현실적 악의 원칙'이라고 설명한다. 이 사건에서 미국 연방대법원은 공직자들의 경우 언론에 의한 명예 훼손에서 승소하기 위해서는 언론의 현실적 악의를 증명해야 한다고 판시했다. 이에 반해 영국의 경우 현실적 악의 원칙은 도입되지 않았으며, 표현의 자유를 여러 개인적 법익과 유사한 차원에서 인식하고 이에 대한 비교 형량적인 판단을 하고 있다고 보았다. 이는 미국과는 이질적인 영국적 발전 양식과 보통법적 언론 환경에서 발달해 온 법적인 적용이 이루어지고 있음을 말해 주는 것이다.

이러한 점은 기존 매체를 둘러싼 법적 규제의 '지역성'을 반영하는 것이다. 다시 말하자면 기존의 언론 매체에 대한 규제는 그 매체의 관할 사법 지역 그리고 매체가 위치하는 각 사회의 고유한 상황, 특히 공익의 실현에 있어서의 언론의 자유와 인격권이 어떻게 조화를 이루어야 하는가에 따라 결정되었다고 할 수 있다. 따라서 샤우어의 지적처럼 같은 뿌리를 갖는 영국과 미국의 명예훼손법조차도 지역적 성향에 따라서 다르게 발전했다는 사실을 알 수 있다.

그런데 인터넷 언론은 기존의 언론 매체와는 여러 측면에서 이질적이다. 즉, 인터넷 언론은 쌍방향성, 익명성, 접근 용이성, 강력한 정보 전파력 등 기존의 매체와는 다른 구조와 기능을 가지며 그 기술적 발전 속도가 엄청나게 빠르다는 측면에서 기존의 매체와는 차이가 있다. 또한 1990년대 초부터 트라이브 등 법학자들이 지적해 온 바와 같이 기존의 사법적 틀*judicial framework*이 현재의 컴퓨터 통신 혁명을 예측할 수 있는 모델에 근거하지 않기 때문에 인터넷에서의 쟁점들은 현재의 법적 체제로서는 적확하게 설명될 수 없는 측면이 있다(박원경, 2002). 이때 관련된 법적 정비는 인터넷의 매체 융합적 특성으로 인하여 기존의 '매체 특성론적 접근'보다는 '기능적인 측면'에서 이루어져야 한다는 지적도 있다(박선영, 2002a). 무엇보다 인터넷에서는 이용자들이 서로 의견 교환을 통하여 갈등을 해결하기도 하며 정보 소비자들이 정보 생산에 참여하기도 하는데, 이는 기존의 매체와 가장 큰 차이점이라고 할 수 있다.

최근 인터넷을 통한 불법 행위나 위법 행위가 증가하고 이를 법적으로 해결하려는 경향이 커지고 있다.7 이는 인터넷 이용자들, 시스템 운영자들, 인터넷 서비스 제공자들 사이의 표현의 자유와 인격권을 둘러싼 갈등이 외적으로 표출되고 있음을 보여 주는 것이며(이재진, 2003c), 동시에 인터넷에서 발생하는 문제들의 해결을 위한 법적인 준거틀이 시급히 마련되어야 함을 의미한다. 이러한 측면에서 인터넷의 특징을 포괄하는 종합적인 법적 정비가 이루어져야 한다는 논의들이 부쩍 늘어난 것은 당연한 일이다. 예를 들어, 2003년 5월 28일 국회언론발전연구회가 '인터넷 매체 법·제도 어떻게 마련할 것인가'를 주제로 개최한 토론회에서 참가자들은 인터넷에 걸맞는 종합적인 매체법이 나와야 한다고 입을 모았다. 그런데 토론회는 이전까지의 매체 종류에 따른 규제 방식 대신 매체의 기능에 따른 분류를 법제에 도입할 필요성이 있으며 여기에는 인터넷상에서 발생하는 여러 불법적, 위법적 문제의 해결을 위한 구체적인 조항도 포함되어야

---

7. 언론중재위원회, <언론중재> 87, 2003 여름호, p.162. 대전지법은 2003년 4월 22일 정보통신망이용촉진및정보보호등에관한법률(이하 정보통신망법)에 관한 법률 위반(명예 훼손) 혐의로 기소된 김모 씨에 대해 벌금 70만 원을 선고했다. 김모 씨는 한나라당 사이버대의원으로 활동하던 2002년 9월 18일 오전 7시경 자신의 집에서 모 언론사 인터넷 홈페이지 게시판에 '민주당 천용택 의원이 김대업 씨와 공모해 거짓 병역 비리를 폭로했다'는 글을 게재, 천 의원을 비방한 혐의로 기소됐다. 또한 대전지법은 4월 21일 '젖소나 수입소 사골을 한우 사골로 속여 팔았다'는 내용의 글을 대전양돈축협 인터넷 홈페이지에 올려 대전양돈축협의 명예를 훼손한 혐의로 기소되어 1심에서 벌금 50만 원을 선고받은 이모 피고인의 항소를 기각했다.

한다고 지적하였다(<미디어오늘>, 2003. 6. 4).

언론 매체에 의한 인격권 침해는 일찍이 미국에서 1830년대 언론 매체가 대중화되고, 1890년대 옐로 저널리즘 시대로 들어가면서 이전에는 소수의 교육받은 계층이 즐겨 찾았던 어렵고 복잡한 정치, 경제, 철학적인 내용이나 주의 주장보다는 사람*people*에 대한 일상적인 이야기가 '뉴스 가치*newsworthiness*'를 얻기 시작하면서 빈번해졌다(Sigal, 1986, p.13). 그런데 사람들의 일상적 이야기란 사건, 사고 소식에서 뜬소문에 이르기까지 지극히 개인적인 정보와 관련된 것들이었다. 다시 말하자면 일반인들이 쉽게 이해할 수 있는 사람에 대한 이야기는 사건이나 사고 또는 개인적 정보를 들추어내는 데 근거하는 것이며, 이러한 이유로 개인들의 명예가 훼손되거나 개인들이 원하지 않음에도 사생활 정보와 사적 비밀이 광범위하게 확산되는 등 피해가 점차 커지게 되었다.[8]

문제는 헌법적으로 보장받고 있는 표현의 자유가 인격권과 어떻게 조화롭게 비교 형량되는가 하는 점이다. 에머슨이 지적한 바와 같이 표현의 자유(언론의 자유)는 인간적 가치를 실현하는 필연적인 권리이며 이러한 권리를 대신하는 언론은 국민들이 원하는 바를 알려야 하는 사회적인 의무와 책임을 진다(Emerson, 1967). 이처럼 중요한 부분으로 인식되는 언론 자유와 현대적 생활을 영위하기 위한 개인권 간

---

8. 워렌과 브랜다이스 판사는 "언론은 모든 방면에서 그 우위성*priority*과 품격*decency*의 한계를 넘어서고 있다. 가십은 더 이상 게으르고 사악한 사람들만의 전유물은 아니며, 이는 철면피*effrontery*는 물론이고 언론에 의해서도 추구되고 있다…… 문명이 발달하고 삶이 복잡하고 힘들어지면서 어떤 이는 세상으로부터 은거하는 것을 필요로 하게 되고, 문화의 은밀한 영향력 아래서 인간은 점점 더 세상에 알려지는 것에 대해 민감해져 간다…… 그래서 혼자 있을 수 있는 것과 개인 생활의 영위는 개인에게 더욱 필요한 그 무엇이다. 그러나 작금의 기업들과 발명품은 개인의 사생활을 침해하면서 인간을 육체적인 피해보다 더 심각한 정신적 고통이나 고뇌에 빠지게 한다"고 갈파하여 언론에 의한 개인 사생활 피해가 심각함을 경고하고 있다(Warren & Brandeis, 1890, p.196).

의 갈등과 다툼은 다원적인 가치의 실현이라는 헌법적 논의의 핵심적 위치를 차지해 왔다. 즉, 표현의 자유에 대한 보호도 중요하지만 사회 구조가 점차 복잡해지고 권리 의식이 증대되는 과정에서 개인 권과의 적절한 조화와 균형이 문제되고 있다.

미국의 경우 수정 헌법 제1조의 영향으로 표현의 자유 또는 언론의 자유가 여타 다른 개인적 기본권에 비해 우월적인 지위를 누린다.9 그에 반해 한국의 경우(일본도 유사하다) 표현의 자유와 인격권은 그 우열을 가릴 수 있는 것이 아니며, 어떤 것에 좀더 무게를 두느냐 하는 것은 헌법 제37조에서 규정하는 바와 같이 과잉 금지 원칙이나 비례의 원칙 등에 입각하여 규범 조화적 해석에 따르고 있다(성낙인, 1999, p.20). 한국 법원의 경우 이러한 점에 대해 반복적으로 지적해 왔는데, 비록 언론이 자유롭게 숨 쉴 수 있는 공간이 필요하지만 이러한 권리는 기본권과 균형을 이루어야 한다는 점을 판결의 기본 원칙으로 삼고 있다.10

문제는 전술한 것처럼 인터넷에서 표현의 자유와 인격권의 균형 있는 조화를 이루는 것이 현실 공간에서보다 더욱 어렵다는 점이다. 여기에는 여러 이유가 있겠지만 특히 전 세계가 네트워크로 연결된 인터넷의 경우 익명으로 불법적인 글이 올라와 개인의 인격권이 침

---

9. 1964년 뉴욕 타임스 대 설리번 사건에서 미국 대법원은 언론이 정부와 정치인에 대해 자유롭게 비판을 할 수 있는 '숨쉴 수 있는 공간'의 필요성을 강조하였다(376 U.S. 254). 이후 10년 뒤 거츠 대 웰치 사건에서 대법원은 의견에 있어 잘못된 언사란 없으며(*there is no such thing as false statements*), 비록 사회적 비용*social cost*을 지불하는 경우가 있다고 하더라도 공직자는 물론 사회적 공인에 대해 비판할 수 있는 자유는 최대한 지켜져야 함을 밝혔다(418 U.S. 323 (1974)). 이에 대해서는 Carter, Franklin & Wright, 1994; Smolla, 2000; Gillmor, Barron, Simon & Terry, 1996을 참조하라.

10. 대법 1998.9.4. 선고 96다11327 판결. 이러한 측면은 미국과 한국에서의 명예훼손법상의 간극을 잘 보여 준다. 특히 한국의 대법원은 여러 차례에 걸쳐서 미국의 현실적 악의 원칙의 수용을 거부한 바 있다(대법 2000.12.27. 선고 2000가합16898 판결).

해되는 경우 누구를 대상으로 소송을 제기할지 불명확하며, 시스템 관리자(운영자 또는 온라인 서비스 제공자)들에게 어느 정도의 권한을 부여할 것인가에 대한 공감대가 형성되어 있지 않다는 점이 중요한 문제로 지적되고 있다(이승희, 2003, p.38).

2) 익명성과 법적 주체

인터넷 언론의 경우 기존의 매체와는 달리 이용자들이 실제적으로 참여하기 때문에 기본권의 상충이 발생하기도 한다. 특히 인터넷 이용자들은 단순한 정보 소비자가 아니라 정보 생산자이기도 하기 때문에 자신이 원치 않는 수많은 메시지를 경험하게 되는데, 이러한 현상의 가장 큰 원인은 '익명성'이라는 지적이 많다. 즉, 자신의 신원을 드러내지 않고 자유롭게 인터넷 등에 접근할 수 있다는 점이 인격권에 대한 침해를 야기하는 근본적인 요인이 된다는 것이다. 많은 연구들은 익명을 통한 인터넷에의 참여가 본질적으로 소외감을 느끼는 사람들에게 자신이 누군가에서 인정받는다는 위안과 만족감을 얻게 해주며, 현실로부터 도피할 수 있는 매력적인 방법이라고 인정한다 (Herring, 1996, p.476).

표현의 자유라는 측면에서 본다면 인터넷은 그 이용자들이 획기적인 쌍방적 커뮤니케이션을 이용하여 자신들이 원하는 표현을 전달할 수 있는 긍정적 결과가 담겨 있는 반면 이용자들이 수용하기 힘들거나 원하지 않는 정보에 노출될 수 있는 부정적인 결과도 함께 존재한다. 그래서 익명성은 기존의 미디어에서는 가능하지 않는 상당 정도의 표현의 자유의 추구와 명예 훼손이나 사생활 침해와 같은 형태의 범죄 발생이라는 상충되는 결과를 가져온다. 이 때문에 익명성의 문제점을 지적하고 게시판 등의 실명성을 강화하자는 의견도 많이 제기되어 왔으며,[11] 정통부를 중심으로 실명제를 도입하겠다는 움직임도 보인다(<매일경제>, 2005. 7. 1).

그러나 미국의 연방대법원은 1995년 매킨타이어 대 오하이오 선거관리위원회(McIntyre v. Ohio Elections Commission) 사건에서 익명성이란 헌법하에서 악의적*pernicious*이고 사기 행위적*fraudulent*인 것이라기보다는 옹호*advocacy*와 이견*dissent*이 허용되는 자랑스러운 전통이라고 간주했다. 여기서 매킨타이어 부인은 자신의 성명을 밝히지 않은 채 학교 운영에 관하여 비판적인 글을 전단으로 만들어 선거 기간 중에 배포한 것에 대하여 오하이오 주의 조례를 위반하였다는 이유로 100달러의 벌금을 부과한 것은 표현의 자유를 침해한 것이라고 판결하였다. 어떠한 동기에 근거하든지 간에 익명으로 남을 권리는 진입의 조건으로 신원을 밝히기를 원하는 '시장적 요구'에 우선하는 것이라고 할 수 있다. 따라서 익명으로 남고자 하는 개인적 결정은 수정 헌법에 의해서 보호되는 언론 자유의 한 측면이라고 보았다. 결론적으로 연방대법원은 "익명성이란 다수의 폭력*tyranny of majority*으로부터의 안전판인데, 이는 지지 받지 못하는 사람들이 사회적으로 보복을 받거나 또는 이들의 사상이 억압되는 것을 막도록 한다는 수정 헌법 제1조의 취지를 담고 있다"고 판시하였다. 계속해서 대법원은 사기성 있는 행위까지 보호하게 되는 경우 이는 분명 익명으로 남을 수 있는 권리가

---

11. <한겨레>, 2003. 4. 7; <조선일보>, 2003. 4. 10; <시사저널>, 704호, 2003. 4. 24. 한국의 경우 2004년 총선을 맞이하여 정치개혁특별회가 선거 기사와 관련해 게시판 실명제를 도입하려고 시도한 바 있다. 이에 대한 논란이 계속되고 있는 가운데 시민 단체들은 "네티즌의 참여를 차단시키는…… 시대적 착오 현상"이라고 반대하고 나섰고, 온라인 신문들도 실명제 법제화의 실효성에 의문을 표시하며 반대 의사를 표명했다. 정개특위는 비록 익명성의 보호도 인정하지만 정치권은 사이버 공간에서의 명예 훼손과 근거 없는 폭로, 인신 공격이 이미 위험 수위를 넘어섰다는 판단 아래 더 이상 자유 방임 상태로 내버려둬선 안 된다는 공감대를 형성하였다. 이는 선거에 임박해서 나온 발상으로 비판의 대상이 되고는 있으나 익명성으로 인하여 인터넷에서의 명예 훼손 등의 불법 행위가 자율적으로 통제하기 힘든 경지에 왔다는 점을 암시한다(<문화일보>, 2004. 2. 20, 3면).

남용된 것이라고 보았다. 그러나 대법원은 정치적인 언어란 본질상 때로는 입맛에 맞지 않는_unpalatable_ 결과를 낳을 수 있으며, 일반적으로 사회는 남용될 위험성보다는 표현의 자유에 더욱 중요성을 두고 있다고 주장하였다.[12] 한국이나 일본 법원의 경우 아직까지 익명성의 사회적 성격에 대해서 구체적인 판단이나 정의를 내리지 않았다.

인터넷 이용의 익명성으로 인해 발생할 수 있는 큰 문제들 중 하나는 특정한 주제에 대해 같은 견해를 보이는 참여자들이 집단적 이익을 위해서 이른바 사이버 훌리건이 되어 집단적인 인격권 침해 행위를 하는 경우이다.[13] 이처럼 인터넷에서는 기존 매체에서와는 다른 법적인 문제가 발생하는데, 미국의 경우 가장 복잡한 문제는 문제가 된 글의 종류와 고소인의 자격을 어떻게 구분해야 하는가 하는 점이 가장 복잡한 문제이다. 예를 들어, 기존의 명예훼손법을 인터넷에 적용하기 위해 어떤 기준에서 공인과 사인을 구분할 것인가의 문제가 생길 수 있다. 이때 명예 훼손 소송을 제기한 사람이 인터넷상에 얼마나 접근이 용이한가 하는 접근 가능성_accessibility_에 주목한다.

일부 학자들은 컴퓨터를 통한 인격권을 침해하는 글에 응답할 수 있는 사람들의 경우 누구나 공인으로 간주되어야 한다고 주장한다(이재진, 1998, p.35). 인터넷의 참여자들은 쌍방향적인 매체 특성상 누구나 잘못된 언사에 대해서 '반박_counter speech_'할 수 있는 수단을 지닌 것으로 보아야 하기 때문인데 이들에 따르면 인터넷에서 명예 훼손 소송에서 승소하기 위해서는 수정 헌법 제1조가 요구하는 바대로 명예훼손법상의 현실적 악의를 증명해야만 한다.[14]

---

12. McIntyre v. Ohio Elections Commission, 115 S.Ct. 1511 (1995).
13. 예를 들어, 2001년 8월 인천방송 인터넷 홈페이지 게시판에는 군 가산점 폐지를 지지한 전 여성 장관과 여성 국회의원에 대해 1000건이 넘는 인신 공격을 넘어 명예 훼손적인 메시지가 게재되었다. 이에 대해 일일이 법적인 대응을 하는 것은 현실적으로 불가능하다.
14. 그러나 이러한 견해는 인터넷에서의 명예 훼손 당사자들의 형평성의 문제를 간과한

3) 인터넷 서비스 제공자의 법적 책임

인터넷 언론이 당면한 핵심적인 문제는 법원이 어떻게 인터넷 서비스 제공자(Internet Service Provider: ISP) 또는 온라인 서비스 제공자와 이용자들의 조화로운 이익 형량을 이룰 수 있는가 하는 것이다. 특히 정보 제공자의 책임을 인정하는 것은 일부 새로운 요소를 고려하면 기존의 미디어를 이용한 경우와 유사하게 보아도 가능하지만 정보를 중개한 온라인 서비스 제공자들의 책임을 인정할 수 있는가의 문제는 판단이 쉽지 않다(성선제, 2002, p.248). 예를 들어 만일 인터넷에서 게재된 글이 응답이나 대항적 수단을 통해 그 회복을 구하기 전에 돌이킬 수 없는 피해를 특정 개인에게 입혔을 때, 과연 ISP가 이를 미리 예방하고 가능한 자신들을 인격권 침해 소송으로부터 보호할 수 있도록 이들에게 인터넷에 대한 통제 권한을 부여해야 하는가 하는 문제가 제기된다. 이러한 문제는 인터넷에서의 이용자들의 전례 없는 표현의 자유라는 명제와 맞물려 논란을 빚고 있다(김재형, 2003).

이와 관련 온라인 서비스 제공자들은 헌법이 인터넷 이용자들이 자신의 견해를 모두 자유롭게 피력할 수 있는 권한을 보장하는 것은 아니라고 주장해 왔다. 이들은 인터넷에서의 서비스 공급자와 이용자의 책임 정도에 대한 법적인 기준을 제시하지 못한다면 기존의 명예훼손법상의 과실 책임 기준standard of fault이 흔들리게 된다고 주장한다. 다시 말하자면 만일 법원이 서비스 공급자들이 정보 배포자distributor인지 또는 편집자editor인지 또는 단순 정보 제공자common carrier

---

것이라는 비판이 있다. 예를 들어, 명예 훼손의 당사자가 경제적인 이유 등으로 인터넷에 접근하기 위한 수단을 구비하지 못하거나 수단이 있다고 하더라도 어떻게 대응해야 하는지 알지 못하는 경우 인터넷에 접근이 용이한 사람들과 어떻게 다르게 취급해야 할 것인가의 문제가 발생한다.

인지에 대한 구체적인 기준의 제시와 아울러 이용자들의 인터넷에서의 언론의 자유에 대한 한계가 설정되지 않는다면 기존의 현실적 악의 원칙과 같은 법원칙을 인터넷에 적용하는 데 혼란을 초래할 것으로 보고 있다. 이들은 법원이 이러한 문제들은 원칙의 적용을 통한 일관적인 해결보다는 사건마다의 상황에 따른 개별적인 해결을 하는 경향을 보였는데, 이러한 법원의 융통성은 기존의 법 체계가 추구해왔던 '안정성stability'에 위배되는 것이라고 비판한다.

그래서 일부 법학자들은 인격권 침해와 같은 법률적 문제의 예방 차원에서 인터넷 서비스 공급자들에게 그 내용의 흐름을 통제할 수 있는 권한을 부여해야 한다고 주장한다. 그러나 이러한 시각은 인터넷에서의 언론 자유 옹호자들의 격렬한 비판에 직면했다. 그럼에도 불구하고 이러한 논점은 재고할 가치가 있다. 이는 법원이 인터넷 서비스 공급자와 이용자들의 이익에 균형을 제공하기 위한 하나의 방법으로서 설정될 가능성을 보이기 때문이다. 이러한 논의들과 관련, 법원은 '편집 과정에의 개입 정도'라는 기준 이외에 아직 구체적으로 서비스 제공자들이 이용자들이 게재한 내용에 대해 이차적 책임이 있는가, 또는 인터넷 이용자들이 절대적인 언론 자유의 권한을 가지는가에 대해서는 일관된 기준을 제시하지 못하고 있는 것으로 보인다.

4) 인터넷과 언론 중재 제도

2005년 7월 28일 이후 언론중재법이 시행됨으로써 인터넷에도 언론 중재 제도가 적용될 수 있게 되었다. 다시 말하자면 인터넷(비록 신문법 제2조에 근거한 인터넷 신문에 한해서이지만)을 기존의 매체와 같이 반론권 행사의 대상으로 바라보게 되었다. 언론중재법이 시행되어 2005년 8월 29일 현재까지 전체 5건의 중재 신청이 있었던 것으로 나타났다. 언론 중재 제도가 없는 미국과 일본의 경우에는 해당되지 않으나 이들 국가들도 언론 매체에 의해 발생하는 인격권 침해 현상을 법정 밖*out of court*에서 해결하고자 하는 사회적 장치 마련에 관심을 기울여 왔다. 그래서 미국의 경우에는 1987년 아이오와 프로젝트 이후 명예훼손법 개정안(Uniform Defamation Act)을 제기하거나 선언적 판결*declaratory judgement*의 도입을 주장하기도 하였고(표성수, 1997, pp.166~81), 일본의 경우 비록 법정에서 결정되기는 하지만 사죄 광고가 특별 구제 수단으로 널리 이용되고 있다.15 한국의 경우에도 인터넷으로 인하여 명예 훼손이 발생하는 경우 피해자는 신속하고 손쉽게 피해를 구제받을 수 있는 길이 열린 것이다.

언론중재법으로 인하여 인터넷에도 반론권이 인정되게 되었으나 여러 가지 문제가 남아 있다. 우선 인터넷에서 어느 범위까지 인정할 것인가의 문제는 아직 불분명하다. 언론중재위원회는 반론권 행사의 대상이 되는 인터넷을 컴퓨터 등 정보 처리 능력을 가진 장치와 통신망을 이용한 전자 간행물로서 정치·경제·사회·문화·시사 등에 관한 보도, 논평, 여론 및 정보 등을 전파하기 위하여 간행되는 취재 인력 2인 이상을 포함하여 취재 및 편집 인력 3인 이상을 상시적으로 고용하고 주간 게재 기사 건수의 30% 이상을 자체적으로 생산하고 적어도 주간 단위로 새로운 기사를 생성하는 인터넷 신문에만 반론권을 인정하는 것이다. 이에 따르면 개인 블로그나 포털, 그리고 패러디 사이트 등은 반론권 행사 대상에서 벗어난다. 실제로 이러한 반론권 대상에 대한 결정은 언론중재법상의 규정에 따른 것이 아니라 취지가 다른 신문법에서 따온 데서 기인하는 바가 크다.

그런데 앞으로 인터넷에 반론권을 실행하는 경우 반론 제기 기간이나 중재 처리 기간도 빠른 속성을 가진 인터넷에 걸맞게 단축해야

---

15. 한국의 경우 헌법재판소는 명예 회복에 적당한 처분에 사죄 광고를 포함시키는 것은 헌법에 위반이라고 결정하였다(헌재 1991.4.1. 선고 89헌마160 결정).

하며 인터넷의 특성을 충분히 이해할 수 있는 중재위원들을 선임해야 하며 그 전문성을 제고하기 위해 상근 중재위원을 임명하는 등 인터넷 언론의 특성에 알맞게 현재의 반론 제도를 다양한 모습으로 고쳐야 하는 등의 지적들이 제기되고 있다. 아울러 반론문의 실행을 어떻게 효율적으로 할 것인가에 대해서도 더 논의가 되어야 한다.

3. 국내외 사례

1) 미국

인터넷과 관련된 최초의 판례이자 온라인 서비스 제공자와 이용자들 사이의 다툼을 판단한 1991년 커비 대 컴퓨서브(Cubby v. CompuServe) 사건에서, 뉴욕 주 남부 연방지방법원은 인터넷 서비스 제공자가 뉴스 배포자*distributor*에 속한다고 보았다.[16] 이는 은행업을 하는 커비사가 온라인 서비스 제공자인 컴퓨서브사를 명예 훼손의 2차적 책임을 들어 소송을 제기한 것이었다. 법원은 서점이나 또는 어떤 정보 배포자의 경우 논란이 되는 기사의 오류를 인지하지 못하였을 경우 명예 훼손의 2차적 책임이 없다고 판시하면서 온라인 서비스 제공자에 배포자 모델을 적용하였다. 이때 컴퓨서브사에게는 일반적으로 사인*private figure*에 적용되는 거증책임 요건인 '부주의*negligence*'를 적용해야 한다고 보았다. 명예훼손법상 이러한 편집자/배포자 구분은 중요한데, 이것에 의해 손해에 대한 책임의 정도를 결정하기 때문이다. 결론적으로 법원은 "컴퓨서브사는 공공 도서관, 서점, 또는 신문 가판점과 같

---

16. 776 F.Supp. 135 (S.D.N.Y. 1991).

이 기사의 출판에 있어 어떠한 편집자적인 역할을 하지 못하였을 뿐만 아니라, 컴퓨서브사가, 다른 서비스 공급자에게도 마찬가지로, 서비스 제공 과정에서 전달하는 모든 명예 훼손적 정보를 일일이 점검하는 것은 현실적으로 거의 불가능하다"고 판시하였다.

이러한 법원의 결정에 반대하는 입장의 학자들은 법원의 온라인 서비스 제공자와 전통적인 뉴스 배포자 사이의 구분에 대한 법원의 이론적인 근거는 잘못된 것이라고 일축하였다. 컴퓨서브는 서점과 같은 기존의 정보 배포자들이 갖지 못한 내용 통제를 위한 기술적인 권력technological power을 가지고 있기 때문이라는 것이다. 그러나 판결에서 법원은 일단 컴퓨서브사와 같은 서비스 제공자가 전달할 정보를 결정하고 나면 정보의 내용을 통제할 힘을 갖지 못하며 전자 게시판의 내용에 대해 어떠한 편집적 역할을 하지 않았기 때문에 컴퓨서브사를 전통적인 뉴스 배포자와 다르게 볼 이유가 없다는 점을 강조하였다.

그러나 법원은 4년 뒤에 발생한 스트라톤 오크몬트 대 프로디지 (Stratton Oakmont v. Prodigy) 사건은 정반대의 결론을 내린다. 이 사건은 증권 투자 회사인 스트라톤 오크몬트사가 당시 거대 ISP인 프로디지사의 머니 토크Money Talk라는 전자 게시판에 게재된 익명의 투고를 명예 훼손으로 판단, 프로디지사를 고소하면서 발생하였다. 이 판결에서 뉴욕 주 대법원은 커비 판결과는 대조적으로 프로디지사를 편집 능력이 있는 주체로 판단하였다. 그러나 법원은 프로디지사가 그 게재 내용에 대해 결정권을 가지고 있었고, 그러한 결정이 편집자적 통제에 해당된다는 점에 주목하였다.[17]

그런데 이러한 편집자/배포자 논의는 1997년 제란 대 아메리칸 온라인(Zeran v. AOL) 사건으로 일단락된다. 이 사건은 1996년 통신품위

---

17. 23 Media L. Rep. (BNA) 1794 (N.Y. Sup.Ct., 1995).

법(Communications Decency Act of 1996)상의 '선한 사마리아인Good Samaritan 조항'(제203조)을 적용하여 발화자speaker는 불법 행위법에서 말하는 발행자뿐만 아니라 배포자도 포함되는 개념으로 정리하고, 쌍방향 서비스를 제공하는 네트워크의 정보 중개자는 위 조항에 의하여 발화자로 인정되지 않으므로 명예 훼손에 관한 책임으로부터 면책된다고 판결하였다.[18]

이 사건은 피소자인 AOL사의 전자 게시판에 누군가 제소인의 이름을 도용하여 오클라호마 주 연방 건물 폭파 사건을 미화하는 글을 수일간에 걸쳐 반복해서 올렸기 때문에 협박성의 항의 전화가 원고에게 폭주했고, 이에 대해 원고는 AOL사의 책임을 물어 소송을 제기하면서 시작되었다. AOL사는 통신품위법상의 '선한 사마리아인' 조항에 의해서 발행자는 물론 배포자로서의 책임도 면책된다고 주장하였다.

법원은 '선한 사마리아인' 조항의 취지는 네트워크상의 정보 중개자의 불법 행위 책임을 면제하는 것으로 이는 인터넷에서 언론의 자유를 확보하고, 정보 중개자에 의한 정보의 자율 규제를 촉진하기 위한 것이라고 해석하였다. 그리고 정보 중개자는 '배포자'로서의 책임도 면책되는가 하는 점을 검토하면서 만일 책임이 추궁된다면 명예 훼손적 표현이 있다는 통고를 받은 정보 중개자는 책임을 회피하기 위하여 문제된 표현을 곧바로 삭제하게 될 가능성이 많아 언론의 자유로운 유통이 저해될 우려가 있다고 보았다. 나아가 정보 중개자는 전자 게시판을 자율적으로 모니터링하는 사이에 명예 훼손 표현을 발견하면 인식이 있었던 것으로 되어, 후에 책임을 지게 될 우려가 있으므로 자율 규제를 강제하게 된다고 주장하였다. 따라서 선한 사마리아인 조항은 정보 중개자가 배포자로서의 책임에서도 면책됨

---

18. 129 F.3d 327 (4th Cir., 1997).

을 인정하는 것이라고 판시하였다. 원고는 연방대법원에 상고했으나 이는 기각되었다.[19]

결국 관련 판례들에 의하면 제3자가 발신한 명예 훼손 표현에 대하여 네트워크상의 정보 중개자는 완전 면책되는 결과를 가져왔다. 즉, 제란Zeran 판결은 이전의 판결을 모두 번복하는 셈이 되었는데, 궁극적으로는 통신품위법에 의해서 입법적으로 면책이 확립되는 결정적 역할을 하였다. 이후의 ISP 관련 명예 훼손 판례들은 제란 판결의 결정을 따르는 경향을 보인다.[20] 이는 명예권과 표현의 자유 사이의 이익 형량에 있어 표현의 자유를 한층 중시하는 입장을 견지하는 것이라고 볼 수 있다.

그런데 통신품위법상의 선한 사마리아인 조항이 익명의 이용자들이 아닌 실명의 인터넷 서비스 제공자 또는 이와 계약을 맺고 있는 독립적인 운영자들이 내용을 게재한 경우에도 해당되는가 하는 문제가 발생한다. 이러한 쟁점을 다룬 것이 블루멘탈 대 드러지(Sidney Blumental v. Matt Drudge and AOL) 사건이다. '드러지 리포트'라는 게시판을 운영하여 유명해진 매트 드러지는 AOL사와 계약을 맺고, 클린턴 대통령의 백악관 보좌관이었던 블루멘탈이 배우자를 학대했다는 내용을 게재하였고 이 내용이 AOL 이용자들에게 전파되었다. 블루멘탈은 '드러지 리포트'의 경우 수많은 익명의 이용자들이 임의적으로 올려 놓는 글과는 달리 계약에 의해 고용된 유명인이 올리는 것이며 이는 결과적으로 AOL의 책임 범위에 속하는 것이라고 주장하였다. 법원은 <드러지 리포트>와 계약을 한 AOL사는 단순한 배포자 역할 이상의 편집자적 역할을 하였다는 점을 일단 긍정하였다. 그러나 법원은 연방의회가 통신품위법에서 의도하는 바는 배포자인가 발행자

---

19. cert. denied 118 S.Ct 2341 (1998).

20. Lunney v. Prodigy Serv., N.Y. Ct. App., No.164, Dec. 12 (1999) 등.

인가의 구분이라기보다는 비록 문제되는 언사로 인하여 어떠한 명예 훼손적 피해가 발생한다 하여도 인터넷 서비스 제공자는 이에 대해 어떠한 책임도 없다는 것을 의미한다고 판시하였다.[21]

미국의 경우 이처럼 ISP와 이용자 사이의 명예 훼손에 대한 다툼은 일단락되었다고 할 수 있다. 그러나 이보다 더욱 복잡하고 법원도 해결을 기피하는 것이 바로 인격권을 둘러싼 이용자들 사이의 다툼이다. 현재 현실 공간의 명예훼손법은 두 가지 논리적 근거에서 공인과 관련된 언술에 대하여 수정 헌법 제1조의 보호를 적용하고 있다. 첫째, 공인 즉, 공적 인물 또는 공직자가 제소한 경우, 이들은 언론 매체의 명예 훼손적 글에 대응하기 위해 해당 매체에 접근하기 용이하다는 논리이다. 따라서 그들에 대한 보호는 사인*private figure*이 관련된 경우보다 약하다고 인식된다. 둘째, 공직자들이나 공적 인물들은 공중의 시선을 자발적으로 추구하기 때문에 그들은 자신들의 활동에 대한 명예 훼손적인 비판의 위험을 감수할 수밖에 없다는 점이다.

이용자들 사이의 다툼을 최초로 다룬 것이 1994년 수아레즈 대 믹스(Suarez v. Meeks) 사건이다. 이 사건은 당시 지방 언론사 언론인이었던 믹스가 제소자인 수아레즈에 대하여 명예 훼손적인 글을 전자 게시판에 게재하면서 발생하였다. 전문 투자 회사를 운영하는 수아레즈는 이메일을 통해 만일 투자를 하면 부자가 될 수 있게 해 주겠다는 스팸 메일을 보냈다. 믹스는 이에 대해 "수아레즈는 뻔뻔한 냉혈 우편 통신 재력가"라고 비방하면서, "수아레즈가 운영하는 투자 회사는 우편 통신 사기를 위한 껍질뿐인 유령 회사"라는 글을 전자 게시판에 게재했다. 수아레즈는 명예 훼손으로 인한 손해 배상과 이후에 믹스가 다시는 인터넷에 수아레즈사에 대한 어떠한 글도 게재하지

---

21. 992 F.Supp. 44 (D.D.C. April 22, 1998).

못하도록 하는 가처분 명령을 오하이오 주 지방 법원에 청구하였다.

믹스는 법정에서 수아레즈가 미국 대법원에 의해 구성된 현실적 악의를 증명해야 한다고 주장했다. 이러한 믹스의 주장은 현실 공간의 명예훼손법상 수아레즈사가 공적 인물에 속한다는 이해에 근거하는 것이다. 또한 수아레즈는 믹스의 게재물에 대해 즉각적으로 반응할 수 있었다는 점을 강조하였다. 믹스는 문제된 기사를 수아레즈사가 허위인 줄 알면서 게재했거나 진실 여부에 대해서 부주의*negligence*했다는 사실을 '명백하고 확실한 증거*clear and convincing proof*'를 통해 증명해야 한다고 주장했다.

그러나 법원은 수아레즈사가 공인이라는 믹스의 주장은 그 회사의 사회적인 지위를 두고 볼 때 잘못된 판단이라고 보았다. 이에 대해 믹스는 기사가 인터넷에 실렸기 때문에 기존의 매체와는 달리 누구나 이에 대해 쉽게 반박할 수 있었다는 점을 들어 수아레즈를 공인으로 보아야 한다는 주장을 굽히지 않았다. 그러나 이 사건은 믹스의 현실적 악의 원칙 주장에 대한 법원의 공식적인 견해가 나오기 전에 쌍방의 합의하에 해결되고 말았다.22

또 다른 이용자 관련 판례인 메다폰사 대 드니그리스(Medaphone Corp. v. DeNigris) 사건은 한 인터넷 이용자가 프로디지사의 전자 게시판에 올린 글에 대해 메다폰사가 명예 훼손으로 인한 손해 배상을 뉴저지 주 지방 법원에 청구함으로써 시작되었다. 인터넷 이용자인 드니그리스는 전자 게시판에 메다폰사를 "문제가 많고…… 사기를 일삼는 회사"라고 혹평하는 글을 게재했다. 메다폰사는 드니그리스가 게재한 글이 자신의 회사 주식이 폭락하는 데 심대한 영향을 미쳤다고 주장하였다. 그러나 이 소송 사건도 법정의 의견이 개진되기 전에 조

---

22. No.267513 (Ohio Cuahoga County 1994).

정을 통해 해결되었다.[23]

세 번째 주목할 판례는 잇츠인더카드 대 푸셰토(It's In the Cards, Inc. v. Fuschetto) 사건이다. 이 사건은 스포츠 기념품 판매업자들을 위한 스포츠넷SportsNet이라는 전자 게시판 이용자들 사이의 명예 훼손적 다툼이다. 원고인 미뉴Meneau는 게시판의 다른 이용자인 푸셰토에 대한 명예 훼손적인 글을 전자 게시판에 실었고 이에 푸셰토는 미뉴와 함께 스포츠넷을 운영하는 잇츠사에 대해 그 이차적 책임을 물어 소송을 제기하였다. 이 사건에서의 핵심적 쟁점은 인터넷에서의 전자 게시판을 정기 간행물로 간주할 수 있는가 하는 것이었다. 잇츠사는 위스콘신 주의 경우 전통적으로 철회법retraction statute이 적용되고 잇츠사가 운영하는 전자 게시판이 정기 간행물이기 때문에 소송을 제기하기 전에 자신이 운영하는 전자 게시판의 내용을 수정 또는 취소할 수 있는 기회를 주었어야 타당하다고 주장하였다. 당시 위스콘신 주 법률에 따르면 정기 간행물에 의해 명예 훼손을 당한 사람들은 법원에 제소하기 전에 언론사로 하여금 문제되는 내용을 수정할 수 있는 기회를 주어야 한다는 조항이 있는데, 법원은 전자 게시판을 법률상의 정기 간행물로 인정치 않았다.[24] 그러나 법원은 판결문에서 "기존의 법은 인터넷이 생성되기 이전에 만들어진 것이며 명예 훼손에 관한 법 조항을 인터넷에 적용하기 위해서는 입법자들이 이에 맞는 법률을 빨리 입안해야 할 것"이라고 피력했다.

---

23. No.92-3785 (D.N.J. 1993).

24. 535 N.W.2d 11 (Wisc. App. 1995).

2) 일본

일본의 경우 2002년 이른바 프로바이더법이 제정되기 이전부터 네트워크 사회의 발전에 따라 새롭게 발생하는 사회적 문제를 예상하여 이 문제들에 어떻게 대처할 것인가 하는 점과 관련하여 각종 연구 보고서와 학계에서의 해석론을 바탕으로 논의가 진행되어 왔다. 그 대표적인 경우가 바로 1997년에 발표된 < 전기 통신 서비스에서 정보 통신에 관한 연구회 보고서: 인터넷상의 정보 유통에 관해서 > 이다. 이 보고서는 인터넷상의 정보 유통 원칙의 필요성, 제 외국에 있어서 정보 유통 원칙의 논의 상황, 정보 유통 원칙의 구체적 모습에 대한 설명을 포함하고 있는데, ISP의 책임 문제의 명확화에 관한 문제를 다루고 있다(Kim, 2002).

보고서에서 일본 정부(MPT Telecommunication Bureau)는 인터넷의 중요성을 인식하고 이에 대한 세 가지의 원칙을 도입하였다. 이는 ① 자기 책임의 원칙principle of self-responsibility, ② 불법적 내용에 대한 기존 법의 적용application of existing laws against illegal content, ③ 통신의 비밀 보호protection of secrecy of communication이다. 이에 따르면 정부는 인터넷 서비스 제공자의 경우 인터넷 내용에 대해서 자발적인 조치를 취할 수 있게 하고 있다. 일본의 현재 통신 사업법에 의하면 인터넷 서비스 제공자는 내용의 발행자에게 경고할 수 있으며, 그 내용을 삭제하거나 이용자의 서비스를 중단하거나 계약을 취소할 수 있다.25

이러한 정책은 최근에 나오기 시작한 일본 법원의 여러 판례에서 잘 찾아볼 수 있다. '니프티서브 사건' 판결에서 도쿄지방법원은 비록 전자 포럼에 올려진 모든 진술의 내용을 항상 감시하고 명예 훼손

---

25. Telecommunications Business Law, arts. 3, 4, 7 & 34.

적인지의 여부를 탐지하고 문제성을 검토하는 의무까지는 없다고 하더라도 만일 명예 훼손적인 글이 올랐다는 사실을 구체적으로 인지하는 경우에는 통신 운영자(SYSOP)의 지위와 권한에 비추어 명예가 훼손되지 않도록 조치를 취해야 하는 의무가 있음을 강조하였다.26 즉, 타인을 비방하는 경우 비방의 당사자, 컴퓨터 통신업체 그리고 대화방 운영자(시스템 오퍼레이터) 3자가 모두 책임이 있다는 것이다.

이 사건은 1990년 9월 도쿄 시내에 사는 한 번역직 여성은 일본 유수의 통신 네트워크 회사인 니프티서브가 설치한 전자 회의실 "현대 사상 포럼"에 참여하면서 시작되었다. 그 여성은 여러 대화방 중의 하나인 페미니즘 회의실에 들러 가명을 사용하여 다른 회원들과 대화를 나눴다. 그렇게 몇 년 간 대화방에 들르다가 회원들 사이의 의견 충돌이 발생하였으며 감정이 상한 사람도 생겨났다. 이러한 상황에서 1993년 11월 한 남자가 원고의 실명을 알아내 '성격이 비뚤어져 이혼하게 됐겠지'라며 비웃기 시작하였고 이후에도 게시판에 상대방 여성을 비아냥거리는 글을 게재했다.

이러한 상황에 직면하여 참다못한 이 여성은 허위 사실을 게재하여 자신의 명예가 손상당했다며 대화방을 주재한 회사와 전자 회의실 관리자 및 회원을 상대로 모두 1000만 엔에 달하는 손해 배상 청구 소송을 제기했다. 도쿄지방법원은 원고 주장의 일부를 받아들여 비방 당사자가 40만 엔 그리고 비방 당사자, 네트워크 회사, 그리고 시스템 운영자가 연대해서 10만 엔을 지불하라는 명령을 내렸다. 법원은 판결에서 "관리자는 타인의 명예가 부당하게 손상되지 않도록 필요한 조치를 취해야 할 의무가 있으며 회사는 관리자의 사용자로서 책임이 있다"고 판시했다. 또한 "불특정 다수가 지켜보는 컴퓨

---

26. 東京地判 平成9(1997)年5月26日 判時1610号22頁.

터 통신망에 타인의 명예를 훼손하는 내용이 게재될 경우 관리업체와 회의실 운영자는 이를 즉각 삭제할 의무가 있다"고 덧붙였다.

이 판결로 인하여 인터넷 서비스 제공자들의 경우 명예 훼손 등의 문제가 발생하면 일정한 책임을 지게 되었다. 이는 조리상의 작위의무를 서비스 제공자에게 부과한 것으로 볼 수 있다. 따라서 니프티서브사가 권고 요청할 수 있도록 하는 약관상의 금지 사항인 "타인 중상中傷," "성기를 지칭하는 발언 등 외설적인 내용," "반복적인 언어로 물건을 파는 등 영업 행위," "공공 질서와 양속에 반하는 행위"에 내용이 해당되면 운영자가 발신자에게 문제가 있음을 알리고 자제나 삭제를 권고 요청해야 하며 받아들여지지 않는 경우 회원 자격을 박탈하거나 정지하도록 하는 처분을 내릴 수도 있게 되었다.

그러나 이후 사건들에서 다양한 판결이 나오게 되는데, 니프티서브 '현대 사상' 사건과 상반되는 결론이 나는 경우도 없지 않았다. 무엇보다 2001년에 나온 니프티서브 사건의 항소심에서 도쿄고등법원은 원심의 판결을 뒤집었다.[27] 우선 고등법원은 PC 통신의 전자 회의실에 게재된 내용이 해당 회원에 대해 명예 훼손 및 모욕이 성립한다고 인정하였다. 그러나 게재된 내용을 방치함으로써 소송을 당한 전자 회의실의 시스템 오퍼레이터와 이를 고용한 PC 통신 운영 회사의 책임은 부정되었다. 법원은 피해자가 자신을 구제할 수단을 가지지 않고 회원 등으로부터의 지적에 대책을 강구한다고 해도 효과적이지 않는 특별한 경우에만 관리자 등에게 삭제 의무가 발생한다고 보았고 명예 훼손 발언은 인식한 것만으로는 삭제해야 할 조리상의 작위 의무를 지지 않는다고 판단하였다. 즉, 원심에서 부분적으로 인정한 운영자들에 대한 책임 부과를 부정하였다. 비록 법원에서 구체적인 기준을 제

---

27. 東京高判 平成13(2001)年9月5日 判タ1088号94頁.

시하지는 않았으나 관리자가 일정한 방침으로 게시판을 운영하였고, 관리자가 지체 없이 발언자(발화자)에게 주의 조치를 하였으며, 삭제 요청을 받고 이에 반응하여 삭제 절차에 대해 양해를 일단 구하였고 이후 원고 소송 대리인으로부터 내용 증명 우편으로 삭제 요청을 받고 삭제하였으며, 소가 제기된 이후에는 새로운 게시 내용을 모두 삭제한 것이 작위 의무를 위반한 정도의 것은 아니라고 보았다.

PC-VAN 사건에서는 도쿄지방법원이 PC 통신을 통해서 한 회원이 타 회원의 회원 번호 부정 사용에 대한 의혹을 지적한 발언을 게재한 행위는 종전의 경험에 비추어 당해 회원의 사회적 평가를 저하시킨 것이라고는 볼 수 없다고 판시하면서 명예 훼손의 성립을 부정하고, 프라이버시 침해 및 저작권 침해의 주장도 배척하였다.28 법원은 게시판에 게시된 내용은 구체적인 사실의 적시에 해당하지 아니하며, 불특정의 회원이 게시한 의혹 이외에 구체적인 내용에 새로운 사실을 부가하여 알 수 있는 것도 아니라고 보았다. 유사하게 또 다른 판례에서 도쿄지방법원은 PC 통신에 가입한 회원이 전자 게시판상에 통신 서비스 운영업자를 비판하는 글을 남기는 등의 행위를 하여 업자가 입회 계약을 해제한 사안에 대해 서비스 제공을 중지시킬 중대한 사정이 존재하지 않는 한 해제는 무효라고 판시했다.29

PC 통신 관련 판례에서와 유사하게 본격적으로 인터넷에서도 정보 발신자와 네트워크 관리자의 책임이 쟁점이 된 사건이 발생하기 시작했는데, 최초의 판례가 도립대학都立大學 사건이다.30 이 사건은

---

28. 東京地判 平成9(1997)年12月22日 判時1637号66頁.
29. 東京地判 平成10(1998)年12月21日 判時1684号79頁 ケイネット東京事件 第一審.
그런데 흥미롭게도 요코하마 지방법원에서는 이러한 계약의 해제는 유효라고 판시했다(橫浜地判 平成10年12月25日). 항소심에서도 도쿄고등법원은 신뢰 관계가 파괴되었음을 인정하고 해제를 유효한 것으로 판시하였다(東京高判平成11年9月8日 및 東京高判平成12年1月19日).

도립대학에서 서로 대립 중인 그룹의 한 쪽이 다른 한 쪽을 비방하는 웹페이지*web page*를 도립대학의 전산 시스템을 사용하여 개설하였고, 이를 대학 운영자인 도쿄도東京都가 방치하였는 바 원고들이 정보 게재자와 도쿄도에 대해 손해 배상 등을 청구하였다. 이에 대해 법원은 게재자의 책임은 인정하였지만 도쿄도의 책임은 부정하였다. 원고들은 도쿄도에 설치된 도쿄도립대학에 재학 중인 피고가 대학의 관리 하에 있는 컴퓨터 시스템 내에 개설된 홈페이지에 게재한 문서가 원고들의 명예를 훼손하였다고 주장하고, 피고들에 손해 배상 내지 명예 회복 조치를 청구하였다. 법원은 피고에 대해서 손해 배상 청구는 일부 인용했지만, 도쿄도에 대해서는 청구를 기각했다.

회원은 피고로부터 부여받는 ID, 비밀 번호를 입력하고 자신이 사용하는 PC 통신 컴퓨터를 공중 전화선 등을 통해 피고가 관리 운용하는 호스트 컴퓨터에 접속하고, 자신에 관한 정보를 특정 또는 불특정의 제3자의 열람에 함께하기 위해 호스트 컴퓨터에 로그인하는 것이 가능하였고 그 정보는 호스트 컴퓨터의 기억 매체에 보존된다. 호스트 컴퓨터의 기억 매체에 보존된 각종 정보로부터 임의의 정보를 선택해서 호스트 컴퓨터로부터 수신하여 이를 열람하게 된다. 피고는 리뉴얼リニューアル의 전자 게시판인 '모든 이의 광장みんなの広場'에서 게이 네트워크의 운영에 관한 사안에 대해서 게재하는 것을 금지하고 이를 게재한 회원에 대해서는 게재한 글을 삭제해 줄 것을 권고하고, 피고가 지정하는 기한까지 자율적으로 삭제하지 않는 경우에는 피고 측에서 삭제한다고 공시하였다. 원래 원고는 같은 게시판에 새로운 시스템인 리뉴얼*renewal*의 문제점을 지적하는 글을 게재했다. 그것에 대해 피고는 후일 그 조치가 부당하다는 것을 인정하고

---

30. 東京地判 平成11(1999)年9月24日 判時1707号139頁.

사죄 이외에 해당 조치를 철회하였다. 또 피고는 원고 이외에도 피고에 대한 비판적인 글쓰기에 대하여는 삭제 권고를 하고, 그것에 따르지 않는 자에 대해서는 글을 삭제하였다.

항소심에서 도쿄고등법원은 PC 통신에 가입한 회원이 전자 게시판에 동성애자들인 통신 서비스 운영 사업자를 비판한 글을 남기는 등의 행위를 하여 회사가 입회 계약을 해제한 사안에 대하여 중대한 사정이 없는 한 해제는 무효라는 원판결을 취소하였다. 법원은 네트워크 운영은 회원의 의견과 비판에 귀를 기울이는 자세가 필요한 바, 사업자에 불충분한 점이 있으며, 비록 이 회원의 의견 표명은 모두가 회원 규약의 중대한 위반은 아니지만, 전체적으로 볼 때 네트워크 운영을 실제로 방해할 우려가 있고, 사업자와의 신뢰 관계를 현저하게 훼손시킴으로써 회원의 일부 승소 부분을 취소하고 계약을 해제한 조치는 적법한 것이라고 판시하였다.[31]

최근 들어 일본 정부는 인터넷 이용자의 권리 침해에 대한 인터넷 서비스 제공자의 책임 범위를 명확히 하여 정보의 유통을 촉진시키기 위하여 "특정전기통신역무제공자의손해배상책임의제한및발신자정보개시에관한법률"(特定電氣通信役務提供者の 損害賠償責任の 制限 及 發言 子情報の 開示に 関する 法律: 이른바 プロバイダ法(프로바이더법))"을 제정하여 2002년 4월 1일부로 시행하고 있다. 이 법에 따르면 온라인 서비스 제공자는 ① 정보의 유통으로 인해 타인의 권리가 침해된 경우 송신을 방지하는 조치가 기술적으로 가능하고, 권리 침해를 알거나 알 수 있었다고 인정하기에 충분한 상당한 이유가 있을 때가 아닌 한 배상 책임을 지지 아니하고, ② 침해 정보의 송신을 방지하는 조치를 취한 경우 부당한 권리 침해를 믿기에 충분한 상당한 이유가 있거나 피침

---

31. 東京高判 平成12(2000)年1月19日 判時1748号125頁 ケイネット東京事件控訴審.

해 권리자로부터 송신 방지 신청이 있고, 이에 대해 침해자가 7일 이내에 부동의 신청을 하지 않는 경우에도 배상 책임을 지지 않는다.[32] 즉, 이 법에서 온라인 서비스 제공자의 책임의 정도를 규정하고 있다.

이러한 법 조항을 적용한 인터넷 전자 게시판에서의 명예 훼손 판례들이 계속 나오기 시작하였다. 도쿄고등법원은 인터넷 전자 게시판인 '제2채널'(2チャンネル)에 게재된 글을 명예 훼손이라고 판단하였다.[33] 원심에서 피고인 공소인에게 있어 대항 언론의 이론에 의하면 명예 훼손이 성립되지 않고, 본건에 있어서의 각 발언의 공공성, 목적의 공익성, 내용의 진실성이 명확하지 않기 때문에 삭제 의무를 지지 않으며, 이 건에 인터넷 서비스 프로바이더 책임법(プロバイダ法)이 적용되고, 이 법의 제정 경위 등에 비추어 볼 때 프로바이더는 직접적 명예 훼손에 해당하는 발언을 했던 자가 아니며, 발언의 공공성, 목적의 공익성, 내용의 진실성을 판단하는 것이 가능하지 않으므로, 명예 훼손에 대한 진실성 등의 존부에 의해서도 프로바이더의 책임을 추정하는 자가 주장을 입증할 책임을 지며, 익명의 발언도 표현의 자유의 일환으로서 보호되어야만 한다고 보았다. 부정한 액세스 금지법의 입법 과정에 대해 논의의 결과 접속 정보의 보존 의무가 부정된다고 하기 때문에 전자 게시판에 의한 익명성은 삭제 의무의 근거로서는 되지 않는 등의 항소인의 주장을 따라서 배척하였다.

'제2채널' 게시판이 문제된 2003년 판결에서 법원은 제2채널 게시판에 누군가가 올린 글로 인해 TV 여성 프로그램인 <마작사麻雀

---

32. 新六法 2004. 東京: 三省堂, p.1001.

33. 東京高判 平成14(2002)年12月25日サイバー法判例解説 58頁. 같은 '제2채널'이 피고가 된 또 다른 사건에서.도쿄지방법원은 제2채널의 '부당 해고 スレッド'의 부당 해고에 해당하는 글을 게재한 원고 회사로부터 명예를 훼손하는 불법 행위에 해당하는 것으로서, 손해 배상 철구를 용인하는 한편, 신원 보증 계약에 근거하는 책임에 대해서 청구를 기각하였다. 東京地判 平成14(2002)年9月2日 サイバー法判例解説 48頁.

±>에 대한 명예 훼손이 성립한다고 보았고, 2채널 게시판 관리자에 대하여 남겨진 글에 대해서 삭제 청구 및 손해 배상 청구가 인용된다고 판시하였다.34 잇달아 같은 해 7월 17일에 도쿄지방법원은 인터넷 전자 게시판에 의해서 명예 및 신용이 훼손되었다는 발언이 게재된 경우에 대하여, 전자 게시판의 운영자 및 관리자에는 전술한 발언을 삭제할 수 있는 조리상의 의무条理上の義務가 있고, 관리자 및 운영자의 손해 배상 책임이 있음을 인정하였다.35

홍미롭게도 2004년에 들어서 도쿄고등법원이 고등법원에서는 최초로 인터넷 명예 훼손에서의 인터넷 서비스 제공자의 책임에 대한 구체적인 판결 기준을 제시했다. 2004년 1월 29일 도쿄고등법원은 인터넷 게시판에 글을 올린 사람의 주소, 이름을 밝히는 것을 접속 서비스를 중단한 인터넷 서비스 회사에 청구하는 것이 가능한가 하는 것에 대한 판결에서 'DDI 포켓'(도쿄도 항구)의 항소심 청구를 기각하면서, 필요에 의해 게시판에 글을 올린 사람의 정보를 게시할 것을 명한 원심 판결을 확정하였다.36 판결에 따르면 원고측 변호사는 2002년 12월에서 2003년 1월 사이 인터넷 게시판에 '피고가 프로바이더를 협박해서 (발신자 정보의) 공개를 청구했다'는 비방의 글을 남겼다. 법원은 '중계업자를 프로바이더법의 개시 청구 대상으로 인정하는 것이 법의 취지에 합당하다'고 판시했다. 이는 중계업자에게 인터넷 글을 게시한 사람의 신원을 밝히도록 청구할 수 있다고 인정한 최초의 고등법원 판례이다. 결국 명예 훼손 사건의 경우 2002년 프로바이더법이 제정된 이후 서비스 제공자에게 절대적인 조리상의 의무를 부과하기보다는 사항에 따라서 다른 판단을 내릴 수 있도록 하

---

34. 東京地判 平成15(2003)年6月25日.
35. 東京地判 平成15(2003)年7月17日.
36. 東京高判 平成16(2004)年1月29日.

324

여 판례가 어느 정도 혼재된 상태이다. 그러나 전체적으로 볼 때 점차 서비스 제공자의 책임을 덜어 주는 미국식의 방향으로 가고 있는 것으로 판단할 수 있다.

3) 한국

검찰과 경찰에 따르면 인터넷에서의 명예 훼손 사건은 최근 몇 년 사이에 급증하는 추세를 보이고 있다.[37] 인터넷의 편리함과 익명성을 매개로 한 명예 훼손과 이에 따른 소송 그리고 실제 수사력의 한계와 모호한 법 적용 등이 모두 인터넷에서의 예기치 않은 문제로 지적되고 있다. 특히 인터넷으로 발생한 명예 훼손에 대해서 온라인 서비스 제공자들은 어느 정도 책임을 지는가에 대해서 명확치가 않다. 전기사업자법이나 정보통신망법 등에도 이와 직접 관련된 규정은 살펴볼 수 없다. 그러나 인터넷 서비스 제공자들의 책임이 완전 면책되는 것은 아니라는 것이 판례 경향이다. 다시 말하자면 한국 법원은 인터넷 서비스 제공자에게 명예 훼손에 대해서 어느 정도의 주의 의무를 부과하고 있다. 그래서 아직까지는 만일 서비스 제공자가 명예 훼손의 문제가 발생할 수 있는 내용이 게재되어 있다는 사실을 인지했거나 이에 대해서 통보되었는데도 불구하고 이에 대해 적절한 조치를 취하지 않다가 문제가 발생하는 경우 이러한 책임에서 면책될 수 없다.

---

37. 검찰의 발표에 따르면 검찰에 적발된 온라인 명예 훼손 사범은 2000년 97명(구속 27명)에서 2001년 231명(구속 31명), 2002년 273명(구속 18명)으로 늘어났다. 경찰의 경우 2003년 상반기에 355명(구속 12명)의 네티즌이 명예 훼손으로 고소되어 적발되었다고 밝혔다. 이런 수치는 2002년 509명(구속 34명)에 비해 줄었지만, 2001년 83명(구속 9명)에 비하면 4배 이상이 늘어난 것이다. 검찰은 사이버 공간에서 이렇게 명예 훼손 소송이 범람하는 가장 큰 원인은 인터넷이라고 지적했다(<한겨레>, 2003. 9. 30, 35면).

이는 가수 박지윤 사건에서 원고인 함모 씨가 피고인뿐만 아니라 인터넷 서비스 제공자인 하이텔Hitel을 상대로 명예 훼손에 대한 배상을 청구한 소송에서 엿볼 수 있다. 대법원은 2001년 9월 7일 전자 게시판 운영자의 경우에 어느 정도의 기간 동안 문제가 된 내용을 삭제하거나 적절히 조치를 취하지 않고 그대로 방치하는 경우 발생한 피해에 대해서 어느 정도 책임이 있다는 하급심 판결을 확정하면서 상고를 기각하였다(대법 2001.9.7. 선고 2001다36801 판결). 원심에서 서울지법 동부지원은 피고 회사에 정보통신윤리위원회의 시정 조치 요구가 있었기 때문에 문제되는 글이 올라와 있었다는 사실을 충분히 알 수 있었음에도 적절한 조치를 취하지 않은 것은 원고에게 정신적 고통을 안겨 주었을 가능성이 크다고 보아 100만 원의 손해 배상을 명하였다. 법원은 "전자 게시판을 설치·운영하는 전기 통신 사업자는 이용자에 의해 타인의 명예를 훼손하는 글이 전자 게시판에 올려진 것을 알았거나 알 수 있었던 경우에 이를 삭제하는 등의 적절한 조치를 취해야 할 의무가 있다"고 설명했다. 즉, 서비스 운영자인 하이텔이 '정관'에 따라 전자 게시판에 올라와 있는 내용에 대해서 필요한 조치를 취할 수 있다고 보았다(<세계일보>, 2001. 5. 1, 31면). 그러나 한국 법원은 인터넷 서비스 제공자들이 어느 정도의 책임을 지는가에 대해서 명확한 판단을 하지 않았다.

이러한 인터넷 서비스 제공자들과 이용자들 사이의 문제와 아울러 명예 훼손을 둘러싼 이용자들 간의 다툼의 경우에도 인터넷 언론의 기술적 특징으로 인해 그 해결이 쉽지 않아 보인다. 예를 들어 익명으로 게재된 의견에 의해 명예 훼손이 발생하는 경우 그 실제 게시자를 찾아내는 일은 어려울 뿐 아니라, 이를 퍼간 이차적 전달자에게 어느 정도 책임을 부과할 것인가 하는 법적 문제들도 도사리고 있다. 그럼에도 인터넷을 이용하여 타인의 인격권을 침해하는 글이나 영상을 게재한 자나 정보 제공자의 책임에 관해서는 기본적으로 인격권에 관한 일반 이론이 적용된다. 일단 기존의 관련법이 인터넷에서도 아울러 적용되는 것이다.

그래서 명예 훼손의 경우 그 성립 여부를 ① 기사(글)의 객관적인 내용과 아울러 일반 독자가 기사를 접하는 통상적인 방법을 전제로, ② 기사(글)의 전체적인 흐름, ③ 사용된 어휘의 통상적인 의미, ④ 문구의 연결 방법, ⑤ 기사(글)가 독자에게 주는 인상, ⑥ 기사(글) 내용에 대한 사회적 용인의 정도 등을 종합적으로 고려해서 판단해야 한다고 본다. 같은 맥락에서 언론이 타인의 명예를 훼손하는 행위를 하는 경우 만일 그 내용이 진실하고 오로지 공익을 목적으로 하였다고 인정되면 위법성이 조각된다. 진실의 경우 진실을 증명할 증거가 없다고 하더라도 이를 진실이라고 믿을 만한 상당한 이유가 있는 경우이면 위법성이 조각될 수 있다.

그런데 문제는 기존의 매체와 달리 인터넷의 매체적 특성이라고 할 수 있는 '쌍방향성'이 위법성 조각 사유에 속하는가 하는 점이다. 예를 들어 이용자들이 명예 훼손적 글에 대해서 상호 응수할 수 있다는 점이 책임을 덜어 주는가 하는 것인데, 실제 이러한 논의는 아직 수용되고 있지 않은 것으로 보인다. 좀더 구체적으로 명예 훼손 침해 등이 발생하는 경우 당사자가 온라인으로 대응할 수 있기 때문에 소송을 제기할 수 있는 자격을 제한하자는 논의도 있으나 이는 긍정되고 있지 않다. 특히 인터넷에 접근조차 용이하지 않은 사람들이 아직 많은 관계로 이러한 논리는 설득력이 없어 보인다.

그러나 이러한 점을 일부 고려한 이른바 '천리안 주제 토론실에서의 정치인 비방 사건'에서 대법원은 "쌍방향적인 컴퓨터 통신에 있어 다른 통신 가입자의 반박에 대한 대응"이라는 점을 어느 정도 참작하고 있는 것으로 보인다. 즉, 컴퓨터 통신이라는 것이 전체적인 토론 주제 범위 내에서 어떠한 의견을 통신문으로 게재하고 이에 대하여 반박이 있으면 그 반박에 대하여 다시 답변하면서 토론이 진행되고 이는 공개되어 있어 누구나 참여할 수 있다고 판단한 하급심 판례를 인정하였다. 구체적으로 살펴보면, 1996년 8월 22일 서울지방법원은 한 은행원이 1996년 2월경 PC 통신 천리안 '주제 토론실'란에 세차례에 걸쳐 제15대 국회의원 출마 예정자인 박지원을 비방하였다는 이유로 공직선거및선거부정방지법(이하 선거법) 위반과 명예 훼손 혐의로 기소된 사건에서 명예훼손죄에 대해서는 공소 기각을, 그리고 선거법 제251조(후보비방죄) 위반에 대해서는 벌금 100만 원을 선고하였다(96고합472 판결). 당시 법원은 비록 사건이 선거법상의 후보비방죄에 국한된 것이지만, 기존의 사건들과는 달리 인터넷에서의 명예 훼손적 표현과 관련된 사건이어서 그 특수성이 존재함에도 불구하고, 인터넷의 특수성에 대한 고찰은 전혀 배제한 채 비방 행위의 목적, 구체적인 사실 적시의 유무 등에만 한정했다는 지적을 받았다.

그러나 서울고등법원은 1996년 10월 29일의 판결(96노1916)을 통해 비방 행위의 목적, 구체적인 사실 적시의 유무 등에 있어서 법리 오해가 있었다는 이유로 무죄를 선고하면서도, "컴퓨터 통신은 전체적인 토론 주제 범위 내에서 어떠한 의견을 통신문으로 게재하고 이에 대하여 반박이 있으면 그 반박에 대하여 다시 답변하는 내용으로 토론이 진행되는데, 그 통신문은 통신 가입자에게는 모두 공개되어 있어 누구라도 그 토론의 주제에 참여하여 의견을 개진할 수 있다"라는 점을 사실 인정으로 전제한다는 점에서 주목할 만하다. 그리고 대법원도 컴퓨터 통신에 게재한 통신문의 내용에 사실의 적시 및 당선되지 못하게 할 목적이 없다고 보아 후보자 비방의 점에 대하여 무죄를 선고한 원심 판결을 수긍하면서, 피고인이 이 사건 통신문을 게재하게 된 경위(쌍방향적인 컴퓨터 통신에 있어 다른 통신 가입자의 반박에 대한 대응)를 여러 사정 중의 하나로 참고하고 있다는 점에서 주목할 만하다(대법 1997.4.25. 선고 96도2910 판결).

그런데 쌍방향성을 어느 정도 인정한다 하더라도 사용된 표현이

'사회적 용인의 정도'를 벗어나는 경우에는 명예 훼손이 성립된다. 이는 인터넷 게시판을 통한 이용자들 사이에서 발생한 명예 훼손 사건인 '박지윤 팬클럽 사건'에서 엿볼 수 있는데, 이 사건에서 특정 가수에 대해서 심한 비방과 모욕을 하고 이를 저지하는 네티즌에게도 허위의 사실을 유포한 사람에게 불법 행위 책임을 인정하여 200만 원의 위자료 지급 결정을 내렸다. 원고는 가수 박지윤의 팬클럽 회장으로 피고가 박지윤과 원고에 대해서 비방하는 글을 게시하자 3000만 원의 손해 배상을 요구하는 소송을 제기하였다. 판결문에서 법원은 "피고가 게시한 '박지윤에게 환장한 사람들,' '당신 같은 x 파리 팬들의 협박,' '반미치광이 광적 상태' 등의 표현과 '기획사로부터 돈 먹고 한마디씩 거드는 사람 같다' 등 확인되지 않은 사실의 게시는 자유로운 의견 발표와 정보의 무한한 교류를 이상으로 하는 PC 통신에서 이뤄진 것임을 감안하더라도 표현의 자유 범주에 포함하기 어려운 만큼 위자료를 지급해야 한다"고 밝혔다. 법원은 인터넷에서 허위 사실을 유포하거나 익명성을 이용하여 표현의 자유를 벗어난 질 낮은 언어가 범람하는 등 그 역기능이 날로 더해지는 점을 감안할 때 일정한 제한을 가하지 않을 수 없다고 판시했다. 그러나 일정한 제한을 가할 필요성만을 확인했을 뿐 어느 정도의 표현은 허용되는지에 대해서는 구체적으로 언급하지 않았다(서울지법 동부지원 2000.5.25. 선고 99가단42644 판결).

쌍방향성 이외의 또 다른 문제는 익명성과 최초 게시자 이외의 문제된 글을 퍼 나른 사람들에게 어느 정도의 2차적 책임을 지울 수 있는가 하는 것이다. 한국의 경우 명예 훼손이 성립하기 위해서는 형법 제307조 및 제309조에서 규정된 것처럼 사람을 출판물을 통해 '비방할 목적'으로 사실이나 허위의 사실을 공연히 적시해야 한다. 그런데 사이버 공간의 명예 훼손은 현행법 적용의 예외적 상황이 발생하기 쉽다. 인터넷의 경우 비록 기사는 실명으로 게재된다고 하더라도 이에 대한 독자들의 의견은 대개 익명성을 전제로 올라가게 된다. 이러한 익명 의견에 의해 명예 훼손이 발생하는 경우 그 실제 게시자를 찾아내는 일은 어려울 뿐 아니라, 익명 게시물에 의한 인격권 침해 문제에 대해 인터넷 매체가 어떤 책임을 지는지 명확치 않다. 또한, 인터넷의 경우 순식간에 다른 사이트나 페이지의 내용을 퍼서 올릴 수 있기 때문에 문제되는 기사나 내용의 최초의 게시자를 찾아내기도 어렵고 이를 퍼 나른 이차적 전달자에게 어느 정도 책임을 부과할 것인가 하는 법적 문제들도 명확치 않다.

그런데 1997년 대통령 선거의 특정 후보에 대한 비방죄로 한 통신 이용자가 구속된 사건에서 이를 간접적으로 살펴볼 수 있다. 당시 이 사건으로 말미암아 통신 운동 단체, 검찰, 그리고 중앙선거관리위원회가 서로 충돌하는 상황이 벌어지기도 하였다. 이 사건은 몇몇 통신 이용자들이 특정 후보에 대해 '6 · 25 당시 공산군이었으며 동료를 배신한 기회주의자'라는 글을 77차례, 특정 정당에 대한 욕설을 114차례, 후보자 간의 관계를 성 관계에 비유한 글을 21차례 게재한 행위에 대해, 검찰이 선거법 위반 혐의를 적용함으로써 비롯되었다. 중앙선거관리위원회도 이들의 행동이 공정 선거의 분위기를 해친다는 입장을 밝힘으로써 검찰의 통신 이용자들에게 구속 조치에 동조하였다(서울지법 동부지원 2000.5.25. 선고 99가단42644 판결). 이 사건은 익명의 게재자나 2차적 게재자라고 할 경우에도 명예 훼손이 발생하면 형법적인 처벌을 대상이 될 수 있음을 보여 준다.

2000년에 들어서는 법원이 인터넷을 이용한 명예훼손죄에 실형을 선고한 사건이 발생하기에 이르렀다(<한국일보>, 2000. 3. 14, 31면). 서울지방법원은 유명 여성 앵커 출신인 백○○의 명예를 훼손한 혐의로 기소된 미주통일신문 발행인 배○○ 씨에게 명예훼손죄를 적용 징역 1년의 실형을 선고했다. 피고는 1999년 국내 PC 통신업체와 미주통일신문사라는 이름을 내건 인터넷 홈페이지에 '여성 앵커를 울

330

린 남자는……,' '모 여성 앵커 이혼 사유가……?' 등의 제목으로 유명 여성 앵커의 아이가 전 남편의 아이가 아니라는 취지의 글을 계속 올렸었다. 법원은 "피고인이 소문에 대한 검증 없이 인터넷에 글을 올려 깨끗한 이미지를 생명으로 하는 여성 앵커와 그의 가족들에게 치유할 수 없는 상처를 입힌 만큼 실형 선고가 불가피하다"고 판시했다. 판결문에서 나타나 있듯이 이 판결은 "인터넷이나 PC 통신에서 거짓 소문 게재로 인한 피해가 늘어나고 있지만 이를 규제할 마땅한 법조문이 없어 '출판물에 의한 명예훼손죄' 중 '허위 사실 적시'에 준해 판단"한 것이 특징적이다.38 이후 백 씨는 자신에게 해명할 기회를 준다는 명목으로 명예를 훼손한 <스포츠 투데이>와 기자를 상대로 민사 소송을 제기하여 1억 원의 손해 배상 판결을 이끌어 냈다(서울고법 2001.5.31. 선고 2000나11081 판결).

그런데 흥미롭게도 2003년에 인터넷에서의 명예 훼손과 관련된 서비스 제공자의 책임 문제에 있어 조리상의 작위 의무를 인정한 2001년 9월 대법원 판결과는 상반되는 판결이 나왔다. 대법원은 인터넷 게시판에 타인을 비방하는 글이 올려진 경우에 홈페이지 운영자가 이를 반드시 삭제해야만 하는 의무는 없기 때문에 이를 비록 장기간 방치했다고 하더라도 곧바로 명예 훼손으로 인한 손해 배상 책임을 인정해서는 안 된다고 밝히면서 원고 일부 승소 판결을 내린 원심을 파기하고 사건을 대구지법으로 되돌려 보냈다(대법 2003.7.3. 선고 2002다72194 판결).

판결문에서 법원은 "단지 홈페이지가 제공하는 게시판에 다른 사람에 의해 제3자의 명예를 훼손하는 글이 게시되고 운영자가 이를 알았거나 알 수 있었다는 사정만으로 항상 운영자가 그 글을 즉시 삭

---

38. 형법상(제309조) 허위 사실을 적시해 명예를 훼손한 자는 5년 이하의 징역이나 10년 이하의 자격 정지 또는 1000만 원 이하의 벌금형에 처하도록 하고 있다.

제할 의무를 지게 된다고 단정할 수 없다"고 밝혔다. "인터넷 홈페이지 운영자가 타인의 명예를 훼손하는 내용이 게재된 것을 방치한 경우 명예 훼손으로 인한 손해 배상 책임을 지게 하기 위해서는 운영자에게 게시물을 삭제할 의무가 있음에도 불구하고 정당한 사유 없이 이를 이행하지 않은 경우여야 한다"면서 "삭제 의무의 유무는 게시의 목적과 내용, 반론 또는 삭제 요구의 유무 등 쌍방의 대응 태도, 사이트의 성격 및 규모, 영리 목적의 유무 등을 종합하여 판단해야 한다"고 밝혔다. 법원은 피고의 경우 비영리적인 데다 원고의 공식 삭제 요구가 있자 바로 삭제한 점 등으로 보아 손해 배상 책임이 있다고 보기 어렵다고 설명했다. 또한 "게시물 내용이 순수한 의견이나 논평으로 인정된다"며 무죄를 선고한 원심을 확정했다.

면장인 박 씨는 지난 2001년 4월 강원도 청도군 홈페이지 게시판에 '군의 의회장이 안하무인으로 마을 대표들을 유치원생 다루는 식으로 연설한다' 등의 내용을 게재하여 불구속 기소되었다. 박 씨는 자신이 군의 공무원으로 재직할 당시 성추행과 금품 수수 의혹이 있다는 내용의 글이 수차례 떴으나, 군이 이를 곧바로 삭제하지 않고 자신이 내용 증명으로 삭제를 요구하기 전까지 50일 가량 그대로 방치하자 같은 해 8월 청도군을 상대로 손해 배상 소송을 내 1심에서 100만 원, 2심에서는 300만 원의 배상 판결을 받았었다.[39]

더 최근에 들어서는 인터넷에서 연예인들에 대한 허위 사실의 게재가 사회적으로 큰 문제로 등장하고 있다. 대표적인 것이 2003년 7월 16일 발생한 '변○○ 사망 소식' 사건이다. 이 사건에서 경찰은 인터넷을 통해 모델 출신 탤런트 변○○ 씨가 교통 사고로 숨졌다는 허위

---

39. <법률신문>, 2003. 7. 3. 이 판결은 비록 그 결정이 문제된 글의 성격을 통해서 이루어졌지만 미국, 일본과 유사하게 점차 서비스 제공자들의 책임을 경감하는 경향을 보여 주는 사건이라고 할 수 있다.

사실을 퍼뜨린 대학생 변모 씨를 정보통신망법 위반 혐의로 입건했다. 변모 씨는 미용 정보 인터넷 카페에 "탤런트 변 씨가 7월 15일 오전 충남 태안에서 승합차와 추돌 사고로 사망했다"는 기사 형식의 글을 올렸다. 비록 글은 바로 지워졌지만 네티즌들이 이 글을 퍼가 사진을 추가하여 이용자들이 많은 카페에 옮겨 유포시키면서 문제가 확대되었다. 유포시킨 사람들이 이후 사실 무근임을 알고 퍼간 글을 삭제했지만 사망설은 크게 퍼졌다. 변 씨는 허위 사실을 처음 올린 네티즌을 명예훼손죄로 고소했지만 후에 고소를 취하했다(<한국일보>, 2003. 7. 19, 7면).

같은 달 가수 문○○ 씨가 대리인을 통해 네티즌 75명과 자신에 대한 안티사이트 3곳을 명예 훼손으로 고소하였다(<대한매일>, 2003. 8. 11, 22면). 그런데 문 씨가 네티즌 등을 고소한 사실이 알려지자 네티즌들은 대리인 회사의 홈페이지를 다운시키는가 하면, 오프라인 대책 회의를 여는 등 조직적인 대응 방식을 보였다. 문 씨의 대리인은 안티사이트 등을 통해 반대 세력들이 무차별적으로 한 개인을 비방하는 것이 잘못됐다는 것을 깨닫게 하기 위해서 소송을 청구하게 되었다고 주장했다. 고소를 접수한 경찰은 피소된 75명의 네티즌 중 50여 명 정도는 IP 주소 추적이 불능인 상태이며 20여 명 남짓한 네티즌도 추적 가능성을 장담할 수 없는 상태라고 수사상의 어려움을 밝혔다. 또한 네티즌의 상당수가 미성년자라는 점에서 정보통신망법상의 명예 훼손 규정을 적용하는 것이 쉽지 않다고 지적했다.

4. 새로운 법의 필요성

인터넷은 기존 매체들이 독점하던 편집 자율성이 이용자 쪽에 있다는 점에서 이용자들의 통제권이 증가하게 되었으며, 기존의 언론 매체에 비해 수용자들의 접근성이 크게 높아졌고, 정보 유통의 형식적인 측면이나 내용적인 측면에서 다양하다는 특성이 있다. 이로 인해 인터넷이 진정한 언론의 자유를 실현하는 민주적인 장이 될 수 있을 것이라는 기대가 있어왔다. 그러나 인터넷에서 개인의 인격권 침해를 둘러싼 소송들이 증가하면서 이러한 기대는 의미를 잃어가고 있는 것처럼 보인다. 인격권 침해의 가장 큰 원인은 익명성(비대면성)과 법적 미비 때문이라고 할 수 있다. 이로 인하여 발생하는 소송은 언론의 자유와 인격권 간의 이익 형량의 결과라는 점에서 연구의 가치가 있다.

법학자들과 언론학자들은 그 관할 영역을 구분할 수 없는 인터넷에서의 법은 지리적 기반을 전제로 하는 현실의 법과는 달라야 하며(사법 관할권의 문제), 불법 행위 법리는 기술적으로 입증이 날로 어려워지는 상황에 처해 있고(거증 책임 엄격성의 문제), 인터넷에서는 명예 훼손에 대한 반론이 용이한 점(공인/사인의 구분 문제) 등을 고려해 인터넷에서의 면책 기준은 기존의 면책 기준보다 넓게 적용되어야 하지만(면책 사유 적용 범위의 문제), 인터넷 서비스 제공자에 지나친 책임과 권한을 줄 경우 자유로운 정보 유통을 제약할 위험(표현의 자유와 검열의 문제)이 있다고 주장한다.

이러한 점을 토대로 이 장은 미국과 일본 그리고 한국의 소송 사건들을 비교 분석해 보았다. 이러한 분석의 결과 다음과 같다.

첫째, 미국의 경우 법원이 인터넷 언론의 기술적 특수성에 맞는 규제 모델을 거의 마련하였다면 한국과 일본 법원은 아직 명확한 기준을 마련하지 못하고 있는 단계이다. 특히, 소송에 있어 가장 복잡한 문제 중의 하나인 온라인 서비스 제공자에게 명예 훼손에 대한 이차적 책임을 인정할 수 있는가의 문제에 대해 미국은 실정법상의 조항(선한 사마리아인 조항)에 근거하여 절대 면책을 인정하고 있는 반면 일본과 한국 법원은 면책의 필요성에 대해 인식하면서도 완전한 면책은 인정하지 않고 있다. 그래서 조리상의 작위 의무에 근거하여 일정한 책임을 부여하고 있으면서도 사안에 따라서는 판결 내용이 엇갈리는 등의 혼란이 있으나 최근의 판례들은 조금씩 서비스 제공자들의 책임을 경감해 주는 모습을 보이고 있다.

미국의 경우에도 인터넷에서 이루어지는 커뮤니케이션의 유형들이 전자 신문과 같은 대중 매체 유형에서부터 전자 우편, 전자 게시판에 이르기까지 다양하고, 디지털화된 커뮤니케이션 유통 과정에 다양한 이해 집단들, 즉 시스템 운영자와 정보 제공업자 그리고 이용자들이 서로 혼재되어 있으며 다양한 역할을 동일한 공간에서 동시에 수행할 수 있다는 점에서 아직 이들 모두를 포함하는 총체적인 규제 모델을 제시하지는 못하고 있다. 일본은 '프로바이더법'을 통해 한국의 경우에는 정보통신망법을 통해 부분적인 규제를 명시하고 있지만 법원이 명확하게 서비스 제공자가 어느 정도의 책임을 지게 되는가에 대해서는 구체적으로 언급하지 않았다.

둘째, 미국 법원은 인터넷 이용자들의 관련법상의 지위와 거증 책임의 정도에 대해 아직 명확하고 구체적인 기준의 제시가 없다. 그래서 1964년 설리번 사건 이후 오랜 동안 지켜져 온 현실적 악의 원칙이 더 이상 현실 공간의 기준에 의해서는 해결이 애매하거나 무의미하다는 사실에 대해서는 인정하고 있으나, 인터넷에서 발생하는 갈등에 있어 이것이 어떻게 해결되어야 하는가에 대한 구체적인 판시는 아직 나타나고 있지 않다. 반면 일본과 한국 법원은 원고의 지위의 구분, 즉 공인/사인의 구분보다는 명예 훼손이나 사생활 침해의 문제가 되는 표현이 어느 정도 사회적으로 허용되는가 하는 표현의 사회적 '용인성' 정도에 대해서 좀더 집중하는 경향이 있다. 그러나 일반적으로 허용되는 표현의 범위가 어느 정도인지, 그리고 접근할 수 있는 사람만 접근이 용이한 매체인 인터넷 언론에서의 표현의 정도가 기존의 매체와 어느 정도 다르게 허용되는지에 대한 기준 설정은 아직 이루어지지 않고 있다.

셋째, 미국 법원은 인격권 침해 발생 요인으로서의 익명성의 사회적 의미와 필요성에 대한 법적인 판단을 내리고 있는 반면 일본과 한국 법원은 익명성에 대한 법적인 논의는 아직 많지 않은 실정이다. 미국 법원은 비록 익명성이나 비대면성이 개인권 침해의 가능성을 내포하고 있으나 익명이 갖는 역사적이고 전통적인 의미를 충분히 고려하고 있기 때문에 실명을 강제할 수 없다고 보고 있다. 한국과 일본 법원의 경우 대개 미국과 비슷한 인식을 하면서도 아직까지는 익명성의 합헌성 여부에 대해서는 판단하지 않고 있다. 그럼에도 익명성은 명예 훼손이나 사생활에 대한 피해를 주장하는 사람이 누구인지 잘 모르는 경우, 즉 매체에 의해서 실명이 거명되지 않거나 이에 대해 알기 어려운 경우에도 문제가 발생한다. 기존의 명예훼손법에 따르면 피해 당사자가 특정되는 경우에만 명예 훼손이 성립되기 때문이다. 따라서 미국과 일본 그리고 한국 공히 익명성을 인터넷에서의 면책 사유로 인정하고 있지 않은 것으로 볼 수 있다.

넷째, 미국과 일본 그리고 한국 법원이 모두 인터넷에서의 언론자유 문제를 헌법으로 보호되는 개인적 기본권의 틀 속에서 이해하고 있는 것으로 보인다. 미국의 경우 선례 구속력이 강한 판례법적 전통이 오랫동안 지속되어 왔지만, 이익 형량을 기본 원칙으로 하는 일본이나 한국 법원은 인터넷 이용이 늘어나면서 판례에 있어 개별적인 형태의 판단보다는 법적인 적용의 안정성을 유지하기 위해 상급 법원의 판결 결과에 따르는 경향이 커지고 있음을 알 수 있다. 또한 인터넷 언론에서 헌법상의 '최소한의 규제 원칙'을 지키자는 공감대가 형성되어 가고 있는 것으로 보인다. 즉, 다양한 기술적 양태를 가진 인터넷 언론에 기존의 언론 매체에 적용되는 법적인 잣대를 그대로 들이대어서는 안 된다는 인식이 나타나고 있다.

결론적으로 각 국가들의 판례에서 나타나는 다양한 차이에 근거해 볼 때 현재까지의 인터넷에서의 관련 판례들을 통해 표현의 자유와 인격권 간의 문제가 어떻게 해결될 것인가를 정확히 진단하기는 쉽지 않다. 특히 익명성이 강조되는 인터넷에서 이용자들이 특정된 사람이 아닌 집단적 공동체를 형성하여 명예 훼손 현상이 발생하는 경우는 규제나 처벌이 힘들고, 발생한 피해가 어느 정도인지를 측정하기 힘들며, 서비스 제공자들의 개입 여부에 대한 법적인 판단도 쉽지 않다는 여러 가지 어려움이 존재한다.

관련 판례의 분석을 통해서 현재 확실한 것은 인터넷 언론이 기존의 매체와는 다른 특성을 지니기 때문에 — 비록 인터넷 언론의 기술적 발전 속도가 너무나 빨라서 이에 대응하는 입법 활동이 쉽지는 않지만 — 이에 걸맞은 법이 만들어지거나 현재의 관련법이 대폭 개정되어야 한다는 것이다. 새로운 종합법이 나온다면 비록 인터넷에서의 보편성이나 개방성으로 모든 사람들이 참여한다는 의미에서, 네티즌 사이에서 벌이지는 것은 네티즌 스스로 자율적으로 해결하는 것을 최우선으로 할 필요가 있지만 꼭 필요한 경우 최소한의 규제 원칙에 근거하여 법적인 해결을 도모해야 한다는 공통의 목표가 담겨질 것으로 보인다. 결국 기존의 매체에 적용되었던 지역적 규제의 발전 양상은 지역적 한계를 넘어서는 매체적 특성과 최소한의 규제 원칙의 적용으로 인해 미국과 일본 그리고 한국의 관련법이 점차로 유사한 규제 방식으로 발전해 갈 것으로 예상할 수 있다.

다시 말하자면 비록 현재는 관련법에 근거한 규제의 정도와 폭, 그리고 형사적 처벌의 유무와 범위 등에는 국가에 따라 적용의 틀이 약간은 다르지만, 적어도 인터넷에서의 자유로운 커뮤니케이션에 대한 기대, 그리고 누구나 이용할 수 있다는 보편성과 개방성의 측면에서 최소한의 규제를 근거로 한 법적인 토대는 유사할 것으로 보인다. 이러한 점은 인터넷에서의 규제가 이전의 매체적 특성에 근거한 기존의 법체계를 통해서는 불가능하며, 동시에 지역성을 반영하던 기존법의 규제 논리 또한 더 이상 유효하지 않다는 점을 시사하는 것이다. 따라서 인터넷 매체의 특성을 살리며 동시에 개인의 인격권을 보호할 수 있는 새로운 법적 틀이 구성되어야 한다.

10장

언론 윤리와 인격권

1. 윤리를 바라보는 인식의 차이

사례 1. 2001년 말 언론계는 윤태식 씨의 '패스21' 사건과 관련하여, 여러 신문 및 방송사의 간부 및 직원들이 패스21의 주식을 소유하고 있음이 밝혀져 윤리적 비난을 받았다. 특히 몇몇 경제 신문들은 2000년 이후 수십 건의 관련 기사를 내보냈고 이로 인해 일부는 언론직에서 물러났다.

사례 2. 스포츠 스타 김병현은 2003년 11월 8일 서울 강남의 한 스포츠센터에서 운동을 마치고 나오던 길에 자신의 사진을 동의 없이 찍던 스포츠·연예 신문의 이모 기자와 승강이를 벌여 상해를 입히고 카메라를 부순 혐의로 고소되었다. 김병현은 몸싸움은 있었으나 폭행한 적은 없다고 말했다.

사례 3. 2004년 2월 연예인 이경실이 남편에게 폭행을 당해 병원에 입원하는 사건이 발생하였을 때, 한 스포츠지 기자가 의사를 사칭하고 취재를 해 논란이 되었다. 해당 스포츠지는 "앞으로도 의사를 사칭하면서라도 취재에 나설 것"이라고 자신의 행위를 두둔했다.

사례 4. 2005년 2월 17일 뉴스 전문 채널인 YTN은 한나라당 정형근 의원이 40대의 여성과 호텔에서 회동하는 것을 찾아가 보도하면서 마치 정 의원이 불법적인 행위에 연루된 것 같은 인상의 보도를 하였다. YTN 측은 정 의원의 행동이 충분히 언론의 비판을 받을 것이었으며, 이에 대한 보도는 국민의 알권리 충족의 차원에서 허용되는 것이라고 주장했다.

위의 사례들은 언론의 취재·보도 활동 속에서 자주 직면하게 되는 많은 윤리적인 문제들 중 극히 일부에 불과하다. 이러한 언론 윤리와 관련된 문제가 발생하면 어김없이 비판의 여론이 들끓는다. 이 만큼 언론 윤리의 문제는 언론이 감수해야 하는 가장 골치 아픈 쟁점이 아닐 수 없다(이재진, 2002b).[1] 특히 언론이 공적인 역할을 수행하고 있기 때문에 인격권 침해를 사전에 예방하기 위해서는 준법 정신을 강화하기 이전에 윤리를 지키려는 노력이 선행되어야 할 것이다. 그런데 실제로 언론의 윤리는 다른 사적 조직의 윤리와 다르게 대단히 지키기가 힘든 경우가 많다. 여기에는 단순히 법적인 방식과 절차를 통해서만 해결할 수 없는 미묘하고 복잡한 상황과 과정이 존재하기 때문이다. 예를 들어, 언론이 제대로 직업 윤리를 지키는가 하는 것이 가장 중요하지만 평소에는 윤리에 집착하지도 않으며 또 언론 윤리를 모두 지키다 보면 제대로 취재·보도를 할 수 없는 상황이 벌어지기도 한다. 또한 윤리를 지키지 않는다고 해서 구체적인 규제를 가할 수 있는 기관이나 시스템이 존재하지 않으며 언론 윤리를 지키기 위해 만들어진 언론윤리강령과 실천요강 등이 있음에도 실제로 이를 숙지하고 실

---

1. 언론 윤리와 관련하여 많은 쟁점들이 있다. 예를 들어 언론인의 취재, 보도상의 윤리, 언론사의 윤리, 취재원과 언론인과의 관계 문제, 촌지나 선물 등의 수수와 관련된 문제뿐만 아니라 익명 보도나 엠바고, 오프 더 레코드의 문제, 신분의 사칭(위장)이나 기자임을 밝히지 않거나 사전에 입수한 정보를 통한 부의 축적 등 수많은 크고 작은 문제들이 존재한다.

제 현장에서 그대로 적용하는 언론인은 거의 없다시피 하다. 때로 언론인이 자신이 언론인이라고 밝히지 않고서 사건 현장을 취재했을 때에도 이에 대한 책임을 지지 않으려 하는 경향이 있다.

그럼에도 사회적 쟁점들이 발생할 때마다 언론 윤리의 중요성이 사회적으로 강조되는 것은 언론이 언론으로서 누리는 여러 사회적 특권이 바로 언론의 국민에 대한 의무적 약속인 언론 윤리의 준수에 근거하기 때문이다. 다시 말하자면 언론이 자신의 직업적·전문적 윤리를 지키지 않으면 언론이 누리는 취재·보도의 자유라는 특권이 아무런 의미가 없다는 것이다. 그런데 언론 윤리라는 명제는 공교롭게도 국민들이 알아야 할 공적인 사안을 전달하는 언론의 기본적 기능과 자주 갈등하게 된다.

언론 윤리는 간단히 언론의 외적 독립의 근거이고 내적 생존의 요건이라고 할 수 있다. 이러한 말 속에는 언론다운 언론의 역할뿐만 아니라 언론 자체의 존재 여부를 결정하는 것이 바로 언론 윤리라는 의미를 담고 있다. 즉, 그만큼 언론 윤리는 언론 기관과 언론인에게 있어서 대단히 중요한 의미를 갖는다. 특히, 언론은 공적 비리를 조사하고 보도할 수 있는 유일한 사적 존재(Blasi, 1977)라는 점에서 헌법적 보호를 받는 만큼 윤리적 의무에 충실하지 않으면 안 된다.

따라서 언론인들이 언론 윤리를 지키지 않는 것은 자신의 존재 근거를 스스로 부정하는 것이며 법적인 위반으로 이어질 수 있다. 하마다 준이치浜田純一(1995)는 자율 규제 또는 윤리라는 것이 법 자체는 아니지만 대중 매체와 관련된 법 시스템이 기능을 원활히 하기 위해서는 필수불가결한 요소로 보아야 한다고 주장했다.

한편 한국의 사법부는 헌법적으로 국민에게 알아야 할 권리가 있으며 언론은 국민의 알권리를 충족시킬 의무를 진다고 판단하고 있다 (대법 1998.7.14. 선고 96다17257 판결 등). 즉, 언론은 국민들이 국정의 운영이 어떻게 이루어지는가를 알 수 있는 '지적 시민informed citizen'이 될 수 있도록 국민들의 공적 관심사에 대해서 정확하고 공정하게 보도해야 한다는 의무를 지닌 것으로 판단하고 있다. 이러한 이유로 언론은 스스로 국민의 알권리 충족을 위해 취재·보도한다는 말을 자주 내세운다. 문제는 언론이 내세우는 국민의 알권리 충족을 위한 취재·보도가 잘못되어 개인들의 기본적인 권익을 침해하는 일이 발생할 때이다. 이 경우 법적인 구제를 통해 피해를 복구할 수 있을 것이나 단순히 언론의 윤리적 측면으로 인식되는 일도 빈번하다.

가장 큰 쟁점은 무엇이 윤리적이고 비윤리적인 것인지, 그리고 무엇이 윤리 차원에서 해결해야 될 것이고 무엇이 법으로 해결되어야 하는 것인지에 대한 경계가 분명치 않다는 것이다. 따라서 언론 윤리의 실천자인 언론과 법적 해결의 주체가 되는 사법부가 언론 윤리를 바라보는 시각에는 어떠한 공통점과 차이점이 있을 것으로 예상할 수 있다. 특히 윤리란 대단히 상대적인 개념(Hodges, 1994; 김지운, 2004)이므로 누가, 언제, 어떻게 언론 윤리를 이해하는가에 따라서 시각 차이가 존재할 것이라 판단된다. 이러한 면에 근거하여 이 장에서는 한국의 사법부가 언론 윤리를 어떻게 이해하고 있으며, 언론계의 이해와 어떠한 공통점과 차이점이 있는지를 살펴보고자 한다.

이 장에서는 언론인들이 어떠한 상황에 봉착하여 최대한 윤리적으로 취재·보도 활동을 하고자 할 때 법을 담당하는 사람들이 어떠한 행위를 윤리적인 것으로 판단하고 또 어떠한 행위를 비윤리적인 것으로 판단하는지를 가늠하게 해 줄 것이다. 다시 말하자면 이 장은 언론 윤리의 실천에 대한 서로 다른 인식의 차이가 어떻게 작용하는지를 밝히는 데 그 의미가 있다. 특히 비윤리적인 행위는 사회적 비난으로 끝나는 것이 아니라 대부분 불법적, 위법적 행위가 되는 경우가 많다는 점에서 사법부에서 바라보는 언론 윤리에 대해 이해하는 것은 언론인들이 자신의 자유를 자율적으로 확보하도록 하는 데에도 기여할 것으로 보인다.

2. 언론 윤리의 연구 방법

이 장의 핵심은 언론 윤리에 대해 다루고 있는 자료, 문헌 및 판례를 분석하여 한국의 언론과 사법부가 언론 윤리에 대해 어떻게 인식하고 있는지를 비교하는 것이다. 다시 말하자면 기존의 언론의 윤리와 관련된 저술이나 문헌을 분석하고 법원의 판례와 비교해서 언론 윤리에 대한 언론과 사법부의 인식의 공통점과 차이점을 지적하고자 한다.[2]

이 장은 기존의 문헌과 판례를 비교 분석하기 때문에 일관성 있고 엄밀한 분석의 틀을 적용하기 힘든 단점이 있다. 즉, 기존의 문헌 분석에서 나타난 언론의 윤리에 대한 인식과 판례에서 나타난 사법부의 인식에 대한 분석이 같은 차원에서 이루어지기 힘든 관계로 분석의 일관성이 떨어질 가능성이 있다. 그럼에도 불구하고 다음과 같은 점에 대해서는 상호 비교가 가능할 것으로 판단된다. 첫째, 언론 윤리에 대한 '정의definition'이다. 즉, '언론 윤리는 무엇이다'라고 하는 언론계 스스로의 윤리 인식과 판례를 결정한 판사들의 언론 윤리에 대해 어떻게 다른 정의를 내리는가 하는 것이다. 이러한 분석을 통해 양자가 언론 윤리를 어떻게 바라보는가 하는 전체적인 조망이 가능

2. 이를 위해서 언론 윤리에 학술적인 연구 논문이 본격적으로 등장하는 1990년 이후 현재까지 간행된 대표적인 문헌들과 언론 윤리에 관련된 법원의 판례들을 수집하였다. 언론의 언론 윤리에 대한 문헌들은 언론학자들이 언론 윤리에 대해 다룬 학술 서적과 연구 논문 그리고 연구 보고서, 언론재단에서 발간되는 언론 윤리와 관련된 언론인 및 수용자 조사 보고서, 언론재단 등에서 발간된 언론 윤리 교육 자료, 신문 및 잡지 등의 관련 기사나 칼럼, 그리고 언론인들이 직접 저술한 서적 등이 포함된다. 언론학자들의 견해와 언론인들의 견해를 구분하였는데 언론인들의 저술에는 언론학자들이 언론인들의 저작을 분석한 글이라든지 언론인을 대상으로 한 직접적인 조사 등이 포함되었다. 한편 관련 판례는 대법원 도서관에서 2005년 발행된 ≪법고을 DVD 2004≫와 언론재단에서 나온 ≪언론 관련 판례집≫ 1-11권을 통하여 수집되었다.

할 것으로 판단된다.

둘째, 언론 윤리의 구성 요소에 대한 인식이다. 언론 윤리는 대개 윤리 강령의 형태로 나타나고 윤리 강령은 작위/부작위의 규정이므로 어떠한 행위를 윤리적 차원에서 바라보아야 하며 어떠한 행위를 법적 차원에서 바라보아야 하는가에 대한 판단 기준이 언론과 사법부에서 다르게 인식될 수 있다. 즉, 여기에는 언론이 어떠한 방식으로 행동하는 경우에 윤리적이라고 판단되는가에 대한 언론과 사법부의 인식적 차이가 반영된다. 또한 어떠한 행위는 윤리적인 측면에서 바라보는 반면 어떠한 행위는 사법적 차원에서 구별되는가 하는 것이 포함된다.

셋째, 윤리 문제의 해결 방안이다. 즉, 윤리의 실천을 위해서 어떻게 해야 할 것인가에 대한 제언이나 대안 제시 등을 살펴본다. 예를 들어, 윤리를 지키도록 하기 위한 제도적 장치가 필요한가 하는 등의 논의이다. 사법부의 경우에는 판례에서 나타난 견해를 중심으로 이를 판단하되 직접적인 의견의 제시가 없는 경우에는 이를 전후 사정을 고려하여 추정하도록 하였다.

3. 언론 윤리에 대한 인식

1) 언론학자의 윤리에 대한 인식

언론의 윤리가 무엇이며 이를 구성하는 요소들은 무엇인가에 대한 끊임없는 질문에 많은 학자들이 대답하려고 노력해 왔다. 가장 많이 이용되는 언론 윤리의 모델 중의 하나가 시셀라 보크Sisela Bok의 모델이다(패터슨 & 윌킨스, 2001, pp.20~21). 보크는 종합적인 윤리 모델을 제시하는데, 그에 따르면 윤리적 의사 결정 과정은 크게 두 가지 전제에 기초한다. 첫째, 윤리적 결정에 관련된 사람들의 입장에 서서 판단해야 하며, 둘째, 윤리적 판단의 궁극적 목표는 사회적 신뢰를 유지하는 것이다.

이를 바탕으로 보크는 윤리의 실천 여부를 3단계에 걸쳐 분석한다. 첫째, 어떤 행위가 정당한가를 자신의 양심에 비추어 고민해야 한다는 것이다. 다시 말하자면 언론인 개인들이 자신들의 행동을 어떻게 생각하는가를 판단하는 것이다. 둘째, 윤리적 문제의 소지가 있는 행위 외에 다른 대안이 없는가를 확인하기 위해서 전문가의 조언을 구하라는 것이다. 즉, 윤리적 문제를 발생시키지 않으면서 같은 목적을 달성할 수 있는 방법은 없는가를 심각하게 고민해야 한다. 셋째, 가능하다면 관련된 사람들과 공개적인 토론(대화)을 하라는 것이다. 이러한 대화의 목적은 나의 행동이 다른 사람들에게 어떤 영향을 미칠 것인가를 아는 데 있다. 결국 이러한 3단계를 거치면서 언론 윤리를 체계적으로 점검해야 한다는 것이다.

한국언론2천년위원회는 "윤리적 언론이 보다 좋은 언론ethical journalism is better journalism"으로 전제하면서 "윤리적 언론이어야 언론인 자신을 포함한 어떠한 특정한 이해 관계에도 얽매이지 않고 다양한 정보원에 접근하여 공정하게 진실을 국민에게 전달할 수 있기 때문"이라고 보고서에 밝혔다(한국언론2천년위원회, 2000, p.79). 즉, 언론이 언론 자유를 지키기 위해서는 스스로 윤리를 지킬 필요가 있다는 것인데, 여기에 많은 언론인들이 동감하고 있다(박수택, 2003).

데니스와 메릴(Dennis & Merrill, 2002)은 언론 윤리란 뉴스의 제작과 깊이 관련되며 따라서 저널리즘 영역에서의 언론 윤리란 대개의 경우 뉴스 만드는 사람들, 특히 뉴스 조직의 편집부 직원들에게 기대되는 행동 강령을 의미한다고 지적한다(p.143). 그런데 이들은 너무나 많은 기본적인 실천이 있는 반면 절대적인 법칙이 없기 때문에 모든 상황에서 무엇이 언론인의 윤리적 행위를 구성하는가에 대해서는 거의 일치하지 않는다고 주장한다. 진실을 추구하는 것이 대부분의 언론인들에게는 도덕적 동기인 반면 대단히 윤리적인 언론인도 이른바 더 중요한 공익이라는 것 때문에 거짓말을 하는 상황들이 발생하기 때문이다(p.144). 또한 이들은 언론인의 윤리적 선택이 분석이나 조사의 시간을 거의 갖지 못한 채 즉각적으로 결정되므로 일반적인 윤리 원칙과 일상적인 윤리의 적용은 구분되어야 한다고 본다.

앞서 말한 바와 같이 언론 윤리와 관련한 연구의 수는 그다지 많지 않은 편이다. 특히 언론 윤리를 본격적으로 다룬 저서나 번역서, 연구 보고서들은 많지만 이를 연구 논문으로 다룬 것은 드물다. 2001년 한국언론학대회에서 발표된 자료에 따르면 1990~2000년 사이에 발표된 언론 윤리 관련 논문은 단 1건에 불과한 것으로 드러났다(문종대, 2001). 이후에도 논문은 크게 늘어나지 않았는데, 이는 언론 윤리 분야가 학술적 연구에 적합한 영역이 아니거나 언론 윤리를 전공한 연구자가 극히 적다는 사실을 반영한다. 이는 언론 윤리 문제를 탐구할 방법론이 제대로 자리잡지 못했다는 것을 반증하는 것이기도 하다.

동시에 언론 윤리가 지켜져야 한다는 당위성에는 동의하면서도 실제로 이를 강력히 지켜나가기가 힘든 분야임을 보여 주는 것이다. 특히, 언론 윤리란 개인의 자율성 및 자발성이 가장 중요하며 특정 기관을 통해 제재를 가하거나 통제하기 힘들다. 김옥조(2004, p.73)는 법원과 언론중재위는 법률 문제만 다루고 신문윤리위원회는 기사 내용만을 다루므로 취재 과정의 윤리 문제 등 기사 내용에 나타나지 않은 윤리 문제를 다루는 상설 기구는 없는 것으로 보아야 한다고 지적했다.

한편 국민들은 한국 언론인들의 윤리 의식이 아직 부족하다고 판단하는 것으로 보인다. 이러한 점은 지난 20년 동안의 언론 환경 변화를 통해 논의될 수 있다. 실제로 지난 20년 동안 한국 사회는 민주화를 거치면서 많은 변화를 경험하였는데, 그 중의 가장 특징적인 것이 바로 언론을 '자유'라는 측면에서 바라보던 것에서 '책임responsibility'의 시각에서 보려는 인식의 변화라고 할 수 있다(표성수, 1997; 임병국, 2002; 이재진, 2002a). 이처럼 언론의 '책임'을 강조하는 데에는 언론의 영향력이 커지고 사회적으로 권력적 기관으로 성장하는 측면도 있지만 언론인들이 변화하는 사회에 부응하여 공적 역할에 충실하라는 사회적 요구가 내포되어 있다고 하겠다.

언론 윤리의 문제를 실제적이고 학술적으로 다루고 있는 김옥조의 ≪미디어 윤리≫(2004)는 언론 윤리가 왜 지켜져야 하는가를 상세히 기술하고 있다(pp.13~9). 이 책에 따르면 첫째, 미디어는 기본적인 가치의 실현을 위해 존재한다고 서술하고 있다. 무엇보다 저널리즘이 추구하는 가치가 인권, 자유, 정의, 민주와 같은 개념들이므로 언론은 윤리적이어야 한다는 것이다. 또한 국민들의 다양한 의견 형성을 돕고 국민의 알권리에 봉사해야 할 의무가 있기 때문에 언론은 윤리적이어야 한다. 이 경우 무엇이 공중의 정당한 관심사인가에 대한 끊임없는 추구가 언론 윤리의 핵심이라고 간파하고 있다.

둘째, 미디어는 국민을 대신해서 환경을 감시하는 의무를 지고 있다는 것이다. 이러한 환경 감시 기능을 수행하기 위해서는 피감시자보다 도덕적 우위에 있어야 한다고 본다. 같은 맥락에서 권력의 감시와 견제의 기능을 갖는 미디어가 국민의 신뢰를 받으며 공적인 책임을 다하기 위해서는 윤리적이어야 한다.

셋째, 미디어의 비판적 기능을 수행할 수 있도록 법 제도적 배려가 요구되며 이러한 요구에 상응하여 언론은 윤리적 책임을 다해야 한다. 미디어가 누리는 여러 다양한 특혜는 언론의 사회적 책임을 다하라는 측면에서 인정되는 것이다. 이러한 경우 언론에 대한 외적 압력보다는 자율적인 통제가 가장 바람직하나 실제로는 의문시된다.

넷째, 미디어의 사회적 영향력이 대단히 크다는 점이다. 이는 특히 광파성과 의제 설정 기능 때문에 기인한다. 그러나 우리 헌법 제21조 제4항에서 적시하였듯이 "언론이 타인의 명예나 권리" 등을 침해해서는 안 된다는 측면에서 윤리적이어야 한다.

　다섯째, 국가 권력에 맞서 싸우기 위해서는 국민이 꼭 알아야 할 일들을 제대로 전달하기 위해서는 외부적 존재로부터 자유로워야 한다.

　한국의 언론은 '언론 권력'으로까지 불리면서 최근까지 사회적으로 엄청난 영향력을 행사해 왔다. 여러 사회적 요구에 의해서 언론 개혁 운동이 전개되어 왔으며 언론은 자·타의적으로 구조적 개혁을 실시하였다. 사회 전반에 걸친 개혁에의 요구가 계속되는 한 언론도 지속적인 개혁을 실시해야 할 것으로 판단된다. 그럼에도 언론인의 윤리 문제는 지속적인 구조 개혁과 같이 이루어지기 힘든 측면이 있다. 예를 들어, 언론인의 윤리 문제는 사회적으로 쟁점이 될 만한 사건이 터지거나 할 때 사회적 비난의 대상이 되면 언론인들의 자정적 노력은 대부분 선언적인 측면에 그치는 경우가 대부분이었다(김옥조, 2004).

　때로는 알권리와 언론 윤리가 갈등하는 경우도 발생한다. 특히, 언론이 취재·보도하는 과정에서의 윤리적 측면과 충돌하게 되는 경우가 많다. 이에 대해서 일부학자들은 언론의 역할은 '비밀의 장막을 걷고 감춰진 정보를 찾아내는 것'이므로 때로는 비윤리적인 또는 불법적 취재 행위가 불가피하다고 본다(Belsey, 1998, pp.5~6). 또한 비록 언론이 취재 대상의 사생활을 침해하거나 해를 끼치게 되더라도 더 큰 의미를 갖는 국민의 알권리를 보장하기 위해서는 때로 비윤리적 취재도 용인되어야 한다는 시각도 있으며(Black, Steele & Barney, 1999, pp.181~2), 언론의 보도로 인하여 비록 취재 대상에게는 불이익이 발생할 지라도 이러한 보도로 인하여 궁극적으로는 공공의 토론이라는 유용한 편익을 낳게 되므로 허용되어야 한다는 목소리도 있다(Seib & Fitzpatrick, 1997, pp.88~101).

　그러나 김영욱(2004)은 언론 윤리란 사회화 과정을 통해서 내면화되는 것이므로 언론 윤리 제고를 위한 방법으로 무엇보다 '언론 윤리 점검 시스템'이 강화되어야 한다고 피력한다. 특히 미국의 뉴욕 타임스 시걸 위원회가 제시하는 구체적인 형태의 시스템이 한국 언론에도 구축되어야 한다고 보았다. 이를 위해서는 사내 윤리 교육은 물론 저널리즘 관련 교육에서 윤리 교육의 강화가 필요한 것으로 주장했다. 미국 < 뉴욕 타임스 > 는 2003년 허위 보도의 문제가 발생하자 신문사 자체적으로 레온 V. 시걸Leon V. Sigal을 위원장으로 한 윤리점검 시스템위원회를 구성하였고 그 보고서로 "우리의 저널리즘은 왜 실패하였는가"를 출간하였다. 여기서 시걸위원회는 편집국 내의 사내 시스템의 문제를 지적하고 이를 개선할 수 있는 방안을 제시했다. 아울러 위원회는 독자의 불만을 처리하고 저널리즘 관행과 쟁점에 대한 비평물을 게재할 권한을 가진 퍼블릭 에디터Public Editor, 저널리즘의 규범에 대한 환경을 감시하고 윤리 교육과 실천을 감독하는 스탠더드 에디터Standards Editor, 투명하고 공정하며 효율적인 인사를 관리하는 인력 운용 및 경력 개발 에디터Staffing and Career Development Editor의 신설을 제안했다.

유사한 맥락에서 언론의 윤리를 사회화의 결과로 보는 경우 이를 윤리의 발전 이론과 접목시켜서 언론 윤리에 대한 제고를 구하고자 하는 연구들도 보인다. 예를 들어, 로렌스 콜버그Lawrence Kohlberg의 도덕 발달 이론을 언론인들의 윤리 의식을 탐구하기 위해 접목하는 연구도 보인다. 이은택(2002)은 한국 언론인들의 도덕 발달 단계를 Q연구를 통해 살펴보았는데, 한국 언론인들의 도덕 발달 단계는 대체로 상당히 높은 것으로 나타났다(대개 6단계 중 4단계 이상). 그는 콜버그의 이론을 통해서 언론인들을 다섯 형태로 구분하였는데, 여기서 한국 언론인들은 '현실주의형'의 경우를 제외한 '보편적 도덕 추구형,' '이상주의형,' '준법 중시형,' '실존주의형'에 대체로 속하는 것으로 판단하고 있다는 점에서 예상보다 상당히 높은 윤리 의식을 가지고 있음을 알 수 있다. 그러나 이러한 응답에도 불구하고 실제적 행동은 평가와는 괴리가 있다는 점을 알 수 있는데, 이는 한국 언론이 행동과 의식에 있어 서로 일치하지 않는 경우가 많다는 점을 상징하는 것이라고 본다. 사실상 이러한 점은 전문직으로서의 언론에 대한 이해와 상치된다.

2) 언론인의 윤리에 대한 인식

언론에 대한 직업으로서의 이해는 일찍이 1922년 리프만의 ≪여론≫에서 언급된 바 있다. 리프만은 사람이 세상을 이해하는 방법은 직접적으로 탐구하여 경험하거나, 누군가의 보고를 전해 듣거나, 단지 적극적으로 머릿속에서 상상을 하는 세 가지 유형의 방법이 있는데, 오늘날 언론의 취재·보도가 아니면 세상이 어떻게 돌아가는가를 아는 것은 사실상 불가능하다고 간파했다. 이러한 측면에서 언론은 사회에 봉사해야 하기 때문에 전문직의 모습을 띠게 된다. 문제는 무엇에 대해서 알아야 하는가이다(*need to know*). 즉, 국민들이 알아야 하는 정보가 무엇인지를 언론이 결정한다는 것이다. 언론인들은 언론인으로서의 전문성을 가지고 게이트키핑 과정을 통해 국민들에게 전달할 정보를 결정하고 이를 객관적이고 공정하게 전달해야 한다. 만일 이러한 일련의 과정이 잘못되면 언론의 보도가 여타 개인적 기본권을 침해하는 일이 벌어지게 된다.

　대개 언론인들은 최대한 윤리적으로 보도하기 위해서 노력한다고 주장한다. 그래서 언론 윤리가 사회적으로 문제가 되는 경우 일부 소수의 비윤리적인 언론인들에 대한 얘기로 생각하려고 하는 경우가 많다. 그러나 언론인들의 현장 경험을 바탕으로 하는 여러 저작물을 분석한 이승선(2001)의 연구에 따르면 상당한 경우에 언론인들의 불법적 또는 비윤리적인 행위들이 발생하고 있음을 알 수 있다. 즉, 언론인들의 저작물에는 대개 그들의 삶과 취재 보도 현장, 그리고 언론 윤리에 대한 상세한 설명이 깃들어 있으므로(Fedler, 1997, pp.160~1) 이를

350

통해서 언론인들의 보다 솔직한 모습을 엿볼 수 있다. 연구에 따르면, 총 11권의 언론인들의 저작물을 분석한 결과 위법 가능성이 있는 비윤리적 취재 행위가 전체 46건 정도가 발견된 것으로 나타났다. 즉, 언론인들은 자신들이 윤리적이라고 하면서도 실제로는 때로 비윤리적 또는 위법적인 취재 방식도 동원할 수 있다는 것이다. 가장 높은 빈도를 보인 것이 신분을 위장하여 현장에 접근한 후 몰래 촬영 또는 거짓말 취재였다.

이러한 분석과 함께 이승선은 언론 윤리와 언론인의 취재·보도 활동은 시대적 가치를 반영할 필요가 있다고 주장한다. 그는 지난 100여 년 동안의 미국 언론인 저작물을 분석한 J. 미란도J. Mirando(1998)의 연구를 인용하는데, 이 연구에 따르면 초기 미국 언론인들의 저작들에 따르면 초기 언론인들은 금전을 받는 것, 취재원으로부터 특권을 얻는 것 등은 비판받고 있지만 현대의 언론인 저작과 달리 조그만 선물 접수는 그다지 문제 삼지 않았다고 한다. 따라서 한국의 경우에도 윤리적 판단에 있어 시대적, 사회적 상황을 감안하는 것이 바람직하다고 보았다.

한국의 경우 전문직의 윤리로서 언론 윤리 문제가 사회 전면에 쟁점으로 등장하여 광범위한 논의가 이루어진 기회는 아직 없었다. 평소에는 언론 윤리 문제가 크게 인식되지 못하다가 '윤태식 게이트'나 '아파트 편법 분양 사건' 등과 같이 굵직한 사건들이 터질 때에나 한번쯤 거론되었다가 사라져 버리는 일을 반복해 왔다. 그나마 사건이 터져 사회적으로 시끄러울 때 언론인들도 언론 윤리가 잘 지켜져야 한다고 자성의 목소리를 높인다. 문제는 언론이 윤리를 지켜야 한다는 당위성에도 불구하고 언론인들을 둘러싼 윤리적 상황이 매우 복잡하게 전개되므로 일반적으로 딜레마에 봉착하게 된다는 것이다 (김옥조, 2004).

즉, 언론인들은 어떻게 해야 할 것인가를 결정하는 데 있어 여러 가치가 대립하는 경우에는 선택이 힘들게 되는 경우가 많다. 예를 들어, 형사 피의자에 대한 정보를 취재하여 보도할 언론의 권리와 형사 피의자나 범죄 혐의자가 공정한 재판을 받을 수 있는 권리가 때로 충돌하기도 한다. 이러한 경우 윤리적인 결정은 행위자가 사회 생활에서 직면하는 많은 윤리적 문제를 해결하기에 필요한 지식과 기술을 동원해서 하게 된다. 그러나 윤리적 결정은 개인의 선호나 신조에 따라서 단순하게 윤리적 판단 대상에 대한 '좋다/싫다'의 감정만으로 판정해서는 안 된다. 어떠한 판단도 필요한 많은 증거와 합리적인 추론을 기초로 하지 않으면 사회적인 설득력을 가질 수 없게 된다.

언론재단에서 언론인들을 상대로 직업 의식을 조사한 보고서인 ≪한국의 언론인 2003≫(2003)에 따르면, 한국 언론인들이 갖는 윤리 문제 중 대부분은 직업 윤리에 있어 '취재 방식'과 '촌지 수수' 등에 관련되어 있는 것으로 나타났다. 취재 방식과 관련해서는 언론이 적극적인 취재 활동을 하는 과정에서 '기사를 작성하기 위하여 취재원을 귀찮게 굴거나'(63.8%), '기업이나 정부의 비밀 문서를 허가 없이 사용하는 행위'(47.3%) 등은 정당화될 수 있다고 믿는 경향을 보였다. 반면 비밀 정보를 얻기 위해 돈을 주거나 비밀을 지킬 것을 동의하고 이행하지 않는 행위, 상대방에게 자신의 신분을 속이거나 편지나 사진과 같은 사적 문서를 허가 없이 사용하는 행위, 그리고 내부 정보를 얻기 위해 위장 취업하는 등의 행위는 정당화 될 수 없다고 보았다.

이러한 언론인들의 윤리에 대한 인식과 달리 수용자인 독자들과 시청자들은 한국 언론인들이 언론 윤리에 충실하지 못한다고 평가하는 경향이 있는 것으로 나타났다. 예를 들어, 한국언론재단이 2000년 7월 전국 18~65세의 1200명을 대상으로 조사한 '수용자 의식 조사'에 따르면 기자의 윤리 의식에 대한 평가가 4점 만점에 2.45로 1994년 이후 계속 하강 곡선을 그리고 있다. 같은 연구에서 1994년의 경우 2.69, 1996년 2.62, 1998년 2.50점을 기록하였다(한국언론재단, 2001, pp.109~

110).3 이러한 점은 현재 한국의 언론이 윤리적인 측면에서는 공중으로부터 존경을 받지 못한다는 것을 반영한다. 미국의 경우에도 언론 재단의 결과와 유사한 결과를 보인 조사가 있었는데, 미국 미디어 연구 센터Media Study Center가 1998년 9월 전국 1016명을 대상으로 여론 조사한 결과 88%에 이르는 많은 국민들이 기자가 취재를 위해 비윤리적이거나 불법적인 방법을 사용하는 일이 종종 있다고 믿는 것으로 나타났다.

특히 이러한 비윤리적이고 불법적 취재·보도의 경우 대개 연예인들과 관련된 경우에 나타나는 경향이 있다. 차용범(2002b, pp.27~8)은 언론의 연예 기사를 분석하고 언론 매체의 보도가 국민의 알 필요를 앞지르고 있다고 지적하면서 언론인은 전문직으로서 전문직에 맞는 언론 윤리를 지켜야 한다고 주장하였다. 우선 그는 언론이 사회적 공익을 위해 존재하므로 전문직이라고 하는 데니스의 견해에 동의하면서 언론은 전문직의 두드러진 모든 특징을 가진다고 피력했다. 특히, 언론은 전문직으로서 단지 법적 다툼에 휘말리는 정도의 기사만이 '문제 있는 기사'라는 인식을 버려야 한다고 지적한다. 언론은 스스로 선언한 언론 윤리를 위해하는 기사를 '문제 있는 기사'로 취급해야 한다고 피력했다. 특히 M. 맨처M. Mencher(1991)가 제기한 것처럼, '기자의 한계와 책임을 자각'해야 하며 항상 진실을 말하기가 힘들기 때문에 자신이 작성한 기사가 어떠한 결과를 낳을지 그 영향력은 어

---

3. "2004 언론 수용자 의식 조사"(한국언론재단)에서 수용자들은 언론의 도덕성에 대해서 10점 만점에 4.8점을 기록해서 여전히 언론의 윤리성에 대해서는 확신하지 못하는 것으로 보인다. 특히 여성보다는 남성이, 학력이 낮은 사람이 높은 사람보다 언론의 도덕성을 낮게 평가한 것으로 나타났다(p.136). 2002년 조사의 경우 언론의 도덕성 점수는 10점 만점에 4.48점을 기록 2004년이 약간 높음을 알 수 있다. 역시 여성보다는 남성이, 학력이 낮은 사람이 높은 사람보다 소득이 낮은 사람이 높은 사람보다 도덕성을 낮게 평가하는 경향이 있었다.

떠할지 등에 관해 늘 관심을 기울여야 한다고 주장했다. 그는 이러한 윤리를 지키기 위해 언론 윤리 강령이 존재한다고 믿는다.

행동과 의식이 일치하지 않는 점은 언론 윤리 실천의 상징이라고 할 수 있는 언론윤리강령을 통해서도 알 수 있다. 언론 윤리는 보도 현장에서 흔히 강령의 형태를 취하게 되기 때문이다. 실제로 윤리 강령은 언론 기관이 스스로 올바른 관행을 확립하고 책임과 품위를 지키기 위해 행동의 기준으로 제정한 윤리적 기준이다. 신문윤리강령은 1957년 처음 채택되고 1961년 수정되었다. 1961년 신문윤리강령에는 언론은 국민의 알아야 할 권리를 위해서 힘써야 한다고 규정하고 있다. 이는 1996년 신문의 날을 기해 언론계를 대표하는 한국신문협회, 한국신문방송편집인협회, 한국기자협회가 주체가 되어 전반적으로 개정되었다. 현재 한국 언론은 통합적인 언론윤리강령도 있으며 전국적 규모의 언론 단체들도 존재한다. 언론윤리강령은 민주화, 분권화, 인권 신장, 가치관의 다양화를 반영하며 자유롭고 책임을 다하면서도 개인의 명예나 사생활을 존중해야 한다고 밝히고 있다. 신문윤리강령을 구체적으로 시행할 '신문윤리실천요강'도 취재원의 명시, 범죄 보도시의 인권 존중 등을 명시하고 있다(새신문윤리강령, 1996).

문제는 언론윤리강령이 잘 지켜지지 않아서 사문화되는 경향이 있다는 것이다. 언론윤리강령이 구체적이지 못해서 상황에 적절히 적용하지 못한다는 지적도 있다. 아울러 언론윤리강령을 강화하고 언론 윤리를 감독할 수 있는 기관을 두자는 지적도 있다. 특히, 유진 굿윈Eugene Goodwin(1997)은 사람들이 도덕적 헌신감 때문에 정직해지는 것이 아니라 지적당하는 두려움 때문에 윤리적으로 되는 경향이 많으므로 어떤 방식으로든 강제적 규정을 마련해야 할 것이라고 주장하였다(pp.29~30).

그러나 언론 윤리의 제고를 위해서 무조건 윤리 강령을 강화하는 것이 좋은 것만은 아니라는 지적도 있다. 예를 들어, 김지운(2004, p.25)

354

은 법과 윤리가 인간 행실의 이중적 통제 장치라는 점에서 언론 윤리도 이중적 통제가 될 수 있다고 지적한다. 다만 법의 해석과 재판관의 판단에 따라 법이 언론 윤리에 침식해 들어가기도 하고 자율성을 신장 제고해 주기도 한다고 설명한다. 같은 맥락에서 김옥조(2004, p.46)는 언론인은 윤리 강령으로 인해 양심과 전문직으로서의 양식을 기준으로 해야 하는 언론인들에게 윤리 강령은 검열의 의미를 가지며, 일반적인 규범과 추상적인 표현으로 구성된 윤리 강령은 겉치레이며 일종의 기만이 될 수 있고, 윤리 강령이 실효성이 약하면서도 법적 문제가 발생하였을 때 언론인에게 불리하게 작용하는 문제가 있다고 피력한다.

이러한 지적에 현업에 종사하는 언론인들도 대체로 동감하고 있으나 실제 현장에서는 언론 윤리의 문제가 무시되어야 취재가 가능하다는 입장노 있다. 예를 늘어, 스포츠 신문사 기자인 이유현(2002, pp.30~1)은 연예 기사를 얻기 위한 취재 과정을 '총성 없는 전쟁'이라고 표현하면서 대중 연예 산업의 규모와 중요성이 커지면서 영향력이 커진 연예인 등 공인들의 감시 및 견제 기구인 언론이 대단히 위축되어 있다고 본다. 그는 언론이 제 기능을 하기 위해서는 위축된 기자 정신을 강화해야 하는 점도 있지만, 기사 보험 제도를 언론이 적극적으로 이용하여 언론인들의 정신적 안정을 뒷받침 해 주어야 한다고 지적했다. 이처럼 언론이 윤리라고 말할 때 이는 대개 보도의 정확성, 공정성 그리고 불편부당성을 의미하고 이를 지키기 위해서는 언론인들이 올바른 취재 절차를 거쳐야만 하고 동시에 취재원과는 일정한 거리를 두는 것이 꼭 요구된다. 그러나 현장에서 뛰는 현직 기자들의 경우 실제로 올바른 취재와 취재원과의 관계 정립이 힘든 경우가 허다하다. 이러한 점에 직면해서 어떻게 하는 것이 옳은지 모르는 경우 언론인은 갈등하게 된다.

언론의 윤리를 제고하기 위해서는 언론 윤리 교육이 강화되어야 한다고 지적하는 사람들이 많다(Day, 1991; 이재진, 2002; 김옥조, 2004). L. W. 호지스L. W. Hodges는 정규 언론 교육의 장기적인 이점을 설명하면서 "세심하고 조직적인 학교 윤리 교육이 도움이 될 수 있다고 확신한다"고 말했다(Day, 1991, p.7). 실제 언론인들을 대상으로 한 조사에서 학교에서 언론 윤리법제 관련 강의를 수강한 경험이 있는 기자들이 그렇지 않은 기자들보다 언론 윤리에 대해서 상급자나 데스크와 더 많은 대화를 하는 것으로 나타났다(김영욱, 2004). 학교 교육뿐만 아니라 언론인들을 상대로 한 언론인 윤리 재교육의 중요성에 대한 인식도 높아지고 있다.

언론재단에서 실시하는 언론인 기본 연수에서 기자 윤리를 오랫동안 강의한 박수택(2003) 기자는 언론이 윤리에서 벗어나면 탈선·사이비 언론인이 될 수밖에 없으며 언론 윤리를 선언적 측면에서만 바라보지 말고 실천해야 할 것이라고 전제하면서, 이를 위해서는 언론인들에 대한 시의 적절한 윤리 교육이 필요하다고 주장한다. 유사하게 박선영(2002a)도 언론인들이 제대로 언론 윤리를 실천하기 위해서는 적어도 3년에 한 번 일정 기간 동안 언론 윤리에 대한 끊임없는 재교육이 필요하다고 피력했다. 다시 말하자면 언론 윤리의 핵심은 실천이고 실천을 위해서는 지속적으로 언론인들을 일깨워 주어야 한다는 것이다.

더 나아가 언론인뿐만 아니라 언론 수용자에게도 언론 윤리 교육이 필요하다는 주장도 있다(김옥조, 2004). 언론이 제대로 된 사회적 기능을 발휘하기 위해서는 수용자들도 책임 있고 신뢰할 만한 매체를 선택하고 그것이 제대로 정보를 전달하고 있는지를 비판적인 안목으로 판단할 수 있어야 한다. 즉, 수용자들도 언론이 도덕적으로 건전하게 기능할 수 있도록 관찰하고 입력과 영향력을 행사할 수 있어야 한다는 것이다(콘라드 핑크, 1995).

4. 언론 윤리 관련 판례

미국의 대법원장을 지낸 S. 워렌S. Warren은 "법이란 윤리의 바다에 떠 있는 섬과 같아서 윤리가 없으면 법이 존재할 수 없다"고 밝힌 바 있다(최종고, 1997). 다시 말하자면 윤리란 법을 포용하고 있다는 것을 의미한다. 같은 맥락에서 언론 관련 법의 넓은 외연은 언론 윤리로 이루어져 있으며 언론 윤리를 어기는 경우 궁극적으로는 불법이나 위법이 되는 경우가 발생하여 이에 대한 책임을 지지 않을 수 없게 된다. 그런데 어디까지가 윤리적인 영역에 속하며 어디까지가 불법적인 것인지에 대한 명확한 경계 영역은 없으며 이는 전적으로 사법부의 판단에 의존하게 된다.

블랙과 스틸, 그리고 바니(Black, Steele & Barney, 1999, p.25)에 따르면 최근의 추세는 윤리적 기준ethical standard과 법적인 기준legal standard을 같은 선상에서 보고 언론의 비윤리적인 행위로 피해를 입은 사람들이 도덕적 해이함에 대해 법적인 구제를 추구하는 경향이 있다는 것이다. 이는 법과 윤리에 대한 잘못된 인식을 반영하는 것인데, 예를 들어 성폭력 피해자의 신원을 밝히는 일과 같은 것은 비록 공익적인 목적을 위하여 프라이버시 침해가 면책되기도 하지만 윤리상의 문제로 기사화하지 않는 경우가 많이 있다는 점 등이 고려되지 않았다는 것을 보여 주는 것이다.

물론 소송으로 진전되는 경우의 행위들은 더 이상 윤리적인 영역에 머물지 않는다는 것을 전제로 하지만 사법적 판단의 이면에는 법보다 더 넓은 외연인 언론 윤리에 대한 기본적인 인식이 깔려 있다. 다시 말하자면 법을 적용하는 데 있어 사법부는 윤리적인 언론이란 어떠해야 하는가에 대해 나름대로의 이해를 가지고 있다고 하겠다. 합법인지 아닌지, 그리고 합법이기는 하지만 비윤리적일 수 있는 사례는 어떠한 것인지 등의 판단하는 데 한국 사법부는 결정의 기준을 가지고 있다는 것이다. 이는 언론인의 윤리에 대한 인식과 어떠한 공통점과 차이점을 갖는가? 실제로 법을 넘어서는 윤리적 판단은 상대적이므로 언론 윤리에 대한 언론과 사법부의 인식은 차이가 있을 것으로 예상된다.

이 장에서는 언론의 윤리에 대해서 직, 간접적으로 언급하고 있는 판결들(손해 배상 및 정정(반론) 보도 청구 소송)을 수집하여 분석하였다. 대상 판례 중 직접적으로 언론 윤리에 대해서 언급하고 있는 판례는 2건으로 나타났고, 간접적으로 언론 윤리를 지적하고 있는 판례도 4~5건 정도에 불과한 것으로 나타났다. 이처럼 판결문의 경우 언론 윤리에 대한 언급이 거의 없다는 사실은 언론 윤리가 개별적이고 자율적인 명제라는 것을 의미하는 것이라 판단할 수 있다. 동시에 소송으로 법정에 선 행위에 대해서는 대개 위법적 행위라고 판단되는 것으로 인정하고 있으며 이를 윤리적인 문제 차원에서 바라보고 있지 않다는 것을 의미한다.

판례의 경우 직접적으로 언론 윤리에 대해서 언급하고 있는 판결은 1993년에 처음 나왔다. 그런데 흥미롭게도 이들 판례들에서는 '언론 윤리'라는 용어 대신에 '직업 윤리'라는 용어를 사용하고 있다. 언론 윤리에 대해 언급한 최초의 사건은 서울지방법원에서 판결된 정정 보도 심판 청구 사건이다(1993.9.6. 선고 93카합792 판결). 이 사건은 저녁 9시 MBC <뉴스데스크> 프로그램에서 '학교 돈 봉투'라는 제하로 한 사립 초등학교에서 학부모와 교사 간의 돈 봉투 거래가 오갔다는 교육 비리 고발 취지의 보도를 한 이유로 발생하였다.

뉴스에서 MBC는 당시 돈 봉투를 요구한 사립 학교의 한 학부모가 돈 봉투를 요구한 선생님의 횡포에 맞서 돈 봉투를 받지 않는 다른 사립 학교로 자식을 전학시켰다는 요지의 내용을 방송하였다. 그런데 이를 방송하면서 새로 전학 간 김모 군이 이른 아침에 버스와 전철을 이용하여 집에서 멀리 떨어진 학교에 등교하는 모습, 학부모로 보이는 여성이 급한 발걸음으로 학교로 들어가 여러 명의 여성과 함께 교실에 모여 대화하는 모습, 불특정인 상호 간에 돈 봉투를 주고받는 모습 등의 영상을 곁들여 보도하였다.

법원은 이 사건에서 '직업 윤리'라는 말로써 언론의 윤리에 대해서 설명하고 있다. 법원은 "언론은 공정하고 올바른 여론 형성을 위하여 노력해야 할 직업 윤리상의 의무가 있으므로 가능한 한 진실한 보도를 추구하여야 할 뿐만 아니라, 진실하지 아니한 정보의 전파는 사회 공익에도 반하므로 이를 억제할 필요가 있다"고 판시하였다. 다시 말하자면 법원은 언론의 윤리를 공정하고 올바른 여론 형성을 위해 노력하는 것으로 판단하고 있다는 것이다. 이러한 이유로 언론에 명백히 진실에 반하는 내용의 보도를 요구해서는 안 된다고 설시하였다.

또 다른 정정 보도 심판 청구 사건에서 서울지방법원은 언론 윤리에 대해 유사하게 정의하고 있다(서울지법 1993.10.8. 선고 92가합16462 판결). 이 사건은 1992년 9월 1일 송모 PD 등이 취재하여 편집한 MBC TV <PD 수첩>에서 '사립 학교 교장의 소유물인가?'라는 제목의 프로그램을 방영하면서 시작되었다. 법원은 정정 요구문의 내용이 명백히 사실에 반한다는 특별한 사정이 없는 한 신청인이 주장하는 바에 따라 강모 교사 해임 부분, 학사 업무 운영 부분, 봉급 인상분 지급 부분, 교사의 수위실 근무 부분, 교장의 가묘 작업 학생 동원 부분, 학생 4명 자퇴 부분, 비품 구입 부분, 수세식 화장실 사용 부분, 문제가 된 박모 군 자퇴 부분 등에 관하여 신청인의 반론에 해당하는 정정 보도를 방송할 의무가 있다고 판결했다.

법원은 법원의 판결이 사법적 조사권이 없는 언론 기관이 언론의 속성의 하나인 신속성의 제약 속에서 대립되는 이해 당사자들의 주장에 대한 진실성을 입증하는 데 따른 부담을 지지 않게 함으로써 언론 본래의 활동을 아무런 제약 없이 추구할 수 있도록 하는 한편으로 다양한 정보원으로부터 자유롭게 정보를 전달받고 자기에 관한 불리한 정보를 수정, 제한할 권리, 이른바 국민의 알권리를 보호하려는 데에도 부합한다고 보았다.

그러나 법원은 "언론은 공정하고 올바른 여론 형성을 위하여 노력해야 할 직업 윤리상의 의무가 있으므로 가능한 한 진실의 보도를 추구하여야 할 뿐만 아니라, 진실하지 아니한 정보의 전파는 사회 공익에도 반하므로 이를 억제할 필요가 있고 누구든지 언론 기관에게 명백히 사실에 반하는 내용의 보도를 요구해서는 안 된다"고 하면서 앞서의 93카합792 판결과 꼭 같은 내용의 판단을 하고 있다. 아울러 법원은 방송법 제41조 제3항에서 말하는 '정정 보도의 내용이 명백히 사실에 반하는 경우'라는 규정이 정정 보도 내용이 널리 사회 일반에 걸쳐 이론의 여지가 없는 공지의 사실로 되어 일반인이라면 누구나 특별한 조사나 검증을 거치지 않고도 알 수 있는 사실에 부합하지 않는 경우를 의미한다고 보았다.

법원이 직접적으로 언론 윤리가 무엇인가에 대해서 논의한 사건은 이 두 건에 머물러 있다. 그만큼 윤리의 문제는 사법적 차원에서 다루기보다는 자율적인 측면에서 다루어야 한다는 것을 의미하는 것으로 볼 수 있다. 그럼에도 법원이 간접적으로 언론 윤리에 대해서 고려하고 있는 판례들은 다수 있는 것으로 보인다. 무엇보다 대법원은 언론의 직업 윤리인 건전한 여론 형성에 범죄 사건 보도가 포함된다고 적시한 바 있다(대법 1998.7.14. 선고 96다17257 판결). 이 사건에서 대법원은 "……일반적으로 범죄 사건 보도는 범죄 형태를 비판적으로 조명하고 사회적 규범이 어떠한 내용을 가지고 있고, 그것을 위반하는 경우 그에 대한 법적 제재가 어떻게, 어떠한 내용으로 실현되는가를 알리고 나아가 범죄의 사회적, 문화적 여건을 밝히고 그에 대한 사회적 대책을 강구하는 등 여론 형성에 필요한 정보를 제공하는 등의 역할을 하는 것으로 믿어지고 따라서 대중 매체의 범죄 사건 보도는 공공성이 있는 것으로 취급할 수 있을 것"이라고 피력했다.

아울러 언론 윤리에 대해 직접적인 언급이나 정의는 내리지 않았으나 언론 윤리가 준수되어야 하는 이유를 설명하는 판례들이 보인다. 예를 들어, 1998년 있었던 유방 확대 수술과 관련된 손해 배상 판결에서 대법원은 "개인 사생활에 관한 사항은 그것이 공공의 이해와 관련되어 관심의 대상이 되는 사항이 아닌 한, 비밀로서 보호되어야 하고, 이를 부당하게 공개하는 것을 불법 행위를 구성한다고 밝혔다(96다11327 판결). 이 판결에서는 피해자가 인터뷰에 응할 때 행한 승낙(동의)의 범위가 문제가 되었다. 즉, 비록 피해자가 인터뷰에 응하겠다고 승낙했지만 피해자가 누구인지 인식할 수 없도록 제대로 된 조치를 취하지 않았던 것이다.

주문에서 대법원은 상고 이유를 밝히면서 헌법 제21조 제4항을 인용하여 언론 자유도 중요하지만 무분별한 보도를 통해서 공중 도덕이나 사회 윤리를 침해서는 안 된다고 판시했다. 이러한 판시에 따르면 언론 윤리는 사회적 윤리와 유사하게 이해되고 있는 것으로 추정할 수 있으며 따라서 언론의 비윤리적인 행위는 곧 사회 윤리를 침해하는 것으로 판단하고 있음을 알 수 있다. 이 사건의 경우 개인 사생활에 관한 사항은 그것이 공공의 이해와 관련되어 공중의 정당한 관심의 대상이 되는 사항이 아닌 한 비밀로서 보호되어야 하고, 이를 부당하게 공개하는 것은 비윤리적인 행위이며 동시에 불법 행위가 된다는 점을 보여 준다.

유사하게 언론 윤리를 사회 윤리 또는 사회적 윤리로 이해하는 또 다른 판례에서 타인의 주장 또는 풍문을 이용하는 형식을 취했지만 구체적인 사실을 비속한 표현을 사용하여 적시하는 경우에는 사회적 윤리를 침해하는 비윤리적 행동일 뿐만 아니라 명예훼손죄에 해당한다는 주장이 있다(서울지법 1998.8.19. 선고 97가합93499 판결). 또한 언론 윤리와 직결되는 것은 아니지만 출판물에서 문제가 되는 음란성에 대한 판결에서 언론 윤리를 사회적 윤리로 바라보는 경향이 나타나고 있다. 예를 들어, 중남미 에로티시즘 문화의 대표적인 작품인 ≪아마티스타*Amatista*≫를 번역한 책이 음란물로 분류가 되어 문제가 된 사건이 있었다. 대법원은 음란이란 개념 자체가 사회적 변화에 따라서 변동하는 상대적이고 유동적인 것이고 그 시대에 있어서 사회의 풍속, 윤리, 종교와도 밀접한 관계를 가지는 것이므로 중남미의 애정 선전물에 대한 긍정적 평가를 그대로 우리 사정에 적용할 수 없음은 물론이고, 이 소설은 성에 대한 노골적이고 상세한 묘사 설명이 전체에 흐르고 있어 성적 묘사를 주제로 한 실험적 시도나 성 교육 등의 기능이 내재하고 있다고 하더라도 이러한 예외성이 사회적 가치나 성적 자극의 정도가 완화되지 않는다고 보았다(대법 1997.12.26. 선고 97누11287 판결). 이와 유사하게 대법원은 1995년 음란한 문서 제도 등에 관련된 사건에서 언론을 통해서 공중 도덕이나 사회 윤리를 침해해서는 안 된다고 지적하면서 언론의 비윤리적 행위는 제한될 수 있다고 판시했다(대법 1995.6.16. 선고 94도2413 판결).

기타 판결에서 사법부는 기자가 검찰 공무원 등을 사칭하는 것은 비윤리적일 뿐만 아니라 공무원 사칭 혐의 등으로 위법적 행위가 된다고 보았으며(서울형사지법 1994.10.14. 선고 등), 사건 보도를 위하여 사적 공간에 경찰과 함께 언론이 동행 취재하는 것은 윤리적이지 못한 불법 행위라고 판시했다(서울고법 2001.1.11. 선고). 또한 학교 재단 비리 사건을 조사하면서 <국민일보>의 한 기자가 대검찰청 수사관을 사칭하여 한 은행의 자금과장을 인터뷰 한 사건이 있었는데, 비록 사법 문제가 되지는 않았지만 추후 언론사 내에서 출입처가 바뀌는 조치를 감수해야 했다(김옥조, 2004).

이와 같이 여러 관련 판례의 분석 결과 몇 가지 사실을 추정할 수 있다. 첫째, 한국 법원은 언론 윤리에 대해서 구체적인 행위로서

보다는 추상적이고 광범위한 행위 유형으로 인식하는 경향이 있다. 다시 말하자면 한국 법원은 언론 윤리가 무엇인가에 대한 구체적인 정의를 내리기보다는 '공정하고 올바른 여론 형성'이라는 의무 규정을 윤리의 조건으로 판단하고 있는 것으로 보인다. 그러나 법원은 무엇이 공정한 것이고 무엇이 올바른 여론인가에 대해서는 아직 아무런 언급을 하지 않고 있다.

둘째, 법원은 언론 윤리가 공중의 이익을 위해서 존재하는 것이라는 인식을 가지고 있으며, 언론 윤리가 잘 지켜지지 않으면 사회 윤리가 훼손되는 것으로 판단하고 있다. 즉, 언론 윤리를 지키는 것이 전반적인 사회적 윤리를 지키는 요건이라고 인식하고 있다. 그만큼 언론을 여론 형성의 중요한 기관으로 고려하고 있다는 것을 알 수 있다.

셋째, 언론사나 언론인이 어떻게 행동해야 하는가에 대한 내용보다는 언론의 사회적 기능 측면에서 언론 윤리를 판단하는 경향이 있다. 즉, 언론인의 구체적인 취재·보도상의 행위보다는 여론 형성이라는 언론의 사회적인 기능 측면에서 언론이 윤리적일 필요가 있다고 피력하고 있으나 구체적인 행위에 대해서 상술하고 있지는 않다.

5. 윤리적 보도의 중요성

언론 윤리는 중요한 시대적 화두이며 체계적이고 지속적인 명제임에도 불구하고 지금까지 사회 전반에 걸친 심층적 논의는 아직 이루어지지 못했다. 그럼에도 시대 환경이 아무리 크게 변화한다고 해도 언론은 사회적 필요에 의해서 여전히 존재할 것이며 동시에 언론 윤리는 여전히 언론의 존립 근거로서 강조될 것이다. 언론 윤리란 언제, 누가 그리고 어떻게 바라보는가에 따라서 상대적으로 인식된다는 점

에 근거하여 언론인이나 언론학자들의 언론 윤리 인식과 사법부의
언론 윤리에 대한 인식을 분석한 결과 언론 윤리에 대한 인식에 있
어 다소 차이가 있는 것으로 나타났다.

언론 윤리에 대한 언론학자들과 언론인들의 연구, 서적, 보고서
와 법조계의 인식을 담고 있는 판례들을 분석한 결과는 표 10-1과
같이 요약할 수 있다.

표 10-1에서 알 수 있듯이 언론은 언론 윤리의 문제를 사회적 기능
이나 역할보다는 구체적 행위의 문제로, 그리고 당위성의 문제보다는
정도의 문제로 인식하는 경향이 큰 것으로 보인다. 즉, 언론학자들과
언론인들은 언론 윤리를 취재·보도 과정에서의 특정 행위와 연결해
서 이해하고 있다. 그래서 어떠한 행위를 하고 하지 않는 것을 윤리의
구성 요소로 파악하고 있다. 1983년에 있었던 미국의 조사와 유사점을
보이는데, 이에 따르면 언론들의 경우 대개 동료들의 윤리적 행위를
관찰하고 이것을 따르려고 하는 경향이 있다고 밝히고 있다(이은택, 1999).
다시 말하자면 주변 동료들이 특정 행위를 했을 때 이에 대한 윤리적,
법적 반응을 참고해서 자신들의 행동을 결정하는 경향이 크다는 것이
다. 그러나 최근 언론재단 등의 조사에 따르면 언론인의 윤리 문제는
지속적인 논의의 대상이 되고 있지만, 아직도 윤리적 측면에 대한 언론
인들의 의식은 사회적 요구에 미치지 못하는 것으로 나타났다.

표 10-1. **언론 윤리에 대한 언론과 법조계 간의 인식 차이**

인식의 주체		언론 윤리의 정의	언론 윤리의 구성 요소	문제 해결
언론계	언론인	취재 보도상의 구체적 행위, 준수의 정도	언론 윤리 강령, 비윤리적 행위의 부작위	자율성 확보, 윤리 교육 강화
	언론학자	기자의 의식과 책임, 원칙, 자발성, 자율성	알권리와 충돌, 언론 윤리 준수 법제도 및 기구 마련	윤리 점검 시스템, 윤리 교육 확대, 보편적 가치관
법조계		언론의 사회적 기능, 추상적, 직업 윤리	여론 형성, 공정한 보도, 사회적 윤리	보도의 신중함, 진실한 보도

364

반면 사법부는 이와는 상이한 인식을 보이고 있다. 실제로 언론 윤리에 대한 인식에 있어 사법부의 견해가 대단히 핵심적인데, 언론 윤리와 여타 다른 개인적 기본권과 충돌하는 경우 이의 해결 여부는 전적으로 법관들에게 달려 있기 때문이다. 이들 법관들의 견해는 사건을 판단하는 판례를 통해서 알 수 있다. 그런데 실제로 어떠한 법원 판례도 언론 윤리와 관련하여 구체적으로 언론 윤리가 무엇이며 어떠한 요건하에서 언론 윤리가 지켜져야 하는가를 설명하고 있지 않은 것으로 나타났다. 이러한 판례의 부족과 사법부와의 인식 차이는 어떠한 경우에 사법적인 처벌을 피하고 윤리성을 지켜나갈 것인가에 대한 예측을 어렵게 만든다.

　　판례에서 알 수 있는 것은 사법부가 언론 윤리를 추상적인 것으로 판단하고 언론의 기능이나 역할과 연결시켜 이해하는 경향이 있다는 점이다. 즉, 사법부는 건전한 여론 형성이 언론 윤리의 실천이라고 생각하고 이를 사회적 윤리와 유사하게 바라보고 있다. 따라서 언론 윤리가 잘 지켜지지 않는 것은 사회적 윤리를 침범하는 것이라는 생각이 지배적이라고 할 수 있다.

　　이처럼 언론 윤리에 대해서 현장에서 직접적으로 뛰는 언론인들과 이들의 취재·보도 과정에서 발생하는 여러 문제로 인한 법적 해결을 담당하는 사법부 사이에 언론 윤리에 대한 인식의 차이는 어쩌면 자연스러운 것일 수 있다. 즉, 직업상의 본질적 차이로 인한 윤리에 대한 인식의 차이가 존재한다는 것이다. 그럼에도 이를 해결하는 것은 중요한데, 언론의 보도 활동에 있어 일관성을 유지하며 언론의 사회적 기대에 부응하기 위해서는 취재·보도의 행위로 인하여 생긴 문제에 대한 법조계의 반응을 예상할 수 있어야 하기 때문이다.

　　그렇다면 언론 윤리의 개념이 상대적이고 시대와 정의 주체의 성격에 따라서 다를 수 있다는 것은 인정하더라도 이러한 차이의 문제를 어떻게 해결하는 것이 좋을 것인가? 무엇보다 시스템적인 윤리 점검이 이루어져야 한다(김영욱, 2004). 이를 위해서는 윤리 강령이 없는 것보다는 있는 것이 좋으며, 있는 경우 좀더 구체적인 강령의 제정과 구속력이 있는 약간의 강제 조항이 들어갈 필요가 있고, 윤리 교육이 없는 것보다는 있는 편이 바람직하므로 지속적인 사내외 언론 윤리 재교육이 있어야 한다. 이때 정기적인 교육과 부정기적인 교육으로 나누어 정기적인 교육은 일정 기간에 몇 회씩 나누어 실시하고 부정기적인 교육은 사회적인 문제가 되었을 때 문제의 재발을 방지하는 차원에서 실시하도록 하는 것이 좋다. 또한 현재의 언론 윤리 교육은 학교와 현업에서 양적 및 질적으로 더욱 강화되어야 하며(Lee, 2002), 윤리 문제에 대한 동료 간 또는 직상 상사와 더 많은 대화를 가져야 할 것으로 판단된다. 이러한 측면을 바탕으로 언론이 자율적으로 윤리를 체계적으로 점검할 수 있는 검증 체제를 구축해야 한다.

둘째, 글로벌 저널리즘 시대에 적용될 수 있는 언론 윤리의 '보편적 가치'를 추구해야 한다(김지운, 2004). 즉, 언론 윤리의 구축에 있어 미디어의 특성이나 국경을 초월하여 적용될 수 있는 보편적인 윤리관을 확립해야 한다. 이를 위해서는 시대적 변화에도 항시적으로 적용될 수 있는 윤리적인 가치를 확립해야 할 필요가 있는데, 이 또한 언론 윤리와 언론법제의 교육과 재교육을 확대하고 강화함으로써 가능할 것이다. 대학의 경우 신문방송학 관련된 학과들이 많지만 실제로 언론 윤리 법제 교육이 이루어지고 있는 곳은 그리 많지 않은 것으로 보인다(Lee, 2005). 직장의 경우에도 언론사 내에서 자체적으로 또는 언론재단의 위탁 교육 등을 통해서 언론 윤리법제 교육을 실시하는 곳도 많지 않은 것으로 나타났다.

궁극적으로 언론 윤리에 대해서 언론은 윤리를 원칙의 문제가 아니라 정도의 문제로 인식하고 있는 경향이 있다는 점은 재고되어야 한다. 그래서 진정 언론의 자유를 지키기 위해서는 공정한 보도와 아울러 스스로 엄격한 윤리적 잣대를 과감하게 들이댈 줄 아는 성숙한 모습을 보여야 할 것이다. 아울러 사법부는 언론 윤리에 대해서 좀더 구체적이고 설득력 있는 설명을 제시해 주어야 한다. 윤리적이지 못한 언론의 행위는 언제든지 불법적인 행위가 될 수 있기 때문이다. 또한 위법 가능성이 있는 취재 보도 행위의 경우라도 공익적 목적 수행이나 정부의 기밀주의적 이유에서 비롯된 경우에는 언론 윤리와 함께 언론의 자유라는 측면에서 불가피성을 고려해야 한다. 또한 언론에 대한 사법부의 관심이 증가함에 따라 사법부의 경우에도 꼭 판례가 아니더라도 여러 형태의 학술적인 연구들을 통해서 언론 윤리에 대한 고려가 있어야 한다. 특히, 한국 언론인들의 경우 상대적으로 높은 윤리 의식을 가지고 있으면서도 실제 행동에서 이와 일치하지 않은 경우가 많다(이은택, 2002)는 점에서도 취재 보도의 불가피성에 대한 고려가 꼭 필요하다.

부록 I. 신문등의자유와기능보장에관한법률

일부 개정 2005.08.04 (법률 제7655호) 문화관광부

제1장 총칙

제1조 (목적) 이 법은 신문 등 정기간행물의 발행의 자유와 독립을 보장하고 정기간행물의 사회적 책임을 높여 언론의 자유신장과 민주적인 여론형성 및 국민의 복리증진을 도모하고 언론의 건전한 발전 및 독자의 권익보호에 기여함을 목적으로 한다.

제2조 (용어의 정의) 이 법에서 사용하는 용어의 정의는 다음과 같다.
1. "정기간행물"이라 함은 동일한 제호로 연 2회 이상 계속적으로 발행하는 신문·잡지·기타간행물을 말한다.
2. "신문"이라 함은 정치·경제·사회·문화·시사·산업·과학·종교·교육·체육 등 전체분야 또는 특정분야에 관한 보도·논평·여론 및 정보 등을 전파하기 위하여 동일한 제호로 월 2회 이상 발행하는 간행물로서 다음 각목의 것을 말한다.
가. 일반일간신문: 정치·경제·사회·문화·시사 등에 관한 보도·논평 및 여론 등을 전파하기 위하여 매일 발행하는 간행물
나. 특수일간신문: 산업·과학·종교·교육 또는 체육 등 특정분야(정치를 제외

한다)에 국한된 사항의 보도·논평 및 여론 등을 전파하기 위하여 매일 발행하는 간행물

다. 외국어일간신문: 외국어로 발행하는 일반일간신문 또는 특수일간신문

라. 일반주간신문: 정치·경제·사회·문화·시사 등에 관한 보도·논평 및 여론등을 전파하기 위하여 매주 1회 발행하는 간행물(주 2회 또는 월 2회 이상 발행하는 것을 포함한다)

마. 특수주간신문: 산업·과학·종교·교육 또는 체육 등 특정분야(정치를 제외한다)에 국한된 사항의 보도·논평 및 여론 등을 전파하기 위하여 매주 1회 발행하는 간행물(주 2회 또는 월 2회 이상 발행하는 것을 포함한다)

3. "잡지"라 함은 정치·경제·사회·문화·시사·산업·과학·종교·교육·체육 등 전체분야 또는 특정분야에 관한 보도·논평·여론 및 정보 등을 전파하기 위하여 동일한 제호로 월 1회 이하 정기적으로 발행하는 제책된 간행물을 말한다.

4. "기타간행물"이라 함은 제2호 및 제3호외의 간행물로서 대통령령이 정하는 간행물을 말한다.

5. "인터넷신문"이라 함은 컴퓨터 등 정보처리능력을 가진 장치와 통신망을 이용하여 정치·경제·사회·문화·시사 등에 관한 보도·논평·여론 및 정보 등을 전파하기 위하여 간행하는 전자간행물로서 독자적 기사 생산과 지속적인 발행 등 대통령령이 정하는 기준을 충족하는 것을 말한다.

6. "정기간행물사업자"라 함은 정기간행물을 발행하는 자를 말한다.

7. "인터넷신문사업자"라 함은 인터넷신문을 전자적으로 발행하는 자를 말한다.

8. "발행인"이라 함은 정기간행물을 발행하거나 인터넷신문을 전자적으로 발행하는 대표자를 말한다.

9. "편집인"이라 함은 정기간행물의 편집 또는 인터넷신문의 공표에 관하여 책임을 지는 자를 말한다.

10. "인쇄인"이라 함은 정기간행물사업자가 선임한 자 또는 정기간행물사업자와 인쇄계약을 체결한 자로서 그 정기간행물의 인쇄에 관하여 책임을 지는 자를 말한다.

11. "지사" 또는 "지국"이라 함은 기사취재 등을 목적으로 정기간행물의 발행소 소재지외의 지역에 설치된 사무소를 말한다.

12. "독자"라 함은 정기간행물을 발행하는 자로부터 정기간행물을 유상 또는 무

상으로 공급받는 자 및 인터넷신문을 이용하는 자를 말한다.

제3조 (편집의 자유와 독립)
① 정기간행물 및 인터넷신문의 편집의 자유와 독립은 보장된다.
② 누구든지 정기간행물 및 인터넷신문의 편집에 관하여 이 법 또는 다른 법률에 의하지 아니하고는 어떠한 규제나 간섭을 할 수 없다.
③ 정기간행물사업자 및 인터넷신문사업자는 이 법이 정하는 바에 따라 편집인의 자율적인 편집을 보장하여야 한다.

제4조 (정기간행물 등의 사회적 책임)
① 정기간행물 및 인터넷신문은 인간의 존엄과 가치 및 민주적 기본질서를 존중하여야 한다.
② 정기간행물 및 인터넷신문은 국민의 화합과 조화로운 국가의 발전 및 민주적 여론형성에 이바지하여야 하며, 사회 각계각층의 다양한 의견을 균형있게 수렴하여야 하고, 지역간·세대간·계층간·성별간의 갈등을 조장하여서는 아니된다.
③ 정기간행물 및 인터넷신문은 국민의 알 권리와 표현의 자유를 신장하여야 한다.
④ 정기간행물 및 인터넷신문은 타인의 명예를 훼손하거나 권리를 침해하여서는 아니된다.
⑤ 정기간행물 및 인터넷신문은 범죄 및 부도덕한 행위나 사행심을 조장하여서는 아니된다.
⑥ 정기간행물 및 인터넷신문은 건전한 가정생활과 아동 및 청소년의 선도에 나쁜 영향을 끼치는 음란·퇴폐 또는 폭력을 조장하여서는 아니된다.

제5조 (정기간행물의 공정성과 공익성)
① 정기간행물에 의한 보도는 공정하고 객관적이어야 한다.
② 정기간행물은 성별·연령·직업·신념·계층·지역·인종 등을 이유로 편집에 있어 불합리한 차별을 두어서는 아니된다.
③ 정기간행물은 상대적으로 소수이거나 이익추구의 실현에 불리한 집단이나 계층의 이익을 충실하게 반영하도록 노력하여야 한다.

④ 정기간행물은 지역사회의 균형있는 발전과 민족문화의 창달에 힘써야 한다.

⑤ 정기간행물은 정부·정당 또는 특정집단의 정책 등을 공표함에 있어 의견이 다른 집단에게 균등한 기회가 제공되도록 노력하여야 하고, 각 정치적 이해당사자에 관한 보도를 함에 있어서도 균형성이 유지되도록 하여야 한다.

제6조 (연수 등)

① 정기간행물사업자는 종사자의 능력과 자질향상을 위한 연수제도를 설치·운영한다.

② 정기간행물사업자가 공동으로 종사자의 연수를 위한 기구를 설치·운영하는 경우 제27조의 규정에 의한 신문발전위원회(이하 "신문발전위원회"라 한다)는 제33조의 규정에 의한 신문발전기금에서 이를 지원할 수 있다.

③ 정기간행물사업자는 종사자의 편집 및 제작활동을 보호하여야 한다.

④ 정기간행물사업자는 종사자의 근로조건의 향상 및 복리증진 그 밖의 취재·제작의 자율성 보장을 위하여 필요한 대책을 강구하여야 한다.

제7조 (적용범위) 정기간행물에 관하여는 다른 법률에 특별한 규정이 있는 경우를 제외하고는 이 법이 정하는 바에 따른다.

제2장 독자의 권익보호

제8조 (독자의 권익보호) 정기간행물사업자 및 인터넷신문사업자는 독자가 정기간행물 및 인터넷신문의 편집 또는 제작에 관한 의사결정에 참여할 수 있도록 하고, 편집 또는 제작의 기본방침이 독자의 이익에 충실하도록 노력하여야 한다.

제9조 (독자권익위원회) 일간신문(일반일간신문·특수일간신문 및 외국어일간신문을 말한다. 이하 같다)을 경영하는 정기간행물사업자는 독자의 권익을 보호하기 위한 자문기구로 독자권익위원회를 둘 수 있다.

제10조 (독자의 권리보호)

① 정기간행물사업자는 그 편집 또는 제작에 있어서 독자의 권익을 보호하기 위한 회의를 매달 1회 이상 열어 이를 지면에 반영할 수 있다.

② 정기간행물사업자는 구독자의 의사에 반하여 구독계약을 체결·연장·해지하거나 불공정거래행위에 해당하는 무가지 및 무상의 경품을 제공하여서는 아니된다.

③ 제2항의 규정에 따른 불공정거래행위의 여부 및 그 처리 등에 관하여는 독점규제및공정거래에관한법률이 정하는 바에 따른다.

제11조 (광고)

① 정기간행물사업자는 광고로 인하여 독자의 권익이 부당하게 침해당하지 아니하도록 노력하여야 하며, 광고의 내용이 사회윤리, 타인의 명예나 기본권을 명백히 침해한다고 판단되는 경우에는 그 게재를 거부할 수 있다.

② 정기간행물의 편집인은 독자가 기사와 광고를 혼동하지 않도록 명확하게 구분하여 편집하여야 한다.

제3장 정기간행물 및 인터넷신문의 등록 등

제12조 (등록)

① 정기간행물을 발행하거나 인터넷신문을 경영·관리하고자 하는 자는 대통령령이 정하는 바에 따라 다음 각호의 사항을 문화관광부장관 또는 특별시장·광역시장·도지사(이하 "등록관청"이라 한다)에게 등록하여야 한다. 등록된 사항을 변경하고자 할 때에도 또한 같다. 다만, 국가 또는 지방자치단체가 발행 또는 관리 하거나 법인 그 밖의 단체나 기관이 그 소속원에게 무료로 보급할 목적으로 발행하는 경우와 대통령령이 정하는 정기간행물 및 인터넷신문은 그러하지 아니하다.

1. 제호

2. 종별 및 간별

3. 발행인·편집인(외국정기간행물의 내용을 변경하지 않고 국내에서 그대로 인쇄·배포하는 경우를 제외한다. 이하 같다)·인쇄인 및 인터넷신문사업자의 성명·생년월일·주소(발행인 또는 인쇄인이 법인이나 단체인 경우에는 그 명칭, 주사무소의 소재지와 그 대표자의 성명·생년월일·주소)

4. 발행소의 소재지

5. 발행목적과 발행내용

6. 주된 보급대상 및 보급지역

② 발행인이 법인 또는 단체인 경우 대표이사 또는 대표자를 발행인으로 하여야 한다. 다만, 대표이사 또는 대표자를 발행인으로 할 수 없는 정당한 사유가 있는 경우에는 이사회의 의결을 거쳐 다른 이사나 임원을 발행인으로 할 수 있다.

③ 제1항의 규정에 의하여 정기간행물을 등록하고자 하는 자는 등록사항중 간별을 다음 각호의 구분에 따라 명시하여야 한다.

1. 일간(격일 또는 주 3회 이상 발행하는 것을 포함한다)

2. 주간(주 2회 또는 월 2회 이상 발행하는 것을 포함한다)

3. 월간

4. 격월간

5. 계간

6. 연 2회간

④ 제1항의 규정에 의하여 정기간행물 및 인터넷신문을 등록한 때에는 등록관청은 지체 없이 등록증을 교부하여야 한다.

⑤ 이미 등록된 정기간행물 및 인터넷신문의 제호와 동일한 제호의 정기간행물 및 인터넷신문은 등록할 수 없다.

제13조 (결격사유 등)

① 다음 각호의 1에 해당하는 자는 정기간행물 및 인터넷신문의 발행인 또는 편집인이 될 수 없다. (개정 2005. 8. 4)

1. 대한민국의 국민이 아닌 자

2. 금고 이상의 실형의 선고를 받고 그 집행이 종료(집행이 종료된 것으로 보는 경우를 포함한다)되거나 집행을 받지 아니하기로 확정된 후 1년이 경과되지 아니하거나 또는 금고 이상의 형의 집행유예를 선고받고 그 유예기간중에 있는 자

3. 금고 이상의 형의 선고유예를 받고 그 유예기간중에 있는 자

4. '보안관찰법'에 의한 보안관찰처분, '사회보호법'에 의한 보호감호 또는 '치료감호법'에 의한 치료감호의 집행 중에 있는 자

5. 이 법을 위반하여 벌금 이상의 형을 선고받고 그 형의 집행이 종료되거나 형을 받지 아니하기로 확정된 날부터 2년이 경과되지 아니한 자

6. 이 법을 위반하여 등록이 취소된 정기간행물 및 인터넷신문의 발행인 또는 편집인으로서 그 등록이 취소된 날부터 2년이 경과되지 아니한 자

7. 미성년자·금치산자 또는 한정치산자

8. 파산자로서 복권되지 아니한 자

② 제12조의 규정에 의하여 등록한 정기간행물 및 인터넷신문의 발행인 또는 편집인이 제1항의 규정에 의한 결격사유에 해당하게 된 때에는 그 사유가 발생한 날부터 1월 이내에 발행인 또는 편집인의 변경등록을 하여야 한다.

③ 법인이 아닌 자는 정기간행물중 일간신문이나 일반주간신문을 발행할 수 없다.

④ 다음 각호의 1에 해당하는 자는 정기간행물을 발행할 수 없다. 다만, 그 소속원에게만 보급할 목적으로 발행하는 경우에는 그러하지 아니하다.

1. 외국정부 또는 외국의 법인이나 단체

2. 제1항제1호에 해당하는 자가 그 대표자로 되어 있는 법인 또는 단체

3. 외국인 또는 외국의 법인이나 단체가 다음 각목의 1에 해당하는 비율 이상의 주식 또는 지분을 소유하고 있는 자

가. 일간신문의 경우에는 100분의 30

나. 일간신문을 제외한 정기간행물의 경우에는 100분의 50

제14조 (외국자금의 출연 등)

① 정기간행물을 발행하거나 발행하고자 하는 자가 외국인 또는 외국의 정부나 단체로부터 재산의 출연을 받은 때에는 대통령령이 정하는 바에 따라 출연을 받은 날부터 15일 이내 또는 등록신청시에 등록관청에 신고하여야 한다.

② 정기간행물을 발행하거나 발행하고자 하는 자가 외국인 또는 외국의 법인이나 단체로부터 재산의 출자를 받을 때에는 외국인투자촉진법 제5조·제6조 또는 제7조의 규정에 의하여 산업자원부장관에게 신고된 사실을 입증하는 서류를 신고한 날부터 15일 이내 또는 등록신청시에 등록관청에 제출하여야 한다.

제15조 (겸영금지 등)

① 일간신문을 경영하는 법인이 주식을 발행하는 경우에는 기명식으로 하여야 한다.

② 일간신문과 뉴스통신진흥에관한법률의 규정에 의한 뉴스통신(이하 "뉴스통신"이라 한다)은 상호 겸영할 수 없으며, 방송법에 의한 종합편성 또는 보도에 관한 전문편성을 행하는 방송사업(이하 "방송사업"이라 한다. 이하 이 조에서 같

다)을 겸영할 수 없다.

③ 일간신문·뉴스통신 또는 방송사업을 경영하는 법인이 발행한 주식 또는 지분의 2분의 1 이상을 소유하는 자(대통령령이 정하는 동일계열의 기업이 소유하는 경우를 포함한다)는 다른 일간신문 또는 뉴스통신을 경영하는 법인이 발행한 주식 또는 지분의 2분의 1 이상을 취득 또는 소유할 수 없다.

④ 대규모 기업 집단 중 대통령령이 정하는 기준에 해당하는 기업집단에 속하는 회사(이하 "대기업"이라 한다)와 그 계열회사(대통령령이 정하는 특수한 관계에 있는 자를 포함한다)는 일간신문이나 뉴스통신을 경영하는 법인이 발행한 주식 또는 지분의 2분의 1을 초과하여 취득 또는 소유할 수 없다.

⑤ 일간신문이나 뉴스통신을 경영하는 법인의 이사(합명회사의 경우에는 업무집행사원, 합자회사의 경우에는 무한책임사원을 말한다)중 그 상호간에 민법 제777조에 규정된 친족관계에 있는 자가 그 총수의 3분의 1을 넘지 못한다.

⑥ 제3항 및 제4항의 규정을 위반하여 주식 또는 지분을 취득 또는 소유한 자는 그 초과분에 대한 의결권을 행사할 수 없다.

⑦ 등록관청은 제3항 및 제4항의 규정을 위반하여 주식 또는 지분을 취득 또는 소유한 자에 대하여 6개월 이내의 기간을 정하여 이를 시정할 것을 명하여야 한다.

⑧ 등록관청은 제2항 내지 제5항의 사실을 확인하기 위하여 대통령령이 정하는 바에 따라 일간신문을 경영하는 정기간행물사업자 및 뉴스통신사업자에게 필요한 자료를 제출하게 할 수 있다.

제16조 (자료의 신고 등)

① 일간신문을 경영하는 정기간행물사업자는 당해 법인의 결산일부터 5월 이내에 직전 회계연도의 신문사업에 관한 다음 각호의 사항을 신문발전위원회에 신고하여야 한다.

1. 전체 발행부수 및 유가 판매부수

2. 구독수입과 광고수입

② 일간신문을 경영하는 정기간행물사업자는 매 결산일부터 5월 이내에 총 발행주식 또는 지분총수와 자본내역, 100분의 5 이상의 주식 또는 지분을 소유한 주주 또는 사원의 개인별 내역에 관한 사항을 신문발전위원회에 신고하여야 한다.

③ 신문발전위원회는 제1항 및 제2항의 규정에 따른 신고사항을 검증·공개하

여야 한다.

④ 제1항 내지 제3항의 신고·검증 및 공개에 관한 구체적인 사항은 대통령령으로 정한다.

제17조 (시장지배적사업자) 일반일간신문 및 특수일간신문(정보전달을 위하여 무료로 보급되는 일간신문을 제외한다. 이하 같다)을 경영하는 정기간행물사업자중 다음 각호의 1에 해당하는 사업자는 독점규제및공정거래에관한법률 제4조의 규정에 불구하고 같은 법 제2조제7호의 규정에 의한 시장지배적사업자로 추정한다.

1. 1개 사업자의 시장점유율이 전년 12개월 평균 전국 발행부수의 100분의 30 이상

2. 3개 이하 사업자의 시장점유율의 합계가 전년 12개월 평균 전국 발행부수의 100분의 60 이상. 다만, 시장점유율이 100분의 10 미만인 자를 제외한다.

제18조 (편집위원회 등)

① 일반일간신문을 경영하는 정기간행물사업자는 편집위원회를 둘 수 있다.

② 편집위원회는 대통령령이 정하는 바에 따라 정기간행물사업자를 대표하는 편집위원과 취재 및 제작 활동에 종사하는 근로자를 대표하는 편집위원으로 구성한다.

③ 편집위원회는 일반일간신문 제작의 자율성을 보장하기 위하여 편집규약을 제정할 수 있다.

④ 제3항의 규정에 따라 편집규약을 제정하는 경우 편집규약에는 다음 각호의 사항이 포함되어야 한다.

1. 편집위원회의 구성·권한·조직·위원의 임기·신분보장 및 운영에 관한 사항

2. 편집위원회의 자율성·독립성 및 공정성의 보장에 관한 사항

3. 편집위원회의 규칙 제정 등에 관한 사항

4. 편집의 공공성과 자율성 보장에 관한 사항

5. 편집의 기본적인 원칙 및 지침에 관한 사항

6. 편집의 기본원칙에 위배되는 내용으로서 양심에 반하는 취재 또는 제작에 대한 거부권에 대한 사항

7. 편집·취재와 관련한 윤리지침에 관한 사항

8. 편집책임자의 임면에 관한 사항

9. 편집방향의 심의·결정 및 변경에 관한 사항

10. 독자권익위원회의 구성 및 운영, 독자의 권익보호, 독자의견의 반영에 관한 사항

제19조 (필요적 게재사항) 정기간행물사업자 및 인터넷신문사업자는 당해 정기간행물 및 인터넷신문에 그 명칭·주소·등록번호·등록연월일·제호·간별·발행인·편집인·인쇄인·발행소 및 발행연월일을 독자가 알아보기 쉽게 게재 또는 공표하여야 하며, 수인의 편집인이 있는 경우에는 그 책임분야와 함께 각자의 성명을 게재 또는 공표하여야 한다. 다만, 인터넷신문의 경우 간별·인쇄인·발행소에 관한 사항은 그러하지 아니하다.

제20조 (납본)

① 제12조제1항의 규정에 의하여 등록한 정기간행물사업자가 대통령령이 정하는 정기간행물을 발행하였을 때에는 그 정기간행물 2부를 즉시 등록관청에 납본하여야 한다.

② 제1항의 경우에 국가는 정당한 보상을 하여야 한다.

제21조 (등록취소의 심판청구 등)

① 등록관청은 제12조제1항의 규정에 의하여 정기간행물 및 인터넷신문(이하 이 조 및 제22조 내지 제25조에서 "정기간행물등"이라 한다)의 등록을 한 자가 다음 각호의 1에 해당하는 때에는 3월 이하(격월간 이하 정기간행물의 경우는 3회 이하)의 기간(회수)을 정하여 당해 정기간행물등의 발행(전자적 발행을 포함한다. 이하 같다)정지를 명할 수 있다.

1. 제12조제1항의 규정에 의하여 등록된 사항을 변경등록하지 아니하고 임의로 변경하여 그 정기간행물등을 발행한 때

2. 발행인 또는 편집인이 제13조의 규정에 의한 결격사유에 해당된 때

3. 제14조제1항의 규정을 위반하여 재산의 출연을 받고 신고를 하지 아니한 때

② 등록관청은 제12조제1항의 규정에 의하여 정기간행물등을 등록한 자가 다음 각호의 1에 해당하는 때에는 6월 이하(격월간 이하 정기간행물의 경우는 6회 이

하)의 기간(회수)을 정하여 당해 정기간행물등의 발행정지를 명하거나 법원에 정기간행물 등의 등록취소의 심판을 청구할 수 있다.

1. 속임수 그 밖의 부정한 방법으로 등록한 사실이 있는 때
2. 정기간행물등의 내용이 등록된 발행목적이나 발행내용을 현저하게 반복하여 위반한 때
3. 음란한 내용의 정기간행물등을 발행하여 공중도덕이나 사회윤리를 현저하게 침해한 때

③ 제2항의 규정에 의한 심판청구에 대한 제1심 재판은 정기간행물사업자 또는 인터넷신문사업자의 보통재판적 소재지를 관할하는 지방법원합의부의 관할로 한다. 법원은 심판청구를 접수한 날부터 3월 이내에 재판하여야 한다. 등록취소 심판사건의 청구·심리·재판 그 밖의 필요한 사항은 대법원규칙으로 정한다.
④ 등록취소심판사건에 대하여는 비송사건절차법을 준용한다.

제22조 (직권등록취소) 등록관청은 제12조제1항의 규정에 의하여 정기간행물등을 등록한 자가 다음 각호의 1에 해당하는 때에는 당해 정기간행물등의 등록을 취소할 수 있다.

1. 정당한 사유없이 등록 후 6월(연 2회간의 경우는 1년) 이내에 당해 정기간행물등을 발행하지 아니한 때
2. 정당한 사유없이 1년 이상(계간·연 2회간의 경우는 2년 이상) 당해 정기간행물등의 발행을 중단한 때

제23조 (등록취소심의위원회)
① 제21조제2항의 규정에 의한 발행정지의 명령·등록취소심판의 청구 및 제22조의 규정에 의한 등록취소처분의 공정하고 객관적인 심의를 위하여 등록관청 소속하에 등록취소심의위원회를 둔다.
② 제1항의 규정에 의한 등록취소심의위원회의 구성·심의절차 그 밖의 필요한 사항은 대통령령으로 정한다.

제24조 (정기간행물등 제호의 사용제한) 제21조제2항 내지 제4항의 규정에 의한 등록취소심판사건에 대한 법원의 판결 또는 제22조의 규정에 의하여 등록이 취소된 때에는 등록이 취소된 정기간행물등의 발행인 및 그와 대통령령이 정하는

특수한 관계에 있는 자는 그 취소된 날부터 2년 이내에는 그 취소된 정기간행물 등의 제호로 정기간행물등을 발행 및 등록할 수 없다.

제25조 (청문) 등록관청은 제22조의 규정에 의하여 정기간행물등의 등록을 취소하고 자 하는 경우에는 청문을 실시하여야 한다.

제26조 (외국정기간행물의 지사 등의 설치)
① 외국정기간행물의 지사 또는 지국을 국내에 설치하고자 하는 자는 대통령령이 정하는 바에 따라 문화관광부장관의 허가를 받아야 한다.
② 문화관광부장관은 제1항의 규정에 의하여 허가를 받은 자가 다음 각호의 1에 해당하는 경우에는 그 허가를 취소할 수 있다.
1. 속임수 그 밖의 부정한 방법으로 허가를 받은 사실이 있는 때
2. 허가조건을 위반한 때
3. 당해 외국정기간행물이 국헌을 문란하게 하거나 국가안보를 현저히 해한 기사를 게재한 때

제4장 신문산업의 진흥 등

제27조 (신문발전위원회의 설치) 여론의 다양성을 보장하고 신문산업의 진흥을 위한 업무를 지원하며 신문발전기금을 관리·운영하기 위하여 신문발전위원회 (이하 "위원회"라 한다)를 문화관광부에 설치한다.

제28조 (위원회의 구성)
① 위원회는 위원장과 부위원장 각 1인 등 9인으로 구성한다.
② 위원장과 부위원장은 호선한다.
③ 위원은 언론에 관한 식견이 있는 자 가운데에서 문화관광부장관이 위촉하되, 다음 각호에 해당하는 자를 포함하여야 한다. 이 경우 위원에는 여성의 참여가 이루어지도록 하여야 한다.
1. 국회의장이 추천하는 2인
2. 한국신문협회·전국언론노동조합·한국언론학회 및 시민단체가 추천하는 각 1인

④ 위원의 임기는 3년으로 하되, 연임할 수 있다.

⑤ 위원에 결원이 있는 때에는 결원된 날부터 30일 이내에 제3항의 규정에 의하여 결원된 인원을 위촉한다. 보궐위원의 임기는 전임자의 잔임기간으로 한다.

제29조 (위원회의 직무) 위원회는 다음 각호의 직무를 수행한다.

1. 여론의 다양성 보장과 신문산업 진흥을 위한 계획·정책에 관한 자문
2. 제16조의 규정에 따른 신고·검증 및 공개에 관한 업무
3. 제33조의 규정에 의한 신문발전기금의 조성과 운용에 관한 기본계획의 심의·의결 및 동 기금의 관리·운용
4. 제33조의 규정에 의한 신문발전기금 지원대상의 선정 및 지원기준의 심의·의결
5. 여론의 다양성 보장과 신문산업의 진흥을 위한 교육·연구·조사
6. 그 밖에 위원회의 목적 수행을 위하여 필요한 사항

제30조 (위원회의 운영과 사무국의 설치 등)

① 위원회는 필요한 경우 문화관광부장관과 협의하여 직무를 처리하기 위한 소위원회를 설치·운영할 수 있다.

② 위원회의 운영을 위하여 필요한 예산은 신문발전기금 또는 국고에서 지원할 수 있다.

③ 위원회의 사무를 보조하기 위하여 위원회에 사무국을 둔다.

④ 그 밖에 위원회의 조직 및 운영에 관하여 필요한 사항은 대통령령으로 정한다.

제31조 (위원의 대우) 위원회 위원은 명예직으로 한다. 다만, 예산의 범위 안에서 직무수행에 필요한 경비 등 실비를 지급할 수 있다.

제32조 (비밀유지 의무) 위원회 위원과 위원회의 사무국 직원은 업무상 알게된 정기간행물사업자의 영업기밀에 관한 사안들에 대하여 비밀을 유지하여야 한다.

제33조 (신문발전기금의 설치 및 조성)

① 신문 등 정기간행물 및 인터넷신문의 진흥을 위하여 위원회에 신문발전기금

(이하 "기금"이라 한다)을 설치한다.

② 기금은 다음 각호의 재원으로 조성한다.

1. 정부의 출연금

2. 다른 기금으로부터의 전입금

3. 개인 또는 법인으로부터의 출연금 및 기부금품

4. 기금의 운용으로 생기는 수익금

5. 그 밖에 대통령령이 정하는 수입금

제34조 (기금의 용도)

① 기금은 다음 각호의 사업에 사용된다.

1. 여론의 다양성 촉진과 신문산업 및 인터넷신문의 진흥을 위한 사업

2. 독자 권익 보장을 위한 사업

3. 신문 유통구조 개선을 위한 사업

4. 언론공익 사업

5. 그 밖에 대통령령이 정하는 사업

② 다음 각호의 1에 해당하는 자에 대하여는 기금을 지원할 수 없다.

1. 무료로 제공 또는 발행되는 정기간행물의 사업자

2. 제17조의 규정에 해당하는 시장지배적사업자

③ 위원회는 기금의 지원기준과 지원대상 등을 매년 공고하여야 한다.

제35조 (기금의 관리·운용)

① 기금은 위원회가 관리·운용한다.

② 위원회는 기금의 관리·운용에 관한 사항을 대통령령이 정하는 바에 따라 언론관련 법인 또는 단체에 위탁할 수 있다.

③ 그 밖에 기금의 조성방법·관리·운용 및 감사 등에 관하여 필요한 사항은 대통령령으로 정한다.

제36조 (국회 보고) 위원회는 기금의 사용 등에 관한 보고서를 정기국회 개시전까지 국회에 제출하여야 한다.

제37조 (신문유통원의 설립)

① 국민의 폭넓은 언론매체 선택권을 보장하기 위하여 신문유통원을 둔다.

② 신문유통원은 법인으로 한다.

③ 신문유통원에는 정관이 정하는 바에 따라 임원과 필요한 직원을 둔다.

④ 신문유통원은 다음 각호의 사업을 행한다.

1. 신문의 공동배달

2. 잡지 및 기타간행물의 배달

3. 신문수송의 대행

4. 그 밖에 신문유통원의 설립목적을 달성하는데 필요한 사업

⑤ 신문유통원의 운영에 필요한 경비는 국고에서 지원할 수 있다.

⑥ 신문유통원에 관하여 이 법에서 규정한 것을 제외하고는 민법의 재단법인에 관한 규정을 준용한다.

제5장 보칙

제38조 (권한의 위임·위탁)

① 문화관광부장관은 이 법에 의한 권한의 일부를 대통령령이 정하는 바에 의하여 특별시장·광역시장 또는 도지사에게 위임할 수 있다.

② 등록관청은 제20조의 규정에 의한 납본에 관한 업무를 대통령령이 정하는 바에 따라 대통령령이 정하는 언론관련 비영리법인 또는 단체에 위탁할 수 있다.

③ 신문발전위원회는 제29조제2호의 규정에 의한 업무의 일부를 대통령령이 정하는 바에 따라 신문 등의 부수 공사(公査)의 업무를 수행하는 기관에 위탁할 수 있다.

제6장 벌칙

제39조 (벌칙) 다음 각호의 1에 해당하는 자는 2년 이하의 징역 또는 3천만원 이하의 벌금에 처한다.

1. 제3조제2항의 규정을 위반하여 정기간행물 또는 인터넷신문의 편집에 관하여 규제나 간섭을 한 자

2. 거짓 그 밖의 부정한 방법으로 제12조제1항의 규정에 의한 등록 또는 변경등록을 하여 정기간행물 또는 인터넷신문을 발행하거나 공표한 자

3. 제32조의 규정을 위반하여 정기간행물사업자의 영업기밀을 누설한 위원 및 직원

제40조 (벌칙) 다음 각호의 1에 해당하는 자는 1년 이하의 징역 또는 2천만원 이하의 벌금에 처한다.
1. 제12조제1항의 규정에 의한 등록 또는 변경등록을 하지 아니하고 정기간행물 또는 인터넷신문을 발행하거나 공표한 자
2. 제14조제1항의 규정을 위반하여 재산상의 출연을 받고 신고를 하지 아니한 자
3. 제15조제2항 내지 제4항의 규정을 위반하여 사업을 겸영하거나 주식 또는 지분을 취득 또는 소유한 자
4. 제21조제1항·제2항 또는 제22조의 규정에 의한 처분을 위반하여 정기간행물 또는 인터넷신문을 발행하거나 공표한 자
5. 제26조제1항의 규정에 의한 허가를 받지 아니하고 국내에 외국간행물의 지사 또는 지국을 설치한 자

제41조 (벌칙) 다음 각호의 1에 해당하는 자는 1천만원 이하의 벌금에 처한다.
1. 제13조제1항 각호의 1에 해당하는 자로서 발행인 또는 편집인으로 취임한 자
2. 제13조제1항 각호의 1에 해당하는 자를 발행인 또는 편집인으로 선임한 자

제42조 (양벌규정) 법인의 대표자나 법인 또는 개인의 대리인·사용인 그 밖의 종업원이 그 법인 또는 개인의 업무에 관하여 제39조 내지 41조의 위반행위를 한 때에는 행위자를 벌하는 외에 그 법인 또는 개인에 대하여도 각 해당 조의 벌금형을 과한다.

제43조 (과태료)
① 다음 각호의 1에 해당하는 자는 2천만원 이하의 과태료에 처한다.
1. 제11조제2항의 규정을 위반하여 편집을 한 자
2. 제14조제2항의 규정에 의한 기간 이내에 서류를 제출하지 아니한 자
3. 제15조제8항의 규정에 의한 자료제출 요구를 받고 이를 제출하지 아니한 자
4. 제16조제1항·제2항의 규정에 의한 기간 이내에 신고하지 아니한 자
5. 제19조의 규정에 의한 필요적 게재사항을 게재 또는 공표하지 아니한 자

6. 제20조제1항의 규정에 의한 납본을 하지 아니한 자

② 제1항의 규정에 의한 과태료는 대통령령이 정하는 바에 의하여 등록관청이 부과·징수한다.

③ 제2항의 규정에 의한 과태료 처분에 불복이 있는 자는 그 처분의 고지를 받은 날부터 30일 이내에 등록관청에 이의를 제기할 수 있다.

④ 제2항의 규정에 의한 과태료 처분을 받은 자가 제3항의 규정에 의하여 이의를 제기한 때에는 등록관청은 지체 없이 관할법원에 이를 통보하여야 하며, 그 통보를 받은 관할법원은 비송사건절차법에 의한 과태료의 재판을 한다.

⑤ 제3항의 규정에 의한 기간 이내에 이의를 제기하지 아니하고 과태료를 납부하지 아니한 때에는 국세체납처분 또는 지방세체납처분의 예에 의하여 이를 징수한다.

부칙 (제7369호, 2005. 1. 27)

제1조 (시행일) 이 법은 공포 후 6월이 경과한 날부터 시행한다. 다만, 제16조제3항 및 제38조제3항의 개정규정은 이 법 공포 후 1년 6월이 경과한 날부터 시행한다.

제2조 (정기간행물의 등록 등에 관한 경과조치) ① 이 법 시행 당시 종전의 정기간행물의등록등에관한법률의 규정에 따라 등록한 것은 이 법의 규정에 따라 등록한 것으로 본다.

② 이 법 시행 당시 종전의 정기간행물의등록등에관한법률에 따른 신고·등록취소 그 밖의 행위, 각종 신청이나 행정기관에 대한 그 밖의 행위는 그에 해당하는 이 법에 의한 행정기관의 행위 또는 행정기관에 대한 행위로 본다.

제3조 (인터넷신문의 등록에 관한 경과조치) 이 법 시행 당시 독자적 기사생산과 지속적인 발행 등 대통령령이 정하는 기준을 충족하는 인터넷신문을 경영·관리하고 있는 자는 이 법 시행 후 3월 이내에 제12조제1항의 개정규정에 따라 등록하여야 한다.

제4조 (다른 법률의 개정) ① 뉴스통신진흥에관한법률중 다음과 같이 개정한다.

제7조의 제목 "(정기간행물의등록등에관한법률의 준용)"을 "(신문등의자유와기능보장에관한법률의 준용)"으로 하고, 동조중 "등록취소, 침해에 대한 구제 및 벌칙 등에 관하여는 정기간행물의등록등에관한법률 제3조 내지 제5조, 제8조, 제10조 내지 제15조, 제3장 및 제4장의 규정"을 "등록취소 및 벌칙 등에 관하여

는 신문등의자유와기능보장에관한법률 제6조제1항・제2항, 제14조제1항, 제15조, 제19조 내지 제26조 및 제39조 내지 제43조의 규정"으로 한다.

② 기금관리기본법중 다음과 같이 개정한다.

별표 2에 제140호를 다음과 같이 신설한다.

140. 신문등의자유와기능보장에관한법률

제5조 (다른 법령과의 관계) 이 법 시행 당시 다른 법령에서 정기간행물의등록등에관한법률의 규정중 이 법에서 규정한 내용에 해당하는 규정을 인용한 경우에는 이 법의 해당 규정을 인용한 것으로 본다.

부칙(치료감호법) (제7655호, 2005. 8. 4)

제1조 (시행일) 이 법은 공포한 날부터 시행한다.

제2조 내지 제7조 생략

제8조 (다른 법률의 개정) ① 내지 ⑤ 생략

⑥ 신문등의자유와기능보장에관한법률 일부를 다음과 같이 개정한다.

제13조제1항제4호를 다음과 한다.

4. '보안관찰법'에 의한 보안관찰처분, '사회보호법'에 의한 보호감호 또는 '치료감호법'에 의한 치료감호의 집행 중에 있는 자

⑦ 내지 ⑨ 생략

제정 2005. 01. 27 (법률 제7370호) 문화관광부

제1장 총칙

제1조 (목적) 이 법은 언론사의 언론보도로 인하여 침해되는 명예나 권리 그 밖의 법익에 관한 다툼이 있는 경우 이를 조정하고 중재하는 등의 실효성 있는 구제제도를 확립함으로써 언론의 자유와 공적 책임을 조화함을 목적으로 한다.

제2조 (정의) 이 법에서 사용하는 용어의 정의는 다음과 같다.
1. "언론"이라 함은 방송·정기간행물·뉴스통신·인터넷신문을 말한다.
2. "방송"이라 함은 방송법 제2조제1호의 규정에 의한 텔레비전방송·라디오방송·데이터방송 및 이동멀티미디어방송을 말한다.
3. "방송사업자"라 함은 방송법 제2조제3호 각목의 1에 따른 지상파방송사업자·종합유선방송사업자·위성방송사업자 및 방송채널사용사업자를 말한다.
4. "정기간행물"이라 함은 신문등의자유와기능보장에관한법률 제2조제1호의 규정에 의힌 신문·잡지·기타간행물을 말한다.
5. "정기간행물사업자"라 함은 정기간행물을 발행하는 자를 말한다.
6. "뉴스통신"이라 함은 뉴스통신진흥에관한법률 제2조제1호의 규정에 의한 뉴스통신을 말한다.

7. "뉴스통신사업자"라 함은 뉴스통신진흥에관한법률 제2조제3호의 규정에 의한 뉴스통신사업자를 말한다.

8. "인터넷신문"이라 함은 신문등의자유와기능보장에관한법률 제2조제5호의 규정에 따른 인터넷신문을 말한다.

9. "인터넷신문사업자"라 함은 신문등의자유와기능보장에관한법률 제2조제7호의 규정에 따른 인터넷신문사업자를 말한다.

10. "언론사"라 함은 방송사업자, 정기간행물사업자, 뉴스통신사업자 및 인터넷신문사업자를 말한다.

11. "언론사의 대표자"라 함은 언론사의 경영에 관하여 법률상 대표권이 있는 자 또는 그와 동등한 지위에 있는 자를 말한다. 다만, 외국정기간행물로서 국내에 지사 또는 지국이 있는 경우에는 신문등의자유와기능보장에관한법률 제26조의 규정에 따라 그 설치허가를 받은 자를 말한다.

12. "언론분쟁"이라 함은 언론사의 언론보도로 인하여 침해되는 명예나 권리 그 밖의 법익에 관한 다툼이 있는 경우를 말한다.

13. "사실적 주장"이라 함은 증거에 의하여 그 존재 여부를 판단할 수 있는 사실관계에 관한 주장을 말한다.

14. "언론보도"라 함은 방송·정기간행물·뉴스통신 및 인터넷신문의 사실적 주장에 관한 보도를 말한다.

15. "정정보도"라 함은 언론의 보도내용의 전부 또는 일부가 진실하지 아니한 경우 이를 진실에 부합되게 고쳐서 보도하는 것을 말한다.

16. "반론보도"라 함은 보도내용의 진실 여부에 관계없이 그와 대립되는 반박적 주장을 보도하는 것을 말한다.

제3조 (언론의 자유와 독립)

① 언론의 자유와 독립은 보장된다.

② 누구든지 언론의 자유와 독립에 관하여 어떠한 규제나 간섭을 할 수 없다.

③ 언론은 정보원에 대하여 자유로이 접근할 권리와 그 취재한 정보를 자유로이 공표할 자유를 갖는다.

④ 제1항 내지 제3항의 자유와 권리는 헌법과 법률에 의하지 아니하고는 제한받지 아니한다.

제4조 (언론의 사회적 책임 등)

① 언론에 의한 보도는 공정하고 객관적이어야 하고, 국민의 알권리와 표현의 자유를 보호·신장하여야 한다.

② 언론은 인간의 존엄과 가치를 존중하여야 하고, 타인의 명예를 훼손하거나 권리 또는 공중도덕이나 사회윤리를 침해하여서는 아니된다.

③ 언론은 공적인 관심사에 대하여 공익을 대변하며 취재·보도·논평 그 밖의 방법으로 민주적 여론형성에 기여함으로써 그 공적 임무를 수행한다.

제5조 (인격권의 보장 등)

① 언론은 생명·자유·신체·건강·명예·사생활의 비밀과 자유·초상·성명·음성·대화·저작물 및 사적문서 그 밖의 인격적 가치 등에 관한 권리(이하 "인격권"이라 한다)를 침해하여서는 아니된다.

② 인격권의 침해가 사회상규에 반하지 아니하는 한도 안에서 피해자의 동의에 의하여 이루어지거나 또는 공적인 관심사에 대하여 중대한 공익상 필요에 의하여 부득이하게 이루어진 때에는 위법성이 조각된다.

③ 사망한 자에 대한 인격권의 침해가 있거나 침해할 우려가 있는 경우에 이에 따른 구제절차는 유족이 대행한다. 다만, 다른 법률에서 특별히 정함이 없으면 사망 후 30년이 경과한 때에는 그러하지 아니하다.

④ 제3항의 규정에 의한 유족의 범위는 다른 법률에서 특별히 정함이 없으면 사망한 자의 배우자와 직계비속에 한하되, 배우자와 직계비속이 모두 없는 때에는 직계존속이, 직계존속도 없는 때에는 형제자매로 하며, 동순위의 유족이 2인 이상 있는 경우에는 각자가 단독으로 청구권을 행사한다.

⑤ 사망한 자에 대한 제2항의 규정에 의한 인격권침해에 대한 동의는 제4항의 규정에 의한 동순위 유족의 전원의 동의가 있어야 한다.

제6조 (고충처리인)

① 종합편성 또는 보도에 관한 전문편성을 행하는 방송사업자, 일반일간신문(신문등의자유와기능보장에관한법률 제2조제2호 가목의 규정에 의한 일반일간신문을 말한다)을 발행하는 정기간행물사업자 및 뉴스통신사업자는 사내에 언론피해의 자율적 예방 및 구제를 위한 고충처리인을 두어야 한다.

② 고충처리인의 권한과 직무는 다음과 같다.

1. 언론의 침해행위에 대한 조사

2. 사실이 아니거나 타인의 명예 그 밖의 법익을 침해하는 언론보도에 대한 시정권고

3. 구제를 요하는 피해자의 고충에 대한 정정보도, 반론보도 또는 손해배상의 권고

4. 그 밖의 독자나 시청자의 권익보호와 침해구제에 관한 자문

③ 제1항에 규정된 언론사는 고충처리인의 자율적 활동을 보장하여야 하고 정당한 사유가 없는 한 고충처리인의 권고를 수용하도록 노력하여야 한다.

④ 제1항의 규정된 언론사는 취재 및 편집 또는 제작 종사자의 의견을 들어 고충처리인의 자격·지위·신분·임기 및 보수 등에 관한 사항을 정하고 이를 공표하여야 한다. 이를 변경할 때에도 또한 같다.

⑤ 제1항에 규정된 언론사는 고충처리인의 의견을 들어 고충처리인의 활동사항을 매년 공표하여야 한다.

제2장 언론중재위원회

제7조 (언론중재위원회의 설치)

① 언론보도 또는 게재로 인한 분쟁조정·중재 및 침해사항을 심의하기 위하여 언론중재위원회(이하 "중재위원회"라 한다)를 둔다.

② 중재위원회는 다음 사항을 심의한다.

1. 중재부의 구성에 관한 사항

2. 중재위원회규칙의 제정 및 개정에 관한 사항

3. 제11조의 규정에 의한 사무총장의 임명동의

4. 제32조의 규정에 의한 시정권고의 결정 및 그 취소결정

5. 그 밖에 중재위원회 위원장이 부의하는 사항

③ 중재위원회는 40인 이상 90인 이내의 중재위원으로 구성하며, 중재위원은 다음 각호의 자 중에서 문화관광부장관이 위촉한다.

1. 중재위원 정수의 5분의 1 이상은 법관의 자격이 있는 자 중에서 법원행정처장이 추천한 자

2. 중재위원 정수의 5분의 1 이상은 변호사의 자격이 있는 자 중에서 대한변호사협회장이 추천한 자

3. 중재위원 정수의 5분의 1 이상은 언론사의 취재·보도 업무에 10년 이상 종사한 자

4. 그 밖에 언론에 관하여 학식과 경험이 풍부한 자

④ 중재위원회에 위원장 1인, 2인 이내의 부위원장 및 2인 이내의 감사를 두되, 각각 중재위원 중에서 호선한다.

⑤ 위원장·부위원장·감사 및 중재위원의 임기는 각각 3년으로 하되, 1회에 한하여 연임할 수 있다.

⑥ 위원장은 중재위원회를 대표하고 중재위원회의 업무를 총괄한다.

⑦ 부위원장은 위원장을 보좌하며 위원장이 사고가 있을 때에는 중재위원회규칙이 정하는 바에 따라 그 직무를 대행한다.

⑧ 감사는 중재위원회의 업무 및 회계를 감사한다.

⑨ 중재위원회는 재적위원 과반수의 출석과 출석위원 과반수의 찬성으로 의결한다.

⑩ 중재위원은 명예직으로 한다. 다만, 대통령령이 정하는 바에 따라 수당과 실비보상을 받을 수 있다.

⑪ 중재위원회의 구성·조직 및 운영에 관하여 필요한 사항은 중재위원회규칙으로 정한다. 이 경우 중재위원회규칙을 제정 또는 개정하고자 할 때에는 중재위원회의 의결을 거쳐야 한다.

제8조 (중재위원의 직무상 독립과 결격사유)

① 중재위원은 법률과 양심에 따라 독립하여 직무를 행하며, 직무상 어떠한 지시나 간섭도 받지 아니한다.

② 다음 각호의 1에 해당하는 자는 중재위원이 될 수 없다.

1. 국가공무원법 제2조 및 지방공무원법 제2조의 규정에 의한 공무원(법관의 자격을 가진 자 및 교육공무원을 제외한다)

2. 정당법에 의한 정당원

3. 공직선거및선거부정방지법에 의하여 실시되는 선거에 후보자로 등록한 자

4. 언론사에 소속된 현직 언론인

5. 국가공무원법 제33조 각호의 1에 해당하는 자

③ 중재위원이 제2항 각호의 1에 해당하게 된 때에는 당연히 그 직에서 해촉된다.

제9조 (중재부)

① 중재는 5인 이내의 중재위원으로 구성된 중재부에서 하되, 중재부의 장은 법관 또는 변호사의 자격이 있는 중재위원 중에서 중재위원회 위원장이 지명한다.

② 중재부는 중재부의 장을 포함한 과반수의 출석과 출석위원 과반수의 찬성으로 의결한다.

제10조 (중재위원의 제척 등)

① 중재위원회의 위원이 다음 각호의 1에 해당하는 경우에는 그 직무의 집행에서 제척된다.

1. 중재위원 또는 그 배우자나 배우자이었던 자가 당해 분쟁사건(이하 "사건"이라 한다)의 당사자가 되는 경우

2. 중재위원이 당해 사건의 당사자와 친족관계에 있거나 있었던 경우

3. 중재위원이 당해 사건에 관하여 당사자의 대리인으로서 관여하거나 관여하였던 경우

4. 중재위원이 당해 사건의 원인인 보도 등에 관여한 경우

② 사건을 담당한 중재위원에게 제척의 원인이 있는 때에는 당해 중재위원이 속한 중재부는 직권 또는 당사자의 신청에 의하여 제척의 결정을 한다.

③ 당사자는 사건을 담당한 중재위원에게 공정한 직무집행을 기대하기 어려운 사정이 있는 경우에는 사건을 담당한 중재부에 기피신청을 할 수 있으며, 해당 중재부는 기피신청이 타당하다고 인정하는 때에는 기피의 결정을 한다.

④ 중재위원은 제1항 또는 제3항의 사유에 해당하는 때에는 스스로 그 사건의 직무집행에서 회피할 수 있다.

⑤ 제3항의 규정에 의한 기피신청이 있는 때에는 해당 위원이 속한 중재부는 그 신청에 대한 결정이 있을 때까지 중재절차를 중지하여야 한다.

⑥ 제1항 내지 제5항의 규정은 중재절차에 관여하는 직원에게 이를 준용한다.

제11조 (사무처)

① 중재위원회의 사무를 지원하고, 피해구제제도에 관한 조사·연구 등을 하기 위하여 중재위원회에 사무처를 둔다.

② 사무처에 사무총장 1인을 두되, 중재위원회 위원장이 중재위원회의 동의를 얻어 임명하며, 그 임기는 3년으로 한다.

③ 중재위원회는 매년 그 활동결과를 다음 연도 2월말까지 국회에 보고하여야 하며, 국회는 필요한 경우 중재위원회 위원장 또는 사무총장의 출석을 요구하여 그 의견을 들을 수 있다.

④ 사무처의 조직, 운영과 그 직원의 보수 그 밖의 필요한 사항은 중재위원회규칙으로 정한다.

제12조 (중재위원회의 운영재원) 중재위원회의 운영재원은 방송법 제36조의 규정에 의한 방송발전기금으로 하되, 국가는 예산의 범위 안에서 중재위원회에 보조금을 지급할 수 있다.

제13조 (벌칙적용에 있어서의 공무원 의제) 중재위원 및 직원은 형법 그 밖의 법률에 의한 벌칙의 적용에 있어서 이를 공무원으로 본다.

제3장 침해에 대한 구제
제1절 언론사에 대한 정정보도청구 등

제14조 (정정보도청구의 요건)
① 사실적 주장에 관한 언론보도가 진실하지 아니함으로 인하여 피해를 입은 자(이하 "피해자"라 한다)는 당해 언론보도가 있음을 안 날부터 3월 이내에 그 보도내용에 관한 정정보도를 언론사에 청구할 수 있다. 다만, 당해 언론보도가 있은 후 6월이 경과한 때에는 그러하지 아니하다.

② 제1항의 청구에는 언론사의 고의·과실이나 위법성을 요하지 아니한다.

③ 국가·지방자치단체, 기관 또는 단체의 장은 당해 업무에 대하여 그 기관 또는 단체를 대표하여 정정보도를 청구할 수 있다.

④ 민사소송법상 당사자능력이 없는 기관 또는 단체라도 하나의 생활단위를 구성하고 보도내용과 직접적인 이해관계가 있는 때에는 그 대표자가 정정보도를 청구할 수 있다.

제15조 (정정보도청구권의 행사)
① 정정보도청구는 언론사의 대표자에게 서면으로 하여야 하며, 청구서에는 피해자의 성명·주소·전화번호 등의 연락처를 기재하고 정정의 대상인 보도내용

및 정정을 구하는 이유와 청구하는 정정보도문을 명시하여야 한다.

② 제1항의 청구를 받은 언론사의 대표자는 3일 이내에 그 수용 여부에 대한 통지를 청구인에게 발송하여야 한다. 이 경우 정정의 대상인 보도내용이 방송이나 인터넷신문의 보도과정에서 성립한 경우에 있어서는 당해 언론사가 그러한 사실이 없었음을 입증하지 않는 한 그 사실의 존재를 부인하지 못한다.

③ 언론사의 대표자가 제1항의 청구를 수용하는 때에는 지체 없이 피해자 또는 그 대리인과 정정보도의 내용·크기 등에 관하여 협의한 후 그 청구를 받은 날부터 7일 내에 정정보도문을 방송 또는 게재하여야 한다. 다만, 정기간행물의 경우 이미 편집 및 제작이 완료되어 부득이한 때에는 다음 발행 호에 이를 게재하여야 한다.

④ 다음 각호의 1에 해당하는 사유가 있는 경우에는 언론사는 정정보도청구를 거부할 수 있다.

1. 피해자가 정정보도청구권을 행사할 정당한 이익이 없는 때
2. 청구된 정정보도의 내용이 명백히 사실에 반하는 때
3. 청구된 정정보도의 내용이 명백히 위법한 내용인 때
4. 상업적인 광고만을 목적으로 하는 때
5. 청구된 정정보도의 내용이 국가·지방자치단체 또는 공공단체의 공개회의와 법원의 공개재판절차의 사실보도에 관한 것인 때

⑤ 언론사가 행하는 정정보도에는 원래의 보도내용을 정정하는 사실적 진술, 그 진술의 내용을 대표할 수 있는 제목과 이를 충분히 전달하는데 필요한 설명 또는 해명을 포함하되, 위법한 내용을 제외한다.

⑥ 언론사가 행하는 정정보도는 공정한 여론형성이 이루어지도록 그 사실공표 또는 보도가 행하여진 동일한 채널, 지면 또는 장소에 동일한 효과를 발생시킬 수 있는 방법으로 이를 하여야 하며, 방송의 정정보도문은 자막(라디오방송을 제외한다)과 함께 통상적인 속도로 읽을 수 있게 하여야 한다.

⑦ 언론사는 공표된 방송보도(재송신을 제외한다) 및 방송프로그램, 정기간행물·뉴스통신 및 인터넷신문 보도의 원본 또는 사본을 공표 후 6월간 보관하여야 한다.

제16조 (반론보도청구권)

① 사실적 주장에 관한 언론보도로 인하여 피해를 입은 자는 그 보도내용에 관

한 반론보도를 언론사에 청구할 수 있다.

② 제1항의 청구에는 언론사의 고의·과실이나 위법함을 요하지 아니하며, 보도내용의 진실 여부를 불문한다.

③ 반론보도청구에 관하여는 따로 규정된 것을 제외하고 이 법의 정정보도에 관한 규정을 준용한다.

제17조 (추후보도청구권)

① 언론에 의하여 범죄혐의가 있거나 형사상의 조치를 받았다고 보도 또는 공표된 자는 그에 대한 형사절차가 무죄판결 또는 이와 동등한 형태로 종결된 때에는 그 사실을 안 날부터 3월 이내에 언론사에 이 사실에 관한 추후보도의 게재를 청구할 수 있다.

② 제1항의 규정에 의한 추후보도에는 청구인의 명예나 권리회복에 필요한 설명 또는 해명이 포함되어야 한다.

③ 추후보도청구권에 관하여는 제1항 및 제2항에 규정된 것을 제외하고는 정정보도 청구권에 관한 이 법의 규정을 준용한다.

④ 추후보도청구권은 특별한 사정이 있는 경우를 제외하고는 이 법의 규정에 의한 정정보도청구권이나 반론보도청구권의 행사에 영향을 미치지 아니한다.

제2절 조정

제18조 (조정신청)

① 이 법에 따른 정정보도청구·반론보도청구 및 추후보도청구(이하 "정정보도청구등"이라 한다)와 관련하여 분쟁이 있는 경우 피해자 또는 언론사는 중재위원회에 조정을 신청할 수 있다.

② 피해자는 언론에 의한 피해의 배상에 대하여 제14조제1항의 기간 이내에 중재위원회에 조정을 신청할 수 있다. 이 경우 손해배상액을 명시하여야 한다.

③ 정정보도청구등과 손해배상의 조정신청은 제14조제1항(제16조제3항 및 제17조제3항의 규정에 따라 준용되는 경우를 포함한다)의 기간 이내에 구술이나 서면 그 밖에 대통령령이 정하는 바에 따라 전자우편 등의 방법으로 하며, 피해자가 제14조제1항·제16조제1항 및 제17조제1항의 규정에 따라 언론사에 먼저 정정보도·반론보도 또는 추후보도를 청구한 때에는 피해자와 언론사간의 협의가

불성립된 날부터 14일 이내에 하여야 한다.

④ 제3항의 규정에 의한 조정신청을 구술로 하고자 하는 신청인은 중재사무소의 담당 직원에게 조정신청의 내용을 진술하고 이의대상인 보도내용과 정정보도청구등을 요청하는 정정보도문 등을 제출하여야 하며, 담당 직원은 신청인의 조정신청의 내용을 기재한 조정신청조서를 작성하여 신청인에게 이를 확인하게 한 다음에 당해 조정신청조서에 신청인 및 담당 직원이 서명 또는 날인하여야 한다.

⑤ 중재위원회는 중재위원회규칙으로 조정신청에 대하여 수수료를 징수할 수 있다.

⑥ 신청인은 조정절차 계속 중에 정정보도청구등과 손해배상청구 상호간의 변경을 포함하여 신청취지를 변경할 수 있고, 이들을 병합하여 청구할 수 있다.

제19조 (조정)

① 조정은 관할 중재부에서 한다. 관할 구역을 같이 하는 중재부가 여럿일 경우에는 중재위원회 위원장이 중재부를 지정한다.

② 조정은 신청 접수일부터 14일 이내에 하여야 하며 중재부의 장은 조정신청을 접수한 때에는 지체 없이 조정기일을 정하여 당사자에게 출석을 요구하여야 한다.

③ 제2항의 출석요구를 받은 신청인이 2회에 걸쳐 출석하지 아니한 경우에는 조정신청을 취하한 것으로 보며, 언론사인 피신청인이 2회에 걸쳐 출석하지 아니한 때에는 조정신청취지에 따라 정정보도등을 이행하기로 합의한 것으로 본다.

④ 제2항의 출석요구를 받은 자가 천재지변 그 밖의 정당한 사유로 출석하지 못한 경우에는 그 사유가 소멸한 날부터 3일 이내에 당해 중재부에 이를 소명하여 기일 속행신청을 할 수 있다. 중재부는 속행신청이 이유 없다고 인정하는 경우에는 이를 기각하고 이유 있다고 인정하는 경우에는 다시 조정기일을 정하고 절차를 속행하여야 한다.

⑤ 조정기일에 중재위원은 조정대상인 분쟁에 관한 사실관계와 법률관계를 당사자들에게 설명·조언하거나 절충안을 제시하는 등 합의를 권유한다.

⑥ 변호사 아닌 자가 신청인이나 피신청인의 대리인이 되고자 하는 때에는 미리 중재부의 허가를 받아야 한다.

⑦ 신청인의 배우자·직계혈족·형제자매 또는 소속 직원인 경우에는 신청인의 명시적인 반대의사가 없는 한 제6항의 규정에 의한 중재부의 허가 없이도 대

리인이 될 수 있으며, 이 경우 대리인이 신청인과의 신분관계 및 수권관계를 서면으로 증명하거나 신청인이 중재부에 출석하여 대리인을 선임하였음을 확인하여야 한다.

⑧ 조정은 비공개를 원칙으로 하되, 참고인의 진술청취가 필요한 경우 등 필요하다고 인정되는 경우에는 중재위원회규칙이 정하는 바에 따라 참석 또는 방청을 허가할 수 있다.

⑨ 조정절차에 관하여는 이 법에 규정한 것을 제외하고는 민사조정법을 준용한다.

⑩ 조정의 절차와 중재부의 구성방법, 그 관할, 구술신청의 방식과 절차 그 밖의 필요한 사항은 중재위원회규칙으로 정한다.

제20조 (증거조사)

① 중재부는 정정보도청구등 또는 손해배상의 분쟁의 조정에 필요하다고 인정하는 경우 당사자 쌍방에게 조정대상 표현물이나 그 밖의 관련 자료의 제출을 명하거나 증거조사를 할 수 있다.

② 제1항의 증거조사에 관하여는 조정의 성질에 반하지 않는 한 민사소송법 제2편제3장의 규정을 준용하며 중재부는 필요한 경우 그 위원 또는 사무처 직원으로 하여금 증거자료를 수집·보고하게 하고 조정기일에 그에 관하여 진술을 명할 수 있다.

③ 중재부의 장은 신속한 조정을 위하여 필요한 경우 제1회 조정기일 전이라도 제1항 및 제2항에 따른 자료의 제출이나 증거자료의 수집·보고를 명할 수 있다.

④ 중재부는 증거조사에 필요한 비용을 당사자 일방이나 쌍방에게 부담하게 할 수 있으며 이에 관하여는 민사소송비용법을 준용한다. 이 경우, 민사소송비용법의 규정중 "법원"은 "중재부"로, "법관"은 "중재위원"으로, "법원서기"는 "중재위원회 직원"으로 본다.

제21조 (결정)

① 중재부는 조정신청이 부적법한 때에는 이를 각하하여야 한다.

② 중재부는 신청인의 주장이 이유 없음이 명백한 때에는 조정신청을 기각할 수 있다.

③ 중재부는 당사자간 합의 불능 등 조정에 적합하지 아니한 현저한 사유가 있다고 인정되는 때에는 조정절차를 종결하고 조정불성립결정을 하여야 한다.

제22조 (직권조정결정)
① 당사자 사이에 합의(제19조제3항의 규정에 따른 합의간주를 포함한다)가 이루어지지 아니한 경우 또는 신청인의 주장이 이유 있다고 판단되는 경우 중재부는 당사자들의 이익 그 밖의 모든 사정을 참작하여 신청취지에 반하지 않는 한도 안에서 직권으로 조정에 갈음하는 결정(이하 "직권조정결정"이라 한다)을 할 수 있다. 이 경우 제19조 제2항의 규정에 불구하고 중재신청 접수일부터 21일 이내에 하여야 한다.
② 직권조정결정에는 주문과 이유를 기재하고 이에 관여한 중재위원 전원이 서명·날인하여야 하며 그 정본을 지체 없이 당사자에게 송달하여야 한다.
③ 직권조정결정에 불복이 있는 자는 결정 정본을 송달받은 날부터 7일 이내에 중재부에 이의신청을 할 수 있다. 이 경우 그 결정은 효력을 상실한다.
④ 제3항의 규정에 따라 직권조정결정에 관하여 이의신청이 있는 경우 이의신청이 있은 때에 소가 제기된 것으로 보며, 피해자를 원고로 상대방인 언론사를 피고로 한다.

제23조 (조정에 의한 합의 등의 효력) 조정결과 당사자간에 합의가 성립하거나 제19조제3항의 규정에 따라 합의가 이루어진 것으로 간주되는 때 및 제22조제1항의 규정에 의한 직권조정결정에 이의신청이 없는 때에는 재판상 화해와 동일한 효력이 있다.

제3절 중재

제24조 (중재)
① 당사자 쌍방은 정정보도청구등 또는 손해배상의 분쟁에 관하여 중재부의 종국적 결정에 따르기로 합의하고 중재를 신청할 수 있다.
② 제1항의 중재신청은 조정절차 계속 중에도 할 수 있다.
③ 중재절차에 관하여는 성질에 반하지 않는 한 조정절차에 관한 이 법의 규정과 민사소송법 제34조·제35조·제39조·제41조 내지 제45조를 준용한다. 다

만, 제척·기피신청에 관한 결정은 중재위원회 위원장이 지명하는 5인의 위원으로 구성하는 특별중재부가 하고, 당사자 쌍방은 그 결정에 대하여 불복하지 못한다.

④ 중재위원의 회피는 중재부의 허가를 요하지 않으며 회피로 인하여 결원된 중재위원은 중재위원회 위원장이 지명한다.

제25조 (중재결정의 효력) 중재결정은 확정판결과 동일한 효력이 있다.

제4절 소송

제26조 (정정보도청구등의 소)

① 피해자는 법원에 정정보도청구등의 소를 제기할 수 있다.

② 피해자는 정정보도청구등의 소를 병합하여 제기할 수 있고, 소송계속 중 정정보도청구등의 소 상호간에 이를 변경할 수 있다.

③ 제1항의 소는 제14조제1항(제16조제3항 및 제17조제3항의 규정에 따라 준용되는 경우를 포함한다)의 기간 이내에 제기하여야 한다. 피해자는 제1항의 소와 동시에 그 인용을 조건으로 민사집행법 제261조제1항의 규정에 의한 간접강제의 신청을 병합하여 제기할 수 있다.

④ 제1항의 규정은 민법 제764조의 규정에 의한 권리의 행사에 영향을 미치지 아니한다.

⑤ 제1항의 규정에 의한 청구에 대한 제1심 재판은 피고의 보통재판적 소재지의 지방법원합의부의 관할로 한다.

⑥ 제1항의 규정에 의한 청구에 대하여는 민사집행법의 가처분절차에 관한 규정에 의하여 재판하며, 청구가 이유 있는 경우에는 법원은 제15조제3항·제5항 및 제6항의 규정에 따른 방법에 따라 정정보도·반론보도 또는 추후보도의 방송·게재 또는 공표를 명할 수 있다. 다만, 민사집행법 제277조 및 제287조는 이를 적용하지 아니한다.

⑦ 정정보도청구등의 소의 재판에 관하여 필요한 사항은 대법원규칙으로 정한다.

제27조 (재판)

① 정정보도청구등의 소는 접수 후 3월 이내에 판결을 선고하여야 한다.

② 법원은 정정보도·반론보도 또는 추후보도 청구의 신청이 이유있다고 인정하여 정정보도·반론보도 또는 추후보도를 명하는 때에는 방송·게재 또는 공표할 정정보도·반론보도 또는 추후보도의 내용·크기·시기·회수·게재부위 또는 방송순서 등을 정하여 이를 하여야 한다.

③ 법원이 제2항의 정정보도·반론보도 또는 추후보도의 내용 등을 정함에 있어서는 신청취지에 기재된 정정보도문·반론보도문 또는 추후보도문을 참작하여 신청인의 명예나 권리를 최대한 회복할 수 있도록 정하여야 한다.

제28조 (불복절차)

① 정정보도청구등을 인용한 재판에 대하여는 항소하는 외에 불복을 신청할 수 없다.

② 제1항의 불복절차에서 심리한 결과 정정보도·반론보도 또는 추후보도 청구의 전부 또는 일부가 기각되었어야 함이 판명되는 경우에는 이를 인용한 재판을 취소하여야 한다.

③ 제2항의 경우 언론사가 이미 정정보도·반론보도 또는 추후보도의무를 이행한 때에는 그 신청에 따라 취소재판의 내용을 보도할 수 있음을 선고하고, 신청에 따라 피해자로 하여금 언론사가 이미 이행한 정정보도·반론보도 또는 추후보도와 취소재판의 보도를 위하여 필요한 비용 및 통상의 지면게재 사용료 또는 방송 사용료로서 적정한 손해의 배상을 하도록 명하여야 한다. 이 경우 배상액은 해당된 지면사용료 또는 방송의 통상적인 광고비를 초과할 수 없다.

제29조 (언론관련 소송의 우선처리) 법원은 언론에 의하여 피해를 받았음을 이유로 하는 재판은 다른 재판에 우선하여 신속히 하여야 한다.

제30조 (손해의 배상)

① 언론의 고의 또는 과실로 인한 위법행위로 인하여 재산상 손해를 입거나 인격권 침해 그 밖에 정신적 고통을 받은 자는 그 손해에 대한 배상을 언론사에 청구할 수 있다.

② 법원은 제1항의 규정에 의한 손해가 발생한 사실은 인정되나 손해액의 구체적인 금액을 산정하기 곤란한 경우에는 변론의 취지 및 증거조사의 결과를 참작하여 그에 상당하다고 인정되는 손해액을 산정하여야 한다.

③ 제1항의 규정에 따른 자는 인격권을 침해하는 자에 대하여 침해의 정지를 청구할 수 있으며, 그 권리를 명백히 침해할 우려가 있는 자에 대하여 침해의 예방을 청구할 수 있다.

④ 제1항의 규정에 따른 자는 제3항의 규정에 의한 청구를 하는 경우에 침해행위에 제공되거나 침해행위에 의하여 만들어진 물건의 폐기나 그 밖의 필요한 조치를 청구할 수 있다.

제31조 (명예 훼손의 경우의 특칙) 타인의 명예를 훼손한 자에 대하여는 법원은 피해자의 청구에 의하여 손해배상에 갈음하거나 손해배상과 함께 정정보도의 공표 등 명예회복에 적당한 처분을 명할 수 있다. 정정보도의 청구에는 언론사의 고의 또는 과실로 인한 위법성을 요하지 아니한다.

제5절 시정권고 등

제32조 (시정권고)

① 중재위원회는 언론의 보도내용에 의한 국가적 법익이나 사회적 법익 또는 타인의 법익 침해사항을 심의하여 필요한 경우 해당 언론사에 서면으로 그 시정을 권고할 수 있다.

② 피해자가 아닌 자도 제1항의 시정권고를 신청할 수 있다. 이 경우 중재위원회는 60일 이내에 그 처리결과를 신청인에게 통지하여야 한다.

③ 중재위원회는 시정권고의 기준을 정하여 공표하여야 한다.

④ 시정권고는 언론사에 대하여 권고적 효력을 가지는데 그친다.

⑤ 중재위원회는 각 언론사별로 시정권고한 내용을 외부에 공표할 수 있다.

⑥ 시정권고에 불복하는 언론사는 시정권고 통보를 받은 날부터 7일 이내에 중재위원회에 재심을 청구할 수 있다.

⑦ 언론사는 재심절차에 출석하여 발언하고 관련자료를 제출할 수 있다.

⑧ 중재위원회는 재심청구가 정당하다고 인정되는 때에는 시정권고를 취소하여야 한다.

⑨ 제1항이 규정에 의한 시정권고의 방법·절차 그 밖에 필요한 사항은 대통령령으로 정한다.

제33조 (취업금지) 형법 제357조 또는 제359조의 규정에 의하여 유죄판결을 받은 자는 다음 각호의 기간동안 언론사의 임원이 되거나 직원으로 취업할 수 없다.
1. 징역형의 집행이 종료되거나 집행을 받지 아니하기로 확정된 날부터 5년
2. 징역형의 집행유예의 기간이 종료된 날부터 2년
3. 징역형의 선고유예를 받은 날부터 2년

제4장 벌칙

제34조 (과태료)
① 다음 각호의 1에 해당하는 자는 3천만원 이하의 과태료에 처한다.
1. 제6조제1항 또는 제4항의 규정을 위반하여 고충처리인을 두지 아니하거나 고충처리인에 관한 사항을 제정하지 아니한 자
2. 제15조제3항의 규정(다른 규정에 의하여 준용되는 경우를 포함한다)을 위반하여 정정보도문 등을 방송 또는 게재하지 아니한 자
3. 제15조제7항의 규정을 위반하여 공표된 보도물을 보관하지 아니한 자
4. 제33조의 규정에 위한 취업금지를 위반한 자
② 제1항의 규정에 의한 과태료는 대통령령이 정하는 바에 의하여 문화관광부장관이 부과·징수한다.
③ 제2항의 규정에 의한 과태료 처분에 불복이 있는 자는 그 처분의 고지를 받은 날부터 30일 이내에 문화관광부장관에게 이의를 제기할 수 있다.
④ 제2항의 규정에 의한 과태료 처분을 받은 자가 제3항의 규정에 의한 이의를 제기한 때에는 문화관광부장관은 지체 없이 관할법원에 그 사유를 통보하여야 하며, 그 통보를 받은 관할법원은 비송사건절차법에 의한 과태료의 재판을 한다.
⑤ 제3항의 규정에 의한 기간 이내에 이의를 제기하지 아니하고 과태료를 납부하지 아니한 때에는 국세체납처분의 예에 의하여 이를 징수한다.

부칙 (제7370호, 2005. 1. 27)
제1조 (시행일) 이 법은 공포 후 6월이 경과한 날부터 시행한다.
제2조 (시행 전 언론보도에 관한 경과조치) 이 법은 이 법 시행 전에 행하여진 언론보도에 대하여도 이를 적용한다. 다만, 언론사에 대한 정정보도·반론보도

·추후보도의 청구기간, 언론중재위원회에 대한 조정 또는 중재 신청기간에 관한 제14조제1항, 제16조제3항, 제17조제1항 및 제18조제3항의 규정은 적용하지 아니하고 종전의 규정에 의한다.

제3조 (언론중재위원회 및 법원에 계류 중인 사건에 관한 경과조치) 이 법 시행 전종전의 정기간행물의등록등에관한법률의 규정에 따라 언론중재위원회 또는 법원에 계류 중인 사건에 대하여는 종전의 규정에 따른다.

제4조 (중재위원회에 관한 경과조치) ① 이 법 시행 당시 정기간행물의등록등에관한법률의 규정에 의한 언론중재위원회는 이 법에 의하여 설치된 것으로 본다. ② 이 법 시행 당시 정기간행물의등록등에관한법률에 의하여 위촉 또는 임명된 중재위원 및 언론중재위원회 사무총장은 그 임기만료시까지 이 법에 의하여 위촉 또는 임명된 것으로 본다.

제5조 (다른 법률의 개정) 방송법 중 다음과 같이 개정한다.

제91조를 삭제한다.

제108조제1항제25호를 삭제한다.

제6조 (다른 법령과의 관계) 이 법 시행 당시 다른 법령에서 종전의 정기간행물의등록등에관한법률, 방송법의 규정 중 이 법에서 규정한 내용에 해당하는 규정을 인용한 경우에는 이 법 중 해당하는 규정을 인용한 것으로 본다.

참고 문헌

강경근 (1999). "프라이버시의 침해와 면책 사유," <언론중재>, 통권 71호, 여름호, pp.32～46.

―― (2003). "인터넷 언론의 현실과 입법 방안," <언론중재>, 통권 87호, 여름호, pp.4～20.

강영호 외 (2002). ≪핵심 법률 용어 사전≫. 서울: 청림출판.

강현중 (1996). "반론 보도 청구권 및 정정 보도 청구권의 법적 성격," <언론중재>, 통권 60호, 가을호, pp.6～15.

구병삭 (1981). "국민의 알권리와 정보 공개," <사법행정>, 22권 7호, pp.32～8.

―― (1996). ≪헌법학 원론≫. 서울: 박영사.

굿윈, 유진 (1997). ≪언론 윤리의 모색≫, 우병동 옮김. 서울: 한나래.

권영성 (1995). ≪헌법학 개론≫. 서울: 법문사.

―― (1997). "자유 언론과 책임 언론을 위한 언론 법제," <헌법논총>, 제8호, pp.46～62.

―― (1997). ≪헌법학 원론≫. 서울: 법문사.

권오곤 (1996). "직권 중재 결정의 법적 의의 및 효력," <언론중재>, 통권 60호, 가을호, pp.6～29.

김민중 (2002). "원고의 신분과 명예 훼손 법리의 적용," <언론중재>, 통권 20호, 가을호, pp.25～35.

김배원 (1990). "알권리의 법적 성격에 대한 재검토," <법학연구>, 40호, pp.157～83.

김상택 (1995). ≪김상택 만평: 10쎈티 정치≫. 서울: 경향신문사.

김서중 (2005). "중재 절차의 변화에 따른 법적 고찰," <언론중재>, 통권 95호, 여름호, pp.19~29.

김성환 (1978). ≪고바우와 함께 산 반생≫. 서울: 열화당.

김영욱 (2004). ≪한국 언론의 윤리 점검 시스템≫. 서울: 한국언론재단.

김옥조 (2004). ≪미디어 윤리≫(개정 증보판). 서울: 커뮤니케이션북스.

김재협 (1998). "타 매체 기사 인용의 문제점과 법적 책임," <언론중재>, 통권 67호, 여름호, pp.38~56.

────── (1999). "위법적 취재 관행과 법적 환경," <언론중재>, 통권 71호, pp.62~79.

────── (2002). "언론 소송에 있어서의 실체적 구제 수단," ≪한국 언론과 명예 훼손 소송≫. 서울: 나남, pp.205~25.

김재형 (2001). "언론과 인격권에 관한 최근 판결의 동향," <언론중재>, 통권 78호, 봄호, pp.110~24.

────── (2003). "인터넷에 의한 인격권 침해," 남효순·정상조 공편, ≪인터넷과 법률≫. 서울: 법문사.

김종배 (1999). " 무늬만 방송 개혁 공영성은 되레 위축," <말> 4월, 통권 154호, pp.140~5.

김종서 (1994). "정정 보도 청구 제도의 문제점과 대안," <헌법논총>, 제5집. 서울: 헌법재판소.

김주환 (2000). "정보의 디지털화와 사민권: '권리로서의 프라이버시'를 기본적 인권의 하나로 정립하기 위한 시론," <언론과 사회>, 28권 여름호, pp.98~121.

김지운 (2004). ≪글로벌 시대의 언론 윤리≫. 서울: 커뮤니케이션북스.

김창룡 (1998). "언론의 자유와 인격권의 대립 ― 위법성 조각 사유/상당성 원리의 적용과 그 판례를 중심으로," <언론중재>, 통권 67호, 여름호, pp.69~80.

────── (2001). "언론에 비친 언론 중재 제도 20년," <언론중재>, 통권 78호, 봄호, pp.17~28.

────── (2002). "언론 판례 법리(法理)로 본 진효정, 송인혜 살해 사건 보도," ≪한국언론학회 2002년 봄철 정기 학술 대회 발표 논문집≫, pp.375~90.

김철수 (1999). ≪헌법학개론≫. 서울: 박영사.

김택수 (2002). "판결로 본 연예 관련 기사의 법적 문제," <언론중재>, 통권 85

호, 봄호, pp.4∼15.

김형태 (1996). "명예 훼손과 표현의 자유," <저널리즘비평>, 통권 18호, pp.4∼8.

뉴밀레지엄 시대의 언론학 연구와 교육 (2001). 한국언론학대회 공동 심포지엄.

롤랜드, 윌리어드 D. Jr.(Rowland, Willard D. Jr.) (1998). "미국 커뮤니케이션 정책
　　에서의 공익의 의미," <언론중재>, 통권 66호, 봄호, pp.45∼56.

만화평론가협회 (1995). ≪우리 만화 가까이 보기≫. 서울: 눈빛.

────── (1998). ≪호호에서 아하까지≫. 서울: 교보문고.

문재완 (2004). "공인에 관한 최근 명예 훼손 법리의 비교 연구," <언론중재>,
　　통권 90호, pp.4∼12.

문종대 (2001). "1990년대 이후 저널리즘 연구: 수요 전환의 위기," <한국언론학
　　보>, 45 특별호, pp.99∼127.

박기성 (2001). "한국 언론관과 윤리 규제 제도의 운영," <언론중재>, 통권 79
　　호, 여름호, pp.82∼6.

박선영 (1998). "언론에 의한 명예 훼손에서의 공익성과 진실성 및 현실적 악의,"
　　<언론중재>, 통권 69호, 겨울호, pp.38∼58.

────── (2000). "반론권의 대상과 그 밖의 보도 형태," <방송문화>, 제228호,
　　pp.40∼3.

────── (2002a). ≪언론 정보법 연구 I≫. 서울: 법문사.

────── (2002b). ≪언론 정보법 연구 II≫. 서울: 법문사.

────── (2002c). "언론 관련 명예 훼손 소송 분석," <한국 언론의 현황과 공인의
　　명예 훼손>. 한국언론법학회 세미나 발제 논문.

박수택 (2003). "언론 윤리 제고를 위한 과제와 실천 방안," <언론 윤리 제고를
　　위한 과제와 실천 방안>. 한국언론정보학회 세미나 발제 논문집.

박순국 (1993). "포토 저널리즘의 법적 문제," ≪포토 저널리즘≫. 서울: 한국언
　　론연구원.

박용규 (2001). "한국 신문 범죄 보도의 역사적 변천에 관한 연구: 범죄 기사에
　　대한 내용 분석을 중심으로," <한국언론학보>, 제45-2호, pp.156∼85.

박용상 (1988). "표현 행위의 위법성에 관한 일반적 고찰," ≪민사 재판의 제문
　　제≫, 제8권, pp.87∼102.

────── (1991). "정정 보도 청구권 및 언론 중재 제도의 입법론적 개선 방안,"
　　<언론중재>, 통권 40호, 가을호, pp.9∼44.

───── (1995). "언론의 프라이버시 기타 인격권 침해," <인권과 정의>, 228권 8월호, pp.31～44.

───── (1997). ≪언론과 개인 법익≫. 서울: 조선일보사.

───── (2002). ≪표현의 자유≫. 서울: 현암사.

───── (2003). "범죄 보도와 익명 보도의 원칙," <언론중재>, 통권 88호, 가을호, pp.68～86.

박운회 (1995). <반론권에 관한 비교헌법학적 고찰>. 서울대학교 대학원 박사 학위 논문.

박원경 (2002). <미국 헌법상 표현의 자유에 관한 연구: 사이버스페이스에서의 표현의 자유를 중심으로>. 경희대학교 대학원 박사 학위 논문.

박재동 (1991). ≪권력에 대한 웃음≫. 서울: 이론과실천사.

박형상 (2001). "반론 보도 청구 주요 판결," <언론중재>, 통권 78호, 봄호, pp.54～64.

───── (2002). "확인 없는 단점 의혹 제기 과장 보도가 문제다," <신문과 방송>, 통권 380호, 8월, pp.10～4.

방석호 (1995). ≪미디어법학≫. 서울: 법문사.

배금자 (1999). "보도와 명예 훼손, 대안적 검토," <언론중재>, 통권 71호, 여름호, pp.31～9.

───── (2000). "공직자의 명예 훼손 소송과 그 법리," <언론중재>, 통권 83호, 여름호, pp.22～36.

배병일 (2001). "방송 보도와 명예 훼손 ─ 그 요건을 중심으로," <방송연구>, 여름호, pp.43～57.

백완기 (1981). "정책 결정에 있어서의 공익의 문제," <한국정치학회보>, 15집, pp.46～62.

변재옥 (1999). ≪정보화 사회의 프라이버시와 표현의 자유≫. 서울: 커뮤니케이션북스.

성낙인 (1998). ≪언론 정보법≫. 서울: 나남.

───── (1999). "공적 기록의 보도와 사생활 보호," <언론중재>, 통권 71호, 여름호, pp.17～31.

───── (2001). "반론 보도 청구의 제외 사유에 관한 고찰," <언론중재>, 통권 78호, 봄호, pp.65～78.

408

──── (2002). "반론 보도 청구권에 관한 비교 연구," <언론중재>, 통권 83호, 여름호, pp.4~21.

성선제 (2002). "인터넷상의 명예 훼손: 온라인 서비스 제공자의 책임을 중심으로," <언론과 법>, 창간호, pp.217~48.

손상익 (1996). ≪한국 만화 통사≫. 서울: (주)프레스빌.

송상현 (2002). ≪민사소송법≫. 서울: 박영사.

송영식·이상정 (2002). ≪지적재산법≫. 서울: 세창출판사.

송용준 (2001). <1960년대 한국 언론인의 전문직화 특성에 관한 연구>. 서울대학교 대학원 석사 학위 논문.

안경환 (1988). "미국의 프라이버시 보호법제에 관한 연구," <통신정책동향>, 10권 겨울호, pp.6~21.

안영배 (1996). "기자 입장에서의 손해 배상 소송," <시민과 변호사>, 29호, pp.68~73.

안용교 (1974). <국민의 알권리에 관한 연구>. 건국대학교 대학원 박사 학위 논문.

──── (1982). "초상권의 개념과 의의," <언론중재>, 통권 3호, 여름호, p.7.

양경승 (1996). "반론 보도 청구 사건의 주요 쟁점," <언론중재>, 통권 61호, 겨울호, pp.27~78.

──── (2001). "언론 중재 제도의 법제사적 의미," <언론중재>, 통권 78호, 봄호, pp.6~16.

양삼승 (1993). "정정 보도 청구권 및 언론 중재 제도 개선 방안," <언론중재>, 통권 49호, 겨울호, pp.7~20.

──── (2000). '언론피해구제법'(가칭) 제정을 위한 입법론적 방안. 언론중재위원회 주최 "언론 관련 법률의 쟁점과 개선 방안" 세미나 (2000. 11. 23~11. 25, 대전).

──── (2001). "언론 자유의 법적 한계," <언론중재>, 통권 80호, 가을호, pp.18~29.

──── (2003). 정간법 개정안과 중재 제도의 개선. 언론중재위원회 주최 "정간법 개정과 언론 피해 구제 제도의 개선 방향"세미나 (2003. 8. 28~8. 30, 속초).

양창수 (1991). ≪민법 연구 I≫. 서울: 박영사.

언론중재위원회 (1989). "언론 중재 제도 개선을 위한 평가 연구," <언론중재>, 통권 33호, 겨울호, pp.33~41.

───── (1990~2005). ≪국내 언론 관계 판결집≫ 제1~12집.

───── (1994). <1994년도 연차 보고서>.

───── (1996). "언론 중재 제도 이용 만족도에 관한 연구," <언론중재>, 통권 61호, 겨울호, pp.71~80

───── (1998). "최근의 국내 언론 관계 판결," <언론중재>, 통권 69호, pp.154~8.

───── (2003). ≪2003년도 언론 중재 제도 이용 만족도 연구≫. 서울: 언론중재위원회.

───── (2005). ≪2004년 연차 보고서≫.

엄기열 (2003). "알권리의 개념적 가능성과 한계," <언론과 법>, 통권 2호, pp.409~42.

염규호 (1993). "통신사 기사 게재와 명예 훼손-미국의 언론 자유에 대한 법·판례," <언론중재>, 통권 49호, 겨울호, pp.61~70.

───── (1994). "미국에서의 프라이버시 침해와 언론의 자유," <언론중재>, 통권 50호, 봄호, pp.52~70.

───── (1999). "공직자의 명예 훼손," <언론중재>, 통권 73호, 겨울호, pp.82~93.

───── (2000). "공적 인물과 명예 훼손," <언론중재>, 통권 74호, 봄호, pp.62~81.

오규원 (1981). ≪한국 만화의 현실≫. 서울: 열화당.

오영권·김명섭 (1998). "반론권의 예외 사유와 명예 훼손의 위법성 조각," <언론중재>, 통권 68호, 가을호, pp.27~46.

유일상 (1998). ≪언론법제론≫. 서울: 박영사.

───── (2000). ≪언론법제론≫(개정판). 서울: 박영사.

───── (2001). ≪언론 정보 윤리론≫. 서울: 아침.

유재웅 (2003). "반론 보도 청구 사건에 있어 국가 기관의 당사자 적격에 관한 고찰," <한국언론정보학보>, 21호, pp.147~75.

윤경 (2003). "언론 피해 구제 수단으로서의 언론 소송." 언론중재위원회 주최 토론회(2003. 11. 14, 춘천)

윤영옥 (1986). ≪한국 신문 만화사≫. 서울: 설화당.

───── (1991). ≪4컷 속에 인생을 담고≫. 서울: 진솔.

이광범 (2002). "반론 보도 청구권," 이광범 외 편, ≪한국 언론과 명예 훼손 소송≫, 서울 나남, pp.227~73.

이구현·김정순 (2004). ≪미디어와 정보 공개법≫. 서울: 한국언론재단.

이명웅 (1995). "사법과 설득력," ≪법사회학의 이론과 방법≫. 서울: 일신사, pp.221~47.

이상돈 (1985). "재판 전 보도의 문제점과 피해 구제 방안," <언론중재>, 통권 14호, 봄호, pp.14~24.

이성용 (1999). "언론의 명예 훼손에 대한 구제 방법과 손해 배상 소송 실무의 개관," <인권과 정의>, 3월호, pp.80~103.

이승희 (2003). "해외 인터넷 언론에 의한 명예 훼손의 국제 재판 관할권과 소송 절차," <언론중재>, 통권 87호, 여름호, pp.38~49.

이승선 (2000). "명예 훼손 손해 배상 소송에 있어서 언론 종사자 책임에 관한 연구: 편집권 논의를 중심으로," <언론과 사회>, 27호, pp.82~133.

────── (2001). "언론인 저작물에 나타난 취재 행위의 형상법적 위법 가능성에 관한 연구," <한국언론학보>, 46권 1호, pp.344~87.

────── (2003). "의견 광고의 법적 책임과 관한 고찰," <언론중재>, 통권 86호, 봄호, pp.28~44.

────── (2004). "연예인 인격권 침해 유형과 언론 소송에 있어서 '공적 지위'의 특성에 관한 연구," <한국방송학보>, 통권 18-3호, 가을호, pp.293~334.

이승욱 (2002). "직권 중재 제도의 법적 문제점과 개선 방향," <노동정책연구>, 2권 4호, pp.75~103.

이원복 (1991). ≪세계의 만화, 만화의 세계≫. 서울: 미진사.

이유현 (2002). "연예부 기자가 바라본 연예 저널리즘," <언론중재>, 통권 85호, 겨울호, pp.30~6.

이은택 (1999). ≪언론인의 윤리 의식≫. 서울: 한국언론재단.

────── (2002). "국내 언론인의 도덕 발달 단계에 관한 연구," <한국언론학보>, 46권 3호, pp.289~318.

이인호 (1999). "범죄 보도와 면책 사유의 적용," <언론중재>, 통권 72호, 가을호, pp.48~61.

이재진 (1990). <언론 자유와 인격권의 갈등에 대한 연구>. 서울대학교 대학원 석사 학위 논문.

────── (1998). "인터넷상의 명예 훼손 현상에 대한 비판적 고찰: 미국의 경우를

중심으로," <언론중재>, 통권 66호, 봄호, pp.25∼35.

──── (1999). "명예 훼손법상의 공인과 언론에 나타난 공인의 개념적 차이에 대한 연구," <한국언론학보>, 43권 4호, pp.147∼76.

──── (2001a). "방송 금지 가처분 제도에 대한 이론적 탐색," <방송과 커뮤니케이션>, 통권 2호, pp.201∼30.

──── (2001b). "언론 자유와 명예권의 갈등에 관한 연구," <언론과 사회>, 10권 2호, pp.73∼110.

──── (2002a). "언론 관련 명예 훼손 소송 추이 비교," <언론중재>, 통권 83호, 여름호, pp.37∼46.

──── (2002b). ≪한국 언론 윤리 법제의 현실과 쟁점≫. 서울: 한양대학교 출판부.

──── (2003a). "인터넷 언론의 보도상의 특성과 법적 책임," <언론중재>, 통권 87호, 여름호, pp.21∼37.

──── (2003b). "정부의 언론의 관계 설정 근거로서의 국민의 알권리에 대한 재고찰." 관훈클럽 · 한국언론학회 주최 "정부와 언론" 세미나 발표 논문.

──── (2003c). ≪언론과 명예 훼손 소사전≫. 서울: 나남.

──── (2004). "연예인 관련 언론 소송에서 나타난 한 · 미 간의 위법성 조각 사유에 대한 비교 연구," <한국방송학보>, 통권 18-3호, pp.7∼50.

──── (2005). "저널리즘 영역에 있어서의 알권리의 기원과 개념 변화에 대한 여구," <언론과학연구>, 제5권 1호, pp.231∼64.

──── · 유재웅 (2004). "언론 중재 제도의 조정 전치 기능에 대한 재고찰," <한국언론학보>, 통권 48-2호, pp.267∼93.

──── · 이성훈 (2003). "명예 훼손 소송의 위법성 조각 사유로서의 공익성에 대한 연구," <한국언론정보학보>, 20호, pp.141∼76.

이효성 (1999). "공인의 명예 훼손과 언론 자유," <저널리즘 비평>, 28호, pp.90∼7.

임병국 (2002).≪언론 법제와 보도≫. 서울: 나남.

임유진 (1998). <언론 보도로 인한 개인의 명예 훼손 판례 분석: 공인에 대한 보도의 한계는 어디인가?>. 이화여자대학교 대학원 석사 논문.

임청산 (1989). ≪응용 예술로서의 만화 미학≫, 공주전문대 논문집, 제19집.

임혜정 (1998). "만화 산업에 나타난 캐릭터 상품의 활성화에 대한 연구," <만화 애니메이션 연구 2>, 제2호, pp.119∼160.

장문철 (1994). "재판에 의하지 않은 분쟁 해결 방식(ADR): 우리나라 상사 중재를 중심으로," <인권과 정의>, 7월호.

장용 (1969). ≪언론과 인권≫. 서울: 선명출판사.

장호순 (1998). ≪미국 헌법과 인권의 역사≫. 서울: 개마고원.

───── (2001). "언론사 간 명예 훼손 소송의 문제점," <관훈저널>, 제42권, 겨울호, pp.29~37.

───── (2003). "최근의 언론 보도 피해 양상과 구제 현황." 언론중재위원회 주최 "정간법 개정과 언론 피해 구제 제도의 개선 방향" 세미나 (2003. 8. 28~8. 30, 속초)

정영화 (2000). "사이버스페이스와 프라이버시권: 현행 개인 정보 보호법제의 문제점을 중심으로," <헌법학연구>, 6권 3호, pp.50~85.

───── (2001). "현대 헌법학에서 프라이버시 법리의 재검토," <사이버커뮤니케이션학보>, 1권 7호, pp.214~67.

정준영 (1994). ≪만화 보기와 만화 읽기≫. 서울: 한나래.

정진석 (1990). "한국 언론의 법·윤리 환경의 변천," <언론중재>, 통권 34호, 가을호, pp.6~14.

조준원 (2000). "1990년대 언론 관련 손해 배상 판결의 사회 과학적 분석," <언론중재>, 통권 67호, 가을호, pp.33~53.

───── (2001). "판결에 나타난 반론문에 관한 연구," <언론중재>, 통권 78호, 봄호, pp.79~99.

───── (2002). "위법적 취재 관행, 그 질긴 고리와의 단절," <방송문화>, 통권 251호, 5월, pp.44~7.

───── (2003). "반론 보도 청구 사건의 법적 쟁점과 판결 경향," <방송문화연구>, 제15-1호, pp.251~82.

조준형 (2000). "언론 관련 손해 배상의 사회 과학적 분석," <언론중재>, 통권 76호, 가을호, pp.33~53.

차용범 (2000). <언론에 의한 공인의 명예 훼손 연구>. 동아대학교 대학원 박사 학위 논문.

───── (2001). "공인의 명예 훼손에 대한 사법적 논의의 한계," <한국언론학보>, 45권 2호, pp.387~421.

───── (2002a). "공인의 명예 훼손에 대한 판결 기준의 변화 추세," <한국언론학보>, 46-3호, pp.414~45.

───── (2002b). "연예 기사의 익명 보도와 실명 보도," <언론중재>, 통권 85호, 겨울호, pp.16~29.

차형근·조병래·최영훈 (편) (2002). ≪언론과 명예 훼손-판례 연구≫. 서울: 나남.

최송화 (1997). "공공 기관의 정보 공개에 관한 법률의 내용과 특징," <고시 계>, 통권 480호, 2월, pp.26~39.

최열 (1995). ≪한국 만화의 역사≫. 서울: 열화당.

최영묵 (1997). ≪방송 공익성에 관한 연구≫. 서울: 커뮤니케이션북스.

최종고 (1997). ≪법과 윤리≫. 서울: 경제원.

패터슨, 필립·월킨스, 리 (2000). ≪언론 윤리: 이론과 실제≫, 장하용 옮김. 서울: 동서학술서적.

팽원순 (1984). ≪매스커뮤니케이션 법제 이론≫. 서울: 법문사.

───── (1985). "보도의 자유와 공정한 재판," <언론중재>, 통권 15호, 여름호, pp.7~13.

───── (1989). ≪언론 법제 신론≫. 서울: 나남.

───── (1994). ≪한국 언론 법제론≫. 서울: 법문사.

표성수 (1997). ≪언론과 명예 훼손≫. 서울: 육법사.

핑크, 콘라드 (1995). ≪언론 윤리≫, 한국언론연구원 옮김. 서울: 한국언론연구원.

하마다 준이치 (1995). ≪정보법≫, 이문호 옮김. 서울: 장산.

한국신문협회 (2000). <신문협회보>, 204호(2000. 7. 15자).

한국언론2천년위원회 (2000). <한국 언론 보고서>.

한국언론연구원 (1998). ≪세계 언론 판례 총람≫. 서울: 한국언론연구원.

한국언론재단 (2000). ≪한국 시사 만화≫. 서울: 한국언론재단.

───── (2001). ≪세계 언론 법제 동향 (상)≫. 서울: 한국언론재단.

───── (1999, 2001, 2003). ≪한국의 언론인≫. 서울: 한국언론재단.

───── (2002). ≪언론 명예 훼손 핸드북 Q&A 100≫. 서울: 한국언론재단.

───── (2002, 2004). ≪언론 수용자 의식 조사≫. 서울: 한국언론재단.

───── 옮김 (2003). ≪왜 우리의 저널리즘은 실패했나≫ (뉴욕 타임스 시걸위원회 보고서). 서울: 한국언론재단.

한국언론학회 (2001). ≪뉴밀레니엄 시대의 언론학 연구와 교육≫. 2001 한국언론학대회 공동 심포지엄 발제문 자료집.

414

한국형사정책연구원 (1996). ≪한국 언론의 범죄 보도 관행≫. 한국형사정책연구원 보고서.

한동원 (2001). "중재 신청 사건으로 본 언론 중재 20년," <언론중재>, 통권 78호, 봄호, pp.29~78.

한병구 (2000). ≪언론과 윤리법제≫. 서울: 서울대학교 출판부.

한상범 (1970). "표현의 자유와 알권리," <법조>, 19권 12호, pp.13~24.

────── (1986). "보도와 공인·유명인," <언론중재>, 통권 19호, 여름호, pp.16~22.

한위수 (1996). "명예 훼손에 관련된 민·형사상의 판례와 쟁점," <언론중재>, 통권 61호, 겨울호, pp.6~26.

────── (1999a). "판결에 나타난 언론 보도의 문제점," <언론중재>, 통권 72호, 가을호, pp.17~30.

────── (1999b). "프라이버시 침해 관련 국내 판결의 동향," <언론중재>, 통권 71호, 여름호, pp.47~61.

함석천 (2002). "반론 보도 청구권," 방일영문화재단 발간 ≪한국 언론과 명예 훼손 소송≫. 서울: 나남, pp.227~73.

해리슨, R. P. (1989). ≪만화와 커뮤니케이션≫, 하종원 옮김. 서울: 이론과실천.

허영 (1999). ≪한국 헌법론≫. 서울: 박영사.

호문혁 (2002). ≪민사 소송법≫. 서울: 법문사

황도수 (1999). "언론 관계 판결 경향," <언론중재>, 통권 73호, 겨울호, pp.6~26.

황산덕 (1965). ≪형법각론≫. 서울: 법문사.

Ammons, D., N. C. King, & J. L. Yeric (1988). "Unapproved imagemakers: political cartoonists, topic selection, objectives and perceived restrictions," *Newspaper Research Journal*, 9(3), pp.79~90.

Amundsen, Jennifer L. (2003). "Notes and comments: Membership has its privileges: The confidence-building potential of the New York Convention can boost commerce in developing nations," *Wisconsin International Law Journal*, Spring, pp.383~408.

Ahn, K. W. (1997). "The influence of American constitutionalism on South Korea," *Southern Illonois University Law Journal*, 22, pp.71~115.

Banfield, E. C. (1964). "Notes on conceptual scheme," in E. C. Banfield & Martin Meyerson (eds.), *Politics and the Public Interest.* New York: Free Press.

Belsey, A. (1998). "Journalism and ethics: Can they co-exist?" in Matthew Kieran (ed.), *Media Ethics.* London: Routledge, pp.1~14.

Best, J. J. (1986). "Editorial cartoonists: A descriptive survey," *Newspaper Research Journal,* 7(2), pp.29~37.

Bezanson, R. P., Soloski, J., & Cranberg, G. (1987). *Libel Law and the Press: Myth and Reality.* New York: The Free Press.

Black's Law Dictionary (6th Ed.) (1990). West Publishing.

Black, J., Steele, B., & Barney, R. (1999). *Doing Ethics in Journalism.* Needham Heights, MA.

Blackstone, W. (1765~9). *Commentaries on the Laws of England,* 4, pp.151~2.

Blasi, V. (1977). "The checking value in the First Amendment theory," *American Bar Foundation Research Journal,* pp.521~38.

Bond, F. F. (1954). *An Introduction to Journalism.* New York: Macmillan.

Buell, K. C. (2000). "Start the spreading the news: Why republishing material from disreputable news must be constitutionally protected," *New York University Law Review* 75, pp.966~1003.

Calvey, M. J., et al. (1987). "Foreign defamation law," in H. Kaufman (ed.), *LDRC(Libel Law Resource Center) 50 State Survey 1987: Current Developments in Media Libel and Invasion of Privacy Law.* New York: Libel Defense Resources Center.

Carey, J. W. (1989). *Communication as Culture.* Boston: Unwin Hyman.

Carter, T. B., Franklin, M. A., & Right, J. B.(1994). *The First Amendment and the Fourth Estate: The Law of Mass Media* (6th ed.). Westbury, NY: The Foundation Press.

Chermark, S. M. (1995). *Victims in the News: Crime and the American News Media.* Boulder: Westview Press.

Cross, H. (1953). *The People's Right to Know: Legal Access to Public Records and Proceedings.* New York: Columbia University Press.

Davison, W. P. (1983). "The third-person effect in communication," *Public Opinion*

Quarterly, 47, pp.1~15.

Day, L. A. (1991). *Ethics in Media Communication: Cases and Controversies.* New York: Wadsworth Publishing Co.

Dennis, E. & Merrill, J. (2002). *Media Debate.* Stamford, CT: Thomson Learning.

Duke, A. (1985). "If a cartoonist's pen draws blood, victim can return the favor," *Wall Street Journal*, Aug. 2, at 1, col. 4, and 14, col. 6.

Dworkin, R. (1983). "The politics of legal interpretation," in W. J. T. Mitchel (ed.), *The Politics of Interpretation.* Chicato, Il: The University of Chicago Press.

Emerson, T. I. (1967). *Toward a General Theory of the First Amendment.* New York: Vintage.

Fedler, F. (1997). "Actions of early journalists often unethical, even illegal," *Journal of Mass Media Ethics*, 12(3), pp.160~70.

Ferrera, G. R. et al. (2001). *Cyber Law: Text and Cases.* Ohio: Thomson Learning.

Gandy, O. H. (1994). "The information superhighway as the yellow brick road," *National Forum*, 74(2), pp.24~8.

Gary, C. B. (1999). *The Philosophy of Law: An Encyclopedia.* New York: Garland Publishing, Inc.

Gillmor, D. M. (1992). *Power, Publicity, and the Abuse of Libel Law.* New York: Oxford University Press.

───── & Dennis, E. E. (1981). "Legal pesearch in mass communications," in G. Stempel III et al., *Reasearch Methods in Mass Communication.* Prentice-Hall Inc., Englewood Cliffs.

─────, Barron, A., Simon, T. F., & Terry, H. A. (1996). *Fundamentals of Mass Communication Law.* St. Paul, MN: West Publishing.

Habermas, J. (1964). "The public sphere," in A. Matterlart & S. Siegelaub, *Communication and Class Struggle, Capitalism, Imperialism.* New York; International General.

Held, V. (1970). *The Public and Individual Interest.* New York: Basic Books.

Herring, S. (1996). "Gender and democracy in computer-mediated communication," in Rob Shields, *Computerization and Controversy: Value Conflicts and Social Choices* (2nd ed.). San Diego, CA: Academic Press, pp.476~89.

Hess, S. (1968). *The Untlemanly Art: A History of American Political Cartoon.* New York: MacMillan.

Hocking, W. E. (1947). *Freedom of the Press: A Framework of Principle.* Chicago: Chicago University Press.

Hodeges, L. W. (1994). "The journalist and privacy," *Journal of Media Ethics,* 94(4), pp.193~203.

Hoff, S. (1976). *Editorial and Political Cartooning.* New York: Stravon Educational Press.

Huber, Esq., Stephen, K., & Trachte-Huber, Esq. E., Wendy-Huber, Esq. (2001). "International ADR in the 1990's: The top ten developments," *Houston Business & Tax Law Journal,* pp.184~223.

Indiana Univ., School of Journalism (2000). *Introduction to Mass Media Research.* http://www.journalism.indiana.edu/weaver/j500/.

Jacobstein, J. M., Mersky, R. M., & Dunn, D. J. (1994). *Legal Research Illustrated* (6th. ed.). Wesbury, NY: The Foundation Press.

Keinke, R. S. (1994). *Media Law.* New York: The Bureau of National Affairs, Inc.

Kim, G. H. (2001). "Media Liability for Surreptitious and Other Intrusive Newsgathering Practices." Unpublished Ph.D. dissertation, Southern Illinois University.

Kim, J. (2002). *Sorting Out Deregulation: Protecting Free Speech and Internet Access in the United States, Germany, and Japan.* New York: LFB Scholarly Publishing LLC.

Kohl, H. (1985). "Press law in the federal Republic of Germany," in P. Lahav (ed.), *Press Law in Modern Democracy: A Comparative Study,* New York: Longman.

Kovach, B. & Rosenstial, T. (2001). *The Elements of Journalism.* New York: Crown Publishers.

Lee, J. (1998a). "Press freedom and the right of reply under the contemporary Korean libel laws: A comparative analysis," *UCLA Pacific Basin Law Journal,* 16, pp.155~97.

——— (1998b). "Press Freedom, the Press Arbitration System, and Social Changes in South Korea: 1981~1996." Unpublished Ph.D. Dissertation, Southern

Illinois University-Carbondale.

—— (2002). "Media law education in South Korea." Paper presented to the International Communication Association, Seoul, Korea 2002. 7. 15~17.

—— (2005) "An Impact of the U.S. on Korean Media Law Education: Korean Media Law Education in the Last Half-Century." Paper presented to the International Association of Media and Communication Research, Taipei, Taiwan. July 26~28, 2005.

Lewis, A. (1979). "A preferred position for journalism?" *Hofstra Law Review* 7, pp.595~626.

—— (1980). "A public right to know about public institutions: The First Amendment as sword," *Supreme Court Review 1980*, pp.1~25.

Lippmann, W. (1922). *The Public Opinion*. New York: The Free Press.

Long, A. (1962). "The political cartoon: journalism's strongest weapon," *The Quill November*, pp.56~7.

Mclean, D. (1995). "The wire service defense," *Communications & the Law*, 17(1), pp.53~63.

Measter, Charles L. & Skoufalos, Peter (2002). "The increasing role of mediation in resolving shipping disputes," *The Maritime Lawyer*, pp.515~61.

Meiklejohn, A. (1960). *Political Freedom*. New York: Oxford University Press.

Mencher, M. (1991). *News Reporting and Writing* (5th ed.). IA: W. C. Brown Publishers.

Merrill, J. (1974). *The Imperative of Freedom*. New York: Hastings House.

Meyer, K. J., Seidler, T. C., & Aveni, A. (1980). "Women in July fourth cartoons: A 100 year Look," *Journal of Communication*, 30(1), pp.21~30.

Middleton, K. R. (1991). *The Law of Public Communication*. New York: Longman.

Mirando, J. (1998). "Lessons on ethics in news reporting textbooks 1869~1997," *Journal of Mass Media Ethics*, 13(1), pp.26~39.

O'Brien, D. (1981). *The Public's Right to Know: The Supreme Court and the First Amendment*. New York: Praeger Publishers.

Press, Charles M. (1981), *The Political Cartoon*. New York: Harpercollins.

Prosser, William L. (1955). *The Law of Torts*. N.Y.: West Publishing Co.

—— (1960). "Privay," *California Law Review*, 48, pp.383～9.

Riffe, D., Sneed, D., & Van Ommeren, R. L. (1985), "Behind the editorial page cartoon," *Journalism Quarterly*, Vol. 2, pp.378～383, 450.

Rivers, W. L., Miller. S., & Gandy, O. (1987). "Government and the media," in S. Chaffee, (ed.), *Political Communication: Issues and Strategies for Research*. Beverly Hills, CA: Sage, pp.217～36.

Rosenoer, J. (1996). *CyberLaw: The Law of the Internet*. New York: Springer-Verlag.

Scannell, Peddy (1989). "Public service broadcasting and modern public life," *Media, Culture and Society*, 11.

Schauer, F. (1980). "Social foundation of the law of defamation: A comparative analysis," *Journal of Law and Practice* 1, pp.3～23.

—— (1985). "Slippery slopes," *Harvard Law Review*, 99, pp.361～87.

Seib, P. & Fitzpatrick, K. (1997). *Journalism Ethics*. New York: Harcourt Brace & Company.

Shapiro, M. (1981). *Courts: A Comparative and Political Analysis*. Chicago: The University of Chicago Press.

Sherizen, S. (1978). "Social creation of crime news," in C. Winick (ed.), *Deviance and Mass Media*, Beverly Hills: Sage Publications.

Shiebert, F. S., Peterson, T., & Schramn, W. (1956). *Four Theories of the Press: The Authoritarian, Libertarian, Social Responsibility and Soviet Communist Concepts of What the Press Should Be and Do*. Urbana: Univ. of Illinois Press.

Sigal, L. V. (1986). "Sources makes the news," in R. K. Manoff & M. Schudson (eds.), *Reading the News*. New York: Pantheon Books, pp.9～37.

Smolla, R. A. (1992). *Free Speech in an Open Society*. New York: Vntage Books.

—— (2000). *Law of Defamation*. Boston: West Group.

Soloski, J. et al. (1987). *Libel Law and the Press*. New York: Free Press.

Stevens, J. D. (1985). "Sensationalism and noralizing in 16th and 17th century newsbooks and news ballads," *Journalism History*, Vol. 12, No.3–4, pp.92～5.

Stewart, P. (1975). "Or of the press," *Hastings Law Journal* 26, pp.631～42.

Surette, R. (1998). *Media, Crime, and Criminal Justice: Images and Realities* (2th

420

ed.). Belmont, CA: West/Wadsworth Publishing Company.

Uhm, K. (2000). "The Right to Know: Idealism and Realism in National Security Secrecy." Ph.D. Dissertation, University of Iowa.

Vick, D. W. & Macpherson, L. (1996). "Anglicizing defamation law in the European union," *Virginia Journal of Intl Law*, 36, pp.923～55.

Warren, S. D. & Brandeis, L. D. (1890). "The right to privacy," *Harvard Law Review*, 4(5), pp.1993～6.

Wheeler, M. E. & Reed, S. K. (1975). "Response to before and after Watergate Caricature," *Journalism Quarterly*, 2, pp.134～6. "The finer art of politics," *Newsweek*, October 13, 1980, pp.74～85.

Wiggins, J. R. (1956). *Freedom of Secrecy*. New York: Oxford University Press.

Youm, K. (1985). "Freedom of the Press in South Korea, 1945～83," Ph.D. Dissertation, Southern Illinois University.

――― (1993). "The 'wire service' libel defence," *Journalism Quarterly*, 70(3), pp.688～94.

――― (1996). *Press Law in South Korea*. Ames, IA: Iowa State University Press.

Zelezney, J. D. (1997). *Communication Law*. (2nd ed.) Belmont, CA: Wadsworth.

"The finer art of politics," *Newsweek*, October 13, 1980, pp.74～85.

岡村久道 編 (2003). ≪サイバー法判例解説≫. 東京: 商事法務.

掘部政男 (1980). "表現の自由と人格權の調和," 伊藤正己 (編), ≪現代損害賠償法綱座 2≫ 東京: 日本評論社.

≪新六法≫ (2004). 東京: 三省堂.

野村好弘・小賀野晶一 (1994). "名譽毀損賠償の新しい問題點," ＜判例タイムズ＞, 859, pp.23～9.

伊藤正已 (1974). ≪現代社會と言論の自由≫. 東京: 有信堂.

日本弁護士連合会 (2003). ≪現代法律実務の諸問題≫. 日弁連研修叢書.

田島泰彦 (1997). "送信記事の掲載と名譽毀損," ＜法律時報＞, 69(3), pp.107～10.

前田陽一 (1997). "通信社の送信記事による名譽毀損と掲載した地方新聞社の責任," ＜判例タイムズ＞, 940, pp.85～8.

紙谷雅子 (1997). "名譽毀損と送信サビスの抗辯," <法律時報>, 854, pp.90~4.

"국민의 알권리와 사생활 보도," (2000. 7. 14). <경향신문>, 2.

"공공의 이익과 알권리," (2000. 5. 4). <중앙일보>, 6.

"공공의 이익과 알권리," (1999. 11. 2). <중앙알보>, 1.

"김인호씨 '경향만평' 손배소 패소 / '명예 훼손' 항소 심도," (1998. 12. 25). <경향신문>, 23.

"김한길 수석, 중앙 기사, 만평관련 5억 손배소 내겠다," (1999. 11. 9). <중앙일보>, 2.

"깨어있는 '붓'으로 시대의 어둠을 가르다," (1999. 12. 31). <한겨레신문>, 8.

"런던민박집 주인 '진씨에 환각제 알선,'" (2002. 1. 16). <한국일보>, 31.

"만평은 글 없는 사설," (2000. 5. 1). <중앙일보>, 6.

"시사 만화 만평의 위안," (1998. 7. 15). <문화일보>, 17.

"신문 만평 만화의 바람직한 방향 세미나," (1999. 11. 24). <대한매일>, 15.

"통신 기사 크레디트 박겠다," (2002. 4. 1). <경향신문>, 1.

"英 민박집 벽장서 시체 발견," (2002. 3. 16). <국민일보>, 23.

"英 경찰, 마약상 개입 여부 수사," (2002. 1. 16). <조선일보>, 31.

"佛 유학생 피살 수사," (2002. 1. 11). <동아일보>, 30.

<경향신문>, 1998. 12. 25, 23면

<대한매일>, 2003. 1. 21, 23면.

<대한매일>, 2003. 8. 11, 22면.

<매일경제>, 2005. 7. 1.

<문화일보>, 1998. 7. 15, 17면.

<문화일보>, 2001. 6. 1, 28면.

<문화일보>, 2004. 2. 20, 3면.

<미디어오늘>, 1999. 3. 24.

<미디어오늘>, 2003. 6. 4.

<법률신문>, 2003. 7. 3.

<서울신문>, 2004. 6. 5, 7면.

<세계일보>, 2001. 5. 1, 31면.

<신문과 방송>, 1983년 9월호.

<조선일보>, 2004. 3. 1.

<중앙일보>, 1999. 10. 3, 3면.

<중앙일보>, 1999. 10. 7, 3면.

<중앙일보>, 1999. 11. 28, 27면.

<중앙일보>, 1999. 12. 9, 2면.

<중앙일보>, 2000. 4. 8, 27면.

<중앙일보>, 2000. 9. 26, 31면.

<한겨레>, 1999. 12. 31, 8면.

<한겨레>, 2003. 3. 24, 28면.

<한겨레>, 2003. 9. 30, 35면.

<한국일보>, 2000. 3. 14, 31면.

<한국일보>, 2003. 7. 19, 7면.

판례

국내 판례

헌법재판소 1999.6.24. 선고 98헌마153 결정.

헌법재판소 1999.6.24. 선고 97헌마265 결정.

헌법재판소 1999.1.28. 선고 98헌바64 결정.

헌법재판소 1999.1.28. 선고 98헌마172 결정.

헌법재판소 1998.10.29. 선고 98헌마4 결정.

헌법재판소 1998.5.28. 선고 97헌마362 결정.

헌법재판소 1998.4.30. 선고 95헌가16 결정.

헌법재판소 1996.4.25. 선고 95헌바25 결정.

헌법재판소 1994.8.31. 선고 93헌마174 결정.

헌법재판소 1992.2.25. 선고 89헌가104 결정.

헌법재판소 1991.9.16. 선고 89헌마65 결정.

헌법재판소 1991.5.13. 선고 90헌마133 결정.

헌법재판소 1991.4.1. 선고 89헌마160 결정.

헌법재판소 1989.9.4. 선고 88헌마22 결정.

대법원 2005.6.10. 선고 2002도1849 판결.

대법원 2004.12.6. 선고 2002도537 판결.

대법원 2003.9.2. 선고 2002다6355 판결.

대법원 2003.7.8. 선고 2002다64384 판결.

대법원 2003.7.3. 선고 2002다72194 판결.

대법원 2002.9.24. 선고 2001다49692 판결.

대법원 2002.5.10. 선고 2000다68474 판결.

대법원 2002.1.22. 선고 2000다37254 판결.

대법원 2001.11.30. 선고 2000다68474 판결.

대법원 2001.9.7. 선고 2001다36801 판결.

대법원 2000.7.28. 선고 99다6203 판결.

대법원 2000.12.27. 선고 2000가합16898 판결.

대법원 2000.2.25. 선고 98도2188 판결.

대법원 2000.2.11. 선고 99도3048 판결.

대법원 1999.1.26. 선고 97다10215, 10222 판결.

대법원 1998.10.27. 선고 98다242624 판결.

대법원 1998.10.27. 선고 98다9892 판결.

대법원 1998.10.11. 선고 85다카29 판결.

대법원 1998.10.9. 선고 97도158 판결.

대법원 1998.9.4. 선고 96다11327 판결.

대법원 1998.8.19. 선고 97가합93499 판결.

대법원 1998.7.14. 선고 96다17257 판결.

대법원 1998.5.8. 선고 96다36395 판결.

대법원 1998.5.8. 선고 97다34563 판결.

대법원 1998.2.27. 선고 97다19038 판결.

대법원 1998.1.13. 선고 97나43156 판결.

대법원 1997.12.26. 선고 97누11287 판결.

대법원 1997.9.30. 선고 97다24207 판결.

대법원 1997.4.25. 선고 96도2910 판결.

대법원 1996.10.25. 선고 95도1473 판결.

대법원 1996.10.11. 선고 95다36329 판결.

대법원 1996.8.23. 선고 94도3191 판결.

대법원 1996.5.28. 선고 94다33828 판결.

대법원 1996.2.27. 선고 95나24946 판결.

대법원 1995.11.10. 선고 94도1942 판결.

대법원 1995.6.16. 선고 94도2413 판결.

대법원 1994.5.10. 선고 93다36622 판결.

대법원 1992.6.23. 선고 92후17 판결.

대법원 1991.1.15. 선고 90다카25468 판결.

대법원 1988.10.11. 선고 85다카29 판결.

대법원 1986.1.28. 선고 85다카1973 판결.

대법원 1983.6.14. 선고 82도744 판결.

대법원 1958.9.26. 선고 4291 판결.

서울고등법원 2004.12.28. 선고 2004나49923 판결.

서울고등법원 2004.8.22. 선고 2001나66293 판결.

서울고등법원 2001.5.31. 선고 2000나11081 판결.

서울고등법원 2001.1.11. 선고 99나66474 판결.

서울고등법원 1998.12.28. 선고 98가합16397 판결.

부산고등법원 1998.7.24. 선고 96나8789 판결.

서울고등법원 1998.4.17. 선고 98나25445 판결.

서울고등법원 1998.4.16. 선고 97나47141 판결.

서울고등법원 1998.1.13. 선고 97나43156 판결.

서울고등법원 1997.9.3. 선고 96나82966 판결.

서울고등법원 1996.11.21. 선고 96나19309 판결.

서울고등법원 1996.10.29. 선고 96노1916 판결.

서울고등법원 1996.9.18. 선고 95나41965 판결.

서울고등법원 1996.9.11. 선고 96나7849 판결.

서울고등법원 1996.2.27. 선고 95나24946 판결.

서울고등법원 1994.5.26. 선고 93나39814 판결.

서울고등법원 1994.4.14. 선고 93나43059 판결.

서울고등법원 1993.7.21. 선고 92나59071 판결.

서울고등법원 1991.9.25. 선고 91나27329 판결.

서울고등법원 1990.5.4. 선고 89나36528 판결.

서울고등법원 1989.11.29. 선고 89나8158 판결.

서울고등법원 1987.8.18. 선고 86나3679 판결.

서울지방법원 2003.7.4. 선고 2002가합78777 판결.

서울지방법원 2001.12.26. 선고 2001가합25387 판결.

서울지방법원 2001.11.7. 선고 2000가합68769 판결.

서울지방법원 2001.10.10. 선고 2001가합1961 판결.

서울지방법원 2000.12.27. 선고 2000가합16896 판결.

서울지방법원 2000.10.11. 선고 2000가합4673 판결.

서울지방법원 2000.6.7. 선고 99가합30768 판결.

서울지방법원 동부지원 2000.5.25. 선고 99가단42644 판결.

서울지방법원 2000.3.29. 선고 99가합34685 판결.

서울지방법원 서부지원 2000.3.22. 선고 98가합14917 판결.

서울지방법원 2000.2.2. 선고 99가합77460 판결.

서울지방법원 2000.2.2. 선고 99가합64112 판결.

서울지방법원 2000.1.19. 선고 99가합42730 판결.

서울지방법원 1999.10.22. 선고 99나49001 판결.

서울지방법원 남부지원 1999.10.21. 선고 99가합2318 판결.

서울지방법원 1999.9.1. 선고 98가합107101 판결.

서울지방법원 1999.7.7. 선고 98가합51935 판결.

서울지방법원 1999.6.23. 선고 99가합14391 판결.

서울지방법원남부지원 1999.3.26. 선고 99가합9392 판결.

서울지방법원 1998.12.16. 선고 97가합76326 판결.

서울지방법원 1998.12.4. 선고 97가합90841 판결.

서울지방법원 1998.11.25. 선고 97가합70274 판결.

서울지방법원 1998.9.30. 선고 98가합18280 판결.

서울지방법원 1998.8.19. 선고 97가합93499 판결.

서울지방법원 1998.8.12. 98가합15397 판결.

서울지방법원 1998.7.1. 선고 97가합88220 판결.

서울지방법원 남부지원 1998.4.17. 선고 97가합6965 판결.

서울지방법원 1998.4.15. 선고 96가합84238 판결.

서울지방법원 1997.12.10. 선고 96가합22315 판결.

서울지방법원 1997.9.3. 선고 96가합82966 판결.

서울지방법원 남부지원 1997.8.7. 선고 97가합8022 판결.

서울지방법원 1997.4.16. 선고 96가합23110 판결.

서울지방법원 1997.2.26. 선고 96가합31227 판결.

서울형사지방법원 1996.12.23. 선고 64고17239 판결.

서울지방법원 1996.12.20. 선고 96가합3260 판결.

서울지방법원 1996.9.6. 선고 95가합72771 판결.

서울지방법원 동부지원 1996.9.6. 선고 95가합14198 판결.

서울민사지방법원 1996.8.23. 선고 94도3191 판결.

서울지방법원 1996.8.22. 선고 96고합472 판결.

서울지방법원 서부지원 1996.2.21. 선고 96타기537 판결.

서울지방법원 1996.2.15. 선고 95가합26099 판결.

서울지방법원 서부지원 1996.1.26. 선고 94가합5021 판결.

서울지방법원 1995.9.27. 선고 95카합3438 판결.

서울지방법원 남부지원 1995.8.30. 선고 95카합2283 판결.

서울지방법원 남부지원 1995.8.3. 선고 94가합14378 판결.

서울지방법원 1995.6.23. 선고 94카9230 판결.

서울지방법원 1995.1.26. 선고 94카기5716 판결.

서울지방법원 남부지원 1994.11.11. 선고 93가합21447 판결.

서울형사지방법원 1994.10.14. 선고 93노8080 판결.

서울민사지방법원 1984.4.11. 선고 82가합4734 판결.

서울민사지방법원 1993.12.7. 선고 93가합25344 판결.

서울지방법원 1993.10.8. 선고 92가합16462 판결.

서울지방법원 1993.9.6. 선고 93카합792 판결.

서울지방법원 1993.8.12. 선고 93가합2361 판결.

서울민사지방법원 1992.12.4. 선고 91가합82923 판결.

서울민사지방법원 1992.9.8. 선고 91가합78412 판결.

서울지방법원 남부지원 1992.2.20. 선고 89가합13975 판결.

서울민사지방법원 1991.12.27. 선고 91가합52649 판결.

서울지방법원 남부지원 1990.10.12. 선고 89가합18505 판결.

서울지방법원 동부지원 1989.4.14. 선고 88가합17151 판결.

서울민사지방법원 1988.5.11. 선고 87가합6175 판결.

서울민사지방법원 1988.4.29. 선고 87가합3739 판결.

서울민사지방법원 1984.4.11. 선고 82가합4734 판결.

서울지방법원 1980.8.17. 선고 90가합35265 판결.

수원지방법원 성남지원 1993.7.30. 선고 93카합312 판결.

수원지방법원 성남지원 1995.9.15. 선고 95가합3509 판결.

중재

94 서울중재 311 결정.

93 서울중재 197 결정.

83 서울중재 10 결정.

83 서울중재 11 결정.

외국 판례

Appleby v. Daily Hampshire Gazette, 478 M.E.2d 721 (Mass., 1985).

Associated Press v. Walker, 388 U.S 130(1967).

Ayeni v. Mottola, 35 F.3d 680 (2d Cir. 1994), cert. denied, 115 S. Ct. 1689 (1995).

Bantam Books, Inc. v. Sullivan, 372 U.S. 58 (1963).

Baugh v. CBS, Inc. 282 F.Supp. 745 (N.D.Cal. 1993).

Beauharnais v. illinois, 343 U.S. 250 (1952).

Berger v. Hanlon, 129 F.3d 505 (9th Cir. 1997).

Blackshaw v. Lord[1984], QB I, 26−27 (stephenson LJ).

Branzburg v. Hayes 408 U.S. 665 (1972).

Brown v. Courier Pub. Co. 700 F.Supp. 534 (Georgia, 1988).

Buller v. Pulitzer Publishing co., 684 S.W.2d 473, 11 Med. L.Rptr. 1289 (Mo.Ct.App.

1984).

Cassidy v. Daily Mirror Newspapers. 영국 항소법원 왕좌부(1928).

Chaplisky v. New Hampshire, 315 U.S. 568 (1942).

Cubby v. CompuServe, 776 F.Supp. 135 (S.D.N.Y. 1991).

Curtis Publishing Co. v. Butt, 388 U.S 130 (1967).

Dun & Bradstreet, Inc. v. Greenmoss Builders, Inc. 105 S. Ct. 2939 (1985).

Cyber Promotions, Inc. v. America Online, Inc., 948 F.Supp. 436 (E.D.Pa. 1996).

Donney et al v. United Weather Proofing, Inc., 253 S.W.2d 975 (Mo. 1953).

Edwards v. National Audubon Society, 556 F.2d 113 (2nd Cir. 1977).

Ferguson v. Dayton Newspapers, 7 Med. L.Rptr. 2502 (1981).

Garrison v. Louisiana, 379 U.S. 64 (1964).

Gay v. Williams, 486 F.Supp. 12 CD. Alaska (1979).

Gertz v. Robert Welch, Inc 418 U.S. 323 (1974).

Gertz v. Welch, 418 U.S. 323 (1974).

Grosjean v. American Press Co., 297 U.S. 233 (1936).

Hanlon v. Berger, 526 U.S. 808 (1999).

Hayward v. Thompson. 영국항소법원 [1981]3 All ER45.

Herbert v. Lando, 441 U.S.153 (1979).

Howard Stern v. Delphi Service Corporation, 165 Misc.2d 21 (N.Y.Sup.Ct. 1995)).

Hustler Magazine, Inc. v. Falwell, 485 U.S. 46 (1988).

It's In the Cards, Inc. v. Fuschetto, 535 N.W.2d 11 (Wisc. App. 1995).

Jewel v. NYP Holdings, Inc. 23 F.Supp.2d 348 (New York, 1998).

Keller v. Miami Herald, 12 Med. L.Rptr. 1561 (1985).

Kapetanovic v. Stephen J. Cannel Prods, Newsweb Corporation's, 97c 2224 (Illinois, 2002).

Layne v. Tribune Co., 146 So. 234 (Fla. 1933).

Lunney v. Prodigy Serv., N.Y. Ct. App., No.164, Dec. 12, (1999).

Martin v. City of Struthers, 31 U.S. 141 (1943).

Masson v. The New Yorker Magazine, Inc., 960 F.2d 896 (1992).

Masses Publishing Company v. Patten, 244 Fed. 535 (S.N.N.Y. 1917).

McIntyre v. Ohio Elections Commission, 115 S.Ct. 1511 (1995).

McVeigh v. Cohen at al, 983 F.Supp.215 (D.D.C., 1998).

Medaphone Corp. v. DeNigris, (No.92-3785 (D.N.J. 1993)).

Mehau v. Gannett Pacific Corp., 66 Haw. 133 (1983).

Miami Herald v. Tornillo, 418 U.S. 241 (1974).

Michael A. Smyth v. Phillsbury Company, 914 F.Supp 97 (E.D. Pa., 1996)).

Milkovich v. Lorain Journal Co., 497 U.S. 1 (1990).

Miller v. Charleston Gazette, 9 Med. L.Rptr. (BNA) 2540 (W. Va. Cir. Ct. 1983).

Mullenmeister v. Snap-On Tools Corp., 585 F.Supp. 868 (S.D.N.Y.1984).

NAACP v. Clairborne Hardware Co., 458 U.S. 886 (1982).

Near v. Minnesota, 283 U.S. 497 (1931).

Nelson v. Associate Press, Inc. 667 F.Supp. 1468 (S.D. Fla., 1987).

New York Times v. United States, 403 U.S.713 (1971).

New York Times Co. v. Sullivan, 376 U.S. 254 (1964).

Page v. Someting Weird Video, 24 Media L.Rep. (BNA) 1489 (D.C.Cal 1996).

Philadelphia Newspaper, Inc. v. Hepps, 475 U.S. 767 (1986).

Prahl v. Brosamle, 295 N.W.2d 768 (1980).

Red Lion Broadcasting Co. v. FCC, 396 U.S. 367 (1969).

Rosenblatt v. Baer, 383 U.S. 75 (1996).

Rosenbloom v. Metromedia, Inc. 403 U.S. 29 (1971).

Russell v. McMillen, 10 Med. L.Rptr. 1888 (1984).

Salvo v. Salem News, 4 Med. L.Rptr. 1857 (Mass. 1978).

Sidney Blumental v. Matt Drudge and American Online, Inc., 992 F.Supp. 44 (D.D.C. April 22, 1988).

St. Amant v. Thompson, 390 U.S. 727 (1968).

Stanley v. Goergia, 394 U.S. 557 (1969).

Street v. New York, 394 U.S. 576 (1969).

Stratton Oakmont v. Prodigy, 23 Media L.Rep. (BNA) 1794 (N.Y. Sup.Ct. 1995).

Suarez Corp. Industries v. Meeks, No.267513 (Ohio Cuahoga County 1994).

Time. Inc v. Firestone, 424 U.S. 448 (1976).

Time. Inc, v. Hill, 385 U.S. 374 (1967).

United States v. Simons, 206 F.2d 392 (4th Cir., 2000).

Vigil M. Howe v. Detroit Free Press, Inc., 440 Mich 203; 487 NW2d 374 (1992).

Washington Post Co. v. Keogh, 365 F.2d 965 (D.C.Cir. 1966).

Walker v. Southeastern Newspapers, 9 Med. L.Rptr. 1516 (1982).

Wilson v. Layne, 526 U.S. 603 (1999).

Yorty v. Chandler, 13 Cal. App. 3d 467, 91 Cal. Rptr. 709 (1970).

Zeran v. American Online, Inc., 129 F.3d 327 (4th Cir., 1997), cert. denied 118 S.Ct 2341 (1998).

Torres−Silva v. El Mundo, 3 Med.L.Rptr. 1508 (1977).

Zetes v. Richman, 86 A.D.1d 746 (4th Dep't 1982).

最高判 1981. 4. 16. 形集 35. 3. 84.

最高判 1958. 4. 10. 型集 12. 5. 830.

最高判 1956. 7. 4. 民集 10. 7. 785.

最高判 1969. 6. 25. 型集 23. 7. 975.

東京高判 平成16(2004)年1月29日.

東京高判 平成13(2001)年9月5日 判タ1088号94頁.

東京高判 平成12(2000)年1月19日 判時1748号125頁.

東京地判 平成15(2003)年7月17日.

東京地判 平成15(2003)年6月25日.

東京高判 平成14(2002)年12月25日 サイバー法判例解説 58頁.

東京地判 平成14(2002)年9月2日 サイバー法判例解説 48頁.

東京地判 平成13(2001)年12月3日 労判826号76頁・ＮＢＬ734号6頁.

東京地判 平成13(2001)年8月27日 判時1778号90頁.

東京地判 平成11(1999)年9月24日 判時1707号139頁.

東京高判 平成11(1999)年9月8日

神戸地判 平成11(1999)年6月23日 判時1700号99頁.

横浜地判 平成10(1998)年12月25日

東京地判 平成10(1998)年12月21日 判時1684号79頁.

東京地判 平成9(1997)年5月26日 判時1610号22頁.

東京地判 平成9(1997)年12月22日 判時1637号66頁.

최고재판소 1995(ウ) 제9530호, 손해 배상 청구 사건, 2002년 3월 8일자 제2소법정 판결.

최고재판소 1995(オ) 제1421호, 손해 배상 청구 사건, 2002년 1월 29일 제3소법정 판결.

도쿄고등재판소 1995(ネ) 제3551호, 손해 배상 청구 사건, 1995년 7월 12일 제15 민사부 판결.

도쿄고등재판소 1995(ネ) 제3530, 3540호, 손해 배상 청구 사건, 1996년 5월 20일 제12민사부 판결.

도쿄고등재판소 1994(ネ) 제2028, 2049, 2179, 2188호, 손해 배상 청구 사건, 1995 년 3월 29일 민사15부 판결.

도쿄고등재판소 1994(オ) 5568호, 손해 배상 청구 사건, 1996년 11월 29일 민사10 부 판결.

도쿄지방재판소 1994(ウ) 2879호, 손해 배상 청구 사건, 1994년 12월 26일 판결.